Die Rolle des staatlichen Gerichts im chinesischen Schiedsverfahren

Studien zum vergleichenden und internationalen Recht -
Comparative and International Law Studies

Herausgeber: Bernd von Hoffmann (†), Erik Jayme, Heinz-Peter Mansel,
Christine Budzikiewicz, Michael Stürner, Karsten Thorn
und Marc-Philippe Weller

Band 214

Lin Liu

Die Rolle des staatlichen Gerichts im chinesischen Schiedsverfahren

PETER LANG

Lausanne · Berlin · Bruxelles · Chennai · New York · Oxford

Bibliografische Information der Deutschen Nationalbibliothek
Die Deutsche Nationalbibliothek verzeichnet diese Publikation
in der Deutschen Nationalbibliografie; detaillierte bibliografische
Daten sind im Internet über http://dnb.d-nb.de abrufbar.

Zugl.: Köln, Univ., Diss., 2023

D 38
ISSN 0930-4746
ISBN 978-3-631-90206-6 (Print)
E-ISBN 978-3-631-9125-0 (E-PDF)
E-ISBN 978-3-631-91158-7 (EPUB)
DOI 10.3726/b31428

© 2024 Peter Lang Group AG, Lausanne

Verlegt durch:

Peter Lang GmbH, Berlin, Deutschland

info@peterlang.com http://www.peterlang.com

Alle Rechte vorbehalten.

Das Werk einschließlich aller seiner Teile ist urheberrechtlich geschützt. Jede Verwertung außerhalb der engen Grenzen des Urheberrechtsgesetzes ist ohne Zustimmung des Verlages unzulässig und strafbar. Das gilt insbesondere für Vervielfältigungen, Übersetzungen, Mikroverfilmungen und die Einspeicherung und Verarbeitung in elektronischen Systemen.

Diese Publikation wurde begutachtet.

Vorwort

Die vorliegende Arbeit wurde im Jahr 2023 von der rechtswissenschaftlichen Fakultät der Universität zu Köln als Dissertation angenommen.

Herzlich bedanken möchte ich mich bei meinem Doktorvater Professor Dr. Dr. h.c. Heinz-Peter Mansel für die hervorragende Betreuung und Unterstützung bei der Umsetzung der gesamten Arbeit. Sie haben die Arbeit stets motivierend und fördernd begleitet. Prof. Dr. iur. Christoph Thole, Dipl.-Kfm. danke ich für die Erstellung des Zweitgutachtens.

Für das Korrekturlesen möchte ich mich Karsten Langenkamp meinen besten Dank ausdrücken.

Meinen Eltern, meinem Mann, meiner Tochter und meinem Sohn danke ich für ihre Ermutigungen und uneingeschränkte Unterstützung während des Studiums und der Arbeit an dieser Dissertation. Ihnen ist diese Arbeit gewidmet.

An dieser Stelle möchte ich auch allen beteiligten Personen meinen großen Dank aussprechen, die mich bei der Anfertigung meiner Dissertation unterstützt haben.

Inhaltsverzeichnis

Vorwort 5

Abkürzungs- und Definitionsverzeichnis 21

Einleitung 25

Kapitel 1: Grundlagen 29
    A. Entwicklung der Schiedsgerichtsbarkeit in China seit 1949 29
    B. Rechtsquellen 30
        I. Internationale Übereinkommen oder zwischenstaatliche Abkommen 30
            1. UNÜ (auch „New Yorker Übereinkommen") 30
            2. ICSID (Das Washingtoner Übereinkommen) 31
            3. CISG 31
            4. Bilaterale Übereinkommen 31
        II. Inländische Gesetze und Regelungen 32
            1. Chinesisches Schiedsgesetz (SchG) 32
            2. Chinesisches Zivilprozessgesetz (ZPG) 32
            3. Chinesisches spezielles Maritimprozessgesetz (MPG) 33
            4. Gesetz über die Rechtsanwendung in Zivilsachen mit Auslandsbezug (RAnG) 33
            5. Das neue chinesische Zivilgesetzbuch (ZGB) 34
            6. Andere Gesetze 34
            7. Verwaltungsvorschriften 34
        III. Auslegungsregelungen und Dokumente des chinesischen Obersten Volksgerichts (ObVG) 35
            1. Förmliche gerichtliche Auslegungsregelungen 35
                a. Funktionen und Arten der förmlichen Auslegungsregelungen 35

		b. Relevante Auslegungsregelungen für Schiedsgerichtsbarkeit	38
		2. Übereinkommen und Abkommen	39
		3. Gerichtliche Dokumente anderer Formen	40
	IV. Schiedsordnungen		43

C. Zuordnung der Schiedsgerichtsbarkeit nach chinesischem Recht 44
    I. Inländische oder ausländische Schiedsgerichtsbarkeit 46
        1. Sinn der Nationalität der Schiedsgerichtsbarkeit 46
        2. Maßstäbe für die Feststellung der Nationalität der Schiedsgerichtsbarkeit 47
            a. Territorialitätsprinzip und Schiedsort im rechtlichen Sinn 47
            b. Chinas spezifisches „Schiedsinstitutionskriterium" 50
            c. Feststellung der Nationalität der Schiedssprüche in der Rechtspraxis 51
    II. Schiedsgerichtsbarkeit von Hong Kong, Macau und Taiwan 65
        1. Schiedsgerichtsbarkeit Hong Kong 65
        2. Schiedsgerichtsbarkeit Macau 66
        3. Schiedsgerichtsbarkeit Taiwan 66
    III. Unterteilung der inländischen Schiedsgerichtsbarkeit 66
        1. Innerstaatliche Schiedsgerichtsbarkeit 67
        2. Auslandsbezogene Schiedsgerichtsbarkeit 67
        3. Schiedsgerichtsbarkeit mit Bezug auf Hong Kong, Macau und Taiwan 68
    IV. Internationale Schiedsgerichtsbarkeit 69

D. Das Gerichtssystem Chinas (Kurze Einführung) 69
    I. Volksgericht 69
    II. Aktenanlegungsdezernat 71
    III. Rechtsmittelverfahren 73
        1. Berufung 73
        2. Eigene Rechtsprechungsaufsichtsabteilung 73
        3. Aufsicht durch Volksstaatsanwaltschaft 75
    IV. Vollstreckung 76

Kapitel 2: Überprüfung der Wirksamkeit der Schiedsvereinbarung ... 77

A. Verfahren zur Überprüfung der Wirksamkeit der Schiedsvereinbarung ... 78
  I. Selbständiges Verfahren beim Volksgericht nach § 20 SchG ... 78
    1. Zuständiges Volksgericht ... 80
    2. Verfahren ... 81
      a. Exkurs: Bestimmung des Rechtsstreitgrundes ... 82
      b. Verfahrensablauf ... 83
    3. Prüfungskompetenz von Schiedsinstitution und Volksgericht . 84
      a. „Parallele" Kompetenz ... 84
      b. Präklusion ... 84
      c. Vorrang des Volksgerichts unter Beschränkungen ... 85
      d. Wettbewerb zwischen Schiedskommission und Volksgericht ... 86
      e. Kritik an der Kompetenzverteilung ... 87
    4. Rechtsfolge und Rechtsbehelf ... 90
  II. Erhebung der Schiedseinrede im Gerichtsverfahren nach § 26 SchG ... 91
    1. Zuständigkeit ... 92
    2. Verfahren ... 93
    3. Rechtsfolge ... 94
  III. Berichtssystem ... 95
    1. Das alte Berichtssystem bis Ende 2017 ... 95
    2. Das neue Berichtssystem seit 2018 ... 97
    3. Plattform für Daten- und Informationsmanagement ... 99
  IV. Vergleich von §§ 20 und 26 SchG ... 99
B. Auswahl des Prüfungsmaßstabs ... 100
  I. Prüfungsmaßstab für die Schiedsvereinbarung mit Auslandsbezug ... 100
    1. Rechtsgrundlage ... 100
      a. Alte Kriterien ... 101
      b. Kriterien von ObVG und Auslegung zum SchG (2006) .. 102

>   c. Aktuell: RAnG (2011) und Überprüfungsbestimmung (2017) 103
>   d. Hong Kong, Macau und Taiwan 105
>   2. Rechtspraxis 105
>   3. Ermittlung des anzuwendenden ausländischen Rechts 107
> II. Prüfungsmaßstab für die Schiedsvereinbarung ohne Auslandsbezug 108

C. Wirksamkeit der Schiedsvereinbarung nach chinesischem Recht 108
  I. Geschäftsfähigkeit der Parteien 108
  II. Formerfordernis 109
  III. Inhaltliche Anforderung der Schiedsvereinbarung 109
>   1. Übereinstimmende Willenserklärungen der Parteien 109
>   a. Übereinstimmende Willenserklärungen 109
>   b. „Entweder Schiedsverfahren oder Gerichtsverfahren" 110
>   c. Auslegung des Wortes „kann" 111
>   2. Gegenstand des Schiedsverfahrens 112
>   a. Gesetzlich vorgeschriebene Schiedsfähigkeit des Streitgegenstands 112
>   b. Schiedsfähigkeit des Streitgegenstands im konkreten Fall 113
>   3. Ausgewählte Schiedsinstitution 118
>   a. Unpräzise aber bestimmbare Bezeichnung der Schiedsinstitution 119
>   b. Von der Schiedsordnung auf die Schiedsinstitution 121
>   c. Zwei oder mehrere Schiedsinstitutionen 123
>   d. Von dem Ort der Schiedsinstitution auf die Schiedsinstitution 123
>   e. Schwebende Unwirksamkeit 125
>   f. Exkurs: Streit zwischen CIETAC, SHIAC und SCIA 125
> IV. Unwirksamkeit nach § 17 Nr. 3 SchG 129
> V. Einige Fallgruppen 130

1. Fallgruppe 1: Einschaltung einer ausländischen Schiedsinstitution im Fall einer Streitigkeit ohne Auslandsbezug 130
  2. Fallgruppe 2: Wirksamkeit der Schiedsvereinbarung gegenüber Dritten 130
     a. Wirksamkeit der Schiedsvereinbarung für Gesamtrechtsnachfolge 130
     b. Wirksamkeit der Schiedsvereinbarung für Einzelrechtsnachfolge – Vertragsübernahme, Gläubiger- und Schuldnerwechsel 131
  3. Fallgruppe 3: Konnossement im Seehandel 135
  VI. Zusammenfassung 135

Kapitel 3: Gerichtliche Unterstützung bei der Beweisaufnahme 137

A. Rechtsschutzinteresse an der gerichtlichen Unterstützung 137
  I. Befugnisse des Schiedsgerichts bei der Beweisaufnahme 137
    1. Regelungen nach geltendem Recht und Schiedsordnungen 137
    2. Literaturauffassungen 138
       a. Strenge Parteivorbringung 138
       b. Bedürfnis der eindeutigen Regelung 138
       c. Breites Ermessen des Schiedsgerichts 139
       d. Volle Befugnis des Schiedsgerichts 139
       e. Stellungnahme 139
  II. Gewaltmonopol und fehlende hoheitliche Zwangsmaßnahmen 141
    1. Lösung des negativen Rückschlusses bei Beweiswürdigung ... 142
    2. Gewaltausübung durch das Schiedsgericht 143
    3. Unterstützung durch das staatliche Gericht 144
B. Fehlende Rechtsgrundlage für gerichtliche Unterstützung 144
  I. SchG 144
  II. Anwendung von ZPG und Beweisbestimmung auf das Schiedsverfahren 145
    1. Erste Ansicht: Keine Anwendung des ZPG 146

2. Zweite Ansicht: Subsidiäre Anwendung von ZPG und
Beweisbestimmungen des ObVG 146
3. Stellungnahme 147
4. Analoge Anwendung von ZPG 148
III. Anwendung von IBA-Regeln 148
IV. Anwendung von Schiedsordnungen 148
V. Ergebnis 149

Kapitel 4: Einstweiliger Rechtsschutz durch das Volksgericht ... 151

A. Vermögenssicherung 151
I. Sinn der Vermögenssicherung 151
II. Kompetenzverteilung 152
III. Zeitpunkt der Vermögenssicherung 153
1. Vermögenssicherung im Schiedsverfahren 153
2. Vermögenssicherung vor Einleitung des Schiedsverfahrens 153
3. Vermögenssicherung nach Abschluss des
Schiedsverfahrens 154
IV. Zuständigkeit 155
V. Verfahren 156
VI. Sicherheitsleistung 158
VII. Sicherungsmaßnahmen 159
VIII. Rechtsbehelf 161
1. Rechtsbehelfe gegen die Entscheidung über die
Vermögenssicherung 161
2. Rechtsbehelfe gegen Vollziehungsmaßnahmen 162
3. Rechtsbehelfe des Dritten 162
IX. Beendigung der Vermögenssicherung 163
X. Entschädigungsmöglichkeit 165
1. Entschädigung durch Antragsteller 165
2. Staatliche Entschädigung 166
B. Handlungssicherung 168
I. Rechtsgrundlage für Handlungssicherung 168

II. Inhalt der Handlungssicherung 170
  III. Vollziehung und Zwangsvollstreckung der
       Handlungssicherung 171
  IV. Handlungssicherung in Schiedsverfahren 171
C. Beweissicherung 172
  I. Rechtsgrundlage für Beweissicherung 172
  II. Kompetenzverteilung zwischen Schiedskommission und
      Volksgericht für Beweissicherung im Schiedsverfahren 173
      1. Befugnis zur Einleitung der Beweissicherung 173
         a. Gegenwärtige Rechtslage 173
         b. Literaturmeinung 173
         c. Stellungnahme 174
      2. Befugnis zur Entscheidung über die Beweissicherung 174
      3. Befugnis zur Vollziehung der Beweissicherung 175
  III. Beweissicherung vor einem Schiedsverfahren 176
  IV. Zuständigkeit 177
  V. Voraussetzungen 177
      1. Antrag von der Partei 177
      2. Untergangsgefahr oder Erschwernis hinsichtlich der
         Beweiserhebung 177
  VI. Verfahren/Durchsetzung 178
      1. Beweissicherung bei der Gegenpartei 178
      2. Beweissicherung mit Bezug auf Dritte 178
         a. Beispielsfall und verschiedene Auffassungen 178
         b. Stellungnahme 179
      3. Beweissicherungsmaßnahmen 180
      4. Sicherheitsleistung 180
      5. Beendigung der Beweissicherung 181
  VII. Rechtsbehelfe 181
  VIII. Entschädigung 181
      1. Entschädigung durch Antragsteller 181
      2. Staatliche Entschädigung 182

  IX. Zusammenfassung: Bedeutung der Beweissicherung im chinesischen Recht 182
   1. Gesetzgeberische Erwägungen 183
   2. Literaturmeinungen 183
   3. Stellungnahme 184
 D. Das Spektrum vorläufiger Maßnahmen 185
  I. Sicherungen vs. vorläufige Maßnahmen 185
  II. Vorläufige Maßnahmen in einigen Schiedsordnungen 187
   1. Schiedsrichterlicher einstweiliger Rechtsschutz 187
    a. § 62 BAC-R 187
    b. § 18 i.V.m. § 20 SHFTZ-R 188
    c. § 23 III CIETAC-R 189
    d. § 25 III SCIA-R 189
   2. Eilschiedsrichter (*Emergency Arbitrator*) 190
    a. § 63 BAC-R 190
    b. §§ 18, 21 und 22 SHFTZ-R 190
    c. § 23 II CIETAC-R i.V.m. Anlage 3 CIETAC-Eilschiedsrichterverfahrensordnung 190
    d. § 26 SCIA-R 191
   3. Zusammenfassung 191
    a. Schiedsort und Vollzugsort in China 194
    b. Schiedsort und Vollzugsort (identisch oder nicht identisch) außerhalb Chinas 194
    c. Schiedsort außerhalb Chinas und Vollzugsort in China .. 195
    d. Schiedsort in China und Vollzugsort außerhalb Chinas .. 195
    e. Auswirkung für andere Schiedsordnungen 197
  III. Sonderfall: Hong Kong 198
  IV. Sonderfall: Macau 202

Kapitel 5: Aufhebung der Schiedssprüche 203
 A. Entstehungsgeschichte zur Aufhebung der Schiedssprüche 203

B.	Aufhebbare Schiedssprüche	205
C.	Aufhebungsgründe	207
	I. Darstellung einzelner Aufhebungsgründe	208
	II. Auslegung elinzener Aufhebungsgründe	209
	1. Fehlende Schiedsvereinbarung nach § 58 I Nr. 1 SchG bzw. § 70 SchG i.V.m. § 281 I Nr. 1 ZPG n.F.	209
	a. Keine oder unwirksame Schiedsvereinbarung	210
	b. Aufhebung der Schiedsvereinbarung	211
	c. Präklusion	217
	2. Kompetenzüberschreitung nach § 58 I Nr. 2 SchG und § 70 SchG i.V.m. § 281 I Nr. 4 ZPG n.F.	217
	3. Verstoß gegen Verfahrensregelungen gemäß § 58 I Nr. 3 SchG und § 70 SchG i.V.m. § 281 I Nr. 2 und 3 ZPG n.F.	219
	a. Verfahrensfehler	219
	b. Einige Beispiele für Verfahrensfehler in der Praxis	225
	c. Rechtsfolge des Verfahrensfehlers	230
	4. Fälschung von Beweismitteln nach § 58 I Nr. 4 SchG	231
	5. Verbergung von Beweismitteln nach § 58 I Nr. 5 SchG	233
	a. Voraussetzungen	234
	b. Beweisverbergung in der Praxis	236
	6. Bestechung nach § 58 I Nr. 6 SchG	237
	7. Verstoß gegen gesellschaftliche und öffentliche Interessen nach § 58 III SchG	238
	a. Bedeutung	238
	b. Anwendung auf auslandsbezogene Schiedssprüche	242
D.	Aufhebungsverfahren	242
	I. Antragsfrist und Antragsberechtigung	242
	II. Zuständigkeit	243
	III. Verfahrensablauf	244
	IV. Rechtsbehelf	245
	1. Angriffsmöglichkeit nach Gesetz und Auslegungsregelungen	245
	a. Historische Entwicklung	245
	b. Aktuelle Rechtslage	246

	2. Berichtssystem	247
	a. Berichterstattung bezüglich Aufhebung	247
	b. Kritik am Berichtssystem	248
E.	Rechtsfolge	249
	I. Teilaufhebung	249
	II. Vollaufhebung, § 9 II SchG	250
	III. Zurückverweisung an das Schiedsgericht zur erneuten Entscheidung	251
	1. Gesetzliche Regelung und Auslegungsregelung	251
	2. Offene Fragen bzw. Diskussion	251
	a. Umfang der Anwendung	251
	b. Heilbare Fehler	252
	3. Schicksal des Aufhebungsverfahrens und des Schiedsspruchs	253

Kapitel 6: Anerkennung und Vollstreckung von Schiedssprüchen ... 255

A. Vollstreckung inländischer Schiedssprüche ... 255
   I. Vollstreckung innerstaatlicher Schiedssprüche ... 255
      1. Rechtsgrundlage ... 256
      2. Sachliche und örtliche Zuständigkeit ... 257
      3. Antragsfrist ... 257
      4. Antrag ... 258
      5. Aktenanlegung durch Aktenanlegungsdezernat ... 259
         a. Voraussetzung für Aktenanlegung ... 259
         b. Aktenanlegung und Weiterleitung an das Vollstreckungsorgan ... 259
         c. Ablehnung der Aktenanlegung ... 262
      6. Durchführung der Vollstreckung ... 265
         a. Vollstreckungsmaßnahmen ... 265
         b. Webbasiertes Vollstreckungsermittlungs- und Kontrollsystem ... 266
         c. Zurückweisung wegen Formulierungs- oder Berechnungsfehlern ... 268

		d. Dauer der Vollstreckung 269
		e. Rechtsbehelf gegen Vollstreckungsmaßnahmen 269
		f. Rechtsmittel betreffend den Vollstreckungsgegenstand ... 271
		g. Vorantreibung der Vollstreckung 282
		h. Verteilungsklage 282
	7.	Ablehnung der Vollstreckung durch die Gegenpartei 283
		a. Versagungsgründe 283
		b. Sachentscheidung bzw. Rechtsfolge 288
		c. Berichterstattung 289
	8.	Ablehnung der Vollstreckung durch Dritte 289
		a. Rechtsgrundlage und Voraussetzungen 289
		b. Entscheidung und Rechtsfolgen 298
		c. Berichterstattungspflicht 299
II.	Vollstreckung auslandsbezogener inländischer Schiedssprüche	299
	1. Rechtsgrundlage 300
	2. Versagungsgründe 300
	3. Berichterstattung 301
	4. Ein Leitfall in Bezug auf Antragsfrist 301
III.	Verhältnis zwischen Aufhebung und Ablehnung der Vollstreckung eines inländischen Schiedsspruchs 303
	1.	Wichtige Unterschiede zwischen Vollstreckungsablehnung und Aufhebung 304
		a. Verfahren 304
		b. Zuständigkeit 304
		c. Handlungsmöglichkeit des Volksgerichts 304
		d. Gegenstand 304
		e. Gründe 305
	2.	Verhältnis von beiden Verfahren in zeitlicher Hinsicht 305
		a. Abgeschlossenes Aufhebungsverfahren vor Vollstreckungsverfahren 305
		b. Parallel anhängige Aufhebungsverfahren und Vollstreckungsverfahren 305

          c. Kein Aufhebungsverfahren bis zur Beendigung des Vollstreckungsverfahrens 305
          d. Allgemeines Problem des Informationsaustauschs 306
  B. Anerkennung und Vollstreckung ausländischer Schiedssprüche 307
    I. Rechtsgrundlage 307
        1. Vollstreckung nach New Yorker Überkommen 307
        2. Vollstreckung nach bilateralen Staatsverträgen 307
    II. Besonderheiten 307
        1. Zuständigkeit 307
        2. Verfahren 308
        3. Antragsfrist 308
        4. Ablehnung der Vollstreckung 308
          a. Rechtsgrundlage 308
          b. Beispielfälle 310
        5. Berichterstattung 316
C. Anerkennung und Vollstreckung der Schiedssprüche aus Hong Kong, Macau und Taiwan 316
    I. Lehre der inter-regionalen Justizhilfe 316
    II. Anerkennung und Vollstreckung der Schiedssprüche aus Hong Kong 317
        1. Rechtsgrundlage 317
        2. Vollstreckbare Schiedssprüche 318
        3. Zuständigkeit 319
        4. Antrag 320
        5. Verfahren 320
          a. Anerkennung vor Vollstreckung 320
          b. Ablehnungsgründe 321
          c. Berichterstattung 322
        6. Einstweiliger Rechtsschutz 323
    III. Anerkennung und Vollstreckung der Schiedssprüche aus Macau 323
        1. Rechtsgrundlage 323

		2. Vollstreckbare Schiedssprüche	323
		3. Zuständigkeit	324
		4. Antrag, Verfahren, Ablehnungsgründe, Berichterstattung und Sicherungsmaßnahme	325
	IV.	Anerkennung und Vollstreckung der Schiedssprüche aus Taiwan	325
		1. Rechtsgrundlage	325
		2. Vollstreckbare Schiedssprüche	326
		3. Zuständigkeit	326
		4. Antrag	327
		5. Verfahren	327
		a. Aktenanlegung	327
		b. Prüfung der Anerkennung und Berichterstattung	328
		6. Sicherungsmaßnahme	331

Kapitel 7: Schlusswort 333

A.	Zusammenfassung	333
B.	Modifizierung des SchG	334
	I. Allgemein Inhalt	334
	1. Schiedsinstitution statt Schiedskommission	334
	2. Tätigkeit ausländischer Schiedsinstitution in China	334
	3. Wirksamkeitskriterium einer Schiedsvereinbarung	334
	4. Schiedsort	335
	5. Kompetenz-Kompetenz	335
	6. Aufhebungsgründe	335
	7. Keine Ablehnung der Vollstreckung für inländische Schiedssprüche	336
	8. Besonderheit für auslandsbezogene Angelegenheiten	336
	II. Weiteres Vorgehen	336

Literaturverzeichnis 337

Anhang 1 – Überprüfung der Wirksamkeit der Schiedsvereinbarung und Rechtsbehelf: ein Vergleich von §§ 20 und 26 SchG 349

Anhang 2 – Liste der aktuellen und historischen Namen von CIETAC, SCIA und SHIAC 351

Anhang 3 – Liste der CIETAL Sub-Commissions und Arbitration Centers 353

Anhang 4 – Aufhebungsgründe und Gründe für Ablehnung der Vollstreckung (einschließlich Eingriff durch Dritten) 357

Abkürzungs- und Definitionsverzeichnis

AAA	*American Arbitration Association*
AGZR	Allgemeinen Grundsätze des Zivilrechts
Auslegung zum SchG	Auslegung des ObVG zum Schiedsgesetz vom 23.08.2006 (FaShi 2006, Nr. 7)
Auslegung zum ZPG	Auslegung des ObVG zum ZPG vom 30.01.2015 (FaShi 2015, Nr. 5), geändert durch die Bestimmung des ObVG vom 29.12.2020 (FsShi 2020, Nr. 20)
BAC	Beijing Arbitration Commission oder Beijing International Arbitration Center
BAC-R	Schiedsordnung der BAC
Berichterstattungsbestimmung	Bestimmung des ObVG zur Berichterstattung betreffend die gerichtliche Überprüfung vom Schiedsverfahren vom 26.12.2017 (FaShi 2017, Nr. 21)
Bestimmung über Widerspruch und Wiedererwägungsgesuch	Bestimmung des ObVG über die Fragen betreffend die Bearbeitung von Widerspruch und Wiedererwägungsgesuch bei der Vollstreckung (FaShi 2015 Nr. 10)
Beweisfälschung	Siehe Kapitel 5.C.II.4
Beweisverbergung	Siehe Kapitel 5.C.II.5
CIETAC	*China International Economic and Trade Arbitration Commission*
CIETAC-R	Schiedsordnung der CIETAC
CISG	UN-Kaufrecht oder Wiener Kaufrecht vom 11.04.1980 (Englisch: „*United Nations Convention on Contracts for the International Sale of Goods*")
DIS	Deutsche Institution für Schiedsgerichtsbarkeit e. V.
Dritte(r)	Siehe Kapitel 6.A.I.6.f)aa)aaa)
GGG	Chinesisches Gesetzgebungsgesetz
GGZR	Generelle Grundsätze des Zivilrechts
GOG	Chinesisches Gerichtsorganisationsgesetz

HKIAC	*Hong Kong International Arbitration Center*
IACAC	Interamerican Commercial Arbitration Commission
ICC	*International Court of Arbitration*
ICSID / Washingtoner Übereinkommen	Übereinkommen über die Beilegung von Investitionsstreitigkeiten zwischen Staaten und Staatsbürgern anderer Länder vom 18.03.1965
Interessenbetroffene(r)	Siehe Kapitel 6.A.I.6.e)aa)
Interessenvorbehalt	Siehe Kapitel 5.C.II.7
Judikationsanweisung	Serienausgabe vom ObVG, 2 mal pro Jahr seit dem Jahr 2002, mit dem vollständigen Namen „Judikationsanweisung in Handels- und Maritimangelegenheiten mit Auslandsbezug" („*Guide and Study on China's Foreign-related Commercial and Maritime Trials*")
MPG	Chinesisches spezielles Maritimprozessgesetz
Nachteilige Beweismittel	Siehe Kapitel 5.C.II.5.a)
NVK	Chinesischer Nationaler Volkskongress
LCIA	*London Court of International Arbitration*
ObVG	Das chinesische Oberste Volksgericht
RAnG	Gesetz über die Rechtsanwendung in Zivilsachen mit Auslandsbezug
Relevante Dokumente	Siehe Kapitel 5.C.II.3.b)aa)
RRI	Siehe Kapitel 6.A.I.8.a)
SANVK	Gesetz über die Rechtsanwendung in Zivilsachen mit Auslandsbezug vom Ständigen Ausschuss des Nationalen Volkskongresses
SCC	*Arbitration Institute of the Stockholm Chamber of Commerce*
SchG	Chinesisches Schiedsgesetz
Schiedsfälle unter Gerichtlicher Überprüfung	Siehe Kapitel 1.B.III.1.b)
SIAC	*Singapore International Arbitration Center*

SCIA	Shenzhen Court of International Arbitration
SCIA-R	Schiedsordnung der SCIA
StG	Chinesisches Strafgesetz
Überprüfungsbestimmung	Bestimmung des ObVG zu einigen Fragen betreffend die Bearbeitung der Schiedsfälle unter gerichtlicher Überprüfung vom 26.12.2017 (FaShi 2017, Nr. 22)
UNCITRAL	*United Nations Commission on International Trade Law*
UNÜ/ New Yorker Übereinkommen	UN Übereinkommen über die Anerkennung und Vollstreckung ausländischer Schiedssprüche vom 10.06.1958
VerG	Chinesisches Vertragsgesetz
Vollstreckungsbestimmung	Bestimmung des ObVG zu einigen Fragen betreffend die Vollstreckung der Schiedssprüche durch Volksgerichte vom 22.02.2018 (FaShi 2018, Nr. 5)
Vollstreckungsübereinkunft Hong Kong	Übereinkunft in Form der Auslegungsregelung zur gegenseitigen Vollstreckung der Schiedssprüche aus Festland-China und Hong Kong vom 24.01.2000 (FaShi 2000, Nr. 3), geändert durch die Ergänzungsübereinkunft in Form der Auslegungsregelung des ObVG (Fashi 2020, Nr. 13)
Vollstreckungsübereinkunft Macau	Auslegungsregelung des ObVG zur gegenseitigen Anerkennung und Vollstreckung der Schiedssprüche aus Festland-China und der Sonderverwaltungsregion Macau vom 12.12.2007 (FaShi 2007, Nr. 17)
Vollstreckungsbestimmung Taiwan	Bestimmung der ObVG über die Anerkennung und Vollstreckung der Schiedssprüche aus der Region Taiwan vom 29.06.2015 (FaShi 2015, Nr. 14)
Vorprüfung	Siehe Kapitel 2.A.II
ZCC	*Zurich Chamber of Commerce*
ZGB	Chinesisches Zivilgesetzbuch
ZPG	Chinesisches Zivilprozessgesetz

Einleitung

Die Schiedsgerichtsbarkeit dient zur Streitbeilegung sowohl im allgemeinen Völkerrecht zwischen verschiedenen Staaten oder öffentlichen Rechtsträgern als auch in der nationalen und internationalen Privatrechtspraxis, insbesondere in den wirtschaftsrelevanten Bereichen. Diese Arbeit behandelt nur die private Schiedsgerichtsbarkeit. In der privaten Schiedsgerichtsbarkeit können die Rechtsstreitigkeiten entweder in einem ad hoc-Schiedsverfahren vor dem Gelegenheitsschiedsgericht oder in einem Schiedsverfahren vor dem institutionellen Schiedsgericht beigelegt werden[1]. Mit der Entwicklung der Schiedsgerichtsbarkeit in der vergangenen Zeit wurden mehrere internationale und nationale „ständige" Schiedsinstitutionen errichtet. Einige heutige wichtige Schiedsinstitutionen sind der *International Court of Arbitration* (**ICC**), die *American Arbitration Association* (**AAA**) in den USA, *der London Court of International Arbitration* (**LCIA**) in England, das *Arbitration Institute of the Stockholm Chamber of Commerce* (**SCC**) in Schweden, das *Singapore International Arbitration Center* (**SIAC**) in Singapur, die *Zurich Chamber of Commerce* (**ZCC**) in der Schweiz, die Deutsche Institution für Schiedsgerichtsbarkeit e. V. (**DIS**) in Deutschland, die *China International Economic and Trade Arbitration Commission* (**CIETAC**) in China und das *Hong Kong International Arbitration Center* (**HKIAC**) in Hong Kong.

Die Frage nach der Rechtsnatur der privaten Schiedsgerichtsbarkeit war lange Zeit umstritten. In der Literatur wurden dazu hauptsächlich die Jurisdiktionstheorie, die Vertragstheorie, die Theorie der hybriden Mischform sowie die Autonomietheorie vertreten.[2] Obwohl der Streit um die Rechtsnatur der Schiedsgerichtsbarkeit nicht beendet ist, ist es heute herrschende Ansicht, dass es zur Gewährleistung eines ordentlichen Schiedsverfahrens der Beteiligung der staatlichen Gerichte bedürfe, sei es in Form der Kontrolle, sei es in Form der Unterstützung durch das staatliche Gericht.[3] Auf die staatliche Kontrolle und Überwachung der Schiedsgerichtsbarkeit wird von keinem Staat verzichtet und die Beteiligung des staatlichen Gerichts im Schiedsverfahren wurde auch im UNÜ festgelegt.[4] Im Hinblick auf die internationale Schiedspraxis untersteht die

---

1 Schwab/Walter, Kapitel 1, Rn. 10.
2 SONG Lianbin, 2010, S. 8–13; ZHANG Zhi, S. 28.
3 Ragnar Harbst, S. 19–20.
4 ZHU Kepeng, S. 47.

private Schiedsgerichtsbarkeit dem nationalen Recht.[5] Es wird auch anerkannt, dass die Schiedsgerichtsbarkeit die Parteivereinbarung als Grundlage hat.[6]

Mit der Entwicklung der Wirtschaft und des Handelsverkehrs in China wird die Schiedsgerichtsbarkeit als eine alternative Lösung für die Streitbeilegung immer wichtiger und beliebter.[7] Dabei ist zu beachten, dass aufgrund der historischen und politischen Entwicklung vier Regionen – Festland-China, Hong Kong, Macau und Taiwan – mit jeweiligen eigenen Rechtssystemen in China existieren.

Das Rechtssystem in Festland-China ist vom Civil-Law-System geprägt. Festland-China hat eigenes Schiedsgesetz, Zivilprozessgesetz und Regelungen in Bezug auf die Schiedsgerichtsbarkeit.

Als Sonderverwaltungszone behält Hong Kong sein eigenes Rechtssystem, welches stark vom britischen Rechtssystem bzw. Common-Law-System geprägt ist. Die wichtigste Rechtsgrundlage für die Schiedsgerichtsbarkeit in Hong Kong ist die neue Chapter 609, Hong Kong Arbitration Ordinance, zuletzt geändert durch den Legislativrat am 19.05.2021 und Übereinkunft über die gegenseitige Anerkennung und Vollstreckung der Schiedssprüche zwischen Hong Kong und Festland-China vom 24.01.2000, zuletzt geändert am 27.11.2020).

Als Sonderverwaltungszone behält Macau auch sein Rechtssystem aus der Zeit als portugiesische Kolonie. Die wichtigsten Rechtsgrundlagen für die Schiedsgerichtsbarkeit in Macau sind zwei Verordnungen (Decree-Law no. 29/96/M of 11 June 1996; Decree-Law no. 55/98/M of 23 November 1998) und zwei Übereinkommen/Übereinkünfte (UN Übereinkommen über die Anerkennung und Vollstreckung ausländischer Schiedssprüche vom 10.06.1958; Übereinkunft über die gegenseitige Anerkennung und Vollstreckung der Schiedssprüche zwischen Macau und Festland-China vom 30. Oktober 2007, FaShi 2007, Nr. 17).

---

5   ZHU Kepeng, S. 46.
6   Schwab/Walter, Kapitel 1, Rn. 1: Durch die private Willenserklärung ist die Entscheidung bürgerlicher Rechtstreitigkeiten an Stelle staatlicher Gerichte den Schiedsgerichten als Privatgerichten übertragen.
7   Zum Beispiel ist die Volksrepublik China Deutschlands wichtigster Handelspartner in Asien. Sie ist auch ein bedeutender Investitionsstandort für deutsche Unternehmen. Die enge wirtschaftliche Beziehung zwischen China und Deutschland bringt ein erhöhtes Potential für deutsch-chinesische Wirtschaftsstreitigkeiten mit sich. Verträge zwischen chinesischen und deutschen Unternehmen sehen gewöhnlich die Schiedsvereinbarung bzw. Schiedsklausel vor. Siehe „Schiedsverfahren mit chinesischen Parteien, Teil I" in „Client Publication" von der Kanzlei Shearman & Sterling LLP, International Arbitration & Litigation, Dezember 2008.

Das Rechtssystem in Taiwan ist zwar grundsätzlich auch als Civil-Law-System einzuordnen. Aus historischen und politischen Gründen hat Taiwan jedoch eine eigene Gesetzgebung und deshalb eigene Schiedsgesetze, Zivilprozessgesetze usw. Aufgrund der unterschiedlichen Rechtsgrundlagen für die Schiedsgerichtsbarkeit in den vier Regionen weist die Rechtspraxis in den Regionen große Unterschiede auf, beispielsweise bezüglich der Anwendbarkeit des UNCITRAL-Modellgesetzes. Im Jahr 1985 hat die United Nations Commission on International Trade Law (**UNCITRAL**) das UNCITRAL-Modellgesetz entworfen. Das Modellgesetz hat keine Bindungswirkung für die einzelnen Staaten und kann die Staaten auch nicht dazu zwingen, es im Inland umzusetzen oder ein entsprechendes Schiedsgesetz zu erlassen. Es stellt nur ein vom UNCITRAL vorgeschlagenes Muster für die schiedsgerichtlichen Regelungen dar. Ursprünglich wurde es nur auf das Schiedsverfahren im internationalen Handel angewendet, später auch für Schiedsverfahren in anderen Bereichen des Privatrechts. Festland-China hat das UNCITRAL-Modellgesetz nicht im eigenen nationalen Recht umgesetzt, während Hong Kong[8], Macau[9] und Taiwan[10] das jeweils in eigener Art und Weise getan haben.

Wegen der raschen Entwicklung der Schiedsgerichtsbarkeit ist heute die schiedsrichterliche Streitbeilegung in vielen Bereichen möglich, z.B. in Zivil-, Handels-, Maritim- und Finanzstreitigkeiten, im Arbeitsrecht, Pachtrecht, Medizingeschäft, Sport usw. Die vorliegende Arbeit bezieht sich nur auf die private Schiedsgerichtsbarkeit in Festland-China. In der Arbeit wird nach der Rolle des staatlichen Gerichts im Schiedsverfahren in Festland-China geforscht und die Forschung beschränkt sich nur auf die Schiedsgerichtsbarkeit in Zivil-, Handels-, Maritim- und Finanzstreitigkeiten.

Die Arbeit beginnt mit grundlegenden Rechtsfragen in Bezug auf die Schiedsgerichtsbarkeit, z.B. den Rechtsquellen und wichtigen Rechtsbegriffen. Anschließend werden die einzelnen Beteiligungsformen und Funktionen des staatlichen Gerichts in der Schiedsgerichtsbarkeit näher dargestellt. Die Überwachungs- und Unterstützungsfunktionen des staatlichen Gerichts können nicht immer

---

8 Siehe Chapter 609 , Hong Kong Arbitration Ordinance (Version 10 April 2014), in der die anwendbaren Regelungen aus UNCITRAL-Modellgesetz aufgelistet oder modifiziert sind.
9 Die Macau Verordnung Decree-Law no. 55/98/M of 23 November 1998 hat das UNCITRAL-Modellgesetz als Grundlage und es nur in geringem Umfang modifiziert.
10 Bei Erlass des Taiwaner Schiedsgesetzes im Jahr 1998 wurde das UNCITRAL-Modellgesetz als Bezugsgrundlage für das neue Gesetz genommen. Das Taiwaner Schiedsgesetz wurde zuletzt im Jahr 2009 modifiziert.

streng voneinander abgegrenzt werden, weil man hinsichtlich der Funktionsart des staatlichen Gerichts oft auf den Einzelfall und auf den konkreten Ausgang des Verfahrens abstellt. Wird das staatliche Gericht z.B. für die Überprüfung der Wirksamkeit der Schiedsvereinbarung in Anspruch genommen, unterstützt es das Schiedsverfahren, wenn es die Schiedsvereinbarung für wirksam erklärt und daher den sich aus der Schiedsvereinbarung ergebenden Parteiwillen zum Ausschluss des Gerichtsweges bestätigt und die Durchführung des Schiedsverfahrens gewährleistet. Das staatliche Gericht kann auch als Kontroll- und Überwachungsorgan fungieren, wenn die Schiedsgerichtsbarkeit wegen fehlender oder unwirksamer Schiedsvereinbarung unzulässig ist. Ähnlich ist es auch im Vollstreckungsverfahren. Wenn sich eine Partei zur Vollstreckung eines Schiedsspruchs an das staatliche Gericht anwendet, überprüft das staatliche Gericht das Schiedsverfahren in bestimmtem Umfang. Je nach Ausgang der Überprüfung – entweder Anerkennung und Vollstreckung des Schiedsspruchs oder Nichtanerkennung und Ablehnung der Vollstreckung – wird das staatliche Gericht das Schiedsverfahren unterstützen oder kontrollieren.

Kapitel 1: Grundlagen

A. Entwicklung der Schiedsgerichtsbarkeit in China seit 1949

Obwohl das gegenwärtig in China geltende Schiedsgesetz erst im Jahr 1995 verabschiedet wurde, hat die Schiedsgerichtsbarkeit im Reich der Mitte eine lange Geschichte. Auch das Verhältnis zwischen der Schiedsgerichtsbarkeit und dem Volksgericht[11] erlebte allein seit der Gründung der Volksrepublik China 1949 einige große Entwicklungsphasen:[12]

In der Zeit zwischen 1949 bis 1966 fungierten die Wirtschaftskommissionen der örtlichen Regierungen als Schiedsorganisation bzw. Schiedsgericht. Die Wirtschaftskommissionen in Stadtbezirken oder in Städten waren Schiedsgericht erster Instanz. Schiedsgericht zweiter Instanz waren die Wirtschaftskommissionen in Provinzen, autonomen Gebieten oder Städten mit Provinzstatus. Die Staatswirtschaftskommission konnte in Ausnahmefällen als Schiedsgericht dritter Instanz fungieren, wenn es sich um Streitigkeiten mit großer Bedeutung handelte. In dieser Zeit hatten die Wirtschaftskommissionen und die Volksgerichte nichts miteinander zu tun. Das Volksgericht hatte keine Befugnis, ins Schiedsverfahren in irgendeiner Art und Weise einzugreifen oder sich daran zu beteiligen.

Während der Kulturrevolution zwischen 1966 und 1976 wurde das Rechtssystem wegen der revolutionären Umgestaltung aufgelöst. Weder die Justiz noch die Schiedsgerichtsbarkeit funktionierten.

Nach dem Ende der Kulturrevolution trat eine große Veränderung im chinesischen Rechtssystem ein. Betroffen war auch das Schiedsrecht. In der Zeit zwischen 1978 und 1995 durfte das Volksgericht das Schiedsverfahren in umfangreichen Aspekten beeinflussen. Wenn eine Partei mit dem Schiedsspruch nicht einverstanden war, durfte sie wieder in der Sache klagen. Der erlassene Schiedsspruch wurde so behandelt, als wäre er gar nicht erlassen worden.

Seit dem Erlass des Schiedsgesetzes im Jahr 1995 hat das Schiedsverfahren in China nur noch eine Instanz. Im Vergleich zur Vergangenheit ist es zwar ein großer Fortschritt, dass sich die Kontrolle und Überwachung des Schiedsverfahrens

---

11 Staatliche Gerichte werden in Festland-China als Volksgerichte bezeichnet.
12 Siehe die folgende Darstellung über die Entwicklungsgeschichte in TAN Bing, S. 387, 388.

durch das Volksgericht nur auf gesetzlich vorgesehene Fälle beschränken. Jedoch besteht immer noch ein Spannungsverhältnis zwischen dem Volksgericht und der Schiedsgerichtsbarkeit. Das ergibt sich zum einen aus der Gesetzgebung und der Literatur, die sich mehr auf die Kontrollfunktionen und weniger auf die Unterstützungsmöglichkeiten des Volksgerichts konzentriert haben, und zum anderen auch aus der Rechtspraxis und der Vorstellung vieler Richter, die die Schiedsgerichtsbarkeit nicht als eine alternative Streitbeilegungsmethode, die das staatliche Gericht in bestimmtem Umfang von seiner Arbeit entlastet, sehen. Viele Richter bezweifeln die fachliche Qualität der schiedsrichterlichen Arbeiten und wollen das Schiedsverfahren ständig kontrollieren und überwachen.[13]

B. Rechtsquellen

Das Verhältnis zwischen dem Volksgericht und der Schiedsgerichtsbarkeit ergibt sich insbesondere aus den folgenden Gesetzen und verbindlichen Regelungen.

I. Internationale Übereinkommen oder zwischenstaatliche Abkommen

1. UNÜ (auch „New Yorker Übereinkommen"[14])

Die Volksrepublik China ist dem UN Übereinkommen über die Anerkennung und Vollstreckung ausländischer Schiedssprüche vom 10.06.1958 (**UNÜ**) mit Wirkung zum 22.04.1987 beigetreten. Das UNÜ ist eine wichtige Rechtsgrundlage für die Anerkennung und Vollstreckung ausländischer Schiedssprüche in China. Beim Beitritt hat die Volksrepublik China gemäß Art. 1 (3) UNÜ erklärt, dass sie das Übereinkommen nur auf die Anerkennung und Vollstreckung solcher Schiedssprüche anwenden werde, die in dem Hoheitsgebiet eines anderen Vertragsstaates ergangen sind (sog. Territorialitätsvorbehalt bzw. Gegenseitigkeitsvorbehalt) und sie das Übereinkommen nur auf Streitigkeiten aus solchen

---

13 Ich habe in Oktober 2010 an der Veranstaltung „Überwachung des Schiedsverfahrens durch staatliche Gerichte in China" in der Provinz Shandong teilgenommen. Teilnehmer waren die Richter aus den Unteren, Mittleren und Oberen Volksgerichten und die Schiedsrichter aus den verschiedenen Schiedskommissionen in Shandong. Viele Schiedsrichter verlangten weniger Kontrolle und mehr Unterstützung durch das Volksgericht, während die meisten Richter auf die strenge Kontrolle und Überwachung bestanden.

14 In China wird dieses Übereinkommen üblicherweise als „**New Yorker Übereinkommen**" abgekürzt und bezeichnet.

Rechtsverhältnissen, sei es vertraglicher oder nichtvertraglicher Art, anwenden werde, die nach ihrem innerstaatlichen Recht als Handelssachen angesehen werden (sog. Handelssachenvorbehalt).[15]

2. ICSID (Das Washingtoner Übereinkommen)

Die Volksrepublik China ist dem Übereinkommen über die Beilegung von Investitionsstreitigkeiten zwischen Staaten und Staatsbürgern anderer Länder vom 18.03.1965 (Washingtoner Übereinkommen oder ICSID) mit Wirkung zum 08.07.1993 beigetreten. Dabei hat sie den Anwendungsbereich des Übereinkommens gemäß Art. 25 IV ICSID auf Streitigkeiten über Entschädigungen wegen Enteignung oder Verstaatlichung beschränkt.[16]

3. CISG

Die Volksrepublik China ist dem UN-Kaufrecht (auch als „Wiener Kaufrecht" genannt, englisch: *„United Nations Convention on Contracts for the International Sale of Goods"*) vom 11.04.1980 mit Wirkung zum 30.09.1981 beigetreten. CISG ist maßgeblich für den internationalen Warenkauf.

4. Bilaterale Übereinkommen

Die Volksrepublik China hat mit vielen Ländern Investitionsförderungs- und Schutzabkommen geschlossen, z.B. das Gesetz zu dem Abkommen vom 30.06.2000 zwischen der Regierung der Bundesrepublik Deutschland und der Regierung der Volksrepublik China über die Zusammenarbeit auf den Gebieten der Wirtschaft, Industrie und Technik vom 08.05.2002, das deutsch-chinesische Investitionsförderungs- und Schutzabkommen vom 01.12.2003[17], das Handelsabkommen zwischen den USA und der Volksrepublik China von 1979, das Rechtshilfeabkommen jeweils in Zivil- und Handelssachen mit Frankreich (vom 04.05.1987 und vom 08.02.1988), mit Belgien (vom 20.11.1987, nur im Zivilrecht), mit Italien (vom 20.05.1991 und vom 01.01.1995), mit Spanien (vom 02.05.1992 und vom 01.01.1994), mit Singapur (vom 28.04.1997 und vom 27.06.1999). Solche bilateralen Übereinkommen bzw. Abkommen enthalten gegebenenfalls Regelungen, die die Schiedsgerichtsbarkeit in beiden Ländern betreffen.

---

15 Anlage zum UNÜ; Lutz Kniprath, S. 24.
16 Lutz Kniprath, S. 24.
17 In Kraft getreten ist das Abkommen am 11. November 2005.

II. Inländische Gesetze und Regelungen

1. Chinesisches Schiedsgesetz (SchG)

Das SchG wurde ursprünglich im Jahr 1995 erlassen und ist am 01.09.1995 in Kraft getreten. Danach wurde das SchG im Jahr 2009 und 2017 geändert.[18] Das SchG besteht aus 8 Büchern mit insgesamt 80 Paragraphen. Es ist ein spezielles Gesetz für das nationale und auslandsbezogene Schiedsverfahren in China.[19]

2. Chinesisches Zivilprozessgesetz (ZPG)

Das aktuelle ZPG ist am 09.04.1991 in Kraft getreten und wurde im Jahr 2007, im Jahr 2012, im Jahr 2017 und zuletzt im Jahr 2021 modifiziert. Das zuletzt modifizierte ZPG trat am 01.01.2022 in Kraft. Auf die Schiedsgerichtsbarkeit anwendbar sind vor allem solche Vorschriften des ZPG, auf die das SchG verweist. Umfasst sind z.B. § 244 ZPG hinsichtlich der Gründe für die Nichtvollstreckung innerstaatlicher Schiedssprüche[20], § 281 ZPG hinsichtlich der Gründe für die Aufhebung und die Nichtvollstreckung auslandsbezogener Schiedssprüche und §§ 231–265, 290 ZPG[21], die das Vollstreckungsverfahren regeln, weil die Vollstreckung eines Schiedsspruchs dem Volksgericht vorbehalten ist.

Die Anwendung der übrigen Vorschriften des ZPG auf die Schiedsgerichtsbarkeit ist jedoch umstritten. Nach der herrschenden Meinung ist das

---

18 Die letzten Änderungen im Jahr 2017 sind am 1. Januar 2018 in Kraft getreten. Im Vergleich zu der ursprünglichen Version des SchG im Jahr 1995 sind neben den formellen Änderungen inhaltlich nur die Voraussetzungen für die Schiedsrichter und einige verwiesenen Normen von ZPG wegen der Modifizierung von ZPG geändert. Zu beachten ist, dass die im Schiedsgesetz angegebenen Normen von ZPG, auf die § 63 SchG, § 70 SchG und § 71 SchG verweisen, nicht richtig aktualisiert worden sind. § 63 SchG soll statt auf § 220 II ZPG a.F. auf § 237 II ZPG n.F., § 70 SchG und § 71 SchG jeweils statt auf § 258 I ZPG a.F. auf § 281 I ZPG n.F. verweisen. In dieser Arbeit werden in solchen Situationen alle tatsächlich in einem Gesetz angegebenen Normen aus einem anderen Gesetz wiedergegeben. Aus Verständlichkeits- und Vereinheitlichungsgründen werden die Normen aus dem anderen Gesetz, wenn sie veraltet sind und bereits wegen der Modifizierung dieses anderen Gesetzes geändert worden sind, mit „a.F." vermerkt. Anschließend werden die aktuellen Normen, die mit „n.F." vermerkt sind, in einer Klammer angegeben.
19 Lutz Kniprath, S. 25.
20 Siehe Definition bzw. Zuordnung des Schiedsverfahrens bzw. Schiedssprüche in 1. Kapitel, C unten. Verweisungsvorschrift in SchG ist § 63 SchG.
21 § 62 SchG verweist auf die Regelungen im ZPG in Bezug auf das Vollstreckungsverfahren.

Schiedsverfahren anders als der Zivilprozess, weshalb nur das Schiedsgesetz und die Regelungen im Zivilprozessgesetz, auf die das Schiedsgesetz verweist, auf das Schiedsverfahren Anwendung finden sollen.[22] Nach einer anderen Ansicht ist das ZPG auf das Schiedsverfahren subsidiär anwendbar, soweit das SchG selbst keine entsprechenden Regelungen enthält.[23] Auf diese Meinungsstreitigkeit und das Verhältnis zwischen ZPG und SchG wird in anderen Kapiteln noch zurückzukommen sein.

3. Chinesisches spezielles Maritimprozessgesetz (MPG)

Das MPG ist am 01.07.2000 in Kraft getreten. Es ist ein spezielles Gesetz für die Schiedsgerichtsbarkeit in maritimen Angelegenheiten.

4. Gesetz über die Rechtsanwendung in Zivilsachen mit Auslandsbezug (RAnG)

In auslandsbezogenen Angelegenheiten[24] wird oft darüber gestritten, welches Recht anzuwenden ist, bevor über das materielle Recht entschieden wird. Das Kollisionsrecht wurde im 8. Kapitel der Generellen Grundsätze des Zivilrechts (**GGZR**)[25] und mehreren Auslegungsregelungen des ObVG geregelt. Mangels einer einheitlichen Richtlinie für das Kollisionsrecht widersprechen sich in manchen Fällen die Regelungen. Vor diesem Hintergrund wurde am 28.10.2010 das neue Gesetz über die Rechtsanwendung in Zivilsachen mit Auslandsbezug vom Ständigen Ausschuss des Nationalen Volkskongresses (**SANVK**)[26] erlassen. Das Gesetz weist 8. Kapitel und insgesamt 52 Paragraphen auf und ist am 01.04.2011 in Kraft getreten. Mit dem RAnG wollte der Gesetzgeber das Kollisionsrecht in Bezug auf die zivilrechtlichen Angelegenheiten mit Auslandsbezug systematisch und einheitlich regeln.

---

22 SHEN Deyong/WANG Exiang, S. 174–175.
23 TAN Bing, S. 291; Lutz Kniprath, S. 27.
24 Siehe Darstellung der auslandsbezogenen Schiedsgerichtsbarkeit, unten Kapitel 1.C.III.2.
25 Das GGZR ist ab 01.01.2021 außer Kraft getreten.
26 Der Nationale Volkskongress (**NVK**) ist das chinesische Parlament bzw. das oberste Gesetzgebungs- und Volksvertretungsorgan. Die große Versammlung des NVK findet einmal im Jahr – normalerweise im Frühling – statt. Während seiner „Ruhezeit" wird der NVK von seinem Ständigen Ausschuss vertreten, der sich sechsmal im Jahr trifft und auch Gesetze (außer grundlegenden Gesetzen) und Regelungen erlässt und auslegt.

5. Das neue chinesische Zivilgesetzbuch (ZGB)

Das chinesische Zivilgesetzbuch wurde nach jahrzehntelanger Kodifizierung am 28.05.2020 vom Gesetzgebungsorgan erlassen und ist seit 01.01.2021 in Kraft getreten. Mit dessen Inkrafttreten sind das chinesische Ehegesetz, das chinesische Erbgesetz, die Generellen Grundsätze des Zivilrechts (**GGZR**)[27], das chinesische Adoptionsgesetz, das chinesische Garantiegesetz, das chinesische Vertragsgesetz (**VerG**), das chinesische Eigentumsrechtsgesetz, das chinesische Gesetz über die Haftung für unerlaubte Handlungen und die Allgemeinen Grundsätze des Zivilrechts (**AGZR**)[28] außer Kraft getreten.

6. Andere Gesetze

Für die Schiedsgerichtsbarkeit relevant sind auch das ausländische Investitionsgesetz vom 15.03.2019 und das Gesetz zur Umsetzung des ausländischen Investitionsgesetzes vom 26.12.2019.

7. Verwaltungsvorschriften

Die Verwaltungsvorschriften der Regierung und der Behörden sind auch wichtige Rechtsquellen, wenn im, vor oder nach dem Schiedsverfahren staatliche Behörden oder Volksgerichte eingreifen sollen. Es gibt in China keine Gewaltenteilung zwischen Administrative, Judikative und Legislative. Die Volksgerichte müssen ggfs. auch die Verwaltungsvorschriften einhalten. Die höchsten Verwaltungsvorschriften sind diejenige aus dem Staatsrat (*Guo Wu Yuan Ling*).

---

27 Die Allgemeinen Grundsätze des Zivilrechts wurde am 12.04.1986 erlassen und im Jahr 2009 modifiziert. Sie waren ein Schlüsselwerk des chinesischen bürgerlichen Rechts.

28 Im Jahr 2017 wurde das Zivilrecht in der Volksrepublik China umfassend reformiert. Die Allgemeinen Grundsätze des Zivilrechts (AGZR) wurden vom NVK am 15.03.2019 erlassen. Die größten Teile von GGZR sind wegen der seit 01.10.2017 in Kraft getretenen AGZR nicht mehr gültig. Die AGZR sind als der allgemeine Teil des chinesischen Zivilgesetzbuches (ZGB) gedacht. Die anderen Kapitel des ZGB wurden Schritt für Schritt vom Ständigen Ausschuss des NVK überprüft und sind zusammen mit den AGZR Bestandteile des ZGB geworden.

III. Auslegungsregelungen und Dokumente des chinesischen Obersten Volksgerichts (ObVG)

1. Förmliche gerichtliche Auslegungsregelungen

a. Funktionen und Arten der förmlichen Auslegungsregelungen

Grundsätzlich können nur die Gesetzgebungsorgane die Gesetze auslegen. Nach § 45 I des chinesischen Gesetzgebungsgesetzes (**GGG**)[29] hat das SANVK das Recht zur Auslegung der Gesetze.

Nach § 32 des Gerichtsorganisationsgesetzes (**GOG**)[30] und Art. 2 S. 1 des Beschlusses des SANVK vom 10.06.1981[31] darf das ObVG Gesetze und andere Regelungen hinsichtlich deren Anwendung auslegen. In § 104 I und II des chinesischen Gesetzgebungsgesetzes[32] ist geregelt, dass nur das ObVG und die oberste Staatsanwaltschaft die Anwendung des Gesetzes im konkreten Fall auslegen dürfen. Die Gesetzesauslegung durch die oberste Staatsanwaltschaft bezieht sich vor allem auf die staatsanwaltschaftliche Arbeit und ist daher kein Gegenstand dieser Arbeit.

Die vom ObVG erlassenen Auslegungsregelungen haben verbindliche Rechtswirkung wie Gesetze.[33] Die Rechtsanwendung der Volksgerichte in der Praxis orientiert sich entweder am Gesetzestext oder – wenn der Gesetztext nicht konkret genug oder missverständlich ist – an den Auslegungsregelungen des ObVG.

---

29 Das aktuelle Gesetzgebungsgesetz wurde 2015 modifiziert.
30 Das aktuelle Gerichtsorganisationsgesetz wurde 2006 modifiziert.
31 Beschluss des Ständigen Ausschusses des Nationalen Volkskongresses über die Frage der Verbesserung der Gesetzauslegungsarbeit vom 10.06.1981.
32 § 104 GGG ist eine erst im Jahr 2015 ins GGG neu hinzugefügte Norm.
33 Vgl. Art. 5 der Bestimmung des ObVG über seine Auslegungsarbeit vom 09.03.2007 (FaFa 2007, Nr. 12). Zweifelhaft ist die Befugnis des ObVG, seinerseits mit einem solchen Rechtsdokument, das keine allgemeine rechtsverbindliche Wirkung hat, zu bestimmen, dass seine justizielle Auslegung die Rechtswirkung wie das ausgelegte Gesetz hat. Diese Befugnis könnte sich aus § 32 GOG und Art. 2 der Resolution des Ständigen Ausschusses des NVK vom 10.06.1981 ergeben. Jedoch wird da nur die Befugnis des ObVG zur Auslegung des Gesetzes bzw. zum Erlass der Auslegungsregelung vorgesehen, nicht auch zur Bestimmung deren Wirkung. Jedenfalls werden die Auslegungsregelungen des ObVG schon seit langem in der chinesischen Rechtspraxis – nicht erst ab 01.04.2007, wenn die obige Bestimmung in Kraft getreten ist – als allgemeine verbindliche Regelungen und wichtigste Rechtsquelle anerkannt. Die Rechtswirkung der Auslegungen des ObVG ist auch insofern wichtig, als die Auslegungen zumindest für die Volksgerichte der niedrigeren Instanz verbindlich sind.

Daher ist die praktische Relevanz der gerichtlichen Auslegungsregelungen des ObVG nicht zu unterschätzen.

Ähnlich wie Gesetze, die im förmlichen Verfahren nach dem Gesetzgebungsgesetz erlassen werden müssen, hat der Erlass der Auslegungsregelungen des ObVG auch in einem förmlichen Verfahren nach der Bestimmung des ObVG über seine Auslegungsarbeit[34] zu erfolgen. Danach müssen Auslegungsregelungen des ObVG dem Judikationsausschuss des ObVG zur Diskussion vorgelegt und durch den Judikationsausschuss beschlossen werden[35]. Nach § 104 III des chinesischen Gesetzgebungsgesetzes und § 310 des chinesischen Aufsichtsgesetzes sind die Auslegungsregelungen des ObVG und der obersten Staatsanwaltschaft, die die Anwendung der Gesetze im Gerichtsverfahren und in der staatsanwaltschaftlichen Arbeit betreffen, dem SANVK innerhalb von 30 Tagen ab dem Datum von deren Veröffentlichung zur Registrierung vorzulegen.

Die Auslegungsregelungen des ObVG können in vier Formen – Auslegung (*Jieshi*), Bestimmung (*Guiding*), Antwort (*Pifu*) *und* Beschluss (*Jueding*) – erlassen werden.[36]

i. Auslegung

Die Auslegung dient der Erklärung, wie ein Gesetz anzuwenden ist oder wie eine bestimmte Art von Streitigkeiten und Problemen mit dem Gesetz zu lösen ist[37]. Sie ist in der Rechtspraxis allgemein verbindlich wie ein Gesetz und stellt eine abstrakte Rechtsgrundlage und wichtige Ergänzung des förmlichen Gesetzes dar.

ii. Bestimmung

Die Bestimmung wird vom ObVG unter Berücksichtigung des Hintergrundes der Gesetzgebung und des Sinns und Zwecks des Gesetzes erlassen und sie weist die Normen und Rechtsansichten auf, die für die gerichtliche Arbeit notwendig sind.[38] Anders als eine Auslegung richtet sich eine Bestimmung

---

34 Bestimmung des ObVG über seine Auslegungsarbeit vom 09.03.2007 (FaFa 2007, Nr. 12).
35 Art. 4 der Bestimmung des ObVG über seine Auslegungsarbeit vom 09.03.2007 (FaFa 2007, Nr. 12).
36 Art. 6 der Bestimmung des ObVG über seine Auslegungsarbeit vom 09.03.2007 (FaFa 2007, Nr. 12).
37 Art. 6 der Bestimmung des ObVG über seine Auslegungsarbeit vom 09.03.2007 (FaFa 2007, Nr. 12).
38 Art. 6 der Bestimmung des ObVG über seine Auslegungsarbeit vom 09.03.2007 (FaFa 2007, Nr. 12).

normalerweise nicht auf die Interpretation des Gesetzes. Sie ist vielmehr eine ergänzende Regelung in Bezug auf das gerichtliche Verfahren und organisatorische Angelegenheiten.

iii. Antwort

Die Antwort dient der Beantwortung der konkreten rechtlichen Fragen, die vom Obervolksgericht oder Seegericht vorgelegt werden[39]. In der Rechtspraxis beantwortet das ObVG die von dem Obervolksgericht oder Seegericht im Einzelfall vorgelegte Frage ggfs. in einer anderen Form – Antwortschreiben (*Fuhan / ggfs. Dafu*). Obwohl das ObVG mit beiden Formen die vorgelegten Fragen beantworten kann, sind Antwort und Antwortschreiben voneinander zu unterscheiden.

Die Antwort als eine verbindliche Auslegungsregelung des ObVG muss von dem Judikationsausschuss des ObVG in einem förmlichen Verfahren erlassen werden[40]. Die in der Antwort beantworteten Fragen sind zwar für den Einzelfall gestellt. Sie sind aber für die Rechtsanwendung in der Praxis von allgemeiner abstrakter Bedeutung. Die Antwort des ObVG wird wie andere Auslegungsregelungen des ObVG auf der Internetseite des ObVG[41] veröffentlicht, sobald sie erlassen sind.

Dagegen ist ein Antwortschreiben des ObVG keine Auslegungsregelung, die in der Bestimmung des ObVG über seine Auslegungsarbeit[42] aufgelistet ist oder allgemeine Rechtskraft hat. Es betrifft nur die konkrete Frage im Einzelfall und weist das die Frage vorlegende Volksgericht an, wie das Problem in der konkreten Situation zu lösen. Das „Antwortschreiben" des ObVG spielt in der Rechtspraxis eine große Rolle. Wenn ein Mittleres oder spezielles Volksgericht eine Schiedsvereinbarung für unwirksam erklären, einen Schiedsspruch aufheben oder ihn nicht vollstrecken möchte, muss es, je nach der Zuordnung der Schiedsvereinbarung oder des Schiedsspruches, vorab die Zustimmung des zuständigen Oberen Volksgerichts oder ObVG einholen („Berichterstattung"[43]). Sowohl die

---

39 Art. 6 der Bestimmung des ObVG über seine Auslegungsarbeit vom 09.03.2007 (FaFa 2007, Nr. 12).

40 Siehe oben, nach §§ 9–13 der Bestimmung des ObVG über seine Auslegungsarbeit vom 09.03.2007 (FaFa 2007, Nr. 12).

41 http://gongbao.court.gov.cn/ArticleList.html?serial_no=sfjs (zuletzt abgerufen am 09.03.2023).

42 Art. 6 der Bestimmung des ObVG über seine Auslegungsarbeit vom 09.03.2007 (FaFa 2007, Nr. 12).

43 Art. 2 und 3 der Bestimmung des ObVG zur Berichterstattung betreffend die gerichtliche Überprüfung vom Schiedsverfahren vom 26.12.2017 (FaShi 2017, Nr. 21); siehe auch unten Kapitel 2.A.III.

Zustimmung als auch deren Verweigerung wird in der Form eines Antwortschreibens erfolgen.[44] Anders als die Antwort wird das Antwortschreiben von der zuständigen Kammer des ObVG oder vom Forschungsreferat (*Yan Jiu Shi*) im ObVG erstellt, wobei kein förmliches Verfahren erforderlich ist. Außerdem kann sich das ObVG auch der Form des Antwortschreibens bedienen, wenn es die Fragen von anderen administrativen oder legislativen Organen beantworten will.[45] Im Hinblick auf die Stellung und Funktion des ObVG im chinesischen Rechtssystem müssen die Ansichten des ObVG in seinen Antwortschreiben berücksichtigt werden[46].

iv. Beschluss

Der Beschluss ist eine neu eingeführte Form der Auslegungsregelung. Mit dem Beschluss werden bereits erlassene Auslegungsregelungen modifiziert oder aufgehoben.[47]

b. Relevante Auslegungsregelungen für Schiedsgerichtsbarkeit

Folgende Auslegungsregelungen des ObVG, die jedoch nicht abschließend sind, sind relevant für die in dieser Arbeit behandelten Themen in Bezug auf die Rolle des Volksgerichts im Schiedsverfahren:

- Bestimmung des ObVG zur Berichterstattung betreffend die gerichtliche Überprüfung vom Schiedsverfahren vom 26.12.2017 (FaShi 2017, Nr. 21) – in dieser Arbeit gekennzeichnet als „**Berichterstattungsbestimmung**"
- Bestimmung des ObVG zu einigen Fragen betreffend die Bearbeitung der Schiedsfälle unter gerichtlicher Überprüfung vom 26.12.2017 (FaShi 2017, Nr. 22) – in dieser Arbeit gekennzeichnet als „**Überprüfungsbestimmung**"
- Bestimmung des ObVG zu einigen Fragen betreffend die Vollstreckung der Schiedssprüche durch Volksgerichte vom 22.02.2018 (FaShi 2018, Nr. 5) – in dieser Arbeit gekennzeichnet als „**Vollstreckungsbestimmung**"

---

44 Art. 6 der Bestimmung des ObVG zur Berichterstattung betreffend die gerichtliche Überprüfung vom Schiedsverfahren vom 26.12.2017 (FaShi 2017, Nr. 21).
45 Informationen über den Unterschied zwischen „Antwort (Pifu)" und „Antwortschreiben (Fuhan)" stammen zum Teil aus einer telefonischen Erkundigung beim ObVG.
46 SONG Lianbin/DONG Haizhou, S. 47.
47 Bestimmung des ObVG über seine Auslegungsarbeit vom 09.03.2007 (FaFa 2007, Nr. 12). Zum Beispiel der Beschluss des ObVG zur Aufhebung einiger Auslegungsregelungen vor Ende 2007 (beschlossen durch Judikationsausschuss in der Konferenz Nr. 1457 vom 08.12.2008, FaShi 2008 Nr. 15).

- Auslegung des ObVG zum Schiedsgesetz vom 23.08.2006 (FaShi 2006, Nr. 7) – in dieser Arbeit gekennzeichnet als „**Auslegung zum SchG**"[48]
- Auslegung des ObVG zum ZPG vom 30.01.2015 (FaShi 2015, Nr. 5), geändert durch die Bestimmung des ObVG vom 29.12.2020 (FsShi 2020, Nr. 20) – die aktuell geltend geänderte Version in dieser Arbeit gekennzeichnet als „**Auslegung zum ZPG**"

Sowohl in der Berichterstattungsbestimmung als auch in der Überprüfungsbestimmung ist von der Definition „**Schiedsfälle unter Gerichtlicher Überprüfung**" die Rede. Nach beiden Bestimmungen umfassen die Schiedsfälle unter Gerichtlicher Überprüfung die folgenden Fälle:

- Antrag auf Feststellung der Wirksamkeit von Schiedsvereinbarungen (Fallgruppe 1);
- Antrag auf Vollstreckung der Schiedssprüche inländischer Schiedsinstitutionen (Fallgruppe 2);
- Antrag auf Aufhebung der Schiedssprüche inländischer Schiedsinstitutionen (Fallgruppe 3);
- Antrag auf Anerkennung und Vollstreckung der Schiedssprüche aus Hong Kong, Macau und Taiwan (Fallgruppe 4);
- Antrag auf Anerkennung und Vollstreckung ausländischer Schiedssprüche (Fallgruppe 5);
- andere Schiedsfälle, die der gerichtlichen Überprüfung unterliegen (Fallgruppe 6).

Die Fallgruppen 1 bis 5 werden in Kapitel 2, Kapitel 5 und Kapitel 6 dieser Arbeit näher erörtert. Von anderen Fällen im Schiedsverfahren, an denen die Volksgerichte beteiligt sein können oder sollen, ist in Kapitel 3 und Kapitel 4 die Rede.

2. *Übereinkommen und Abkommen*

Das ObVG kann nach Gesetzen die für die Rechtsanwendung relevanten Übereinkommen und Abkommen zwischen China und anderen Rechtsregionen innerhalb der Volksrepublik China abschließen und in Form der Auslegungsregelung erlassen, z.B. Übereinkunft („*Arrangement*") zur gegenseitigen

---

[48] Diese Auslegung dient zur umfangreichen Interpretation des Schiedsgesetzes. Sie ist eine der wichtigsten Auslegungsregelungen des ObVG hinsichtlich der chinesischen Schiedsgerichtsbarkeit.

Vollstreckung der Schiedssprüche aus Festland-China und Hong Kong[49], Übereinkunft (*„Arrangement"*) zur gegenseitigen Anerkennung und Vollstreckung der Schiedssprüche aus Festland und Macau[50], Übereinkunft (*„Arrangement"*) zur gegenseitigen Beauftragung mit Beweisermittlung in Zivil- und Handelsfällen zwischen Gerichten in Festland-China und Hong Kong[51], Übereinkunft (*„Arrangement"*) zur gegenseitigen Unterstützung beim einstweiligen Rechtsschutz durch Gerichte in Festland-China und Hong Kong[52].

3. Gerichtliche Dokumente anderer Formen

Außer den oben in Kapitel 1.B.III.1 erörterten vier förmlichen Auslegungsregelungen erlässt das ObVG auch viele andere Dokumente, wie z.B. Meinung (*Yijian*) Leitende Meinung (*Zhidao Yijian*), Mitteilung (*Tongzhi*), Maßnahme (*BanFa*), „Sitzungsprotokoll (*Huiyi Jiyao*)", „Bekanntmachung (*Gonggao*)", „Antwortschreiben (*Fuhan / ggfs. Dafu*)" oder Dokumente in anderer Form. Solche Dokumente werden gerichtliche Dokumente genannt.[53] Das Volksgericht erlässt auch Bestimmungen (*Guiding*) und Beschlüsse (*Jueding*), die nicht durch den Judikationsausschuss des ObVG beschlossen sind. Sie sind zwar keine

---

49 FaShi 2000, Nr. 3, die durch den Judikationsausschuss in der Konferenz Nr. 1069 am 18.06.1999 beschlossen und durch das ObVG am 24.01.2000 bekanntgegeben und durch Ergänzungsübereinkunft mit fünf Klauseln (Fashi 2020, Nr. 13) im Jahr 2020 modifiziert wurde. Es ist die Rechtsgrundlage für den Abschluss und Erlass der Übereinkunft ist § 95 des Grundgesetzes Hong Kongs (*Basic Law of the Hong Kong Special Administrative Region of the People's Republic of China*).
50 FaShi 2007, Nr. 17, die durch den Judikationsausschuss in der Konferenz Nr. 1437 am 17.09.2007 beschlossen und durch das ObVG am 12.12.2007 bekanntgegeben wurde. Rechtsgrundlage für den Abschluss und Erlass der Übereinkunft ist § 93 des Grundgesetzes Macaus (*Basic Law of the Macao Special Administrative Region of the People's Republic of China*); siehe auch in ZHAN Liyuan, S. 29.
51 FaShi 2017, Nr. 4, die durch den Judikationsausschuss in der Konferenz Nr. 1697 am 31.10.2016 beschlossen und durch das ObVG am 27.02.2017 bekanntgegeben wurde. Rechtsgrundlage für den Abschluss und Erlass der Übereinkunft ist § 95 des Grundgesetzes Hong Kongs (*Basic Law of the Hong Kong Special Administrative Region of the People's Republic of China*).
52 FaShi 2019, Nr. 14, die durch den Judikationsausschuss in der Konferenz Nr. 1763 am 25.03.2019 beschlossen und durch das ObVG am 26.09.2019 bekanntgegeben wurde. Rechtsgrundlage für den Abschluss und Erlass der Übereinkunft ist § 95 des Grundgesetzes Hong Kongs (*Basic Law of the Hong Kong Special Administrative Region of the People's Republic of China*). Die Übereinkunft ist am 01.10.2019 in Kraft getreten.
53 PENG Zhongli, S. 15–16.

rechtsverbindliche Rechtsquelle wie gerichtliche Auslegungsregelungen, dennoch werden sie als gerichtliche Dokumente zugeordnet.

Diejenigen gerichtlichen Dokumente, die Bezug zur Judikation und den Charakter einer gerichtlichen Auslegung haben, werden auch als Dokumente mit dem Charakter einer gerichtlichen Auslegung bezeichnet.[54] In der Bestimmung des ObVG zur Aufhebung der vor Ende 1979 erlassenen gerichtlichen Auslegungsregelung und der Dokumente mit dem Charakter einer gerichtlichen Auslegung vom 21. August 2012 (Teil 8) hat das ObVG offiziell die gerichtliche Auslegungsregelung und das Dokument mit dem Charakter einer gerichtlichen Auslegung unterschieden.[55]

Die gerichtlichen Dokumente, die mit der Judikation nichts zu tun haben und nur organisatorischen Charakter haben, werden Dokumente mit organisatorischem Charakter genannt.[56] Zum Beispiel bezieht sich die Mitteilung des ObVG über die Zuständigkeit für die Schiedsfälle unter Gerichtlicher Überprüfung vom 22.05.2017 auf die sachliche Zuständigkeit in betroffenen Fällen.

Sowohl die Auslegungsregelungen als auch die gerichtlichen Dokumente haben der guten Ordnung halber Aktenzeichnen in Form der Kombination aus einer Kurzbezeichnung für die Art der Akte, Jahrgang und Erlassnummer. Die Auslegungsregelungen haben in der Regel die Kurzbezeichnung „FaShi", während die anderen gerichtlichen Dokumente die Kurzbezeichnung „FaFa" oder „Fa" haben. In manchen Fällen sind die Auslegungsregelungen des ObVG in Mitteilungen des ObVG enthalten und werden in dieser Weise bekanntgegeben. Solche Auslegungsregelungen haben dann keine eigenen Aktenzeichnen mit der Kurzbezeichnung „FaShi", sondern nur die Kurzbezeichnung für die Mitteilungen „FaFa"[57]. In solchen Fällen sollten die Mitteilungen m. E. als ein Anschreiben an die Adressaten verstanden werden.

Obwohl solche gerichtlichen Dokumente nicht in einem förmlichen Verfahren kodifiziert und erlassen werden und keine Bindungswirkung wie die Auslegungsregelungen haben, richten sie sich aber in der Regel an alle Oberen Volksgerichte und/oder Seegerichte und/oder Militärgerichte und regeln

---

54 PENG Zhongli, S. 16.
55 PENG Zhongli, S. 16.
56 PENG Zhongli, S. 16.
57 Die Bestimmung des ObVG über seine Auslegungsarbeit vom 09.03.2007 wurde in der Mitteilung des ObVG (FaFa 2007, Nr. 12) bekanntgegeben. Obwohl die Bestimmung durch den Judikationsausschuss in der Konferenz Nr. 1408 vom 11.12.2006 beschlossen wurde und eine verbindliche Rechtsquelle darstellt, hat sie aber kein Aktenzeichnen mit der Kurzbezeichnung „FaShi".

nicht nur administrative und organisatorische, sondern auch verfahrens- und materiell-rechtliche Angelegenheiten. Das betrifft insbesondere die Dokumente mit dem Charakter der gerichtlichen Auslegung. Beispielsweise hat das ObVG in seiner Mitteilung vom 28.08.1995[58] das frühere Berichtssystem festgelegt und geordnet.[59] Mit Meinungen des ObVG über die Registrierung und die Beendigung von Vollstreckungsfällen (FaFa 2014 Nr. 26) hat das ObVG die unterschiedlichen Arten von Registrierung und Beendigung des Vollstreckungsverfahrens konkretisiert und zusammengefasst. Daher ist ihre faktische Wirkung in der Rechtspraxis nicht zu unterschätzen. Trotz des Fehlens der allgemeinen Bindungswirkung halten die anderen Volksgerichte grundsätzlich an den Meinungen und Anweisungen des ObVG fest. Die Rechtsdokumente entfalten daher in der Rechtspraxis faktische Bindungswirkung.

Nach der Bestimmung des ObVG über die Anleitung für die Fallbearbeitung vom 26.11.2010 (FaFa 2010, Nr. 51) veröffentlicht das ObVG die Leitfälle, die für die Volksgerichte im ganzen Land eine Leitwirkung haben.[60] Am 13.05.2015 hat das ObVG die einzelnen Regelungen zur Durchführung seiner Bestimmung über die Anleitung für die Fallbearbeitung in Form der Mitteilung (FaFa 2015, Nr. 130) erlassen. Anders als BGH Entscheidungen in der deutschen Rechtspraxis müssen die vom ObVG erlassenen Leitfällen nicht stets ObVG-Entscheidungen sein. Sie können Entscheidungen der Volksgerichte aller Ebenen sein, die rechtskräftig geworden sind, von großer gesellschaftlicher Bedeutung sind, die im Gesetz verankerten Grundsätze betreffen, typisch, schwierig und komplex oder von neuer Art sind, oder auf anderer Weise Leitwirkungen haben.[61] Die Sachbearbeiter (einschließlich der Richter) der Volksgerichte werden angefordert, bei der Fallbearbeitung die einschlägigen Leitfälle zu recherchieren. Werden die einschlägigen Leitfälle in den Entscheidungen zitiert, so sind die Nummer und

---

58 Mitteilung über die Bearbeitung der Fragen in Bezug auf Schiedsgerichtsbarkeit mit Auslandsbezug und ausländische Schiedsschiedsgerichtsbarkeit durch das Volksgericht (FaFa 1995, Nr. 18).
59 Der Kerninhalt des Berichtssystems – Berichterstattung – ist seit 01.01.2018 durch die förmliche Berichterstattungsbestimmung des ObVG fixiert. Dadurch erlangt die Berichterstattung rechtlich die verbindliche Wirkung. Faktisch hat die Mitteilung des ObVG vom 28.08.1995 in den vergangen 22/23 Jahren auch praktische Wirkung.
60 Die Leitfälle werden auf der Webseite des ObVG unter https://www.court.gov.cn/fabugengduo-77.html (zuletzt abgerufen vom 09.03.2023) veröffentlicht.
61 Art. 2 der Bestimmung des ObVG über die Anleitung für die Fallbearbeitung vom 26.11.2010 (FaFa 2010, Nr. 51).

Kernpunkte des Leitfalls im Abschnitt der Entscheidungsgründe anzugeben.[62] Sie sind keine Grundlage für die Entscheidungen der Volksgerichte.[63] Das ObVG hat bis Februar 2023 insgesamt 211 Leitfälle, die mit arabischer Zahl nummeriert sind, veröffentlicht.[64] Davon beziehen sich insgesamt 6 Fälle auf Schiedsgerichtsbarkeit – ein Leitfall wurde im Jahr 2014 veröffentlicht und fünf Leitfälle wurden in Dezember 2022 veröffentlicht. Solche Fälle werden in entsprechenden Abschnitten in dieser Arbeit dargestellt.

IV. Schiedsordnungen

Schiedsordnungen werden normalerweise von den nationalen oder internationalen (Schieds-)Organisationen erlassen und regeln das Schiedsverfahren vor einem Schiedsgericht. Neben dem Ablauf des Schiedsverfahrens wird vor allem auch das Verhältnis zwischen den Schiedsinstitutionen, Schiedsgerichten, Parteien und anderen Beteiligten an dem Schiedsverfahren geregelt[65]. Die Schiedsordnungen haben keine allgemeine Bindungswirkung wie ein nationales Gesetz oder internationales Übereinkommen. Sie greifen nur ein, wenn sie im konkreten Einzelfall als anzuwendende Regelung für das Schiedsverfahren von den Parteien bestimmt werden oder als von den Parteien bestimmt gelten[66]. Sie können auch entsprechend dem Parteiwillen modifiziert werden.

Oft angewendete Schiedsordnungen der chinesischen Schiedskommissionen[67] sind die Schiedsordnung der CIETAC (aktuelle Version 2015, abgekürzt

---

62 § 11 der einzelnen Regelungen zur Durchführung seiner Bestimmung über die Anleitung für die Fallbearbeitung in Form der Mitteilung (FaFa 2015, Nr. 130).
63 § 10 der einzelnen Regelungen zur Durchführung seiner Bestimmung über die Anleitung für die Fallbearbeitung in Form der Mitteilung (FaFa 2015, Nr. 130).
64 Das ObVG hat aber nachher beschlossen, dass Leitfall Nr. 9 und Leitfall Nr. 20 nicht mehr herangezogen werden.
65 Zhao Xiuwen, 2010, S. 174; Zhao Xiuwen, 2008, S. 41.
66 Durch Auswahl der Schiedsinstitution oder des Schiedsgerichts durch die Parteien kann auch die Schiedsordnung festgelegt werden, wenn das Schiedsinstitut in seiner Schiedsordnung vorsieht, dass die Auswahl des Schiedsinstituts so gedeutet werden kann, dass die Parteien auch mit der Anwendung seiner Schiedsordnung einverstanden sind, z.B. § 4 II der Schiedsordnung der CIETAC (2005).
67 Nach dem Verständnis des chinesischen Schiedsrechts und Sprachgebrauchs ist eine Schiedskommission in der Tat eine Schiedsinstitution, die institutionelle Schiedsgerichtsbarkeit anbietet und von ad-hoc-Schiedsgerichtsbarkeit zu unterscheiden ist. Das chinesische Schiedsgesetz spricht 7 Male von Schiedsinstitution und 59 Male von Schiedskommission. Ein Bedeutungsunterschied ist dabei nicht erkennbar. Insbesondere verwendet § 6 SchG die beiden Begriffe ohne Unterschiede: „Auswahl der

als **CIETAC-R**), die Schiedsordnung der **BAC** (= Beijing Arbitration Commission oder Beijing International Arbitration Center) (aktuelle Version 2019, abgekürzt als **BAC-R**), die Schiedsordnung der SHIAC (= Shanghai International Economic and Trade Arbitration Commission) (aktuelle Version 2015, abgekürzt als **SHIAC-R**), die Schiedsordnung der **SCIA** (= Shenzhen Court of International Arbitration) (aktuelle Version 2019, modifiziert im Jahr 2020, abgekürzt als **SCIA-R**), die Schiedsordnung der CIETAC für Finanzstreitigkeit (= CIEAC Financial Disputes Arbitration Rules) (aktuelle Version 2015) und die Schiedsordnung der CMAC (China Maritime Arbitration Commission) (aktuelle Version 2018).

C. Zuordnung der Schiedsgerichtsbarkeit nach chinesischem Recht

Das untere Schema stellt die Zuordnung der Schiedsgerichtsbarkeit im chinesischen Schiedsrecht und in der chinesischen Schiedspraxis dar:

Dass die inländische Schiedsgerichtsbarkeit von der ausländischen Schiedsgerichtsbarkeit zu unterscheiden ist, versteht sich von selbst. Die Regionen – Hong Kong, Macau und Taiwan – haben jeweils eigenes Rechtssystem, das sich vom Rechtssystem in Festland-China unterscheidet.[68] Um dies zu berücksichtigen, wird die Schiedsgerichtsbarkeit von Hong Kong, Macau und Taiwan bzw. werden die Schiedssprüche von Hong Kong, Macau und Taiwan separate behandelt. Die Schiedsgerichtsbarkeit von Hong Kong, Macau und Taiwan ist keine ausländische Schiedsgerichtsbarkeit. Bestimmte Regelungen für die ausländische Schiedsgerichtsbarkeit können gegebenenfalls für die Schiedsgerichtsbarkeit von Hong Kong, Macau und Taiwan anwendbar sein. Dazu wird in folgenden Kapiteln in dieser Arbeit näher erörtert. Wenn in dieser Arbeit von inländischer Schiedsgerichtsbarkeit gesprochen wird, bezieht es sich auf die Schiedsgerichtsbarkeit in Festland-China. Die Schiedsgerichtsbarkeit von Hong Kong, Macau

---

Schiedsinstitution: Die Schiedskommission soll durch Vereinbarung der Parteien ausgewählt werden." Die Schiedskommission wird oft als Name einer Schiedsinstitution angewendet. Die meisten chinesischen Schiedsinstitutionen haben den Namen „xxx Schiedskommission", z.B. Beijing Schiedskommission, China International Economic and Trade Arbitration Commission (CIETAC). Ohne besondere Hinweise haben die Begriffe der Schiedskommission und der Schiedsinstitution in dieser Arbeit die gleiche Bedeutung.

68 Siehe Einleitung dieser Arbeit.

und Taiwan ist normalerweise von der Begrifflichkeit der inländischen Schiedsgerichtsbarkeit nicht umfasst.

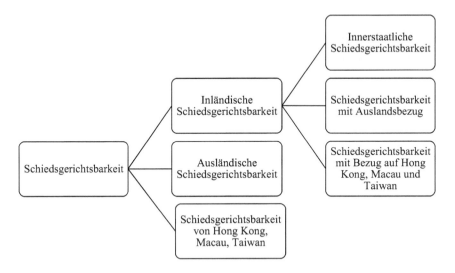

Je nachdem, ob die inländische Schiedsgerichtsbarkeit Elemente in Bezug auf Hong Kong, Macau, Taiwan und Ausland, hat, ist zwischen der innerstaatlichen Schiedsgerichtsbarkeit, der Schiedsgerichtsbarkeit mit Bezug auf Hong Kong, der Schiedsgerichtsbarkeit mit Bezug auf Macau, der Schiedsgerichtsbarkeit mit Bezug auf Taiwan und der Schiedsgerichtsbarkeit mit Auslandsbezug (oder der auslandsbezogener Schiedsgerichtsbarkeit) zu differenzieren. Bestimmte Regelungen für die auslandsbezogene Schiedsgerichtsbarkeit können gegebenenfalls für die Schiedsgerichtsbarkeit in Bezug auf Hong Kong, Macau und Taiwan anwendbar sein. Dazu wird in folgenden Kapiteln in dieser Arbeit näher erörtert.

Die Zuordnung der Schiedsgerichtsbarkeit spielt eine wichtige Rolle für die Bestimmung der Befugnis des Volksgerichts im Schiedsverfahren. Während das chinesische Volksgericht bei ausländischen Schiedssprüchen nur im Bereich von deren Anerkennung und Vollstreckung einen beschränkten Entscheidungsspielraum hat, ist es bei inländischer Schiedsgerichtsbarkeit berechtigt, sich in bestimmtem Umfang an dem Schiedsverfahren zu beteiligen und die Rechtmäßigkeit der inländischen Schiedssprüche im Aufhebungsverfahren zu überprüfen. Außerdem sind die Aufhebungs- oder Vollstreckungsvoraussetzungen in Bezug auf die innerstaatlichen Schiedssprüche und Schiedssprüche mit Auslandsbezug verschieden.

I. Inländische oder ausländische Schiedsgerichtsbarkeit

1. Sinn der Nationalität der Schiedsgerichtsbarkeit

Ob die Schiedsgerichtsbarkeit inländisch oder ausländisch ist, ist eine Frage der Nationalität der Schiedsgerichtsbarkeit. Dies umfasst die Nationalität des Schiedsverfahrens und des Schiedsspruchs.[69] Ob die Schiedsgerichtsbarkeit Nationalität hat, war in deren Entwicklungsgeschichte streitig. Es wurde vertreten, dass die Schiedsgerichtsbarkeit, insbesondere die internationale Schiedsgerichtsbarkeit keine Nationalität haben könne, weil die Schiedsgerichtsbarkeit lediglich der private Streitbeilegungsmechanismus aufgrund der Parteienvereinbarung wäre und keiner staatlichen Ordnung unterläge.[70] Heute ist es aber herrschende Ansicht, dass die Schiedsgerichtsbarkeit einem bestimmtem Rechtssystem zuzuordnen ist und Nationalität hat.[71]

Die Nationalität der Schiedsgerichtsbarkeit ist für die Beantwortung folgender Fragen wichtig:

(1) Welches Verfahrensrecht ist für das Schiedsverfahren anwendbar?
(2) Welche Befugnis hat das Volksgericht im inländischen und ausländischen Schiedsverfahren und gibt es Unterschiede?
(3) Das chinesische Recht sieht z.B. keine Befugnis des chinesischen Volksgerichts vor, an einem ausländischen Schiedsverfahren teilzunehmen, sei es durch eine Anordnung vorläufiger Maßnahmen[72], sei es durch Unterstützungsmaßnahmen in der Beweisaufnahme[73].
(4) Kann der Schiedsspruch vom staatlichen Gericht aufgehoben werden und welches Gericht ist dazu befugt?[74].
(5) Entsprechend dem international anerkannten Grundsatz kann das chinesische Volksgericht keine ausländischen Schiedssprüche, sondern nur inländische bzw. chinesische Schiedssprüche aufheben[75].

---

69 Vgl. LIN Yifei, S. 64, es betrifft da nur die Nationalität der Schiedssprüche.
70 ZHOU Jia, S. 46; YANG Honglei, S. 60–61. Über die Frage, ob die Schiedssprüche Nationalität haben sollen, wurde auch die „*delocalisation theory*" vertreten, die davon ausging, dass die Schiedssprüche „*anational*", „*delocalised*" oder auch „*floating*" sein konnten und keine Nationalität haben konnten, zitiert in LIN Yifei, S. 65.
71 YANG Honglei, S. 60–61; ZHOU Jia, S. 46.
72 Vgl. im deutschen Recht, siehe §§ 1025 II i.V.m. 1033 ZPO.
73 Vgl. im deutschen Recht, siehe §§ 1025 II i.V.m. 1050 ZPO.
74 SONG Lianbin, 2000, S. 216.
75 WANG Tianhong, in Zeitschrift des Volksgerichts am 23.01.2007. Das ist anders als im deutschen Recht. Im deutschen Recht könne das OLG nach dem Wortlaut des § 1062

(6) Nach welcher Rechtsgrundlage und unter welchen Voraussetzungen sind die Schiedssprüche anzuerkennen und zu vollstrecken?
Inländische Schiedssprüche sind nach chinesischem Recht, vor allem SchG und ZPG zu vollstrecken, während ausländische Schiedssprüche entweder nach UNÜ oder nach der bilateralen Vereinbarung zwischen der Volksrepublik China und dem die Schiedssprüche erlassenden Staat anzuerkennen oder zu vollstrecken sind.

2. Maßstäbe für die Feststellung der Nationalität der Schiedsgerichtsbarkeit

Die Kriterien für die Bestimmung der Nationalität der Schiedsgerichtsbarkeit oder des Schiedsverfahrens sind nicht im chinesischen Recht geregelt. Das chinesische Recht spricht nur an einer einzigen Stelle, d.h. in § 290 ZPG von den „Schiedssprüchen der Schiedsinstitution im Ausland". Die Forschung und Entwicklung des chinesischen Schiedsrechts zeigen, dass sich die Lehre für die Nationalität der Schiedsgerichtsbarkeit nicht von der Lehre für die Nationalität der Schiedssprüche unterscheidet. Dafür lassen sich einige Gründe anführen. Zum einen bestimmt das chinesische Recht die Nationalität des Schiedsverfahrens nicht nach dem im Schiedsverfahren anzuwendenden oder angewendeten Verfahrensrecht oder materiellen Recht. Zum anderen sieht das chinesische Recht keine Befugnis seines Volksgerichts vor, an einem ausländischen Schiedsverfahren teilzunehmen, sei es durch eine Anordnung vorläufiger Maßnahmen[76], sei es durch Unterstützungsmaßnahmen in der Beweisaufnahme[77]. Die Nationalitätsfrage spielt vor allem für die Vollstreckung eines Schiedsspruchs eine große Rolle. Nachfolgend werden insbesondere die Maßstäbe für die Feststellung der Nationalität der Schiedssprüche dargestellt.

a. Territorialitätsprinzip und Schiedsort im rechtlichen Sinn

Die Volksrepublik China ist dem UNÜ beigetreten, deshalb entfaltet Art. 1 Abs. 1 S. 1 UNÜ in Verbindung mit § 290 ZPG bindende Wirkung für China. Das UNÜ findet nach Art. 1 Abs. 1 S. 1 UNÜ vor allem auf ausländische Schiedssprüche Anwendung. Daher muss zunächst ein ausländischer Schiedsspruch

---

II ZPO auch einen ausländischen Schiedsspruch aufheben. Das widerspreche aber dem international anerkannten Grundsatz, dass die Zuständigkeit dafür nur den Gerichten des Ursprungslandes zustehe, siehe Thomas/Putzo, § 1059 Rn. 5.

76 Vgl. im deutschen Recht, siehe §§ 1025 II i.V.m. 1033 ZPO.
77 Vgl. im deutschen Recht, siehe §§ 1025 II i.V.m. 1050 ZPO.

gegeben sein. Nach Art. 1 Abs. 1 S. 1 UNÜ sind Schiedssprüche, die in dem Hoheitsgebiet eines anderen Staates als desjenigen ergangen sind, in dem die Anerkennung und Vollstreckung nachgesucht wird, ausländische Schiedssprüche (sog. Territorialitätsprinzip).

Es ist weiter zu fragen, an welchem Ort die Schiedssprüche ergangen sind. Wie dieser Ort zu bestimmen ist, wird im UNÜ selbst nicht geregelt.[78] Begrifflich können in einem Schiedsverfahren mehrere Orte in Betracht kommen, z.B. der Sitz der Schiedsinstitution bzw. des Schiedsgerichts, der tatsächliche Tagungsort, der Ort der Beschlussfassung oder Unterzeichnung durch die Schiedsrichter[79], der von den Parteien vereinbarte Schiedsort im rechtlichen Sinne[80] und der vom Schiedsgericht bestimmte faktische Schiedsort[81]. Diese Orte können in Einzelfall miteinander übereinstimmen oder nicht. Heute ist es der international herrschende Grundsatz, dass der von Parteien ausdrücklich oder stillschweigend ausgewählte „Schiedsort"[82] für die Feststellung der Nationalität der Schiedssprüche entscheidend ist. Ohne eine solche Parteienvereinbarung kann die Schiedsinstitution oder das Schiedsgericht den Schiedsort bestimmen.[83]

Der Begriff „Schiedsort" ist dem chinesischen Recht auch nicht fremd. Der rechtliche Sinn und die Feststellung des Schiedsorts und die Unterscheidung

---

78 MüKo/Adopohsen, Band 3, Anhang 1 zu § 1061 ZPO, Art. I UNÜ, Rn. 14.
79 MüKo/Adopohsen, Band 3, Anhang 1 zu § 1061 ZPO, Art. I UNÜ, Rn. 14.
80 MüKo/Münch, Band 3, § 1043 ZPO, Rn. 5.
81 MüKo/Münch, Band 3, § 1043 ZPO, Rn. 19.
82 Schiedsort ist ein Ort im rechtlichen Sinn und dient als Zuordnungsort eines Schiedsverfahrens und des Schiedsspruchs, siehe GU Weiwei, S. 77.
83 WANG Tianhong, in Zeitschrift des Volksgerichts am 23.01.2007; Vgl. auch Art. 20 I und 31 III UNCITRAL-MG. Nach Art. 31 III UNCITRAL-MG soll im Schiedsspruch der Schiedsort im Sinne von Art. 20 I UNCITRAL-MG bezeichnet werden und der Schiedsspruch gilt als von diesem Schiedsort ergangen zu sein. Für die Bestimmung des in Art. 1 Abs. 1 S. 1 UNÜ relevanten Ort, an dem der Schiedsspruch ergangen ist, ist auch in Deutschland die subjektive Bestimmung des Ortes im Anschluss an Art. 20 UNCITRAL-MG und § 1043 I ZPO durch eine den Sitz des Schiedsgerichts fixierende Parteivereinbarung gegenüber einer objektiven Bestimmung z.B. nach dem Ort der Unterschriftsleistung herrschend. Ohne die Parteienvereinbarung gilt der vom Schiedsgericht bestimmte Ort. Dieser Schiedsort dient der normativen Anknüpfung von Schiedsvereinbarung, Schiedsverfahren und Schiedsspruch, braucht aber nicht mit dem realen Tagungsort des Schiedsgerichts übereinzustimmen (§ 1043 Abs. 2 ZPO). Fehlt eine Bestimmung des Ortes durch Parteien und Schiedsgericht, so ist auf den örtlichen Schwerpunkt des Verfahrens abzustellen (siehe MüKo/Adopohsen, Band 3, Anhang 1 zu § 1061 ZPO, Art. I UNÜ, Rn. 14).

zwischen den Begriffen „Schiedsort", „Tagungsort" und „Sitz der Schiedsinstitution" werden auch seit langem von den chinesischen Juristen und Praktikern diskutiert.[84] Jedoch spielt der Begriff „Schiedsort" nach dem gegenwärtig geltenden chinesischen Recht nur bei der Auswahl des maßgeblichen Rechts für die Wirksamkeit der Schiedsvereinbarung eine Rolle[85]. In dem am 28.10.2010 erlassenen neuen „Gesetz über die Rechtsanwendung auf Zivilsachen mit Auslandsbezug" (RAnG) kommt das Recht am „Schiedsort" als anzuwendendes Recht für die Überprüfung der Wirksamkeit der Schiedsvereinbarung in Betracht. Ähnlich ist es auch in Art. 16 der Auslegung zum SchG geregelt. Schiedsort ist kein anerkanntes Kriterium für die Bestimmung der Nationalität des Schiedsverfahrens und der Schiedssprüche.

Das Territorialitätsprinzip wird nur von einigen chinesischen Schiedsinstitutionen angewendet. § 7 der Schiedsordnung der CIETAC hat das UNCITRAL-Modellgesetz als Vorbild genommen und den Sinn des Begriffs „Schiedsort" im folgenden Maß anerkannt: wenn die Parteien einen Schiedsort schriftlich vereinbart haben, gilt dieser Ort als Schiedsort im rechtlichen Sinn (Abs. 1); ohne eine Vereinbarung über den Schiedsort oder wenn die Vereinbarung unklar ist, gilt der Ort, wo die den Fall verwaltende Schiedskommission oder deren Zweigniederlassung oder das Schiedszentrum (*Arbitration Center*) sitzt, als Schiedsort; die Schiedskommission kann auch anhand der konkreten Konstellation des Falles einen anderen Ort als Schiedsort bestimmen (Abs. 2); der Schiedsspruch gilt als am Schiedsort erlassen (Abs. 3). Entsprechend dieser Regelung würde der Schiedsspruch, der von der CIETAC an einem im Ausland liegenden Schiedsort erlassen würde, die Nationalität dieses Landes haben und als ausländischer Schiedsspruch angesehen. Nach § 74 der Schiedsordnung der CIETAC ist Hong Kong der Schiedsort für die Fälle, die vom CIETAC Hong Kong Arbitration Center behandelt wurden. Das anwendbare Verfahrensrecht ist das Schiedsrecht von Hong Kong. Das sollte die Hong Kong Arbitration Ordination sein. Der erlassene Schiedsspruch ist ein Schiedsspruch aus Hong Kong.

Die BAC hat in § 27 ihrer Schiedsordnung auch ähnliche Regelungen erlassen. Danach gilt der Sitzort der Schiedskommission als Schiedsort, falls die Parteien nichts anderes vereinbart haben und der Schiedsspruch gilt als am Schiedsort ergangen. Aber die Schiedsordnungen von CIETAC und BAC haben keine allgemeine Rechtswirkung wie ein förmliches Gesetz oder andere allgemeine

---

84 GU Weiwei, S. 77.
85 Details siehe im Kapitel 2.B.

verbindliche Rechtsquellen. Die Schiedsordnungen binden keine anderen Schiedsinstitutionen in China[86], auch nicht das Volksgericht.

b. Chinas spezifisches „Schiedsinstitutionskriterium"

Die Feststellung der Nationalität der Schiedsgerichtsbarkeit wird im chinesischen Recht nicht ausdrücklich geregelt. Die Zuordnung erfolgt in der Literatur und Rechtspraxis nach dem sog. „Schiedsinstitutionskriterium". Die innerstaatlichen Schiedssprüche werden von den örtlichen Schiedsinstitutionen erlassen, während die Schiedssprüche mit Auslandsbezug von den Schiedsinstitutionen, die für die Schiedsgerichtsbarkeit mit Auslandsbezug zuständig sind, erlassen werden.[87] Im Ergebnis sind inländische Schiedssprüche solche, die von ständigen chinesischen Schiedsinstitutionen erlassen werden; dazu zählen keine ad-hoc-Schiedssprüche[88].

§ 290 ZPG[89] regelt nach seinem Wortlaut zwar nur das Verfahren und die sachliche und örtliche Zuständigkeit des Volksgerichts im Falle der Anerkennung und Vollstreckung von Schiedssprüchen der Schiedsinstitutionen im Ausland. Die Formulierung „Schiedssprüchen der Schiedsinstitutionen im Ausland" in § 290 ZPG wird als „ausländische Schiedssprüche" verstanden[90]. Daher ist § 290 ZPG die Zentralvorschrift für den Begriff „ausländischer Schiedsspruch". Was den „ausländischen Schiedssprüchen" zuzuordnen ist, richtet sich danach, wie man § 290 ZPG auslegt. Um die Grenze und den Umfang der ausländischen Schiedssprüche zu ermitteln, müssen folgende zwei Fragen bei der Anwendung des § 290 ZPG beantwortet werden.

---

86 GU Weiwei, S. 80.
87 SONG Lianbin/DONG Haizhou, S. 52. Die Definition der Auslandsbezogenheit wird näher dargestellt unten in Kapitel 1.C.III.2.
88 ZHAO Xiuwen, Beijing Arbitration 2005, S. 9.
89 Gesetztext des § 290 ZPG: Wenn Schiedssprüche von Schiedsinstitutionen im Ausland Anerkennung und Vollstreckung durch Volksgerichte der VR China erfordern, muss eine Partei dies direkt bei dem Mittleren Volksgericht des Wohnsitzes des Vollstreckungsschuldners oder des Ortes, an dem sich sein Vermögen befindet, beantragen, und das Volksgericht muss (diesen Antrag) nach den internationalen Abkommen, welche die VR China abgeschlossen hat oder an denen sie sich beteiligt oder nach dem Prinzip der Gegenseitigkeit behandeln.
90 ZHAO Xiuwen, 2010, S. 82. Ob diese Ansicht überzeugen kann, wird unten in Kapitel 1.C.I.2.c) näher diskutiert.

i. Umfang der ausländischen Schiedssprüche nach § 290 ZPG

Über die Frage, wie man „Schiedssprüche von Schiedsinstitution im Ausland" in § 290 ZPG versteht, gibt es Meinungsverschiedenheiten.

Zum Teil wird vertreten, dass „Schiedssprüche von Schiedsinstitutionen im Ausland" in § 290 ZPG solche Schiedssprüche umfassen, die entweder von einem ad-hoc-Schiedsgericht im Ausland erlassen werden oder von einer ausländischen ständigen Schiedsinstitution im Ausland erlassen werden[91]. Diese Auslegung betont den im Ausland liegenden Ort, wo die Schiedssprüche erlassen werden.

§ 290 ZPG wird nach einer anderen Auffassung in der Weise ausgelegt, dass „Schiedssprüche von Schiedsinstitutionen im Ausland" und „Schiedssprüche von ausländischen Schiedsinstitutionen" gleichzusetzen sind[92]. Dabei ist die Eigenschaft und Zugehörigkeit der Schiedsinstitution entscheidend. Nach dieser Auslegung sind Schiedssprüche einer ausländischen Schiedsinstitution, seien sie im Ausland oder in China erlassen worden, ausländische Schiedssprüche[93].

ii. Die konkrete Nationalität der ausländischen Schiedssprüche

Die konkrete Nationalität der Schiedssprüche richtet sich nach dem „Schiedsinstitutionskriterium" danach, in welchem Staat die Schiedsinstitution sitzt[94]. Der Ort, wo die Schiedsinstitution sitzt, ist daher der entscheidende Ort. Es ist irrelevant, wo die Schiedssprüche tatsächlich ergangen sind und welches Schiedsverfahrensrecht Anwendung gefunden hat[95]. Dieses „Schiedsinstitutionskriterium"[96] ist Chinas spezifisches Kriterium für die Feststellung der Nationalität der Schiedsgerichtsbarkeit.

c. Feststellung der Nationalität der Schiedssprüche in der Rechtspraxis

In der Rechtspraxis werden die oben dargestellten zwei Maßstäbe im Einzelfall gegebenenfalls kombiniert angewendet, um die Nationalität der Schiedssprüche festzustellen und die richtige Rechtsgrundlage für die Anerkennung und Vollstreckung der Schiedssprüche zu finden[97]. Um die

---

91 ZHAO Xiuwen, 2006, S. 127.
92 LI Jianqiang, S. 73.
93 LI Jianqiang, S. 73.
94 ZHAO Xiuwen, 2010, S. 82.
95 YANG Honglei, S. 66.
96 YANG Honglei, S. 66; zitiert auch in ZHAO Xiuwen, 2010, S. 84.
97 YANG Honglei, S. 74.

Sach- und Rechtslage verständlicher darzustellen, werden vier Fallgruppen gebildet[98].

i. In China erlassene Schiedssprüche der chinesischen Schiedsinstitutionen

Die Schiedssprüche, die im China von chinesischen Schiedsinstitutionen erlassen wurden, sind nach dem „Schiedsinstitutionskriterium" jedenfalls inländisch[99].

ii. In Ausland erlassene Schiedssprüche der ausländischen Schiedsinstitution

Mit „ausländischer Schiedsinstitution" ist eine solche Schiedsinstitution gemeint, die keine aufgrund des chinesischen Gesetzes in China eingerichtete ständige Schiedskommission im Sinne von § 10 SchG ist. Unabhängig davon, wie man die „Schiedssprüche von Schiedsinstitutionen im Ausland" im Sinne von § 290 ZPG auslegt[100], ist diese Fallkonstellation zweifellos von § 290 ZPG umgefasst.

Beispiel 1: Das ObVG hat in seinem Antwortschreiben vom 05.07.2004[101] den ICC Schiedsspruch, der in Hong Kong erlassen wurde, als französischen, nicht als Schiedsspruch von Hong Kong eingeordnet. Das ObVG hat ausgeführt, dass es sich hier um einen Schiedsspruch der Schiedsinstitution ICC handele. Das ICC sei eine in Frankreich eingerichtete ständige Schiedsinstitution. China und Frankreich seien beide Mitglieder des UNÜs. Das UNÜ sei die anzuwendende

---

98 Die Fallgruppen werden anhand der Zuordnung der Schiedssprüche von Herrn YANG Honglei gebildet, vgl. YANG Honglei, S. 67.
99 ZHAO Xiuwen, 2010, S. 82.
100 Siehe oben 1. Kapitel, C. I. 2. b) aa).
101 Antwortschreiben des ObVG vom 05.07.2004 über die Nichtvollstreckung des Schiedsspruchs des ICC (Aktenzeichen 1033/AMW/BWD/TE, Shanxi Tianli Corporate Ltd. vs. Hong Kong Weimao Ltd.) (MinSiTaZi 2004 Nr. 6), veröffentlicht in Judikationsanweisung, 2004-3, S. 59 ff.; zitiert auch in ZHAO Xiuwen, 2010, S. 74. Der Verlauf der Schiedsgerichtsbarkeit sah wie folgend aus: entsprechend der Parteienvereinbarung wurde die Streitsache an das ICC geleitet. Das ICC hat am 03.06.1999 Herrn John Luk als Einzelschiedsrichter ernannt und am 08.07.1999 Gegenstand und Umfang der Schiedsgerichtsbarkeit und das Verfahren festgelegt. Die Hauptverhandlung wurde zwischen dem 13.03.2000 und dem 16.03.2000 vor dem Schiedsgericht in Hong Kong durchgeführt. Nach der Anordnung von einigen vorläufigen Maßnahmen wurde das Schiedsverfahren am 02.03.2001 abgeschlossen. Am 09.10.2001 wurde der strittige Schiedsspruch in Hong Kong erlassen.

Rechtsgrundlage für die Überprüfung der Anerkennung und Vollstreckung des Schiedsspruchs.

Beispiel 2: In einem anderen Fall (Shenzhen Petrochemische Industrie Ltd. vs. Singapur Wanhong Corporate) hielt das Mittlere Volksgericht von Shenzhen im Jahr 2003 den Schiedsspruch für singapurisch, allein mit der Begründung, dass der Schiedsspruch von SIAC erlassen wurde[102].

Beispiel 3: Das Mittlere Volksgericht von Chengdu ist in seiner Entscheidung dem Schiedsinstitutionskriterium gefolgt und hat einen von einem ICC Schiedsgericht nach ICC Schiedsordnung in den USA erlassenen Schiedsspruch als französisch eingeordnet[103].

In den Beispielen 1 und 3 hat das ObVG das Schiedsinstitutionskriterium angewendet und seine Entscheidung über die Feststellung der Nationalität des Schiedsspruchs lediglich nach dem Sitzort der den Schiedsspruch erlassenden Schiedsinstitution ICC gerichtet. Die Orte, wo die Schiedsverfahren hauptsächlich durchgeführt wurden, Hong Kong und USA, sind nach Ansicht des ObVG für die Zuordnung des Schiedsspruchs irrelevant.

Dieses Ergebnis wurde bezweifelt und kritisiert. Die Gegenansicht geht davon aus, dass das UNÜ im Beispiel 1 nicht angewendet werden durfte, weil der Schiedsspruch nach dem Territorialitätsprinzip des UNÜs in Hong Kong ergangen ist und Hong Kong kein anderer Staat für China ist[104].

Die Anwendung des Schiedsinstitutionskriteriums in Beispiel 1 und 3 ist auch aus den folgenden Gründen zweifelhaft. Es überzeugt nicht, wenn das Volksgericht nach dem Schiedsinstitutionskriterium alle Schiedssprüche des ICC als französisch einordnet, ohne Rücksicht darauf zu nehmen, wo sie tatsächlich ergangen sind. Das ICC ist keine nationale, sondern eine internationale Schiedsinstitution und hat nur den Hauptsitz in Frankreich. Das ICC nimmt jährlich zahlreiche grenzüberschreitende Streitigkeiten an und handelt mittels seiner weltweit gebildeten Schiedsgerichte auf der ganzen Welt. Obwohl die Schiedssprüche im Namen des ICC erlassen sind, ergehen sie nicht unbedingt

---

102 Entscheidung des Mittleren Volksgerichts von Shenzhen (2001) ShenZhongFaJingEr-ChuZi Nr. 104, zitiert in YANG Honglei, S. 71.
103 Entscheidung des Mittleren Volksgerichts von Chengdu (2002) ChengMinChuZi Nr. 531; zitiert in YANG Honglei, S. 68 f.
104 SONG Lianbin/Dong Haizhou, S. 47: Hong Kong bleibt zwar aufgrund der Erklärung der chinesischen Regierung am 01.07.1997 für die Erweiterung des Anwendungsbereichs des UNÜs auf Hong Kong auch Mitglied des UNÜ. Das gilt jedoch nur für das Verhältnis zwischen China und Hong Kong.

in Frankreich. Wenn sie nicht in Frankreich ergehen, unterliegen sie auch nicht dem französischen Recht.

Wenn ein ICC-Schiedsspruch in einem anderen Mitgliedstaat des UNÜs als Frankreich und der Volksrepublik China[105] erlassen wird, weist die Anwendung des Schiedsinstitutionskriteriums und des UNÜ[106] Widersprüche auf. Während der ICC-Schiedsspruch nach dem Schiedsinstitutionskriterium als französischer Schiedsspruch eingeordnet wird und daher nach § 290 ZPG das UNÜ anzuwenden ist, ist bei der Prüfung der Art. 5 I e) UNÜ jedoch an dem Recht des Landes, in dem der Schiedsspruch ergangen ist – d.h. dem anderen Land als Frankreich – zu messen, ob der Schiedsspruch von diesem anderen Land als Frankreich aufgehoben wird.

Wenn die Schiedssprüche von einer nationalen Schiedsinstitution in dem Land, wo die Schiedsinstitution sitzt, erlassen werden – wie im Beispiel 2 –, macht es im Ergebnis keinen Unterschied, ob man das Schiedsinstitutionskriterium oder das Territorialitätsprinzip mit dem Kriterium „Schiedsort" anwendet.

Es könnte aber problematisch sein, wenn der Sitzort der Schiedsinstitution und der Ort, wo der Schiedsspruch ergangen ist, nicht übereinstimmen und zumindest einer der Orte davon kein Mitgliedstaat des UNÜs ist. Dann wäre die Nationalität des Schiedsspruchs für die anzuwendende Rechtsgrundlage für die Anerkennung und Vollstreckung relevant. In einer solchen Konstellation könnten das chinesische „Schiedsinstitutionskriterium" und das Kriterium des Schiedsorts zu unterschiedlichen Ergebnissen führen. Es wird vorgeschlagen, dass das chinesische Recht auch den Schiedsort im rechtlichen Sinne als Maßstab für die Feststellung der Nationalität der Schiedssprüche annehmen solle[107].

Das ObVG hat in seiner Mitteilung vom 30.12.2009[108] landesweit die Oberen Volksgerichte angewiesen, dass die Vollstreckbarkeit der ad-hoc-Schiedssprüche und der Schiedssprüche von ICC und anderen ausländischen Schiedsinstitutionen nach der Auslegungsregelung des ObVG zur gegenseitigen Vollstreckung der Schiedssprüche aus Festland-China und Hong Kong[109] zu überprüfen ist, wenn

---

105 Hier umfasst V.R. China auch Hong Kong, Macau und Taiwan.
106 Solche Schiedssprüche sind jedenfalls nach Art. 1 Abs. 1 S. 1 UNÜ für China ausländische Schiedssprüche und für deren Anerkennung und Vollstreckung in China ist das UNÜ anzuwenden.
107 YANG Honglei, S. 75.
108 Mitteilung des ObVG vom 30.12.2009 über die Vollstreckung der Schiedssprüche aus Hong Kong in Festland-China, Fa (2009) Nr. 415.
109 Auslegungsregelung des ObVG zur gegenseitigen Vollstreckung der Schiedssprüche aus Festland-China und Hong Kong vom 24.01.2000 (FaShi 2000, Nr. 3) ist hier die

sie in Hong Kong ergangen sind. Diese Mitteilung ist in der Weise zu verstehen, dass ein in Hong Kong ergangener Schiedsspruch als Hong Kong-Schiedsspruch anzusehen ist. Damit hat das ObVG das Schiedsinstitutionskriterium modifiziert.[110] Diese Modifizierung entspricht dem international anerkannten Territorialitätsprinzip mit dem Kriterium des Schiedsorts. Hong Kong ist zwar kein Ausland, sondern Bestandteil der Volksrepublik China. Jedoch ist Hong Kong eine andere Rechtsregion und das Rechtssystem in Hong Kong unterscheidet sich von dem in Festland-China. Es ist zu erwarten, dass eine entsprechende Modifizierung auch für die Schiedssprüche, die im „richtigen" Ausland ergangen sind, stattfindet.

iii. In China erlassene Schiedssprüche der ausländischen Schiedsinstitution

Es handelt sich um die Konstellation, dass eine ausländische Schiedsinstitution einen Schiedsspruch in China erlässt. Zurzeit führt in China z.B. das ICC mit seiner Einrichtung ICC China[111] das Schiedsverfahren durch. Das SIAC hat in 2016 eine Repräsentanz in der Pilot-Freihandelszone von Shanghai gegründet. Folgend sind einige Entscheidungen der Volksgerichte und ein Antwortschreiben des ObVG in diesem Zusammenhang:

Beispiel 1 (Fall Züblin): Am 19.07.2006 hat das Mittlere Volksgericht von Wuxi in seiner Zivilentscheidung im Fall Züblin International GmbH vs. Wuxi Woco Co. festgestellt, dass der bestrittene Schiedsspruch, der in Shanghai von einem ICC Schiedsgericht nach der ICC-Schiedsordnung erlassen wurde, ein Schiedsspruch einer ausländischen Schiedsinstitution im Sinne von § 290 ZPG sei. Nach § 290 ZPG erfolge die Anerkennung und Vollstreckung eines solchen Schiedsspruchs nach internationalen Übereinkommen – in diesem Fall nach dem UNÜ. Der Schiedsspruch sei nach der Ansicht des Volkgerichts kein ausländischer Schiedsspruch im Sinne von Art. 1 Abs. 1 S. 1 des Übereinkommens, da er im Hoheitsgebiet von China, in welchem Staat die Anerkennung und

---

 spezielle Rechtsgrundlage für die Vollstreckung der Schiedssprüche aus Hong Kong in Festland-China.
110 ZHAO Xiuwen, 2010, S. 91.
111 ICC China (= The Affiliate of International Chamber of Commerce in China) ist eine der weltweit eingerichteten nationalen Einrichtungen der ICC. Im Jahr 1988 wurde die Chinesische Internationale Handelskammer (China Chamber of International Commerce, gekürzt als „CCOIC") eingerichtet. Vertreten durch CCOIC ist die Volksrepublik China im Jahr 1994 Mitglied des ICC geworden und gleichzeitig wurde die ICC China eingerichtet. Das Sekretariat der ICC China sitzt bei der CCOIC.

Vollstreckung ersucht worden sei, ergangen sei. Ein solcher Schiedsspruch sei ein sog. „nicht-inländischer" Schiedsspruch nach Art. 1 Abs. 1 S. 2 UNÜ.[112]

Obwohl der Schiedsspruch am Ende wegen Scheiterns an einer anderen Voraussetzung nicht vollstreckt werden konnte, hat das Volksgericht von Wuxi zum ersten Mal einen in China erlassenen Schiedsspruch des ICC-Schiedsgerichts als „nicht-inländischen" Schiedsspruch im Sinne von Art. 1 Abs. 1 S. 2 UNÜ eingeordnet.

Beispiel 2 (Fall Duferco): Das Mittlere Volksgericht von Ningbo in der Provinz Zhejiang hat am 22.04.2009 zum ersten Mal einen Schiedsspruch der ICC China nach dem UNÜ anerkannt und vollstreckt.[113] Der Schiedsspruch wurde am 21.09.2007 in Beijing von einem ICC-Schiedsgericht erlassen. Nach der Ansicht des Volksgerichts von Ningbo sei der Schiedsspruch ein „nicht-inländischer" Schiedsspruch im Sinne von Art. 1 Abs. 1 S. 2 UNÜ.

Die Zuordnung der Schiedssprüche als „nicht-inländisch" im Sinne von Art. 1 Abs. 1 S. 2 UNÜ in den beiden Fällen haben heftige Diskussionen über die Nationalität der Schiedssprüche ausgelöst.

Beispiel 3 (Fall Longdeli): Die Parteien stritten sich über die Wirksamkeit einer Schiedsvereinbarung, wonach die Streitigkeit von ICC beigelegt werden muss. Die Schiedsvereinbarung enthält auch *„Place of Jurisdiction shall be Shanghai, China."* Das ObVG hat in seinem Antwortschreiben ans Obere Volksgericht von Anhui festgestellt, dass sich die Wirksamkeit dieser Schiedsvereinbarung wegen des Fehlens der Parteivereinbarung über das

---

112 Zivilentscheidung des Mittleren Volksgerichts von Wuxi, Az. (2004) XiMinSanZhongYi Nr. 1, Zitiert in ZHAO Xiuwen, 2010, S. 77 ff. Das Mittlere Volksgericht von Wuxi hat die Streitigkeit während des Gerichtsverfahrens dem Oberen Volksgericht von Jiangsu vorgelegt und nach der Anweisung des Oberen Volksgerichts hinsichtlich der Frage der Wirksamkeit der Schiedsvereinbarung gesucht. Das Obere Volksgericht hat seinerseits die Streitigkeit dem ObVG vorgelegt. Das ObVG hat in seinem Antwortschreiben keine Aussage über die Eigenschaft der Schiedssprüche getroffen, sondern einfach darauf hingewiesen, dass es sich hier um eine Schiedsgerichtsbarkeit mit Auslandsbezug handelt und die Schiedsvereinbarung nach chinesischem Recht unwirksam ist, vgl. Antwortschreiben des ObVG vom 08.07.2004, Az.: (2003) MinSiTaZi Nr. 23, in Judikationsanweisung, 2004-3, S. 36 ff.
113 Zivilentscheidung des Mittleren Volksgerichts von Ningbo vom 22.04.2009, (2008) YongZhongJianZi Nr. 4, zitiert in ZHAO Xiuwen, 2010, S. 79 ff. Der zu vollstreckende Schiedsspruch wurde von der ICC China erlassen (Aktzeichen 14006/MS/JB/JEM).

anwendbare Recht für die Schiedsvereinbarung nach dem chinesischen Recht richtet und die Schiedsvereinbarung als wirksam anzusehen ist.[114]

Beispiel 4 (Fall Dacheng Gas): Das 2. Mittlere Volksgericht von Shanghai hat eine Schiedsvereinbarung, nach der die Streitigkeit zwischen den Parteien durch SIAC mit Schiedsort in Shanghai, China beigelegt wird, als wirksam festgestellt.[115]

Beispiel 5 (Fall Brentwood): Das Mittlere Volksgericht von Guangzhou hat den Antrag der Brentwood Industries, Inc. (U.S.A) für die Vollstreckung eines Schiedsspruchs von ICC mit Schiedsort in Guangzhou, China, stützend auf New Yorker Übereinkommen, zum ersten Mal mit der Begründung abgelehnt, dass ein in China erlassene Schiedsspruch von einer ausländischen Schiedsinstitution (hier ICC) ein chinesischer Schiedsspruch mit Auslandsbezug angesehen werden kann.[116]

(1) Befugnis der ausländischen Schiedsinstitutionen

Für die Frage, ob eine ausländische Schiedsinstitution Schiedsverfahren überhaupt in China durchführen darf, fehlt es in China an einer Rechtsgrundlage. Daher ist fraglich, ob ausländische Schiedsinstitutionen überhaupt in China Schiedsverfahren anbieten und einleiten dürfen.

Gegen die Tätigkeit ausländischer Schiedsinstitutionen wendet eine Ansicht ein, dass die Schiedsgerichtsbarkeit von ausländischen Schiedsinstitutionen als Dienstleistung für Handelsgeschäfte anzusehen sei und ein solcher Service in China nicht erlaubt sei, weil China beim Beitritt zur WTO nicht erklärt habe, seinen Schiedsgerichtsbarkeitsmarkt auch zu öffnen.[117]

Eine andere Ansicht hält die schiedsrichterliche Tätigkeit von ausländischen Schiedsinstitutionen in China für zulässig[118]. Sie geht davon aus, dass das Fehlen der Rechtsgrundlage für die Ausübung der schiedsrichterlichen Tätigkeit von ausländischen Schiedsinstitutionen, z.B. der ICC in China nicht bedeutet, dass

---

114 Antwortschreiben des ObVG vom 25.03.2013 (MinSiTaZi Nr. 13), in Judikationsanweisung 2013-1, S. 125.
115 Entscheidung des 2. Mittleren Volksgerichts von Shanghai vom 29.06.2020, Aktenzeichen (2020) Hu01MinTe Nr. 83, zu finden über http://m.intertradelaw.cn/clist/xinfazixun/582731.html (zuletzt abgerufen am 09.03.2023).
116 Entscheidung des Mittleren Volksgerichts von Guangzhou vom 06.08.2020, Aktenzeichen (2015) SuiZhongFaMinSiChuZi Nr. 62, zu finden über China Judgements Online unter https://wenshu.court.gov.cn/
117 LI Jian, 2008, S. 134.
118 WANG Shengchang, S. 33; SONG Lianbin/DONG Haizhou, S. 51.

die ICC in China nicht tätigen darf. Nach der Anlage 9 zum Abkommen für Chinas Beitritt zur WTO gibt es keine Beschränkung hinsichtlich der Zulassung der fachlichen Dienstleistung zum Markt und der Behandlung solcher Dienstleistungen, die auch die Schiedsgerichtsbarkeit umfasst.[119] Das chinesische Recht verbietet die schiedsrichterliche Tätigkeit ausländischer Schiedsinstitutionen nicht.[120] Außerdem spricht die chinesische Schiedspraxis für die Zulässigkeit der Arbeit und Dienstleistungen ausländischer Schiedsinstitutionen in China[121].

Die ICC China ist 1994 gegründet und registriert worden und arbeitet mit der chinesischen internationalen Handelskammer (= CCOIC) in der Weise zusammen, dass die CCOIC nach außen im Namen der ICC China auftritt, wenn die CCOIC die Aufgaben der ICC China erledigt. Die Durchführung von Schiedsverfahren gehörte von Anfang an zu ihrem Aufgabenbereich. Aus den Feststellungen der Volksgerichte in den Beispielfällen 3–5 oben in Kapitel 1.C.I.2.c)cc) ergibt sich ebenfalls, dass ein Schiedsverfahren einer ausländischen Schiedsinstitution mit Schiedsort in China zumindest nicht als unzulässig anzusehen ist. Offen bleibt aber die Zuordnung und Nationalität solcher Schiedssprüche. Die Meinungsverschiedenheit über die Zuordnung und Nationalität der Schiedssprüche der ICC China darf nicht zum Umkehrschluss führen, dass ICC China als registriertes, anerkanntes Organ in China überhaupt kein Schiedsverfahren durchführen darf.

(2) Beurteilung nach dem Schiedsinstitutionskriterium

Es wurde auch die Auffassung vertreten, dass ein in China erlassener Schiedsspruch einer ausländischen Schiedsinstitution nach dem chinesischen „Schiedsinstitutionskriterium" die Nationalität der ausländischen Schiedsinstitution haben soll. Die Schiedssprüche der ICC China sollen daher französische Nationalität haben, denn die ICC China gehöre zur ICC und die ICC habe ihren Hauptsitz in Frankreich. Die Vollstreckung solle in China nach Art. 1 Abs. 1 S. 1 UNÜ erfolgen.[122]

Diese Auffassung hat zwar an dem hinter § 290 ZPG stehenden chinesischen spezifischen „Schiedsinstitutionskriterium" festgehalten, jedoch außer Acht gelassen, dass die Anwendung des Art. 1 Abs. 1 S. 1 UNÜ voraussetzt, dass die Schiedssprüche im Hoheitsgebiet eines anderen Mitgliedstaats als des Staates,

---

119 SONG Lianbin/DONG Haizhou, S. 51.
120 LI Xun, S. 99.
121 SONG Lianbin/DONG Haizhou, S. 51.
122 Zitiert in ZHAO Xiuwen, 2005, S. 71.

in dem die Anerkennung und Vollstreckung nachgesucht wird, ergangen sein müssen.[123] Das ist hier nicht der Fall. Außerdem ist das „Schiedsinstitutionskriterium" selbst auch bedenklich und streitig[124].

(3) Beurteilung nach dem Territorialitätsprinzip

Nach einer dritten Ansicht soll sich die Nationalität des Schiedsspruchs bzw. des Schiedsverfahrens nach dem in der internationalen Schiedspraxis herrschenden Territorialitätsprinzip, d.h. nach dem Schiedsort richten.[125] Danach sollen die in China erlassenen Schiedssprüche von der ICC China als chinesische Schiedssprüche angesehen und nach chinesischem Recht vollstreckt werden.[126]

Diese Auffassung entspricht jedoch nicht dem geltenden chinesischen Recht, da das chinesische Recht den Schiedsort nicht als Kriterium für die Nationalität der Schiedssprüche vorsieht.

(4) Stellungnahme

Die Einordnung der in China erlassenen Schiedssprüche ausländischer Schiedsinstitutionen als „nicht-inländisch" ist die beste Lösung unter dem geltenden Recht. Die Voraussetzungen der Art. 1 Abs. 1 S. 2 UNÜ sind erfüllt[127]. Zum einen sind solche Schiedssprüche keine ausländischen Schiedssprüche gemäß Art. 1 Abs. 1 S. 1 UNÜ, weil sie nicht außerhalb Chinas erlassen worden sind. Zum anderen sind solche Schiedssprüche nach chinesischem Recht keine inländischen bzw. chinesischen Schiedssprüche, da sie nicht von chinesischen Schiedskommissionen erlassen worden sind. Die einzelnen Länder oder Regionen haben die Regelungskompetenz im Schiedsrecht und können die Nationalität des Schiedsspruchs nach eigenem Maßstab bestimmen. Das UNÜ zielt gerade darauf ab, dass die Schiedssprüche aus Mitgliedstaaten trotz der Vielfältigkeit der nationalen Regelungen mit gegenseitiger Unterstützung und Hilfe anerkannt und vollstreckt werden können. Um Vollstreckungslücken zu schließen, gilt das Übereinkommen auch für solche sog. „nicht-inländischen" Schiedssprüche, die im Vollstreckungsmitgliedstaat erlassen werden, aber nach nationalem Recht in

---

123 ZHAO Xiuwen, 2005, S. 71 Fußnote Nr. 2.
124 Siehe oben 1. Kapitel, C. I. 2. b) bb).
125 ZHAO Xiuwen, 2005, S. 67; vgl. auch Ben Steinbrück, S. 22.
126 ZHAO Xiuwen, 2005, S. 67; ZHAO Xiuwen 2006, S. 126, 128; Auch WANG Shengchang, S. 33.
127 SONG Lianbin/DONG Haizhou, S. 51.

diesem Staat nicht als inländisch anzusehen sind.[128] Eine solche Vollstreckungslücke liegt im Fall der in China erlassenen Schiedssprüche von ausländischen Schiedsinstitutionen vor.

Es lässt sich erwarten, dass das Schiedsgesetz modifiziert wird und dabei der Schiedsort als der Maßstab für die Feststellung der Nationalität des Schiedsverfahrens und des Schiedsspruchs verdeutlicht wird.

iv. Im Ausland erlassene Schiedssprüche der chinesischen Schiedsinstitutionen

Früher konnten die chinesischen Schiedsinstitutionen nach der Schiedsordnung zwar den Tagungsort im Ausland haben, durften jedoch keinen Schiedsspruch im Ausland erlassen[129]. Seit 2005 erlaubt die modifizierte CIETAC-Schiedsordnung, dass die Parteien den Schiedsort auswählen können und der Schiedsspruch dann als am Schiedsort ergangen gilt. Die CIETAC hat in ihrem Jahresbericht 2008 angedeutet, dass die Anzahl der von der CIETAC bearbeiteten Fälle gestiegen ist, in denen die Parteien einen Schiedsort außerhalb Chinas gewählt haben. Da das chinesische Recht dies nicht verbietet, ist anzunehmen, dass die chinesischen Schiedsinstitutionen in der Praxis auch im Ausland schiedsrichterlich arbeiten dürfen. Unklar ist jedoch die Rechtslage, welche Nationalität solche Schiedssprüche haben sollen. Sind solche Schiedssprüche nach dem Schiedsinstitutionskriterium chinesisch, weil die Schiedssprüche aus einer chinesischen Schiedsinstitution stammen? Oder sind sie nach dem Territorialsprinzip ausländisch, weil der Schiedsort im Ausland liegt? Unklar ist auch, welches Land für die Aufhebung solcher Schiedssprüche zuständig ist. Es bleibt abzuwarten, bis das ObVG Auslegungsregelungen erlässt oder der chinesische Gesetzgeber neue Regelungen verabschiedet. Darüber hinaus ist die Rechtslage am Schiedsort im Ausland ebenfalls zu berücksichtigen. Wenn das chinesische Recht für diesen Fall weiterhin das Schiedsinstitutionskriterium anwenden und das Schiedsverfahren bzw. den Schiedsspruch als chinesisch zuordnen würde und das Recht am

---

128 MüKo/Adopohsen, Band 3, Anhang 1 zu § 1061 ZPO, Art. I UNÜ, Rn. 14. Zu beachten ist, dass die Regelungslücke in China nicht deswegen entstanden ist, weil das chinesische Recht die Nationalität des Schiedsspruchs nach dem Verfahrensrecht beurteilt hat. Die Ablehnung, dass ein solcher Schiedsspruch chinesische Nationalität hat, beruht vielmehr auf dem spezifischen chinesischen „Schiedsinstitutionskriterium". Jedenfalls besteht hier auch eine Vollstreckungslücke, die auch durch Art. 1 Abs. 1 S. 2 UNÜ geschlossen werden kann.

129 YANG Honglei, S. 67.

Schiedsort im Ausland Territorialprinzip anwenden würde, könnte ein Widerspruch hinsichtlich der Nationalität des Schiedsverfahrens bzw. des Schiedsspruchs bestehen. Einfach wäre, wenn das chinesische Recht das international verbreite Territorialprinzip anwendet bzw. anerkennen würde.

v. Zusammenfassung
(1) Verhältnis zwischen Territorialitätsprinzip und Schiedsinstitutionskriterium

Die unklare Rechtslage in China für die Zuordnung der inländischen und ausländischen Schiedssprüche schafft der Rechtspraxis viele Schwierigkeiten, die sich aus den dargestellten Fallgruppen ergeben. Das „Schiedsinstitutionskriterium" wird aus dem Wortlaut der §§ 278, 280, 281 und insbesondere § 290 ZPG hergeleitet. Da die Volksrepublik China bereits im Jahr 1986 dem UNÜ beigetreten ist und das chinesische Zivilprozessgesetz erst im Jahr 1991 erlassen wurde, ist anzunehmen, dass der chinesische Gesetzgeber bewusst auf das Territorialitätsprinzip und das Kriterium des Schiedsorts im rechtlichen Sinn für die Nationalität verzichtet hat. Aus den obigen Beispielfällen ergibt sich, dass die Volksgerichte im konkreten Fall im ersten Schritt feststellen, ob die nach Anerkennung und Vollstreckung ersuchten Schiedssprüche solche im Sinne von § 290 ZPG sind. Wenn dies festgestellt wird, wird im zweiten Schritt das anzuwendende Übereinkommen oder Abkommen für die Anerkennung und Vollstreckung gesucht. Das heißt, das Volksgericht bestimmt bereits im ersten Schritt nach § 290 ZPG bzw. nach dem Schiedsinstitutionskriterium die Nationalität der Schiedssprüche. Dabei legt die gegenwärtige Rechtspraxis die Vorschrift des § 290 ZPG weit aus, dass alle Schiedssprüche der ausländischen Schiedsinstitution von § 290 ZPG umfasst sind und daher als ausländische Schiedssprüche angesehen werden sollen.[130] Das Territorialitätsprinzip wird erst dann berücksichtigt, wenn das UNÜ oder ein anderes Abkommen, welches auch das Territorialitätsprinzip anwendet, im zweiten Schritt als anwendbare Rechtsgrundlage für die Anerkennung und Vollstreckung angesehen wird. Ob die Schiedssprüche z.B. nach Art. 1 Abs. 1 S. 1 UNÜ ausländisch sind oder nicht, ist nur relevant für die Frage, ob

---

130 Entsprechend der Auslegung von LI Jianqiang, S. 73. Mit dieser umfangreichen Auslegung der § 290 ZPG würde das Schiedsinstitutionskriterium zwei Bedeutungen haben: zum einen richtet sich die konkrete Nationalität der Schiedssprüche – das heißt, welchem Staat die Schiedssprüche gehören – nach dem Ort, wo die Schiedsinstitution sitzt; zum anderen sind Schiedssprüche ausländisch, soweit sie von ausländischen Schiedsinstitutionen erlassen werden.

das UNÜ Anwendung findet. Wenn die Schiedssprüche nicht ausländisch im Sinne von Art. 1 Abs. 1 S. 1 UNÜ sind, können sie auch als „nicht-inländisch" im Sinne von Art. 1 Abs. 1 S. 2 UNÜ nach dem UNÜ in China anerkannt und vollstreckt werden.[131] Solange das Territorialitätsprinzip im Sinne des UNÜs nicht durch chinesisches Recht als ein Maßstab für die Nationalität der Schiedssprüche umgesetzt wird, bleibt es nur als Voraussetzung für die Anwendbarkeit des UNÜs. Ob die Schiedssprüche „nicht-inländisch" im Sinne von Art. 1 Abs. 1 S. 2 UNÜ sind, hat nichts mit der Nationalität der Schiedssprüche zu tun. Es erweitert nur den Anwendungsbereich des UNÜs[132]. Wenn die Frage der Nationalität diskutiert wird, ist von dem Kriterium „nicht-inländisch" im Sinne von Art. 1 Abs. 1 S. 2 UNÜ Abstand zu nehmen[133].

(2) Entstehungsgrund des Schiedsinstitutionskriteriums

Das Schiedsinstitutionskriterium wurde vor dem Hintergrund entwickelt, dass das chinesische Recht nur institutionelle Schiedsgerichtsbarkeit anerkennt.[134] Wenn die Parteien ihre Streitigkeit im Wege der Schiedsgerichtsbarkeit beilegen möchten, ist anzunehmen, dass sie sie einer Schiedskommission vorlegen. Da die Schiedskommission normalerweise auch örtlich arbeitet, ist der Sitzort der Schiedskommission normalerweise auch der Ort, an dem das Hauptschiedsverfahren stattfindet und der Schiedsspruch schließlich erlassen wird. Für eine eventuelle Aufhebung des Schiedsspruchs ist auch das Volksgericht an diesem Ort zuständig.

Jedoch entspricht diese Vorstellung nicht mehr der gegenwärtigen vielfältigen Schiedspraxis. Zum einen können die ständigen internationalen und nationalen Schiedsinstitutionen heute den Schiedsort an einen anderen Ort als ihren Sitzort verlegen und daher grenzüberschreitend die schiedsrichterlichen Tätigkeiten

---

131 Siehe Beispiele 1 und 2 in der Fallgruppe Kapitel 1.C.I.2.c)cc) oben.
132 YANG Honglei, S. 61; HAN Liyan, S. 146.
133 YANG Honglei, S. 61.
134 Die Wirksamkeit der Schiedsvereinbarung setzt nach §§ 16, 18 SchG voraus, dass die Parteien sich über die ausgewählte Schiedskommission geeinigt haben. Daraus ergibt sich, dass das chinesische Recht nur institutionelle Schiedsgerichtsbarkeit, nicht ad-hoc Schiedsgerichtsbarkeit anerkennt. Der Gesetzgebungsausschuss des NVK hat dazu erklärt, dass zum einen die institutionelle Schiedsgerichtsbarkeit eine neuere Schiedsgerichtsbarkeitsart als die traditionelle ad-hoc Schiedsgerichtsbarkeit ist und zum zweiten es in der kurzen Schiedspraxisentwicklungsgeschichte in China nur institutionelle Schiedsgerichtsbarkeit gibt. Vgl. SONG Lianbin, Beijing Arbitration 2005, S. 4.

ausüben. Zum anderen ist das Verhältnis zwischen den ständigen Schiedsinstitutionen und den Schiedsgerichten auch vielfältig. Die Schiedsinstitution kann die schiedsrichterlichen Tätigkeiten ihrer Schiedsgerichte umfangreich verwalten und organisieren[135]. Es gibt auch Schiedsinstitutionen, die schwerpunktmäßig Werbung für die Schiedsgerichtsbarkeit machen und den Parteien in der Schiedsgerichtsbarkeit gegebenenfalls helfen[136]. Die internationale Schiedsinstitution ICC legt den Schwerpunkt ihrer Arbeit darauf zu gewährleisten, dass die ICC-Schiedsordnung im Einzelfall eingehalten wird. Soweit die ICC-Schiedsgerichte die Tätigkeiten ausüben, zu denen sie befugt sind, handeln sie auch selbständig und unabhängig von der ICC oder anderen Organen[137]. In den letzteren zwei Situationen, wo die Schiedsinstitutionen und die Schiedsgerichte nicht eng miteinander verbunden sind, ist es sachfremd, den Ort, an dem die Schiedsinstitution sitzt, als für die Nationalität der Schiedssprüche relevant anzusehen.

(3) Auswirkung auf die ad-hoc-Schiedsgerichtsbarkeit
Problematisch ist auch die Anwendung des Schiedsinstitutionskriteriums auf die Beurteilung der ad-hoc-Schiedssprüche. Die ad-hoc-Schiedsgerichtsbarkeit ist in China nicht gesetzlich geregelt. Eine chinesische ad-hoc-Schiedsgerichtsbarkeit wird daher bis heute nicht erlaubt und anerkannt, mit Ausnahmen von ad-hoc-Schiedsgerichtsbarkeit in einigen Pilot-Freihandelszonen[138]. Ein Schiedsspruch aus einem ausländischen ad-hoc-Schiedsverfahren kann jedoch gemäß Art. 1 Abs. 2 Alt. 1 UNÜ in China anerkannt und vollstreckt werden. Das ObVG hat am 11.09.2001 einen Schiedsspruch aus einem ad-hoc-Schiedsverfahren in London nach § 269 ZPG a.F. (§ 290 ZPG n.F.) i.V.m. UNÜ anerkannt und das Obere Volksgericht der Provinz Hubei angewiesen, den Schiedsspruch zu

---

135 Z.B. CIETAC, siehe ZHANG Binsheng, S. 130.
136 Z.B. HKIAC, siehe ZHANG Binsheng, S. 131.
137 ZHAO Xiuwen, 2010, S. 49.
138 Aufgrund der Meinung des ObVG vom 30.12.2016 zur Gewährung von Rechtsschutz für die Errichtung der Pilot-Freihandelszonen (FaFa 2016, Nr. 34) wird die ad-hoc-Schiedsgerichtsbarkeit langsam in China eingeführt. Vereinbaren die in der Pilot-Freihandelszone registrierten Unternehmen untereinander, die betreffenden Streitigkeiten an einem bestimmten Ort auf dem Festland-China nach bestimmten Schiedsregeln und durch bestimmte Personen beilegen zu lassen, kann die Schiedsvereinbarung nach der Nr. 9 in der Meinung des ObVG vom 30.12.2016 als gültig angesehen werden. Am 23. März 2017 wurde die Ordnung für die ad-hoc-Schiedsgerichtsbarkeit in der Pilot-Freihandelszone Hengqin erlassen; zitiert in SONG Lianbin/ LIN Hui/CHEN Xijia, 2017, S. 55–56.

vollstrecken.[139] Das ObVG hat in seinem Antwortschreiben zwar keine konkrete Vorschrift des UNÜ genannt. Die Anerkennung des ad-hoc-Schiedsspruchs erfolgte aber ersichtlich nach Art. 1 Abs. 2 Alt. 1 UNÜ. Daher umfassen die „Schiedsinstitutionen" im Sinne der „Schiedssprüche von Schiedsinstitutionen im Ausland" gem. § 290 ZPG nicht nur die ständig eingerichteten Schiedsinstitutionen[140] und die von den ständigen Schiedsinstitution im Einzelfall gebildeten Schiedsgerichte, sondern auch ad hoc gebildete Schiedsgerichte. Das ad hoc-Schiedsgericht kann daher als Schiedsinstitution im weiteren Sinne[141] angesehen werden, da es auch im Einzelfall das Schiedsverfahren leitet und die Streitigkeit der Parteien beilegt. Das gilt jedoch vor allem nur für solche ad-hoc-Schiedssprüche, die von einem außerhalb des Hoheitsgebiets Chinas liegenden Schiedsgericht erlassen worden sind.

Wenn ein ausländisches ad-hoc-Schiedsgericht in China Schiedssprüche erlassen würde, wäre das problematisch. Zum einen ist es fraglich, ob ein ad-hoc gebildetes (ausländisches) Schiedsgericht überhaupt in China Schiedsgerichtsbarkeit ausüben darf. Zum anderen ist noch offen, ob solche Schiedssprüche als chinesisch oder als ausländisch einzuordnen sind. Sie können nach dem geltenden chinesischen Recht nicht chinesische Schiedssprüche sein, weil sie nicht von einer chinesischen ständigen Schiedsinstitution erlassen wären. Nach der weiten Auslegung des § 290 ZPG können sie ausländische Schiedssprüche sein und vom chinesischen Volksgericht anerkannt und vollstreckt werden. Das würde aber dann dem chinesischen Recht widersprechen, das keine ad-hoc-Schiedssprüche *in* China erlaubt. Mit der Entwicklung der chinesischen Schiedsgerichtsbarkeit und der weiteren Öffnung des chinesischen Schiedsgerichtsbarkeitsmarkts für das Ausland könnte dieses Problem jedoch auftauchen.

(4) Fehlende Rechtssicherheit

Das chinesische spezifische Schiedsinstitutionskriterium für die Nationalität der Schiedssprüche schafft keine Rechtssicherheit in der Rechtspraxis. Die Überprüfungsbestimmung und die Vollstreckungsbestimmung verwenden immer

---

139 Antwortschreiben des ObVG vom 11.09.2001 auf die Vorlage des Oberen Volksgericht von Hubei über die Nichtanerkennung und Nichtvollstreckung des Schiedsspruchs London, JiaoTaZi 2000, Nr. 11. Auch in ZHAO Xiuwen, 2007, S. 25.
140 Seien es nationale Schiedsinstitutionen, z.B. DIS, AAA, LCIA, SCC, SIAC und ZCC oder seien es internationale Schiedsinstitutionen z.B. ICC und ICSID.
141 Schiedsinstitution im engeren Sinne ist die ständige Schiedsinstitution. Die chinesische Schiedskommission ist daher eine Schiedsinstitution im engeren Sinne.

noch den Wortlaut „Schiedssprüche der Schiedsinstitution in Festland-China" und deuten auf die Anwendung des Schiedsinstitutionskriteriums hin. Es bleibt z.B. noch offen, wie die Fallgruppe „im Ausland erlassene Schiedssprüche der chinesischen Schiedsinstitution" zu behandeln ist[142]. In der Literatur wird vorgeschlagen, dass das chinesische Schiedsrecht entsprechend den Grundsätzen der internationalen Schiedspraxis reformiert werden soll. Insbesondere soll der Schiedsort im rechtlichen Sinne ins chinesische Recht einbezogen werden. Es bleibt abzuwarten, ob das geschieht.

II. Schiedsgerichtsbarkeit von Hong Kong, Macau und Taiwan

1. Schiedsgerichtsbarkeit Hong Kong

Die Schiedsgerichtsbarkeit von Hong Kong ist im chinesischen Schiedsrecht nicht ausdrücklich definiert. Für diese Arbeit ist relevant, welches Schiedsverfahren bzw. welcher Schiedsspruch nach chinesischem Recht dem Hong Kong zugeordnet wird und deswegen in Festland-China unterstützt, anerkannt und vollstreckt wird. Vor diesem Hintergrund sind die Vollstreckungsübereinkunft Hong Kong[143] und die Übereinkunft zur gegenseitigen Unterstützung beim einstweiligen Rechtsschutz durch Gerichte in Festland-China und Hong Kong zu berücksichtigen.

Nach der Vollstreckungsübereinkunft Hong Kong stellt der Schiedsort in Hong Kong eine entscheidende Rolle für die Feststellung der in Festland-China vollstreckbaren Schiedssprüche Hong Kongs dar, siehe näheres in Kapitel 6.C.II.

Nach der Übereinkunft zur gegenseitigen Unterstützung beim einstweiligen Rechtsschutz durch Gerichte in Festland-China und Hong Kong können die Parteien des Hong Kong-Schiedsverfahrens vor der Schiedsentscheidung nach dem chinesischen Zivilprozessgesetz und Schiedsgesetz und den dazugehörigen Auslegungsregelungen beim zuständigen Mittleren Volksgericht die Sicherungen beantragen, siehe näheres in Kapitel 4.D.III. Was ein Hong Kong Schiedsverfahren ist, richtet sich wiederum nach dem Schiedsrecht in Hong Kong, insbesondere der *Cap 609 Hong Kong Arbitration Ordinance*.

---

142 Siehe oben 1. Kapitel, C. I. 2. c) dd).
143 Übereinkunft über die gegenseitige Vollstreckung der Schiedssprüche aus Festland-China und Hong Kong in ihrer aktuell modifizierten Fassung, zuletzt modifiziert in November 2020 (Fashi 2020, Nr. 13).

2. Schiedsgerichtsbarkeit Macau

Die Schiedsgerichtsbarkeit von Macau ist im chinesischen Schiedsrecht nicht ausdrücklich definiert. Nach der Vollstreckungsübereinkunft Macau[144] werden solche Schiedssprüche als die aus Macau angesehen, wenn sie von Macauer Schiedsinstitutionen und Schiedsrichtern nach dem Schiedsgesetz Macau in Macau erlassen worden sind, siehe näheres in Kapitel 6.C.III.

Nach der Übereinkunft zur gegenseitigen Unterstützung beim einstweiligen Rechtsschutz durch Gerichte in Festland-China und Macau vom 25. Februar 2022 können die Parteien des Macau-Schiedsverfahrens vor der Schiedsentscheidung nach dem chinesischen Zivilprozessgesetz und Schiedsgesetz sowie den dazugehörigen Auslegungsregelungen beim zuständigen Mittleren Volksgericht die Sicherungen beantragen. Was ein Macau Schiedsverfahren ist, richtet sich wiederum nach dem Schiedsrecht in Macau.

3. Schiedsgerichtsbarkeit Taiwan

Die Schiedsgerichtsbarkeit von Taiwan ist im chinesischen Schiedsrecht nicht definiert. Nach der Vollstreckungsbestimmung Taiwan[145] umfassen die vollstreckbaren Schiedssprüche von Taiwan die Schiedssprüche (einschließlich Schiedsgerichtsurteile, Schiedsgerichtsvergleiche und Schiedsgerichtsmediation), die in der Region Taiwan von ständigen Schiedsinstitutionen und ad-hoc-Schiedsgerichten in Übereinstimmung mit den Bestimmungen über die Schiedsgerichtsbarkeit in der Region Taiwan in Bezug auf Streitigkeiten in Zivil- und Handelssachen erlassen worden sind.[146]

III. Unterteilung der inländischen Schiedsgerichtsbarkeit

Eine Besonderheit des chinesischen Schiedsrechts liegt darin, dass es die inländische Schiedsgerichtsbarkeit wieder in drei Kategorien, die innerstaatliche Schiedsgerichtsbarkeit, die Schiedsgerichtsbarkeit mit Auslandsbezug und die Schiedsgerichtsbarkeit mit Bezug auf Hong Kong, Macau und Taiwan unterteilt.

---

144 Übereinkunft über die gegenseitige Anerkennung und Vollstreckung der Schiedssprüche zwischen Macau und China, die ab 01.01.2008 in Kraft getreten ist.
145 Bestimmung der ObVG über die Anerkennung und Vollstreckung der Schiedssprüche aus der Region Taiwan vom 29.06.2015 (FaShi 2015, Nr. 14).
146 Art. 2 der Vollstreckungsbestimmung Taiwan.

1. Innerstaatliche Schiedsgerichtsbarkeit

Innerstaatliche Schiedsgerichtsbarkeit bezieht sich auf die Schiedsgerichtsbarkeit, die überhaupt keinen Bezug auf Ausland, Hong Kong, Macau und Taiwan hat, rein inländisch ist und nur innerstaatliche Elemente betrifft.

2. Auslandsbezogene Schiedsgerichtsbarkeit

Die Auslandsbezogenheit[147] der Schiedsvereinbarung oder des Schiedsspruchs ist nach § 12 der Überprüfungsbestimmung i.V.m. § 1 der Auslegung (1) des ObVG zum RAnG vom 28.12.2012[148] anzunehmen, wenn eine der folgenden Voraussetzungen vorliegt:

(1) wenn eine Partei oder beide Parteien ausländische Staatsangehörige, ausländische juristische Person(en) oder Organisation(en) oder staatenlose Person(en) ist/sind;
(2) wenn der gewöhnliche Aufenthaltsort einer Partei oder beider Parteien außerhalb der Volksrepublik China ist;
(3) wenn der Gegenstand sich am Ort außerhalb der Volksrepublik China befindet;
(4) wenn die Tatsache hinsichtlich der Entstehung, Abänderung oder Beendigung des Zivilrechtsverhältnisses außerhalb der Volksrepublik China geschehen ist;
(5) wenn andere Konstellationen vorhanden sind, die eine Annahme der Auslandsbezogenheit zulassen.

Für die Schiedsfälle unter gerichtlicher Überprüfung mit Auslandsbezug gelten spezielle Regelungen[149].

---

147 Nach der alten Rechtslage – Art. 304 der Auslegung des ObVG zum ZPG vom 14.07.1992 (FaFa 1992, Nr. 2) sowie Art. 178 I der Auslegung des ObVG zum GGZR vom 02.04.1988 – lag eine „Zivilsache mit Auslandsbezug" vor, wenn zumindest eine der Parteien des Zivilprozesses ausländischer Staatsangehöriger, staatenlose Person, ausländisches Unternehmen oder ausländische Organisation ist oder wenn die Entstehung, Abänderung oder Beendigung des Zivilrechtsverhältnisses im Ausland geschehen ist oder wenn sich der Streitgegenstand im Ausland befindet, siehe auch Lutz Kniprath, S. 10; SHEN Deyong/WANG Exiang, S. 112.
148 Auslegung des ObVG zu einigen Fragen betreffend das RAnG (1) vom 28.12.2012 (FaShi 2012, Nr. 24).
149 Darüber wird näher ausgeführt in den folgenden Kapiteln 2 bis 6.

Im Zivilprozessgesetz wird an vielen Stellen von „Schiedssprüchen von Schiedsinstitutionen mit Auslandsbezug" gesprochen, z.B. §§ 264, 281 ZPG. Damit sind Schiedssprüche mit Auslandsbezug gemeint[150]. Hintergrund des Gesetzeswortlautes ist, dass in der früheren Zeit nur die CIETAC und die CMAC Schiedsverfahren mit Auslandsbezug durchführen durften und sie auch nur solche Verfahren durchführten. Mit „Schiedsinstitutionen mit Auslandsbezug" waren deswegen ursprünglich nur CIETAC und CMAC gemeint.[151] Seitdem das Schiedsgesetz im Jahr 1995 in Kraft getreten ist, kann das Schiedsverfahren mit Auslandsbezug auch von den örtlichen Schiedskommissionen eingeleitet werden. Entsprechend können CIETAC und CMAC auch in der innerstaatlichen Schiedsgerichtsbarkeit arbeiten.[152] Daher hängt die Auslandsbezogenheit heute nicht mehr von der Eigenschaft der handelnden Schiedsinstitution, sondern von der Erfüllung der auslandsbezogenen Elemente ab.[153]

3. Schiedsgerichtsbarkeit mit Bezug auf Hong Kong, Macau und Taiwan

Die speziellen Regelungen für die Schiedsfälle unter gerichtlicher Überprüfung mit Auslandsbezug[154] gelten nach § 21 der Überprüfungsbestimmung auch für Schiedsfälle unter Gerichtlicher Überprüfung mit Bezug auf Hong Kong, Macau und Taiwan. Aus dem Wortlaut der § 21 der Überprüfungsbestimmung ergibt sich, dass Schiedsgerichtsbarkeit (einschließlich Schiedsverfahren und Schiedssprüche usw.) mit Bezug auf Hong Kong, Macau oder Taiwan begrifflich streng gesehen keine auslandsbezogene Schiedsgerichtbarkeit ist.

Es gibt keine Definition für den „Bezug auf Hong Kong, Macau und Taiwan". Die Definition für „Auslandsbezug" soll beim Definieren des Bezugs auf Hong Kong, Macau und Taiwan verwendet werden. Es soll für die Annahme eines solchen Bezugs genügen, wenn die Partei, der Aufenthaltsort, der Streitgegenstand oder andere für den Streit relevante Konstellation einen Berührungspunkt mit Hong Kong, Macau und Taiwan haben.

---

150 WANG Yanjun, Judikationsanweisung 2008-2, S. 174.
151 Lutz Kniprath, S. 11.
152 ZHAO Xiuwen, Beijing Arbitration 2005, S. 8.
153 Vgl. auch Art. 38 der Bestimmung des ObVG über die Behandlung der Schiedsgerichtsbarkeit mit Auslandsbezug und ausländischen Schiedsgerichtsbarkeit (Entwurf).
154 Darüber wird näher ausgeführt in den folgenden Kapiteln 2 bis 6.

IV. Internationale Schiedsgerichtsbarkeit

Der Begriff „internationale Schiedsgerichtsbarkeit" wird oft in der chinesischen Schiedsrechtsliteratur verwendet. Die Gesetzgebung und Rechtspraxis in China sprechen aber oft von „Schiedsgerichtsbarkeit mit Auslandsbezug".[155] Wenn der Betrachter China als Standpunkt nimmt und die Schiedsgerichtsbarkeit nach dem Kriterium zuordnet, ob sie lediglich Bezugspunkte zu China oder auch Bezugspunkte zum Ausland hat, sind die beiden Begriffe „internationale Schiedsgerichtsbarkeit" und „Schiedsgerichtsbarkeit mit Auslandsbezug" grundsätzlich deckungsgleich.[156] Aber man sollte die internationale Schiedsgerichtsbarkeit auch im weiteren Sinne verstehen. Mit diesem Begriff ist vielmehr die Schiedsgerichtsbarkeit mit übernationaler oder internationaler Verknüpfung gemeint. Die internationale Schiedsgerichtsbarkeit umfasst daher nicht nur die Schiedsgerichtsbarkeit mit Auslandsbezug, sondern auch die ausländische Schiedsgerichtsbarkeit und die Schiedsgerichtsbarkeit durch überstaatliche, überregionale oder internationale Schiedsinstitutionen, z.B. IACAC[157], ICSID, ICC.[158]

D. Das Gerichtssystem Chinas (Kurze Einführung)

I. Volksgericht

Das Gerichtssystem in China besteht aus dem Obersten Volksgericht (ObVG), örtlichen Volksgerichten auf verschiedenen Ebenen und spezialisierten Volksgerichten. Spezialisierte Volksgerichte umfassen z.B. Militärgerichte und Seegerichte und können auch bei Bedarf eingerichtet werden.[159] Diese Arbeit bezieht sich auf die nicht-spezialisierten Volksgerichte, wenn von Volksgerichten die Rede ist.[160]

---

155 SONG Lianbin, 2010, S. 298.
156 Lutz Kniprath, S. 8.
157 Interamerican Commercial Arbitration Commission (IACAC).
158 SONG Lianbin, 2010, S. 296.
159 Siehe http://www.gov.cn/guoqing/2017-11/08/content_5238058.htm (zuletzt abgerufen vom 09.03.2023).
160 In Deutschland gibt es verschiedene Arten der Gerichtsbarkeit. Dazu gehören unterschiedliche Gerichte, z.B. Amtsgericht/Landgericht/Oberlandesgericht/Bundesgerichtshof für die ordentliche Gerichtsbarkeit, Arbeitsgericht/Landesarbeitsgericht/Bundesarbeitsgericht für die Arbeitsgerichtsbarkeit, Verwaltungsgericht/Oberverwaltungsgericht/Verwaltungsgerichtshof/Bundesverwaltungsgericht für die Verwaltungsgerichtsbarkeit, Sozialgericht/Landessozialgericht/Bundessozialgericht für die Sozialgerichtsbarkeit und Finanzgericht und Bundesfinanzhof für die

Zu den örtlichen Volksgerichten auf allen Ebenen gehören: (1) Untere Volksgerichte in Landkreisen, autonomen Landkreisen, Städten ohne Bezirke und Bezirken in Städten; (2) Mittlere Volksgerichte in Städten und Gemeinden der Provinzen und autonomen Regionen und in regierungsunmittelbaren Städten; (3) Obere Volksgerichte in Provinzen, autonomen Regionen und regierungsunmittelbaren Städten[161].

Zusammen mit dem ObVG hat das chinesische Gerichtssystem daher insgesamt vier Ebenen – Untere Volksgerichte (auch als lokale Volksgerichte genannt), Mittlere Volksgerichte, Obere Volksgerichte und ObVG (**das vierstufige Gerichtssystem**). Welches Volksgericht in Zivil- und Handelssachen in erster Instanz zuständig ist, hängt von vielen Faktoren (z.B. Streitwert, Sitz- oder Wohnort der Parteien und Umständen im Einzelfall) ab. Die Unteren Volksgerichte in Beijing, Shanghai, Provinz Jiangsu, Provinz Zhejiang und Provinz Guangdong sind für Streitigkeiten mit einem Wert bis zu RMB 100 Mio. zuständig, wenn beide Parteien in demselben Zuständigkeitsgebiet des Gerichts sitzen/ wohnen; sie sind für Streitigkeiten mit einem Wert bis zu RMB 50 Mio. zuständig, wenn zumindest eine Partei nicht im Zuständigkeitsgebiet des Gerichts sitzt/wohnt. Diese Wertgrenze ist für andere Untere Volksgerichte in anderen Provinzen niedriger, z.B. RMB 5 Mio., 10 Mio. oder 30 Mio.[162]

In Bezug auf die Rechtsprechung können Volksgerichte je nach ihren internen Geschäftsverteilungsplänen und Bedarf Zivilkammern, Zivil- und Handelskammern, Strafkammern, Verwaltungskammern, Vollstreckungsabteilungen, Insolvenzabteilungen und andere Fachkammern (z.B. Kammer für geistiges Eigentum, Kammer für Fälle in Bezug auf Minderjährige usw.) einrichten.[163] Untere Volksgerichte können sog. Volkskammern für bestimmte Orte bilden und entsenden, die im Namen des unteren Volksgerichts, zu dem sie gehören, Entscheidungen erlassen.

Finanzgerichtsbarkeit. Anders als in Deutschland gibt es in China nicht so viele Arten von Gerichten, sondern nur Volksgerichte, die intern unterschiedliche Kammern für unterschiedliche Rechtsgebiete enthalten.

161 Die vier regierungsunmittelbaren Städte (Beijing, Shanghai, Chongqing und Tianjin) haben mehrere Mittlere Volksgerichte und ein Oberes Volksgericht.

162 Siehe drei Mitteilungen des ObVG über die Anpassung der Zuständigkeitskriterien der Oberen Volksgerichte und der Mittleren Volksgerichte in Zivil- und Handelssachen erster Instanz, FaFa 2015, Nr. 7, FaFa 2018, Nr. 13 und FaFa 2019, Nr. 14.

163 Vgl. § 21 Abs. 1 S. 1 GOG.

II. Aktenanlegungsdezernat

Das Volksgericht hat ein Dezernat für den Empfang und die Anlegung der Akten für die erhobenen Klagen/Anträge/Beschwerden/Berufungen usw. Dieses Dezernat wird in dieser Arbeit als Aktenanlegungsdezernat genannt. Es nimmt die Aufgaben wahr, die nach der deutschen Gerichtsorganisation von den Spruchrichtern wahrgenommen werden. Nur wenn das Aktenanlegungsdezernat bestätigt, die Klagen/Anträge/Beschwerden/Berufungen usw. anzunehmen und eine Akte dafür anzulegen, beginnen viele Fristen zu laufen.

Bis zum 30. April 2015 galt die alte Auslegungsregelung – vorläufige Bestimmung des ObVG über die Aktenanlegung beim Volksgericht vom 21.04.1997 (FaFa 1997, Nr. 7). Das Aktenanlegungsdezernat führte quasi eine Zulässigkeitsprüfung und gegebenenfalls auch eine materielle Prüfung durch. Es prüfte nicht nur, ob die Formalität der Klageschrift/des Antrages erfüllt sind, sondern z.B. auch, ob der Kläger Prozessfähigkeit besitzt, der Beklagte eindeutig angegeben ist, die Klageschrift die Klageanträge und sachlichen Grundlagen enthält und ob das Volksgericht zuständig ist usw.[164]

Seit 01.05.2015 gilt die neue Auslegungsregelung – Bestimmung des ObVG zu verschiedenen Fragen der Registrierung und Aktenanlegung beim Volksgericht (FaShi 2015, Nr. 8). Das Aktenanlegungsdezernat soll Klagen und Strafanträge entgegennehmen und den Zugang jeweils datieren und schriftlich bestätigen.[165] Wenn die Klage/der Strafantrag den gesetzlichen Anforderungen entspricht, wird die Klage/der Antrag direkt im Zeitpunkt der Erhebung registriert und die Akte wird angelegt.[166] Falls das Volksgericht die Aktenanlegung ablehnt bzw. die Klage oder den Strafantrag nicht annimmt, soll das Volksgericht die Ablehnung schriftlich niederlegen und begründen.[167] Gegen die Ablehnungsentscheidung kann der Kläger oder

---

164 Siehe § 7 der vorläufigen Bestimmung des ObVG über die Aktenanlegung beim Volksgericht vom 21.04.1997 (FaFa 1997, Nr. 7). Diese Bestimmung ist bereits außer Kraft getreten.
165 § 2 Abs. 1 der Bestimmung des ObVG zu verschiedenen Fragen der Registrierung und Aktenanlegung beim Volksgericht (FaShi 2015, Nr. 8). Dabei hat das Aktenanlegungsdezernat eine ähnliche Funktion wie die Geschäftsstelle beim deutschen Gericht.
166 § 2 Abs. 2 der Bestimmung des ObVG zu verschiedenen Fragen der Registrierung und Aktenanlegung beim Volksgericht (FaShi 2015, Nr. 8).
167 § 9 der Bestimmung des ObVG zu verschiedenen Fragen der Registrierung und Aktenanlegung beim Volksgericht (FaShi 2015, Nr. 8).

Antragsteller Berufung einlegen.[168] Das Volksgericht kann die Aktenanlegung ablehnen, wenn die Klage/der Strafantrag (1) gegen das Gesetz verstößt und nicht den gesetzlichen Anforderungen entspricht; (2) die nationale Souveränität und territoriale Integrität gefährdet; (3) die nationale Sicherheit gefährdet; (4) die nationale Einheit und die ethnische Solidarität untergräbt; (5) die staatliche Religionspolitik untergräbt oder (6) nicht in die Zuständigkeit des Volksgerichts fällt.[169] Wenn das Aktenanlegungsdezernat nicht sofort feststellen kann, ob die Klage/der Strafantrag den rechtlichen Anforderungen entspricht, soll es innerhalb einer bestimmten Frist (z.B. 7 Tage für Zivil- und Verwaltungsklagen, 15 Tage für Strafanträge und Einsprüche gegen die Vollstreckung) ab Entgegennahme der Klage/des Antrages entscheiden, ob die Akte angelegt wird. Wenn das Volksgericht innerhalb der Frist nicht feststellen kann, ob die Klage/der Strafantrag den rechtlichen Anforderungen entspricht, soll die Akte zunächst angelegt werden[170].

Nach § 1 der Bestimmung des ObVG zu verschiedenen Fragen der Registrierung und Aktenanlegung beim Volksgericht (FaShi 2015, Nr. 8) gilt ab Inkrafttreten dieser neuen Auslegungsregelung das sog. Registrierungssystem bei der Zivil- und Verwaltungsklage und beim Strafantrag in der ersten Instanz. Dadurch soll das frühere Überprüfungssystem ersetzt werden.[171] Das erweckt zunächst den Eindruck, als führe das Aktenanlegungsdezernat keine sachliche Prüfung mehr durch, sondern bringe einfach die erhobene Klage zur Akte. Wenn wir aber die obengenannten Ablehnungsgründe sehen, ist dies nicht der Fall. Vor allem kann der erste Ablehnungsgrund (1) wegen der Unbestimmtheit einen sehr weiten Anwendungsbereich haben. In der Praxis ist die Quote der angenommenen Klagen und Anträge seit Inkrafttreten der neuen Bestimmung erhöht worden. Aber bis zu dem Ziel, dass das Aktenanlegungsdezernat nur noch eine formelle Prüfung vornimmt und sich somit auf eine Geschäftsverteilungsfunktion fokussiert, ist noch ein langer Weg zu gehen.

---

168 § 126 S. 3 a. E. ZPG und § 7 Abs. 3 der Überprüfungsbestimmung.
169 § 10 der Bestimmung des ObVG zu verschiedenen Fragen der Registrierung und Aktenanlegung beim Volksgericht (FaShi 2015, Nr. 8).
170 § 8 Abs. 2 der Bestimmung des ObVG zu verschiedenen Fragen der Registrierung und Aktenanlegung beim Volksgericht (FaShi 2015, Nr. 8).
171 ZHANG Jiajun, S. 217, 220.

III. Rechtsmittelverfahren

1. Berufung

Hier wird zunächst auf die Darstellungen über das vierstufige Gerichtssystem in China in Kapitel 1.D.I verwiesen.

In Zivil- und Handelssachen kann gegen die erstinstanzliche Entscheidung nur einmal die Berufung beim Gericht der nächsthöheren Instanz (ausnahmsweise direkt bei ObVG als Gericht der zweiten Instanz[172]) eingelegt werden. Die zweitinstanzliche Entscheidung ist im Regelfall endgültig (siehe Ausnahmen gleich unten in Kapitel 1.D.III.2 (Rechtsprechungsaufsicht bzw. Wiederaufnahme) und Kapitel 1.D.III.3 (staatsanwaltschaftliche Aufsicht). Der chinesische Zivilprozess ist durch das vierstufige Gerichtssystem und das zweistufige Entscheidungssystem geprägt.

2. Eigene Rechtsprechungsaufsichtsabteilung

Das Volksgericht hat in der Regel eine Rechtsprechungsaufsichtsabteilung, die Aufsicht über rechtskräftige Entscheidungen nach §§ 205–220 ZPG (16. Kapitel) führt. Für ein besseres Verständnis kann man das Verfahren zur Aufsicht über Entscheidungen nach chinesischem Zivilprozessrecht mit dem deutschen Verfahren zur Wiederaufnahme nach § 578 ff. ZPO vergleichen. Das Volksgericht kann seine eigenen rechtskräftigen Urteile und Beschlüsse (beide zusammen hier als Entscheidungen bezeichnet) und Mediationsdokumente im wiederaufgenommenen Verfahren prüfen, wenn sie nach der eigenen Ansicht des Präsidenten des Volksgerichts fehlerhaft sind.[173] Das Oberste Volksgericht kann die Entscheidungen der örtlichen Volksgerichte auf allen Ebenen oder das Volksgericht höherer Ebene kann die Entscheidungen seiner untergeordneten Gerichte überprüfen, wenn sie nach der Ansicht des Obersten Volksgerichts oder der

---

172 Das ObVG fungiert als das Berufungsgericht, wenn die Partei die Berufung gegen die erstinstanzliche Entscheidung in Zivilsachen einlegen will, bei denen es sich um geistiges Eigentum mit ausgeprägtem technischem Sachverstand handelt, wie z.B. Patente für Erfindungen, Gebrauchsmuster, neue Pflanzensorten, Layout-Entwürfe für integrierte Schaltkreise, technische Geheimnisse, Computersoftware und Monopole usw., vgl. Beschluss des Ständigen Ausschusses des Nationalen Volkskongresses vom 26.10.2018 zu verschiedenen Fragen im Zusammenhang mit Prozessverfahren für Patente und andere Fälle von geistigem Eigentum.

173 Die Wiederaufnahme soll durch das Richterkomitee des Volksgerichts diskutiert und entschieden werden, § 205 Abs. 1 ZPG.

Volksgerichte höherer Ebene fehlerhaft sind. Sie können in einer solchen Konstellation auch die untergeordneten Gerichte anweisen, die Entscheidungen selbst zu überprüfen. Auf Antrag von Parteien des Verfahrens soll das Volksgericht rechtskräftige Entscheidungen (entweder von ihm selbst oder von den untergeordneten Volksgerichten) überprüfen, wenn bestimmte Voraussetzungen nach § 207 ZPG[174] erfüllt sind.

---

174 Voraussetzungen dafür sind nach § 207 ZPG:
(1) wenn es neue Beweise gibt, die genügen, um die ursprüngliche Entscheidung aufzuheben;
(2) wenn die Beweise für die zugrundeliegenden Tatsachen für die ursprüngliche Entscheidung fehlen;
(3) wenn die Hauptbeweise für die zugrundeliegenden Tatsachen für die ursprüngliche Entscheidung gefälscht sind;
(4) wenn die Hauptbeweise für die zugrundeliegenden Tatsachen für die ursprüngliche Entscheidung nicht von den Parteien wechselseitig geprüft worden sind;
(5) wenn die Hauptbeweise, die für die Entscheidung über den Fall erforderlich sind, nicht vom Volksgericht untersucht und gesammelt worden sind, obwohl die Partei die Untersuchung und Sammlung solcher Beweise durch das Volksgericht schriftlich beantragt hat, weil die Partei solche Beweise aus objektiven Gründen nicht selbst sammeln konnte;
(6) wenn die Rechtsanwendung in der ursprünglichen Entscheidung fehlerhaft ist;
(7) wenn die Zusammensetzung des Spruchkörpers rechtswidrig war oder ein Richter oder Schöffe, der von der Teilnahme an dem Verfahren ausgeschlossen werden muss, nicht ausgeschlossen worden ist;
(8) wenn sich eine prozessunfähige Partei, die nicht vom gesetzlichen Vertreter vertreten wurde, am Verfahren beteiligt hat oder wenn eine Partei aus nicht von ihr selbst oder ihrem Prozessvertreter zu vertretenden Gründen nicht am Verfahren teilgenommen hat;
(9) wenn das Recht der Partei zur Stellungnahme und Erwiderung in der Sache rechtswidrig entzogen wurde;
(10) wenn ein Versäumnisurteil ohne vorherige schriftliche Vorladung einer Partei ergangen ist;
(11) wenn die ursprüngliche Entscheidung nicht sämtliche Klageanträge der Partei(en) abdeckt oder über die Klageanträge der Partei(en) hinausgegangen ist;
(12) wenn eine Rechtsurkunde, auf der die ursprüngliche Entscheidung beruht, aufgehoben oder abgeändert worden ist;
(13) wenn eine an der Entscheidung beteiligte Justizperson während der Verhandlung in der Sache Bestechungen verlangt oder erhalten, zum eigenen Vorteil unlauter gehandelt oder das Gesetz verletzt hat.

3. Aufsicht durch Volksstaatsanwaltschaft

Eine Besonderheit ist, dass die Volksstaatsanwaltschaft[175] auch Aufsicht über die Rechtsprechung des Volksgerichts ausüben kann. Wie auch bei den Volksgerichten gibt es in China die oberste Volksstaatsanwaltschaft, örtliche Volksstaatsanwaltschaften auf verschiedenen Ebenen ((1) obere Volksstaatsanwaltschaften in Provinzen, autonomen Regionen und regierungsunmittelbaren Städten, (2) mittlere Volksstaatsanwaltschaften in Städten und Gemeinden jeder Provinzen, autonomen Regionen und regierungsunmittelbaren Städten und (3) untere Volksstaatsanwaltschaften in Landkreisen, autonomen Landkreisen und Bezirken der Städte) und spezialisierte Volksstaatsanwaltschaften (z.B. Militärstaatsanwaltschaft). Nach § 215 ZPG soll die oberste Volksstaatsanwaltschaft gegen rechtskräftige Entscheidungen der örtlichen Volksgerichte auf allen Ebenen und die Volksstaatsanwaltschaften höherer Ebene gegen rechtskräftiger Entscheidungen der untergeordneten Volksgerichte niedrigerer Ebenen Beschwerde einlegen, falls eine der Voraussetzungen in § 207 ZPG vorliegt oder wenn das Mediationsdokument der Volksgerichte das nationale oder öffentliche Interesse schädigt. Die örtliche Volksstaatsanwaltschaft irgendeiner Ebene kann beim Volksgericht auf der gleichen Ebene Vorschläge zur (Selbst)Überprüfung der Entscheidung abgeben und dies beim Volksgericht höherer Ebene zu Protokoll geben, falls die Volksstaatsanwaltschaft festgestellt hat, dass bei einer rechtskräftigen Entscheidung des Volksgerichts gleicher Ebene eine der Voraussetzungen in § 207 ZPG vorliegt oder dass das Mediationsdokument eines Volksgerichtes gleicher Ebene das nationale oder öffentliche Interesse schädigt. Diese örtliche Volksstaatsanwaltschaft kann auch bei ihrer übergeordneten Volksstaatsanwaltschaft, d.h. bei der Volksstaatsanwaltschaft höherer Ebene, beantragen, dass diese eine Beschwerde gegen die Entscheidung/das Mediationsdokument des betroffenen Volksgerichts einlegt.

Gegebenenfalls kann eine Partei bei der Volksstaatsanwaltschaft die Abgabe eines Überprüfungsvorschlags (beim Volksgericht gleicher Ebene) oder die Einlegung einer Beschwerde gegen die Entscheidung eines (untergeordneten) Volksgerichts beantragen, wenn das Volksgericht den (vorherigen) Antrag der Partei auf die Wiederaufnahme des Verfahrens abgelehnt hat, das Volksgericht nicht fristgerecht über den Antrag auf Wiederaufnahme des Verfahrens entschieden

---

175 Wie beim Volksgericht heißt die Staatsanwaltschaft in China auch Volksstaatsanwaltschaft.

hat oder die (neue) Entscheidung im wiederaufgenommen Verfahren offensichtlich fehlerhaft ist.[176]

IV. Vollstreckung

Die Volksgerichte auf allen Ebenen haben zudem Vollzugskammern oder Vollstreckungsdezernate, die für die Vollstreckung von Entscheidungen des Volksgerichts und auch für die Vollstreckung der Schiedssprüche zuständig sind, die vom Volksgericht anerkannt wurden / für vollstreckbar erklärt worden sind.

---

176 Vgl. § 216 ZPG.

Kapitel 2: Überprüfung der Wirksamkeit der Schiedsvereinbarung

Eine der Hauptaufgaben des Volksgerichts im Schiedsverfahren in China ist die Überprüfung der Wirksamkeit von Schiedsvereinbarungen. Das Volksgericht ist nach dem chinesischen Schiedsrecht in vielen Fällen befugt, die Wirksamkeit von Schiedsvereinbarungen zu überprüfen. Es kann eine Schiedsvereinbarung auf Antrag einer Partei im Rahmen der Aufhebung eines Schiedsspruchs nach § 58 I Nr. 1 und 2 SchG und nach §§ 70 SchG i.V.m. § 281 I Nr. 1 ZPG oder im Rahmen der Vollstreckung eines Schiedsspruchs nach § 63 SchG i.V.m. § 244 II Nr. 1 und 2 ZPG und nach § 71 SchG i.V.m. § 281 I Nr. 1 ZPG prüfen. Es kann aber auch gem. § 20 SchG auf Antrag der Partei(en) die Wirksamkeit einer Schiedsvereinbarung in einem selbständigen Feststellungsverfahren überprüfen. Nach § 26 SchG[177] kann die Wirksamkeit einer Schiedsvereinbarung auch in einem gerichtlichen Verfahren vom Volksgericht inzident geprüft werden, wenn der Beklagte die Schiedseinrede erhebt.

Eine wirksame Schiedsvereinbarung ist Voraussetzung für die Zuständigkeit des Schiedsgerichts für die Beilegung der Streitigkeit[178] und die Zulässigkeit der Schiedsgerichtsbarkeit[179]. Die Einrede gegen die Wirksamkeit der

---

177 Der Text der § 26 Halbs. 1 SchG lautet: Das Volksgericht soll die Klage abweisen, wenn der Kläger bei der Klageerhebung keine Angabe über die Existenz einer Schiedsvereinbarung gemacht hat und der Beklagte vor der ersten Verhandlung die vorhandene Schiedsvereinbarung vorlegt; es sein denn, dass die Schiedsvereinbarung unwirksam ist.
178 SHEN Deyong/WAN Exiang, S. 116–117.
179 In der chinesischen Rechtssprache sind mit dem Begriff „GuanXiaQuan" sowohl die Zuständigkeit (der Schiedsinstitution/des Schiedsgerichts/des Gerichts) als auch die Zulässigkeit (der Schiedsgerichtsbarkeit/des Gerichtswegs) gemeint. Streng genommen ist die Zulässigkeit der Schiedsgerichtsbarkeit von der Zuständigkeit der Schiedsinstitution/des Schiedsgerichts abzugrenzen. Bei der Zulässigkeit der Schiedsgerichtsbarkeit handelt es sich um die Frage des Rechtswegs und des Ausschlusses des Gerichtswegs. Die Zuständigkeit des Schiedsgerichts bezieht sich auf die Frage, ob das Schiedsgericht im konkreten Fall befugt ist, aufgrund der Schiedsvereinbarung zwischen den Parteien über die konkreten Streitigkeiten schiedsrichterlich zu verhandeln und rechtsverbindlich für die Parteien zu entscheiden. In der institutionellen Schiedsgerichtsbarkeit wird gegebenenfalls auch von der Zuständigkeit der Schiedsinstitution gesprochen. (SONG Lianbin, 2000, S. 39; GAO Tiantian, S. 34.

Schiedsvereinbarung (d.h. Geltendmachung deren Unwirksamkeit) ist daher auch eine Rüge der Unzuständigkeit des Schiedsgerichts.[180] Vor bzw. in einem Schiedsverfahren beschränkt sich die vom Volksgericht überprüfbare Zuständigkeitsrüge auf die Einrede gegen die Wirksamkeit der Schiedsvereinbarung.[181] Die Rüge der Unzuständigkeit der Schiedsinstitution und des Schiedsgerichts aus anderen Gründen ist vor bzw. in dem Schiedsverfahren bei der Schiedsinstitution oder vor dem Schiedsgericht geltend zu machen, z.B. kann nach § 6 Abs. 1 CIETAC-R die CIETAC über die Rüge hinsichtlich der Schiedsvereinbarung und der Zuständigkeit der CIETAC entscheiden. Ansonsten können solche Zuständigkeitsrügen erst nach dem Schiedsverfahren bzw. im Aufhebungsverfahren vom Volksgericht überprüft werden, z.B. nach § 58 I Nr. 2 2. Alt. SchG und § 70 SchG i.V.m. § 281 I Nr. 4 2. Alt. ZPG.

Eine wirksame Schiedsvereinbarung schließt den staatlichen Gerichtsweg für die Streitbeilegung aus[182]. Im Gerichtsverfahren kann man z.B. die Existenz und *Wirksamkeit* einer Schiedsvereinbarung zwischen den Parteien als Schiedseinrede geltend machen. Wenn die Schiedsvereinbarung wirksam ist, ist das Volksgericht für die Rechtsstreitigkeit nicht mehr zuständig (§ 26 SchG). Eine solche Schiedseinrede ist zugleich auch eine Rüge der Unzuständigkeit des Volksgerichts.

In diesem Kapitel werden das Verfahren nach § 20 SchG und die Erhebung der Schiedseinrede im Klageverfahren nach § 26 SchG erörtert. Wann und wie das Volksgericht eine Schiedsvereinbarung im Aufhebungs- oder Vollstreckungsverfahren prüft, wird erst in den folgenden Kapiteln dargestellt.

A. Verfahren zur Überprüfung der Wirksamkeit der Schiedsvereinbarung

I. Selbständiges Verfahren beim Volksgericht nach § 20 SchG

Nach § 20 SchG kann eine Partei, die Zweifel an der Wirksamkeit der Schiedsvereinbarung hat, selbst auswählen, ob sie sich an die Schiedskommission[183] oder

---

180 SHEN Deyong/WAN Exiang, S. 116–117.
181 Siehe Wortlaut des § 20 SchG „Einrede gegen die Wirksamkeit der Schiedsvereinbarung" und des § 26 SchG „es sei denn, dass die Schiedsvereinbarung unwirksam ist"; ZHANG Binsheng, S. 123. Siehe unten 2. Kapitel, A. I. Verfahren im Sinne von § 20 SchG.
182 WANG Yong, S. 119.
183 Die ständige Schiedsinstitution in China hat einen anderen Namen „Schiedskommission" z.B. BAC, vgl. auch § 6 SchG: Auswahl der Schiedsinstitution – die

an das Volksgericht wendet (Abs. 1 S. 1). Wenn eine Partei die Entscheidung durch die Schiedskommission und eine andere Partei die Entscheidung durch das Volksgericht beantragt, soll das Volksgericht entscheiden (Abs. 1 S. 2). Die Einrede der Unwirksamkeit der Schiedsvereinbarung soll vor der ersten mündlichen Verhandlung im Schiedsverfahren erhoben werden (Abs. 2).

Ein Antrag der Partei auf die Feststellung, dass die Schiedsvereinbarung/ Schiedsklausel nicht zustande gekommen ist, ist zwar – streng gesehen – anders als Zweifel an der Wirksamkeit einer (existierenden) Schiedsvereinbarung. Der Feststellungsantrag wirkt aber mittelbar auf den Streitbeilegungsweg aus und kann als Einrede gegen die Wirksamkeit der Schiedsvereinbarung im weiteren Sinne angesehen werden. Das Volksgericht wird einen solchen Antrag nach § 20 SchG annehmen und bearbeiten.[184]

Es ist streitig in der Literatur, ob das chinesische Recht den sog. „Kompetenz-Kompetenz-Grundsatz" im Schiedsrecht anerkannt und ihn in § 20 SchG umgesetzt hat. Die nachfolgenden zwei Literaturansichten zeigen exemplarisch, dass international unterschiedliche Begriffsverständnisse von „Kompetenz-Kompetenz" bestehen[185]. Auf eine rein theoretische Darstellung von unterschiedlichen Definitionen und Verständnissen des Kompetenz-Kompetenz Grundsatzes[186] wird hier verzichtet. Stattdessen wird anschließend zu den Literaturansichten die Abgrenzung schiedsgerichtlicher und staatsgerichtlicher Zuständigkeiten für die Überprüfung der Kompetenz des Schiedsgerichts unter chinesischem Recht erörtert, d.h. wer unter welchen Voraussetzungen und in welchem Verfahren zuerst den Zugriff hat und wer das letzte Wort erhält, siehe Kapitel 2.A.I.3.[187]

Schiedskommission wird von den Parteien ausgewählt. Im Gesetz, in Auslegungsregelungen oder der Literatur werden oft die Begriffe Schiedsinstitute und Schiedskommissionen uneinheitlich genutzt, obwohl sie in den meisten Fällen dieselbe Bedeutung haben. Die Schiedskommission in China hat die Befugnis zur Bestellung des Schiedsrichters, zur Verwaltung und Organisation des Schiedsverfahrens und auch zur Entscheidung über die Wirksamkeit der Schiedsvereinbarung und die Zuständigkeit des Schiedsinstituts usw. Nach § 10 II, III SchG werden Schiedskommissionen durch die zuständige Abteilung in der örtlichen Regierung und der örtlichen Handelskammer errichtet und in den jeweiligen Justizverwaltungsbehörden registriert.

184 Zivilentscheidung des ObVG vom 18.09.2019 (2019) ZuiGaoFa MinTe Nr. 1, Leitfall Nr. 196, veröffentlicht durch ObVG auf https://www.court.gov.cn/fabu-xiangqing-384 741.html (zuletzt abgerufen vom 09.03.2023).
185 Vgl. auch MüKo/Münch, § 1040 Rn. 7.
186 Mehr Information siehe Joachim Münch, ZZPInt 19 (2014), S. 387 ff.
187 Siehe Problemstellung in Joachim Münch, ZZPInt 19 (2014), S. 388.

- Eine Ansicht geht davon aus, dass das chinesische Recht keine Kompetenz-Kompetenz des Schiedsgerichts zulasse. Zum einen hätten die staatlichen Gerichte das letzte Wort, zum anderen entscheide grundsätzlich nicht das Schiedsgericht, sondern die Schiedsinstitution über die Zuständigkeit des Schiedsgerichts.[188]
- Die Gegenansicht geht davon aus, dass sich der „Kompetenz-Kompetenz Grundsatz" in § 20 SchG widerspiegle, weil die beiden folgenden Kernpunkte des herrschenden Kompetenz-Kompetenz-Grundsatzes in § 20 SchG zu finden seien: (1) das Schiedsgericht ist befugt, über die Zuständigkeitsrüge der Parteien zu entscheiden; (2) die Entscheidung des Schiedsgerichts über die Zuständigkeitsrüge unterliegt der gerichtlichen Kontrolle und das staatliche Gericht trifft die endgültige Entscheidung.[189]

1. *Zuständiges Volksgericht*

Für die Überprüfung der Wirksamkeit der Schiedsvereinbarung nach § 20 SchG ist grundsätzlich das Mittlere Volksgericht zuständig. Die örtliche Zuständigkeit richtet sich danach, wo die in der Schiedsvereinbarung vereinbarte Schiedsinstitution sitzt, wo die Schiedsvereinbarung abgeschlossen wurde, oder wo der Antragssteller oder Antraggegner[190] ihren Wohnsitz haben.[191] Außerdem sieht

---

188 Lutz Kniprath, SchiedsVZ 2005, S. 201; NING Min/SONG Lianbin, S. 101.
189 WANG Yong, S. 120; ZHAO Xiuwen, 2010, S. 96.
190 Vgl. „Antragsgegner" ist derjenige, gegen den sich der Antrag gemäß § 20 I SchG richtet. Dementsprechend ist „Antragsteller" derjenige, der den Antrag gemäß § 20 I SchG stellt. Details über den Antrag siehe gleich unten.
191 Art. 2 Abs. 1 der Überprüfungsbestimmung. Bevor die Überprüfungsbestimmung in Kraft getreten ist, galt Art. 12 der Auslegung zum Schiedsgesetz. Die alte Rechtslage basierte noch auf einer unterschiedlichen Behandlung von Schiedsvereinbarungen mit und ohne Auslandsbezug. Art. 12 der Auslegung zum Schiedsgesetz besagte: (1) Für die Überprüfung der Wirksamkeit der Schiedsvereinbarung ist grundsätzlich das Mittlere Volksgericht an dem Ort zuständig, wo die in der Schiedsvereinbarung vereinbarte Schiedsinstitution sitzt; (2) wenn die Parteien keine oder keine eindeutige Vereinbarung über die in Anspruch zu nehmende Schiedsinstitution getroffen haben, ist das Mittlere Volksgericht am Wohnsitz des Antragsgegners oder das Mittlere Volksgericht an dem Ort, an dem die Schiedsvereinbarung abgeschlossen wurde, zuständig (Art. 12 I Halbs. 2 der Auslegung zum Schiedsgesetz); (3) Hinsichtlich der Schiedsvereinbarung mit Auslandsbezug sind die Mittleren Volksgerichte am Sitz der in Anspruch genommenen Schiedsinstitution, am Ort des Abschlusses der Schiedsvereinbarung, am Wohnsitz des Antragsstellers oder des Antragsgegners zuständig (Art. 12 II der Auslegung zum Schiedsgesetz) und (4) in einem Schiedsverfahren

das Gesetz vor, die Zuständigkeit eines spezialisierten Volksgerichts zu bestimmen.[192] Von dieser Möglichkeit ist jedoch bislang kein Gebrauch gemacht worden.[193]

In einem Schiedsverfahren in Bezug auf Seehandelsstreitigkeiten sind die Seegerichte an dem Ort zuständig, wo die in der Schiedsvereinbarung vereinbarte Schiedsinstitution sitzt, wo die Schiedsvereinbarung abgeschlossen wurde, oder wo Antragssteller oder Antragsgegner ihren Wohnsitz haben. Falls an obigen Orten kein Seegericht vorhanden ist, ist das Seegericht zuständig, das den obigen Orten am nächsten liegt.[194]

Wenn Anträge bei zwei oder mehr als zwei Volksgerichten gestellt werden, ist das Volksgericht, das zuerst die Akte dafür angelegt hat, zuständig.[195]

Für die Schiedsfälle unter gerichtlicher Überprüfung, die die Feststellung der Wirksamkeit der Schiedsvereinbarung umfassen, soll das Volksgericht ein Kollegium bilden und die Parteien anhören.[196] Ein solches Kollegium wird als Fachkammer bezeichnet. Sie ist im Regelfall die bestehende Entscheidungskammer eines Volksgerichts, die bis jetzt für Handelsfälle mit Auslandsbezug zuständig ist.[197]

2. Verfahren

Nach der Bestimmung des ObVG ist im Falle des § 20 I 1 SchG beim Volksgericht ein sog. „Antrag auf Feststellung der (Un)Wirksamkeit der Schiedsvereinbarung"[198] zu stellen. Die Bezeichnung des Antrags ist unpräzis. Mit dem Antrag

---

in Bezug auf Seehandelsstreitigkeiten sind die Seegerichte am Sitz der in Anspruch genommenen Schiedskommission, am Ort des Abschlusses der Schiedsvereinbarung, am Wohnsitz des Antragsstellers oder des Antragsgegners zuständig. Falls an obigen Orten kein Seegericht vorhanden ist, ist das Seegericht zuständig, das zu einem der obigen Orte am nächsten sitzt (Art. 12 III der Auslegung zum Schiedsgesetz).

192 Art. 2 Abs. 1 der Überprüfungsbestimmung.
193 Bis jetzt gibt es noch keine zugewiesenen spezialisierten Volksgerichte, die für solche Schiedsfälle unter gerichtlicher Überprüfung zuständig sein sollen. Das jeweilige Mittlere Volksgericht soll zuständig sein.
194 Art. 2 Abs. 2 der Überprüfungsbestimmung.
195 Art. 4 der Überprüfungsbestimmung.
196 Art. 11 der Überprüfungsbestimmung und Art. 15 der Auslegung zum SchG.
197 Ziffer 1 und 2 der Mitteilung des Volksgerichts über die Zuständigkeit für die Schiedsfälle unter gerichtlicher Überprüfung (Fa 2017, Nr. 152).
198 Vgl. Nr. 342 der Bestimmung des Rechtsstreitgrundes in zivilrechtlichen Fällen vom 04.02.2008 (FaFa 2008, Nr. 11) – „Antrag auf Feststellung der *Wirksamkeit* der Schiedsvereinbarung".

nach § 20 I SchG ersucht die Partei normalerweise die Feststellung der Unwirksamkeit der Schiedsvereinbarung durch das Gericht, während sich die erhobene Schiedseinrede nach § 26 SchG auf die Wirksamkeit der Schiedsvereinbarung und daher den Ausschluss des Gerichtswegs bezieht.

a. Exkurs: Bestimmung des Rechtsstreitgrundes

Im chinesischen Zivilprozessrecht muss im jeweiligen Fall der Rechtsstreitgrund (*Anyou*), der normalerweise nur aus ein paar Wörtern besteht, in Form eines Antrags oder einer Klageschrift eingegeben werden. Dieser Rechtsstreitgrund deutet auf den Inhalt oder die Eigenschaft des jeweiligen konkreten Rechtsstreits hin und stellt eine Zusammenfassung des Rechtsverhältnisses dar. Anders als in der deutschen Zivilrechtspraxis, in der der Antragsteller bzw. Kläger im Antrag oder in der Klageschrift unter „wegen" selbst passende Stichwörter für das Rechtsverhältnis aussuchen darf, hat das ObVG in China bereits in seiner Bestimmung (FaFa 2008, Nr. 11) zahlreiche Angaben über die Rechtsstreitgründe für die oft vorkommenden Fälle aufgelistet. Diese Liste ist zwar nicht abschließend, aber von ihr wird selten abgewichen. Sie dient nicht nur organisatorischen und statistischen Zwecken, sondern auch zur Einordnung der Verfahren in verschiedene Kategorien. Falls der geltend gemachte Anspruch oder das Rechtsverhältnis im Gerichtsverfahren geändert werden soll, muss der Rechtsstreitgrund entsprechend vom Volksgericht geändert werden. Wegen seiner wichtigen Funktion ähnelt der Rechtsstreitgrund dem Antrag i.S.v. § 253 II Nr. 2 der deutschen Zivilprozessordnung, ist aber von Umfang und Genauigkeit her mit diesem nicht vergleichbar. Das selbständige Verfahren nach § 20 I SchG wird mit dem Rechtsgrund „Feststellung der Wirksamkeit der Schiedsvereinbarung" bezeichnet, während der Rechtsgrund für die Überprüfung der Wirksamkeit der Schiedsvereinbarung in einem gerichtlichen Verfahren nach § 26 SchG als „Zuständigkeitseinrede" bezeichnet wird[199]. In der Praxis verwendet das Volksgericht oft für beide Fälle die Bezeichnung „Feststellung der Wirksamkeit der Schiedsvereinbarung", da in beiden Fällen das Volksgericht das Gleiche – die Wirksamkeit der Schiedsvereinbarung – prüft. Streng genommen geschieht die Überprüfung der Schiedsvereinbarung vom Volksgericht nach § 26 SchG nicht in einem selbständigen Verfahren, sondern nur innerhalb eines normalen Gerichtsverfahrens. Aber weil die Wirksamkeit der Schiedsvereinbarung den Gerichtsweg ausschließen kann, muss das Volksgericht gegebenenfalls dem ObVG wegen des „Berichtssystems" (siehe unten 2. Kapitel, A. III.) Bericht über

---

199 WANG Yanjun, Judikationsanweisung 2008-2, S. 174.

die Aberkennung der Wirksamkeit der Schiedsvereinbarung mit Auslandsbezug erstatten. In dem Bericht bzw. in der Vorlage muss der Rechtsgrund bzw. die Kategorie des Falls bezeichnet werden.

b. Verfahrensablauf

Zur Erhebung dieses Antrags sind nur die Parteien der Schiedsvereinbarung berechtigt, wobei eine Stellvertretung zulässig ist.[200] Der Antrag soll die persönlichen oder firmenbezogenen Informationen des Antragstellers, die Schiedsvereinbarung und die konkreten Anträge und Begründungen enthalten.[201] Das Volksgericht soll innerhalb von 7 Tagen über die Annahme des Antrages entscheiden.[202] Wenn der Antrag (trotz Nachreichung erforderlicher Informationen oder Abänderung des Antrags anhand der Hinweise des Volksgerichts) den oben genannten Anforderungen nicht entspricht oder der Antrag bei einem unzuständigen Volksgericht eingereicht wurde, wird das Volksgericht die Aktenanlegung ablehnen oder den Antrag ablehnen, wenn die Akte bereits angelegt ist.[203] Gegen die Ablehnungsentscheidung kann die Partei Berufung einlegen.[204]

Nach der Annahme des Antrages bzw. nach Aktenanlegung soll das Volksgericht innerhalb von 5 Tagen sowohl den Antragsteller als auch den Antragsgegner über deren Rechte und Pflichten und die Aktenanlegung informieren.[205] Wenn der Antragsgegner das Volksgericht für unzuständig hält, soll er die entsprechende Einrede innerhalb von 15 Tagen nach Erhalt der Mitteilung des Volksgerichts einlegen. Wenn der Antragsgegner keinen Wohnsitz in China hat, ist die benannte Frist 30 Tage statt 15 Tage. Das Volksgericht soll über die Einrede des Antragsgegners entscheiden. Gegen diese Entscheidung kann die Partei Berufung einlegen.[206]

Fraglich ist, ob ein Schiedsverfahren wegen des Wortlauts von § 20 II SchG *„vor der ersten mündlichen Verhandlung im Schiedsverfahren"* schon eingeleitet worden sein muss. Eine Ansicht geht davon aus, dass die Überprüfung der Schiedsvereinbarung durch das Volksgericht nach § 20 I SchG ein eingeleitetes Schiedsverfahren voraussetze, weil das Volksgericht in der Praxis den Antrag

---

200 TAN Bing, S. 397.
201 Vgl. Art. 5 der Überprüfungsbestimmung.
202 Art. 9 Abs. 1 der Überprüfungsbestimmung.
203 Vgl. Art. 7 und 8 der Überprüfungsbestimmung.
204 Vgl. Art. 7 und 8 der Überprüfungsbestimmung.
205 Vgl. Art. 9 Abs. 2 der Überprüfungsbestimmung.
206 Vgl. Art. 10 der Überprüfungsbestimmung.

auf die Feststellung der Unwirksamkeit der Schiedsvereinbarung nicht abweisen könnte, wenn ein Schiedsverfahren nicht vor oder spätestens gleichzeitig mit der Erhebung der Klage eingeleitet würde[207]. Gegen diese Ansicht spricht jedoch, dass die Volksgerichte in vielen Fällen die Anträge der Parteien nach § 20 I SchG auch ohne zuvor eingeleitetes Schiedsverfahren angenommen und die Wirksamkeit der Schiedsvereinbarung geprüft haben[208].

3. Prüfungskompetenz von Schiedsinstitution und Volksgericht

a. „Parallele" Kompetenz

§ 20 I 1 SchG ermöglicht die Prüfung der Wirksamkeit der Schiedsvereinbarung sowohl durch die Schiedskommission als auch durch das Volksgericht. Daraus ergibt sich, dass das chinesische Schiedsrecht der Schiedskommission und dem Volksgericht zunächst eine „parallele" Kompetenz einräumt. Es steht daher <u>jeder</u> Partei frei, sich an die Schiedskommission oder an das Volksgericht zu wenden.

b. Präklusion

Die Einrede gegen die Wirksamkeit der Schiedsvereinbarung – egal ob vor der Schiedskommission oder vor dem Volksgericht – soll vor der ersten mündlichen Verhandlung im Schiedsverfahren erhoben werden. Wenn diese Frist gem. § 20 II SchG abgelaufen ist, kann die Einrede weder von der Schiedsinstitution noch vom Volksgericht berücksichtigt werden.[209]

Nach § 61 SchG kann das Volksgericht das Aufhebungsverfahren aussetzen und unter Festsetzung einer bestimmten Frist die Sache an das Schiedsgericht

---

207 Lutz Kniprath, S. 87.
208 Siehe angenommener Antrag nach § 20 I SchG beim Mittleren Volksgericht von Beijing ohne eingeleitetes Schiedsverfahren, zitiert in Antwortschreiben des ObVG vom 01.06.2016 (ZuiGaoFaMinTa 2016, Nr. 58), veröffentlicht in Judikationsanweisung 2016-2, S. 46 ff.; auch angenommener Antrag beim Mittleren Volksgericht von Xiamen ohne eingeleitetes Schiedsverfahren, zitiert in Antwortschreiben des ObVG vom 26.02.2009 (MinSiTaZi 2009, Nr. 4), veröffentlicht in Judikationsanweisung 2009-1, S. 79 ff.; siehe auch angenommener Antrag beim Seegericht Guangzhou, zitiert in Antwortschreiben des ObVG vom 05.05.2009 (MinSiTaZi 2009, Nr. 7), veröffentlicht in Judikationsanweisung 2009-1, S. 85 ff.; auch angenommener Antrag beim 2. Mittleren Volksgericht von Shanghai, zitiert in Antwortschreiben des ObVG vom 14.08.2008 (MinSiTaZi 2008, Nr. 24), veröffentlicht in Judikationsanweisung 2008-2, S. 120 ff.
209 TAN Bing, S. 397; WANG Exiang/Yu Xifu, 2007, S. 76; Umkehrschluss aus § 20 II SchG und Art. 13 I der Auslegung zum SchG; SHEN Deyong/WANG Exiang, S. 119.

zur erneuten Entscheidung zurückverweisen (siehe Kapitel 5.E.III). Falls die Partei die Einrede gegen die Wirksamkeit der Schiedsvereinbarung nicht bereits vor der ersten mündlichen Verhandlung im ursprünglichen Schiedsverfahren erhoben hat, wird eine solche Einrede im erneut eingeleiteten Schiedsverfahren auch nicht mehr berücksichtigt, weil das erneut eingeleitete Schiedsverfahren den gleichen Streitfall behandelt.[210]

c. Vorrang des Volksgerichts unter Beschränkungen

Nach § 20 I 2 SchG hat die Prüfung durch das Volksgericht den Vorrang, wenn eine Partei die Entscheidung durch die Schiedskommission und eine andere Partei die Entscheidung durchs Volksgericht beantragt. Dieser Vorrang unterliegt aber Beschränkungen sowohl wegen der Präklusion im Sinne von § 20 II SchG als auch nach den Auslegungsregelungen des ObVG[211]. Insbesondere sagt Art. 13 Abs. 2 der Auslegung zum SchG, dass das Volksgericht den Antrag auf Überprüfung der Wirksamkeit der Schiedsvereinbarung oder auf Aufhebung der Entscheidung der Schiedsinstitution (über die Wirksamkeit der Schiedsvereinbarung) nicht annimmt, nachdem die Schiedskommission über die Wirksamkeit der Schiedsvereinbarung bereits entschieden hat.

Das Volksgericht kann daher nicht für die Wirksamkeitsprüfung der Schiedsvereinbarung in Anspruch genommen werden, wenn

(1) die Partei erst nach der ersten mündlichen Verhandlung des Schiedsgerichts die Einrede gegen die Wirksamkeit der Schiedsvereinbarung beim Volksgericht erhebt;
(2) eine Partei die Einrede bereits rechtzeitig im Schiedsverfahren erhoben hat, die Schiedsinstitution auch darüber bereits entschieden hat und die andere Partei trotzdem noch beim Volksgericht die Feststellung der Wirksamkeit der Schiedsvereinbarung beantragt; oder
(3) eine Partei rechtzeitig die Einrede im Schiedsverfahren erhoben hat, die Schiedsinstitution darüber entschieden hat und die Aufhebung der

---

210 Entscheidung des Mittleren Volksgericht Shenzhen vom 03.06.2020 (2020), Yue-03MinTe Nr. 249, Leitfall Nr. 197, veröffentlich durch das ObVG auf https://www.court.gov.cn/fabu-xiangqing-384751.html (zuletzt abgerufen vom 09.03.2023).
211 Art. 13 der Auslegung zum SchG und Art. 3 und 4 der Antwort des ObVG zu einigen Fragen nach der Feststellung der Wirksamkeit der Schiedsvereinbarung vom 21.10.1998 (FaShi 1998, Nr. 27).

Entscheidung der Schiedsinstitution über die Wirksamkeit der Schiedsvereinbarung beim Volksgericht beantragt wird.[212]

Eine Ausnahme zur obigen Fallgruppe (2) wird in Kapitel 2.C.III.3.f)bb) näher erörtert.

d. Wettbewerb zwischen Schiedskommission und Volksgericht

Wenn die Schiedskommission die Entscheidung über die Wirksamkeit der Schiedsvereinbarung getroffen hat, bevor der Antrag beim Volksgericht gestellt wird, soll die Partei keinen Antrag mehr beim Volksgericht stellen, weil das Volksgericht nicht darüber entscheiden wird.

Falls eine Partei doch einen Antrag beim Volksgericht stellt und das Volksgericht wahrscheinlich erst nach der Aktenanlegung oder nach der Einlegung der Einrede durch den Antragsgegner Kenntnis von der bestehenden Entscheidung der Schiedskommission erlangt, wird das Volksgericht den Antrag nachträglich ablehnen.

Zu klären bleibt, was gilt, wenn die Schiedskommission die Entscheidung über die Wirksamkeit der Schiedsvereinbarung erst getroffen hat, nachdem der Antrag beim Volksgericht schon gestellt worden ist. Es ist fraglich, inwieweit Art. 13 Abs. 2 der Auslegung zum SchG für diese Fallkonstellation gilt.

Der Wortlaut des Art. 13 Abs. 2 der Auslegung zum SchG könnte zum Umkehrschluss führen, dass das Volksgericht (nur) über die Wirksamkeit der Schiedsvereinbarung entscheiden kann und gegenüber der Schiedskommission solange Vorrang hat, wie noch keine Entscheidung der Schiedskommission bis zur Antragstellung ans Volksgericht (als entscheidendem Zeitpunkt) getroffen ist. Art. 3 der Antwort des ObVG zu einigen Fragen nach der Feststellung der Wirksamkeit der Schiedsvereinbarung vom 21.10.1998 (FaShi 1998, Nr. 27) soll der Ausgangspunkt für diese Thematik sein. Er schildert die zugrundeliegende Situation genauer, nämlich wenn die Parteien über die Wirksamkeit der Schiedsvereinbarung unterschiedliche Ansichten haben und eine Partei die Wirksamkeit der Schiedsvereinbarung durch die Schiedsinstitution feststellen lassen will während die andere Partei die Unwirksamkeit der Schiedsvereinbarung durch das Volksgericht feststellen lassen will. In einem solchen Fall wird das Volksgericht den Antrag nicht annehmen, wenn die Schiedsinstitution vor dem

---

212 SHEN Deyong/WANG Exiang, S. 118; Art. 13 der Auslegung zum SchG und auch Art. 3 der Antwort des ObVG zu einigen Fragen nach der Feststellung der Wirksamkeit der Schiedsvereinbarung vom 21.10.1998 (FaShi 1998, Nr. 27).

Volksgericht den Antrag annimmt und darüber entscheidet. Das Volksgericht soll den Antrag annehmen und die Schiedsinstitution anweisen, das Schiedsverfahren auszusetzen, wenn die Schiedsinstitution noch nicht entschieden hat. Daraus ergibt sich, dass die Schiedsinstitution und das Volksgericht in einem zeitlichen Wettbewerb stehen.

Theoretisch könnte es sein, dass die Schiedskommission über die Wirksamkeit der Schiedsvereinbarung entschieden hat, nachdem der Antrag beim Volksgericht gestellt worden ist, aber bevor das Volksgericht den Antrag der anderen Partei angenommen oder die Anweisung an die Schiedskommission geschickt hat. Wie sich dieses Zeitfenster auf den zeitlichen Wettbewerb zwischen der Schiedskommission und dem Volksgericht auswirkt, ist noch unklar. Es gibt noch keine auffindbaren Fälle aus öffentlichen Quellen. Dem Sinn und Zweck des Art. 13 Abs. 2 der Auslegung zum SchG folgend sollte das Volksgericht m. E. in einem solchen Fall nicht mehr handeln. Eine praktische Lösung wäre, dass der Antrag an das Volksgericht auch ein Eilersuchen für die Anordnung der Aussetzung des Schiedsverfahrens enthalten sollte.

Unbeschadet der obigen Ausführungen ist die ganze Prüfungskompetenzverteilung m. E. zu kritisieren, siehe gleich unten.

e. Kritik an der Kompetenzverteilung

Die Besonderheiten bei der Prüfungskompetenzverteilung nach chinesischem Recht liegen darin, dass zum einen das staatliche Gericht direkt die Wirksamkeit der Schiedsvereinbarung als einen Unterfall der Zuständigkeitsrüge des Schiedsgerichts prüfen kann. Zum anderen ist die Entscheidung der Schiedsinstitution über die Wirksamkeit der Schiedsvereinbarung gegebenenfalls endgültig und unterliegt nicht mehr der Kontrolle der staatlichen Gerichte, wenn die Schiedskommission vor dem Volksgericht die Schiedsvereinbarung für wirksam erklärt hat. Weil in diesem Fall gegen die Entscheidung der Schiedskommission über die Wirksamkeit der Schiedsvereinbarung kein Rechtsbehelf mehr gegeben ist, bleibt den Parteien nur, gegen den Schiedsspruch im Aufhebungsverfahren vorzugehen. Aber eine Aufhebung des Schiedsspruchs mit dem Grund der unwirksamen Schiedsvereinbarung ist nur dann möglich, wenn die Partei, die die Aufhebung ersucht, im Schiedsverfahren die Einrede der Unwirksamkeit der Schiedsvereinbarung erhoben hat.[213] Eine praktische Lösung sollte sein, dass die Partei auf jeden Fall die Einrede der Unwirksamkeit der Schiedsvereinbarung im

---

213 Art. 27 I, II der Auslegung zum SchG.

Schiedsverfahren erhebt. Fraglich ist, was für einen Sinn das Verfahren vor dem Volksgericht nach § 20 SchG noch haben würde.

Außerdem ist zu beachten, dass die Schiedsinstitution (in China Schiedskommission) und das Schiedsgericht im Regelfall zwei unterschiedliche Organe sind. Das Schiedsgericht befasst sich mit der Sache und kennt die sachliche und rechtliche Grundlage des Einzelfalls besser.[214] Die Schiedsinstitution ist lediglich Verwaltungsorgan und kein Entscheidungsorgan.[215] Die Zuständigkeitsrüge kann im Einzelfall so kompliziert sein, dass eine Beweisaufnahme und umfangreiche Sachverhaltsfeststellungen notwendig sind. Solche Maßnahmen kann die Schiedsinstitution aber nicht vornehmen.[216] Wenn sich die Parteien in ihrer Schiedsvereinbarung für die Schiedsgerichtsbarkeit entscheiden, beabsichtigen sie, die Streitigkeiten sachlich durch das Schiedsgericht beilegen zu lassen, nicht durch das Verwaltungsorgan, die Schiedsinstitution[217]. Obwohl die chinesische Schiedskommission gegebenenfalls dem Schiedsgericht die Kompetenz zur Entscheidung über die Existenz und Wirksamkeit der Schiedsvereinbarung und die Zuständigkeit überträgt (z.B. § 6 I 2 der CIETAC-R), setzt dies aber voraus, dass die Schiedskommission selbst die Kompetenz hat. Das Schiedsgericht erlangt nur eine delegierte Prüfungskompetenz aufgrund der Kommissionsordnung. Dass die Schiedsinstitution zur Entscheidung über die Wirksamkeit der Schiedsvereinbarung befugt ist, ist eine schiedsfreundliche Regelung im chinesischen Recht. Das entspricht auch der internationalen Schiedspraxis. Aber die parallele Kompetenz des Volksgerichts und die fehlende Rechtsbehelfsmöglichkeit im Schiedsverfahren stehen dem prozessökonomischen Gedanken entgegen.

Das ergibt sich insbesondere aus dem folgenden Beispielsfall[218]:

Nach der Schiedsklausel in dem Joint Venture Vertrag zwischen den Parteien A, B, C und D als Investoren für ein Joint Venture Unternehmen waren die vertraglichen Streitigkeiten zwischen den Parteien durch die Schiedsinstitution X zu entscheiden. In einer Vorstandssitzung wurde unter anderem eine Kapitalerhöhung durch alle Investoren beschlossen („Vorstandsbeschluss"). Nach ein paar Monaten fand eine Gesellschafterversammlung statt, in der von allen Investoren als Gesellschafter beschlossen wurde, dass der vorherige Vorstandsbeschluss von allen Investoren zu erfüllen und die Streitigkeiten durch

---

214 NING Min/SONG Lianbin, S. 101.
215 GAO Tiantian, S. 38.
216 GAO Tiantian, S. 38.
217 WU Fan, S. 23.
218 Antwortschreiben des ObVG (MinSiTaZi 2007, Nr. 12) in Judikationsanweisung, 2007-2, S. 64 ff.

die Schiedsinstitution Y zu entscheiden seien ("Gesellschafterbeschluss in Form des Sitzungsprotokolls", im Folgenden abgekürzt als "Protokoll"). Chronologisch passierte dann Folgendes:

Die Parteien A und B erhoben bei der Schiedsinstitution Y eine Schiedsklage gegen die Parteien C und D auf Übertragung der Geschäftsanteile mit der Begründung, dass C und D die Pflichten (aus dem Vorstandsbeschluss) nicht erfüllt hätten.

C erhob bei der Schiedsinstitution X eine Schiedsklage auf Feststellung der Unwirksamkeit des Vorstandsbeschlusses. Außerdem stellte C beim Mittleren Volksgericht von YY – zuständiges Volksgericht an dem Ort, an dem die Schiedsinstitution Y sitzt – einen Antrag auf Feststellung der Unwirksamkeit der Schiedsklausel im Protokoll. C war der Ansicht, dass die Schiedsinstitution X für die Streitigkeiten zuständig sei.

Obwohl B der Schiedsinstitution X das anhängige Schiedsverfahren bei der Schiedsinstitution Y mitgeteilt hatte und die Schiedsinstitution X um Aussetzung des anhängigen Schiedsverfahrens beantragt hatte, kam die Schiedsinstitution X zu dem Zwischenergebnis, dass sie für die Streitigkeiten zuständig sei.

Danach beantragten A und B beim Mittleren Volksgericht von XX – dem zuständigen Volksgericht an dem Ort, an dem die Schiedsinstitution X sitzt –, die Unwirksamkeit der Schiedsklausel im Joint Venture Vertrag für die Streitigkeiten aus dem Vorstandsbeschluss und dem Protokoll festzustellen.

Das Volksgericht von YY entschied entgegen dem Antrag der Partei C, dass die Schiedsklausel im Protokoll wirksam sei und die Schiedsinstitution X daher für die geltend gemachten Streitigkeiten zwischen A, B und C nicht zuständig sei.

Das Volksgericht von XX wies den Antrag der A und B mit der Begründung zurück, dass die Schiedsinstitution X bereits vorher über die Frage der Wirksamkeit der in Betracht kommenden Schiedsklausel und ihre Zuständigkeit entschieden habe.

Die Schiedsinstitution X entschied in der Sache und erließ einen Schiedsspruch. Gegen diesen Schiedsspruch beantragten A und B die Aufhebung wieder beim Mittleren Volksgericht von XX – dem zuständigen Volksgericht für Aufhebungsverfahren.

Das Volksgericht von XX vertrat im Aufhebungsverfahren die Ansicht, dass die Schiedsklausel im Protokoll wirksam sei und der Schiedsspruch aufzuheben sei. Der Aufhebung des Schiedsspruchs stimmte auch das ObVG zu.

Das Wettbewerbsverhältnis zwischen der Schiedsinstitution und dem Volksgericht führt zu Rechtsunsicherheit im Schiedsverfahren. Wenn eine Partei mit der Entscheidung der Schiedsinstitution über die Wirksamkeit der Schiedsvereinbarung, welche ein fundamentales Element für die Wirksamkeit des Schiedsspruchs ist, nicht einverstanden ist, hat sie nach jetziger Rechtslage keine anderen Möglichkeiten, als die Beendigung des Schiedsverfahrens abzuwarten, um dann die Aufhebung des Schiedsspruchs zu beantragen. Das hat nicht unerhebliche Zeit- und Kostenaufwände für das Schiedsverfahren und das Gerichtsverfahren zur Folge. Um das zu vermeiden, sollte m. E. der Partei ein Rechtsbehelf beim Volksgericht gegen die Zwischenentscheidung der Schiedsinstitution über die Wirksamkeit der Schiedsvereinbarung zustehen. Wenn die Partei einen Rechtsbehelf einlegt, müsste die Schiedsinstitution bis zur Entscheidung des Volksgerichts das Schiedsverfahren aussetzen. Die Entscheidung des Volksgerichts sollte endgültig und abschließend sein.

Zusammenfassend sollte m. E. die Prüfungskompetenz wie folgendes klargestellt werden:

1. Das Schiedsgericht sollte aufgrund der von der Schiedsinstitution delegierte Kompetenz sachlich über die (Un)Wirksamkeit der Schiedsvereinbarung entscheiden können.
2. Gegen die Entscheidung der Schiedsinstitution/des Schiedsgerichts sollte innerhalb einer bestimmten Frist ein Rechtsbehelf bei dem zuständigen Volksgericht zulässig sein.
3. Parallel zur Prüfung durch die Schiedsinstitution/das Schiedsgericht hat die Partei die Möglichkeit, die Unwirksamkeit der Schiedsvereinbarung durchs Volksgericht nach § 20 SchG prüfen zu lassen. Das Volksgericht sollte das letzte Wort haben. Die Entscheidung des Volksgerichts sollte für die Schiedsinstitutionen endgültig, abschließend und verbindlich sein. Hinsichtlich des Verfahrens betreffend die zwei parallelen Verfahren wird auf die Ausführungen unten in Kapitel 2.A.I.4 verwiesen.
4. Hinsichtlich der Rechtsbehelfsmöglich gegen die Entscheidung des Volksgerichts wird auf die Teilausführungen unten in Kapitel 2.A.I.4 verwiesen.

4. Rechtsfolge und Rechtsbehelf

Wenn das Volksgericht den Antrag auf Feststellung der Wirksamkeit der Schiedsvereinbarung erhält und beschließt, die Schiedsvereinbarung zu überprüfen, weist es die Schiedskommission an, das Schiedsverfahren bis zu seiner Entscheidung auszusetzen.

Wenn das Volksgericht die Unwirksamkeit der Schiedsvereinbarung feststellt, weist es das Schiedsgericht an, das Schiedsverfahren zu beenden.

Wenn das Volksgericht die Schiedsvereinbarung für wirksam hält, weist es den Antrag auf Feststellung der Unwirksamkeit der Schiedsvereinbarung zurück. Das Schiedsverfahren wird fortgesetzt.[219]

---

219 TAO Jingzhou, 2007, S. 298; TAN Bing, S. 399; vgl. auch Art. 4 der Antwort des ObVG betreffend einige Fragen nach der Feststellung der Wirksamkeit der

Die Entscheidungen des Volksgerichts in den Schiedsfällen unter gerichtlicher Überprüfung (mit Ausnahme von Ablehnung der Aktenanlegung, Ablehnung der Antragsannahme und Entscheidung über die Zuständigkeitsrüge) entfalten schon rechtliche Wirkung, wenn sie zugestellt sind. Beschwerden, Berufungen oder Antrag auf Wiederaufnahme (im Rahmen der Rechtsprechungsaufsicht) sind nicht möglich, es sei denn, dass Gesetz und Auslegungsregelungen dies anders regeln.[220]

Gegen die Ablehnung der Aktenanlegung, die Ablehnung der Antragsannahme und die Entscheidung über die Zuständigkeitsrüge durch das Volksgericht ist Berufung möglich. Dafür ist die Fachkammer des Berufungsvolksgerichts zuständig.[221]

II. Erhebung der Schiedseinrede im Gerichtsverfahren nach § 26 SchG

Wenn eine klagende Partei ohne Angabe über eine getroffene Schiedsvereinbarung Klage beim Volksgericht erhebt, muss das Volksgericht die Klage zurückweisen, wenn die andere (beklagte) Partei vor der ersten Verhandlung die Schiedsvereinbarung vorlegt; es sei denn, die Schiedsvereinbarung ist unwirksam (§ 26 1. Halbs. SchG). Wenn die beklagte Partei keine Einrede vor der ersten Verhandlung erhoben hat, würde dies darauf hindeuten, dass auf die Schiedsvereinbarung verzichtet worden ist. Das Volksgericht sollte das Verfahren weiterführen (§ 26 2. Halbs. SchG).

Obwohl der Wortlaut von § 26 2. Halbs. SchG scheinbar zwei eindeutige Voraussetzungen – Zeitelement (vor der ersten Verhandlung) und (Nicht)handlungselement (keine Erhebung der Einrede) enthält, interpretieren die Volksgerichte in der Praxis die fehlende Erhebung der Einrede unterschiedlich. Die Volksgerichte halten es zum Teil für ausreichend, dass die beklagte Partei vor der ersten Verhandlung einfach überhaupt noch keine Einrede erhoben hat. Dies wird auch die Konstellation umfassen, dass sich die beklagte Partei an dem Prozess in nirgendeiner Form beteiligt. Zum Teil wird eine aktive Beteiligung der beklagten Partei verlangt. Der Verzicht auf die Schiedseinrede ist nach dieser Ansicht nur dann anzunehmen, wenn die beklagte Partei aktiv die Klage

---

Schiedsvereinbarung vom 21.10.1998 (FaShi 1998, Nr. 27).
220 Art. 20 der Überprüfungsbestimmung.
221 Ziffer 3 der Mitteilung des Volksgerichts über die Zuständigkeit für die Schiedsfälle unter Gerichtlicher Überprüfung (Fa 2017, Nr. 152).

verteiligt und dabei keine Schiedseinrede erhebt.[222] Wenn die Klage der beklagten Partei ordnungsgemäß zugestellt worden ist und der beklagten Partei eine Gelegenheit zur Stellungnahme bzw. Anzeige der Verteilung eingeräumt worden ist, sollte die aktive Beteiligung der Parteien nicht erforderlich sein.

Um festzustellen, ob eine Schiedseinrede der beklagten Partei Erfolg hat, muss das Volksgericht vor der Verhandlung in der Hauptsache die Wirksamkeit der Schiedsvereinbarung prüfen („**Vorprüfung**"). Diese Tätigkeit des Volksgerichts entfaltet zwar keine unmittelbare Wirkung in einem Schiedsverfahren, aber sie unterstützt das eventuell zu erhebende zukünftige Schiedsverfahren in der Weise, dass durch sie die Frage des Rechtswegs geklärt wird.

1. Zuständigkeit

Die Zuständigkeit des in § 26 SchG vorgesehenen Volksgerichts richtet sich nach den allgemeinen Regelungen gemäß §§ 18 ff. ZPG, da es sich im Falle des § 26 SchG eigentlich um ein Gerichtsverfahren und eine in diesem Verfahren geltend zu machende Einrede handelt. Das Gericht oder die Kammer, die die Klage angenommen hat, soll auch über die Schiedseinrede bzw. die Wirksamkeit der Schiedsvereinbarung entscheiden.

In der Rechtspraxis ist es vorgekommen, dass das örtliche Volksgericht die Klage mit der Begründung abgewiesen oder das Verfahren ausgesetzt hat, dass das Volksgericht nur dann zuständig sei, wenn die (dem Volksgericht bekannte) Schiedsklausel/Schiedsvereinbarung als unwirksam festgestellt wird. Daraufhin haben die Parteien Anträge auf die Feststellung der (Un)wirksamkeit der Schiedsvereinbarung nach § 20 SchG entweder bei demselben Volksgericht[223] oder bei einem anderen Volksgericht[224] gestellt. Das ist m. E. ein unnötiger Formalismus und eine Verschwendung von Prozessressourcen.

---

222 Siehe Darstellung von den zwei Verhaltensweisen der Volksgerichte im Aufsatz von XIAO Jianguo/LI Hongbo, 2021, S. 21 ff.
223 Klageabweisung vom Mittleren Volksgericht von Xiamen vom 25.10.2008 (XiaMinChuZi 2008, Nr. 369) und Antrag beim Mittleren Volksgereicht Xiamen, zitiert in Antwortschreiben des ObVG vom 26.02.2009 (MinSiTaZi 2009, Nr. 4), veröffentlicht in Judikationsanweisung 2009-1, S. 79 ff.
224 Klageabweisung von der ShuangQiao Kammer des Unteren Volksgericht von ChaoYang Bezirke in der Stadt Beijing, zitiert in Antwortschreiben des ObVG vom 01.06.2016 (ZuiGaoFaMinTa 2016, Nr. 58), veröffentlicht in Judikationsanweisung 2016-2, S. 46 ff.

2. Verfahren

Die Schiedseinrede muss vor der ersten Verhandlung erhoben werden. Mit der „ersten Verhandlung" ist die erste mündliche Verhandlung vor dem Volksgericht nach Ablauf der Klageerwiderungsfrist gemeint[225]. Die Vorbereitungsmaßnahmen vor der mündlichen Verhandlung, z.B. Zustellung der Klageschrift und Klageerwiderungsschrift, Fristsetzung, Anordnung der Beweismittelerhebung oder Beweismittelwechsel usw. führen nicht zur Vorverlagerung der Frist für die Erhebung der Schiedseinrede.[226] Fraglich ist, ob das Volksgericht von Amts wegen die Schiedsvereinbarung berücksichtigen oder sogar prüfen muss, obwohl die Parteien, insbesondere der Beklagte, diese Frist versäumt haben.

Das Obere Volksgericht Shandong hat das ObVG um Anweisung ersucht, wie das Volksgericht vorgehen soll, wenn es von der bestehenden Schiedsvereinbarung zwischen den Parteien Kenntnis erlangt hat und sich der Beklagte nach ordnungsgemäßer Zustellung der Klageschrift gar nicht auf das gerichtliche Verfahren eingelassen hat und auch nicht im Gerichtsverfahren erschienen ist.[227] Für den betroffenen Fall, dass die Existenz einer Schiedsvereinbarung erkennbar war und trotzdem eine Partei Klage erhoben hat, war das Obere Volksgericht der Ansicht, dass das Volksgericht nur dann zuständig sei, wenn (1) die Schiedsvereinbarung als unwirksam festgestellt würde und diese Unwirksamkeitsfeststellung im Rahmen des Berichtssystems vom ObVG bestätigt würde[228] oder (2) der Beklagte innerhalb der Klageerwiderungsfrist in der Sache vortrage und das Volksgericht dadurch von einem Verzicht des Beklagten auf die Geltendmachung der Schiedsvereinbarung ausgehen könne.

Das ObVG hat sich dieser Ansicht angeschlossen und ausgeführt, dass eine Partei nach § 111 ZPG (§ 127 ZPG n.F.) und § 257 ZPG (§ 278 ZPG n.F.) keine Klage ans Volksgericht erheben kann, wenn eine Schiedsvereinbarung zwischen den Parteien besteht. Aus diesem Grund müsse das Volksgericht zunächst die Schiedsvereinbarung überprüfen, wenn das Volksgericht nach der Aktenanlegung eine solche findet. Wenn die Schiedsvereinbarung als wirksam festgestellt sei, müsse das Volksgericht die Klage zurückweisen. Selbst wenn der Beklagte

---

225 Art. 14 der Auslegung zum SchG.
226 Art. 14 der Auslegung zum SchG; SHEN Deyong/WANG Exiang, S. 120–122.
227 Ersuchen des Oberen Volksgerichts von Shandong vom 06.09.2007, zitiert in Antwortschreiben des ObVG vom 26.03.2008 (MinSiTaZi 2008, Nr. 3) in Judikationsanweisung, 2008-1, S. 82.
228 Die Bestätigung des ObVG ist im Fall der Schiedsgerichtsbarkeit mit Auslandsbezug wegen des alten Berichtssystems abzuholen.

sich trotz ordnungsgemäßer Ladung nicht auf das Verfahren eingelassen habe, sei nicht anzunehmen, dass der Beklagte auf die Schiedsvereinbarung verzichtet habe.[229]

Obwohl die Antwort des ObVG im obigen Antwortschreiben scheinbar § 26 SchG widerspricht, besteht in Wahrheit jedoch kein Widerspruch. § 26 SchG regelt den Fall, dass das Volksgericht von der Schiedsvereinbarung keine Kenntnis hat. Die Antwort des ObVG im obigen Antwortschreiben bezieht sich auf den Fall, dass das Volksgericht Kenntnis von der Schiedsvereinbarung erlangt. Ein Widerspruch liegt nicht vor. Wenn eine beklagte Partei sich trotz ordnungsgemäßer Ladung des Volksgerichts nicht auf das Verfahren eingelassen hat, muss sie mit dem Risiko rechnen, dass das Volksgericht keine Kenntnis von der Schiedsvereinbarung hat. Wenn der zugrundliegende streitige Vertrag eine Schiedsklausel enthält oder auf eine Schiedsvereinbarung verweist, dürfte die Schiedsvereinbarung für das Volksgericht erkennbar sein. In anderen Fällen muss m. E. das Volksgericht nicht von Amts wegen der Existenz der Schiedsvereinbarung selbst ermitteln.

3. Rechtsfolge

Wenn das Volksgericht in seiner „Vorprüfung" der Schiedseinrede nicht stattgibt und anschließend in der Sache entscheidet, ist gegen die Endentscheidung die Berufung statthaft. In der Berufung können die Parteien noch einmal die Schiedseinrede erheben und sie durch das Berufungsgericht prüfen lassen[230].

---

229 Antwortschreiben des ObVG vom 26.08.2008 (MinSiTaZi 2008, Nr. 3) in Judikationsanweisung, 2008-1, S. 82.
230 Vgl. Antwortschreiben des ObVG vom 09.10.2009 (MinSiTaZi 2009, Nr. 32), veröffentlicht in Judikationsanweisung 2009-2, S. 93 ff.: der Berufungskläger hat in der Berufung erneut die Schiedseinrede geltend gemacht, der das Volksgericht erster Instanz nicht abgeholfen hatte, und das Berufungsgericht hat die Schiedseinrede geprüft und nach dem „Berichtssystem" Bericht an das ObVG erstattet. Vgl. auch Amtsblatt des ObVG, 1998-3, S. 109–110: Mit dem Beschluss des ObVG vom 13.05.1998 im Verfahren JiangSu light textile holding company (A) gegen YuYi group ltd. aus Hong Kong (B) und TaiZi development ltd. aus Kanada (C) hat das ObVG die Zivilentscheidung des Oberen Volksgerichts von JiangSu aufgehoben. B und C hatten in der ersten Instanz erfolglos die jeweils zwischen A und B bzw. zwischen A und C abgeschlossenen Schiedsvereinbarungen vorgelegt, da das Obere Volksgericht von Jiangsu sie für unwirksam gehalten hatte. Gegen die Entscheidung des Oberen Volksgerichts haben B und C Berufung erhoben und in der Berufung geltend gemacht, dass die Schiedsvereinbarungen wirksam seien und das Gerichtsverfahren unzulässig sei. Das ObVG

Wenn das Volksgericht wegen der Wirksamkeit der Schiedsvereinbarung die Klage abweist oder die Klage nicht annimmt oder über die Zuständigkeitseinrede entscheidet, können die Parteien gegen die Entscheidung des Volksgerichts Berufung einlegen.[231]

III. Berichtssystem

1. Das alte Berichtssystem bis Ende 2017

Im Verfahren über wirtschaftliche und maritime Streitigkeiten in Bezug auf das Ausland, Hong Kong, Macau oder Taiwan musste das Volksgericht zunächst bis Ende 2017 ein besonderes Verfahren einhalten. Nach Art. 1 der Mitteilung des ObVG vom 28.08.1995[232] musste das Volksgericht dem zuständigen Oberen Volksgericht Bericht erstatten, wenn es eine Schiedsvereinbarung aus einer Streitigkeit in Bezug auf das Ausland, Hong Kong, Macau oder Taiwan für unwirksam hielt und die erhobene Klage annehmen[233] wollte. Wenn das Obere Volksgericht die Schiedsvereinbarung auch für unwirksam hielt, musste es dem ObVG darüber Bericht erstatten und dessen Zustimmung zur Annahme der Klage einholen. Vor Eingang der Antwort des ObVG durfte die Klage nicht angenommen werden.

Der Wortlaut der Mitteilung war jedoch missverständlich. Das ObVG hatte angeordnet, dass das Volksgericht die Klage nicht annehmen darf, bevor das ObVG endgültig die Schiedsvereinbarung auch als unwirksam beurteilt hat. Das gerichtliche Verfahren beginnt mit der Annahme der Klage durch das Volksgericht (§§ 122–127 ZPG). Nach dem Erhalt der Klageschrift muss das Volksgericht prüfen, ob die Klageerhebung den Bedingungen in § 122 ZPG entspricht. Wenn dies der Fall ist, wird die Klage angenommen und das gerichtliche Verfahren damit in Gang gesetzt. Anschließend erfolgt die Zustellung der Klageschrift an den Beklagten und die Klageerwiderungsfrist wird in Gang gesetzt. Bis zur ersten mündlichen Verhandlung des Volksgerichts ist es dem Beklagten

---

hat festgestellt, dass der Streitgegenstand von der wirksamen Schiedsvereinbarung umfasst wurde und das Volksgericht für die Rechtsstreitigkeit unzuständig war.
231 Vgl. Art. 7 der Überprüfungsbestimmung.
232 Mitteilung des ObVG vom 28.08.1995 über die Bearbeitung der Fragen in Bezug auf Schiedsgerichtsbarkeit mit Auslandsbezug und ausländische Schiedsgerichtsbarkeit durch das Volksgericht (FaFa 1995, Nr. 18).
233 Nach Erhalt einer Klageschrift prüft das Volksgericht zunächst, ob die Klage bzw. die Klageschrift die Voraussetzungen nach §§ 122–127 ZPG erfüllt. Wenn das der Fall ist, wird die Klage angenommen und die Akte angelegt.

möglich, die Schiedseinrede zu erheben. Insofern war der Wortlaut der Mitteilung verwirrend: müsste das Volksgericht vor der Annahme der Klage Bericht erstatten, sobald es von der Schiedsvereinbarung Kenntnis hat? Wie wäre es, wenn die Klageschrift gar keine Schiedsklausel oder Schiedsvereinbarung aufweist? Oder könnte es erst dann Bericht erstatten und das Verfahren vorläufig aussetzen, wenn der Beklagte die Schiedseinrede geltend macht? Die Rechtspraxis sprach für den letzten Fall.

Bedenklich war auch der Anwendungsbereich der Mitteilung. Unter dem Begriff „QiSu" (Bedeutung: verklagen) in der Mitteilung ist grundsätzlich nur die Klage vor dem Volksgericht zu verstehen, d.h. der Fall von § 26 SchG. Sachlich ist es jedoch nicht gerechtfertigt, dass das Volksgericht im selbständigen Feststellungsverfahren nach § 20 SchG keinen Bericht erstatten muss, obwohl dort das Gleiche geprüft wird. In der Rechtspraxis wurden auch im Feststellungsverfahren nach § 20 SchG Berichte erstattet[234].

Da das Berichtssystem aus Anlass massiver Kritik – insbesondere aus dem Ausland – am Lokalprotektionismus eingeführt wurde[235], bezog sich das Berichtssystem nur auf Schiedsvereinbarungen mit Auslandsbezug. Daher war die zentralisierte Bearbeitung durch das ObVG nur eine zielgerichtete Lösung gegen die Kritik in auslandsbezogenen Angelegenheiten. Weil es auch in der innerstaatlichen Schiedsgerichtsbarkeit Lokalprotektionismus geben könnte und die Parteien ein Rechtsschutzinteresse haben könnten, sollte eine ähnliche Rechtsschutzmöglichkeit auch den Parteien einer Schiedsvereinbarung ohne Auslandsbezug verschafft werden.

Mit dem alten Berichtssystem sind viele Entscheidungen der Volksgerichte über die Wirksamkeit der Schiedsvereinbarungen durch das ObVG „korrigiert" worden. Das ObVG veröffentlicht jährlich viele vorgelegte Fälle von Obervolksgerichten und seine zugehörigen Antwortschreiben[236]. Diese Veröffentlichungen sind wichtige Leitlinien für die Rechtspraxis. Das Berichtssystem funktioniert aber nicht lückenlos. Das ObVG hat weder eine Frist für die Berichterstattung bestimmt noch eine Rechtsfolge für die Unterlassung der Berichterstattung

---

234 Vgl. Antwortschreiben des ObVG vom 18.05.2009 (MinSiTaZi 2009, Nr. 19) in Judikationsanweisung 2009-1, S. 90 ff.
235 Lutz Kniprath, S. 152.
236 „Judikationsanweisung in Handels- und Maritimangelegenheiten mit Auslandsbezug" („Guide and Study on China's Foreign-related Commercial and Maritime Trials", abgekürzt als **„Judikationsanweisung"**) ab dem Jahr 2002. Herausgegeben werden sie von der 4. Zivilkammer des ObVG, die für Zivilsachen mit Auslandsbezug zuständig ist.

durch die Volksgerichte geregelt[237]. Den Parteien stand kein Rechtsbehelf gegen die Unterlassung der Berichterstattung durch Volksgerichte zur Verfügung.

Bedenklich war auch, dass das ObVG die Sache nach Erhalt des erstatteten Berichtes noch einmal prüfen musste, obwohl die Mittleren oder Oberen Volksgerichte in der Sache bereits entschieden hatten und die Parteien die Entscheidung akzeptierten. Die Effektivität des Prozesses wurde dadurch beeinträchtigt.[238]

2. Das neue Berichtssystem seit 2018

Mit der Berichterstattungsbestimmung und der Überprüfungsbestimmung aus dem Jahr 2017 sind die Schiedsfälle unter gerichtlicher Überprüfung definiert (siehe Kapitel 1.B.III.1.b). Darunter fällt auch der Antrag auf die Feststellung der Wirksamkeit der Schiedsvereinbarung im Sinne von § 20 SchG.

Nach der neuen Berichterstattungsbestimmung unterliegen alle Schiedsfälle unter gerichtlicher Überprüfung der Pflicht zur Berichterstattung.

Wenn das Mittlere Volksgericht oder das spezielle Volksgericht in den Schiedsfällen unter gerichtlicher Überprüfung mit Bezug auf Hong Kong, Macau, Taiwan und Ausland zum Ergebnis kommt, dass die Schiedsvereinbarungen unwirksam sind, die Schiedssprüche der chinesischen Schiedsinstitution nicht zu vollstrecken sind, die Schiedssprüche aus Hong Kong, Macau und Taiwan oder ausländische Schiedssprüche nicht anzuerkennen und zu vollstrecken sind,

---

237 In dem Fall von JiangSu light textile holding company (A) gegen YuYi group ltd. aus Hong Kong (B) und TaiZi development ltd. aus Kanada (C), der vom ObVG in seinem eigenen Amtsblatt als Beispielfall für die Prüfung der Wirksamkeit der Schiedsvereinbarung veröffentlicht wurde, hat das Obere Volksgericht von JiangSu dem ObVG keinen Bericht erstattet, obwohl eine Beklagte ein Unternehmen aus Hong Kong war und die andere Beklagte ein kanadisches Unternehmen war. Das Obere Volksgericht hat die Schiedsvereinbarung mit Auslandsbezug als unwirksam festgestellt und das erstinstanzliche Verfahren mit Endentscheidung beendet. Das ObVG hat in der Berufung die Unterlassung der Berichterstattung durch das Obere Volksgerichts ignoriert und nur in der Sache entschieden (Vgl. auch FN. 149 und Amtsblatt des ObVG 1998-3, S. 109–110). Das Seegericht Shanghai hat in einer Rechtsstreitigkeit von Lu Qin (Hong Kong) Company Ltd. gegen Guangdong sino-foreign Shipping Agent Lit. die Schiedsvereinbarung zwischen den beiden Parteien als unwirksam angesehen und keinen Bericht ans Obere Volksgericht von Shanghai erstattet. Das Obere Volksgericht hat in der Berufungsentscheidung die unterlassene Berichterstattung auch nicht erwähnt, sondern nur die Zuständigkeit des Seegerichts wegen wirksamer Schiedsvereinbarung verneint. (siehe auch SONG Lianbin, Political and Law 2010, S. 4).
238 WANG Shengdong, Judikationsanweisung 2008-2, S. 211, 216.

soll es an das zuständige Obere Volksgericht in seinem Bezirk Bericht erstatten. Wenn das Obere Volksgericht zu demselben Ergebnis kommt, muss es an das ObVG Bericht erstatten. Das Mittlere Volksgericht muss seine eigene Entscheidung entsprechend des Prüfungsergebnisses des ObVG erlassen.[239] Das Prüfungsergebnis des Oberen Volksgerichts und des ObVG erfolgt in Form von Antwortschreiben (*Fuhan*).[240]

In den Schiedsfällen unter gerichtlicher Überprüfung ohne Bezug auf das Ausland und Hong Kong, Macau und Taiwan muss der Bericht nur bis zum Oberen Volksgericht erstattet werden, wenn das Volksgericht beabsichtigt, die Unwirksamkeit der Schiedsvereinbarungen festzustellen oder die Schiedssprüche der chinesischen Schiedsinstitution nicht zu vollstrecken.[241] Nach Art. 3 der Berichterstattungsbestimmung soll das ObVG nur dann involviert werden, wenn sich die Wohnsitze der Parteien der Schiedsfälle unter gerichtlicher Überprüfung in unterschiedlichen Provinzen befinden oder die Schiedssprüche der chinesischen Schiedsinstitution aufgrund Verstoßes gegen gesellschaftliche und öffentliche Interessen aufgehoben werden sollen.

Die Fälle der Erhebung der Schiedseinrede im Gerichtsverfahren nach § 26 SchG wurden auch berücksichtigt. Wenn das Volksgericht in zivilrechtlichen Fällen wegen der Wirksamkeit der Schiedsvereinbarung die Aktenanlegung verweigert, die Klage abgewiesen oder über die Zuständigkeitseinrede entschieden hat, eine Partei gegen diese Entscheidung Berufung eingelegt hat und das Berufungsgericht festzustellen beabsichtigt, dass die Schiedsvereinbarung nicht existiert, unwirksam oder wegen unklaren Inhalts nicht anwendbar ist, gilt die oben aufgeführte Pflicht zur Berichterstattung an das Volksgericht höherer Stufe auch für das Berufungsgericht.[242] Das ObVG kann involviert werden, wenn die Fälle einen Bezug auf das Ausland und Hong Kong, Macau und Taiwan aufweisen.

Wenn das Volksgericht höherer Ebene den Bericht vom Volksgericht unterer Ebene erhält, kann es die Parteien anhören oder eine Wiedervorlage des Berichts durch das Volksgericht unterer Ebene mit ergänzenden Tatsachen anweisen, wenn es der Ansicht ist, dass die zugrundeliegende Sachlage unklar ist.[243]

Die neue Berichterstattungsbestimmung behandelt viele offene Probleme aus dem alten Berichtssystem und stellt eine Ergänzung für das vorhandene

---

239 Art. 2 Abs. 1 der Überprüfungsbestimmung.
240 Art. 6 der Überprüfungsbestimmung.
241 Art. 2 Abs. 2 der Überprüfungsbestimmung.
242 Art. 7 der Überprüfungsbestimmung.
243 Art. 5 der Überprüfungsbestimmung.

Berichtssystem dar²⁴⁴. Sie lässt aber immer noch einige Punkte offen. Beispielsweise ist noch unklar, ob und wie im Ausland erlassene Schiedssprüche der chinesischen Schiedsinstitutionen oder im Inland erlassene Schiedssprüche der ausländischen Schiedsinstitutionen oder Schiedssprüche aus ad hoc-Verfahren dem Berichterstattungssystem unterliegen.²⁴⁵

Das Berichtssystem ist zwar jetzt durch eine förmliche Auslegungsregelung fixiert²⁴⁶. Die Eigenschaft der Berichterstattung ist aber immer noch unklar. Aus Art. 5 der Überprüfungsbestimmung ergibt sich, dass die Berichterstattung den Charakter einer „Quasi-Berufung" hat.²⁴⁷ Es ist aber formell weder eine Berufung noch eine Art von Beschwerde, die in einem normalen Zivilprozess üblich ist.²⁴⁸ Mit diesem eigenartigen Berichtssystem kann das ObVG sogar involviert werden.

3. Plattform für Daten- und Informationsmanagement

Volksgerichte auf allen Ebenen sollen zentralisierte Plattformen für das Daten- und Informationsmanagement für Schiedsfälle unter gerichtlicher Überprüfung und Fälle der Ablehnung der Aktenanlegung, Ablehnung der Antragsannahme und Entscheidung über die Zuständigkeitsrüge durch Volksgerichte einrichten und die gesammelten Daten verarbeiten und analysieren, damit die richtige Anwendung des Gesetzes und die Einhaltung der einheitlichen Prüfungsmaßstäbe gewährleistet werden.²⁴⁹

IV. Vergleich von §§ 20 und 26 SchG

Den obigen Darstellungen für das Überprüfungsverfahren nach §§ 20 und 26 SchG ist zu entnehmen, dass die Entscheidungen der Schiedsinstitution und des gemäß § 20 I SchG in Anspruch genommenen Volksgerichts über die

---

244 Die Mitteilung des ObVG vom 28.08.1995 über die Bearbeitung der Fragen in Bezug auf Schiedsgerichtsbarkeit mit Auslandsbezug und ausländische Schiedsgerichtsbarkeit durch das Volksgericht (FaFa 1995, Nr. 18) gilt immer noch.
245 SONG Lianbin, 2018, S. 21, 23.
246 SONG Lianbin, 2018, S. 21, 22.
247 SONG Lianbin, 2018, S. 21, 23.
248 Vgl. Artikel „Analyse des Berichtssystems für die gerichtliche Überprüfung der Schiedsfälle" unter http://www.ci-ca.org/downShow_132.html (zuletzt abgerufen am 09.03.2023).
249 Ziffer 4 der Mitteilung des Volksgerichts über die Zuständigkeit für Schiedsfälle unter gerichtlicher Überprüfung (Fa 2017, Nr. 152).

Wirksamkeit der Schiedsvereinbarung nicht mehr angreifbar sind, während die Entscheidung des Volksgerichts im Falle des § 26 SchG, die die Wirksamkeit der Schiedsvereinbarung betrifft, noch berufungsfähig ist. Daher stehen der Partei faktisch mehr Rechtsschutzmöglichkeiten zur Verfügung, wenn die Gegenpartei ungeachtet oder unter Nichtanerkennung der Schiedsvereinbarung ein Gerichtsverfahren direkt in Gang setzt. Zum besseren Verständnis werden die Einzelheiten der drei Verfahren in der Tabelle des **Anhangs 1** zu dieser Arbeit verglichen.

B. Auswahl des Prüfungsmaßstabs

Um die Wirksamkeit der Schiedsvereinbarung feststellen zu können, ist vor allem zu bestimmen, welches Recht für die Schiedsvereinbarung maßgeblich ist. Das maßgebliche Recht kann sich von dem auf das Schiedsverfahren oder dem auf die materielle Streitsache anzuwendenden Recht unterscheiden.[250] An dem maßgeblichen Recht sind die Auslegung, Wirksamkeit und Aufhebung der Schiedsvereinbarung zu messen. Daran zu messen ist auch, ob eine Streitigkeit von der Schiedsvereinbarung umfasst ist.[251]

Welches Recht in der chinesischen Rechtspraxis für die Schiedsvereinbarung maßgeblich ist, hängt davon ab, ob die Schiedsvereinbarung innerstaatlich oder auslandsbezogen ist. Im 1. Kapitel wurde die Zuordnung der innerstaatlichen und auslandsbezogenen Schiedsgerichtsbarkeit erläutert. Dementsprechend gibt es auch innerstaatliche und auslandsbezogene Schiedsvereinbarungen, je nachdem, ob die Rechtsstreitigkeiten zwischen den Parteien oder das in Frage stehende Rechtsverhältnis irgendwelche auslandsbezogene Elemente enthalten.[252]

I. Prüfungsmaßstab für die Schiedsvereinbarung mit Auslandsbezug

1. Rechtsgrundlage

Es gibt keine international einheitlichen Voraussetzungen für die Beurteilung der Wirksamkeit einer Schiedsvereinbarung. Weder im UNÜ noch im UNCITRAL-Modellgesetz wird geregelt, unter welchen Voraussetzungen eine Schiedsvereinbarung wirksam ist. Art. 5 I a) Alt. 2 UNÜ und Art. 36 I a) i) Alt. 2

---

250 MüKo zur ZPO, UNÜ Art. V Rn. 23.
251 Sutton/Kendall/Gill, Russell on Arbitration, S. 72, zitiert in ZHAO Xiuwen, 2002, S. 29.
252 SHEN Deyong/WAN Exiang, S. 126.

UNCITRAL-MG schreiben zwar vor, dass die Unwirksamkeit der Schiedsvereinbarung – als ein Grund für die Ablehnung der Anerkennung und Vollstreckung – nach dem Recht, dem die Parteien sie unterstellt haben, oder, falls die Parteien hierüber nichts vereinbart haben, nach dem Recht des Landes, in dem der Schiedsspruch ergangen ist, zu beurteilen ist. Die genannten Vorschriften sind jedoch nur Kollisionsnormen für die Wahl des Prüfungsmaßstabs für die Überprüfung der Wirksamkeit der Schiedsvereinbarung. Die Wirksamkeitsvoraussetzungen für die Schiedsvereinbarung sind in dem jeweils anzuwendenden maßgeblichen Recht festgelegt. Wie dieses Recht gestaltet wird, ist Sache der Gesetzgebung des einzelnen Landes[253].

Eine Rechtsstreitigkeit mit Auslandsbezug hat wegen ihrer Auslandsbezogenheit[254] normalerweise Anknüpfungspunkte zu mindestens zwei Staaten. Weil die Wirksamkeit der Schiedsvereinbarungen nach unterschiedlichen nationalen Regelungen unterschiedlich beurteilt werden kann, ist zunächst zu bestimmen, welches Recht als Prüfungsmaßstab anzuwenden ist.[255]

a. Alte Kriterien

Die Auswahl des Prüfungsmaßstabs war im chinesischen Recht nicht geregelt. Es war in früherer Zeit schwierig, das maßgebliche Recht für Schiedsvereinbarungen herauszufinden. Art. 36 I a) i) UNCITRAL-MG fand keine Anwendung in China, weil das UNCITRAL-Modellgesetz nicht in China umgesetzt wurde. Art. 5 I a) UNÜ fand auch keine unmittelbare Anwendung, da das chinesische Recht den Begriff „Schiedsort" nicht kannte und es auch unklar war, wie der „Ort, wo der Schiedsspruch ergangen ist" im Sinne von Art. 5 I a) UNÜ ausgelegt werden sollte[256]. Es war auch fraglich, ob das UNÜ, das ursprünglich für

---

253 JIANG Rujiao, S. 113.
254 Die Auslandsbezogenheit der Schiedsvereinbarung oder des Schiedsspruchs richtet sich nach § 12 der Überprüfungsbestimmung i.V.m. § 1 der Auslegung (1) des ObVG zum RAnG vom 28.12.2012, siehe Kapitel 1.C.II.
255 LIU Xiaohong, 2004, S. 96, 97: 9 Theorien für die Bestimmung des anwendbaren Rechts für die Beurteilung der Wirksamkeit der Schiedsvereinbarung wurden entwickelt: 1. Recht am Ort, wo die Schiedsvereinbarung abgeschlossen wurde; 2. Recht am Schiedsort; 3. in der Schiedsvereinbarung als Prüfungsmaßstab bestimmtes Recht; 4. auf Hauptvertrag anzuwendendes Recht; 5. Recht am Wohnsitz oder Sitz der einen oder beider Parteien; 6. Recht am Ort des zuständigen Gericht, wenn keine Schiedsvereinbarung vorhanden ist; 7. Recht am Ort, wo der Schiedsspruch vollstreckt worden ist oder zu vollstrecken ist; 8. Kombination von den obigen 7 Theorien; 9. nicht-inländische Theorie.
256 YU Xifu, S. 159.

die Anerkennung und Vollstreckung ausländischer Schiedssprüche gelten sollte, auch für die allgemeine Frage der Wirksamkeit der Schiedsvereinbarung gelten konnte[257]. Die Feststellung der Wirksamkeit der Schiedsvereinbarung erfolgte daher aufgrund uneinheitlicher Rechtsgrundlagen. Die Volksgerichte kamen bei ähnlichen Sach- und Rechtslagen oft zu unterschiedlichen Ergebnissen[258]. Sie hielten entweder das für den Hauptvertrag anzuwendende chinesische Recht auch für auf die Schiedsvereinbarung anwendbar oder wendeten ohne Rücksicht auf den konkreten Fall einfach das chinesische Recht an.[259]

b. Kriterien von ObVG und Auslegung zum SchG (2006)

Die heutige chinesische Schiedspraxis hat die alten Kriterien für die Bestimmung des anwendbaren Rechts aufgegeben. Anerkannt ist heute, dass die Wirksamkeit der Schiedsvereinbarung nicht von der Wirksamkeit des Hauptvertrags abhängt[260]. Das gilt auch, wenn die Schiedsvereinbarung in Form der Schiedsklausel im Hauptvertrag enthalten ist.[261]

Unter Berücksichtigung des Parteiwillens und der Lehre in der internationalen Schiedsgerichtsbarkeit hat das ObVG in Art. 58 des Sitzungsprotokolls der zweiten nationalen Konferenz für Judikationsarbeit in Handels- und Seesachen mit Auslandsbezug[262] und in Art. 16 der Auslegung zum SchG die Kriterien für die Auswahl des Prüfungsmaßstabs festgelegt:

---

257 YU Xifu, S. 159.
258 LIU Xiaohong, 2004, S. 101.
259 LIU Xiaohong, 2004, S. 96, 101; ZHANG Xiaoling, 118, 121. Vgl. Antwortschreiben des ObVG an das Obere Volksgericht von Hainan vom 20.12.1996 (FaJing 1996, Nr. 449); Antwortschreiben des ObVG an das Obere Volksgericht von Zhejiang (FaHan 1997, Nr. 36).
260 Siehe § 19 SchG: die Schiedsvereinbarung existiert unabhängig; die Änderung, Aufhebung, Beendigung und Unwirksamkeit des Vertrags wirken sich auf die Wirksamkeit der Schiedsvereinbarung nicht aus; und § 57 VerG: die Unwirksamkeit, Aufhebung oder Beendigung des Vertrags wirken sich auf die unabhängige Schiedsvereinbarung nicht aus.
261 SHEN Deyong/WANG Exiang, S. 129. Zu den Schiedsvereinbarungen gehören nach § 16 I SchG sowohl die im Vertrag enthaltene Schiedsklausel als auch die separat abgeschlossene Schiedsvereinbarung zwischen den Parteien. Die separat abgeschlossene Schiedsvereinbarung ist ein selbständiges Dokument im Vergleich zum ursprünglichen Vertrag (TAN Bing, S. 239).
262 Mitteilung des ObVG über die Bekanntgabe des Sitzungsprotokolls der zweiten nationalen Konferenz für Judikationsarbeit in Handels- und Seesachen mit Auslandsbezug vom 26.12.2005 (FaFa 2005, Nr. 26).

(1) Für die Wirksamkeit der Schiedsvereinbarung gilt das von den Parteien vereinbarte Recht als maßgebliches Recht;
(2) Falls die Parteien kein anwendbares Recht, sondern einen Schiedsort vereinbart haben, gilt das Recht am Schiedsort bzw. am Ort, wo der Schiedsspruch ergangen ist;
(3) Wenn die Parteien weder das anwendbare Recht noch einen Schiedsort vereinbart haben oder der ausgewählte Schiedsort nicht eindeutig ist, gilt das Recht am Ort des in Anspruch genommenen staatlichen Gerichts.

Die Bestimmung des anwendbaren Rechts soll nach der Reihenfolge (1)–(2)–(3) durchgeführt werden. (1) und (2) entsprechen dem Grundgedanken in Art. 5 I a) UNÜ und Art. 36 UNCITRAL-MG. Die Kriterien für die Bestimmung des anwendbaren Rechts gelten sowohl für die Schiedsklausel, die im Hauptvertrag enthalten ist, als auch für die Schiedsvereinbarung, die separat abgeschlossen wird.

c. Aktuell: RAnG (2011) und Überprüfungsbestimmung (2017)

Die vom ObVG festgesetzten Kriterien für die Auswahl des Prüfungsmaßstabs werden teilweise vom neuen „Gesetz über die Rechtsanwendung auf Zivilsachen mit Auslandsbezug" (RAnG), das am 01.04.2011 in Kraft getreten ist, übernommen. Nach § 18 S. 1 RAnG können die Parteien das maßgebliche Recht für die Schiedsvereinbarung vereinbaren. Ohne eine solche Vereinbarung ist das Recht am Ort, an dem die Schiedsinstitution sitzt (§ 18 S. 2 Alt. 1 RAnG), oder das Recht am Schiedsort (§ 18 S. 2 Alt. 2 RAnG) anwendbar[263]. Anders als die klare Reihenfolge der anwendbaren Rechte in Art. 16 der Auslegung zum SchG lässt sich aus dem Wortlaut des § 18 S. 2 RAnG nicht klären, welches Recht der beiden Alternativen vorrangig als maßgebliches Recht angewendet werden soll, wenn die Parteien nichts darüber vereinbart haben. Wenn die Parteien beispielsweise die Streitigkeit einem ICC-Schiedsgericht in Hong Kong

---

263 Nach Angaben von Prof. SONG Lianbin, der einer der Berater für das neue RAnG war, wurde im Gesetzgebungsverfahren zunächst vorgeschlagen, dass das Recht am Schiedsort und das Recht am Ort, der mit der Streitigkeit am nächsten verknüpft ist, anwendbar sind, wenn die Parteien kein maßgebliches Recht bestimmen. Dieser Vorschlag war zunächst komplett abgelehnt worden. In der letzten Gesetzgebungsphase wurde die Regelung für das auf die Schiedsvereinbarung anwendbare Recht aber doch noch in das RAnG einbezogen. Aber statt dem Recht am Ort mit der sachnächsten Verknüpfung hat das neue Gesetz das Recht am Sitzort der Schiedsinstitution als einen der Prüfungsmaßstäbe festgelegt.

unterbreiten würden, wäre es nach dem neuen Gesetz unklar, welches Recht angewendet werden soll – das Recht von Hong Kong, weil Hong Kong Schiedsort ist, oder französisches Recht, weil das ICC den Hauptsitz in Frankreich hat (nach Schiedsinstitutionskriterium).

Zu beachten ist, dass das RAnG nur für solche Rechtsverhältnisse gilt, die nach dem Inkrafttreten des RAnG entstanden sind (§ 2 RAnG). Es ist möglich, dass die Prüfungsmaßstäbe für unterschiedliche Verträge zwischen denselben Parteien gelten, wenn die Verträge zu unterschiedlichen Zeitpunkten abgeschlossen worden sind.

Die Überprüfungsbestimmung enthält ergänzende und klärende Bestimmungen zu § 18 RAnG. Obwohl die Auslegung zum SchG noch ihre gesamte Gültigkeit behält, sollen das RAnG als förmliches Gesetz und die Überprüfungsbestimmung als spätere Auslegungsregelung vorrangig zur Auslegung zum SchG Anwendung finden. Die Reihenfolge für die Feststellung des maßgeblichen Rechts sieht demnach wie folgt aus:

(1) Die Parteivereinbarung hat Vorrang. Die Vereinbarung über das maßgebliche Recht für die Schiedsvereinbarung muss eindeutig sein. Wenn die Parteien nur über das anwendbare Recht für den Hauptvertrag eine Vereinbarung getroffen haben, gilt dieses Recht nicht selbstverständlich auch als maßgebliches Recht für die Schiedsvereinbarung.[264]

(2) Wenn mangels Parteivereinbarung das Recht am Ort, an dem die Schiedsinstitution sitzt (§ 18 S. 2 Alt. 1 RAnG) und das Recht am Schiedsort (§ 18 S. 2 Alt. 2 RAnG) die Schiedsvereinbarung anders beurteilen, soll das Recht Anwendung finden, nach dem die Schiedsvereinbarung als wirksam festgestellt wird.[265] Wenn weder eine Schiedsinstitution noch ein Schiedsort vereinbart sind, aber die vereinbarte Schiedsordnung die Schiedsinstitution oder den Schiedsort bestimmt, gelten die in dieser Weise bestimmte Schiedsinstitution oder der in dieser Weise bestimmte Schiedsort als Schiedsinstitution oder Schiedsort im Sinne von § 18 RAnG.[266]

Wenn die Schiedsvereinbarung vor dem Inkrafttreten des RAnG abgeschlossen wurde, soll die damals geltende Rechtsgrundlage für die Schiedsvereinbarung anwendbar sein.[267]

---

264 § 13 der Überprüfungsbestimmung.
265 § 14 der Überprüfungsbestimmung.
266 § 15 der Überprüfungsbestimmung.
267 Vlg. § 2 der Auslegung (1) des ObVG zu einigen Fragen betreffend das RAnG vom 28.12.2012 (FaShi 2012, Nr. 24); siehe auch Antwortschreiben des ObVG vom

d. Hong Kong, Macau und Taiwan

Nach § 19 der Auslegung (1) des ObVG zum RAnG vom 28.12.2012[268] richtet sich das anwendbare Recht für Zivilfälle mit Bezug auf Hong Kong und Macau nach der Auslegung (1) des ObVG zum RAnG vom 28.12.2012. Da § 1 der Auslegung die Auslandsbezogenheit definiert hat, soll das RAnG und die Regelungen für Rechtsverhältnisse mit Auslandsbezug für Hong Kong und Macau gelten.[269]

Nach § 1 der förmlichen Bestimmung des ObVG zum anwendbaren Recht für Zivil- und Handelsfälle mit Bezug auf Taiwan vom 26.04.2010[270] finden die geltenden Gesetze und Auslegungsregelungen für Zivil- und Handelsfälle mit Bezug auf Taiwan Anwendung. Daher gilt das RAnG (insbesondere § 18 RAnG) auch für Fälle mit Bezug auf Taiwan.[271]

2. Rechtspraxis

Die Formulierung der Schiedsvereinbarung variiert von Fall zu Fall. Ob die Parteien über das maßgebliche Recht oder den Schiedsort eine Vereinbarung getroffen haben, richtet sich danach, wie die Schiedsvereinbarung auszulegen ist.

Beispiel 1: Die Schiedsklausel im Kaufvertrag lautete: „Wenn sich die Parteien wegen der Erfüllung des Vertrags streiten, sollen die Parteien zunächst in freundlicher Weise über die Streitigkeiten verhandeln. Im Fall der erfolglosen Verhandlung sind die Streitigkeiten der Beijing Wirtschafts- und Handelsschiedskommission zu unterbringen." Die Parteien haben in der Schiedsvereinbarung weder das maßgebliche Recht für die Schiedsvereinbarung noch den Schiedsort vereinbart. Daher ist das chinesische Recht anzuwenden.[272]

14.09.2016 (ZuiGaoFaMinTa 2016, Nr. 86), veröffentlicht in Judikationsanweisung 2016-2, S. 64 ff.

268 Auslegung des ObVG zu einigen Fragen betreffend das RAnG (1) vom 28.12.2012 (FaShi 2012, Nr. 24).

269 Siehe Antwortschreiben des ObVG vom 25.05.2016 (ZuiGaoFaMinTa 2016, Nr. 10), in Judikationsanweisung, 2016-1, S. 64 ff.; Antwortschreiben des ObVG vom 26.03.2015 (MinSiTaZi 2015, Nr. 2), in Judikationsanweisung, 2015-1, S. 57 ff.

270 Bestimmung des ObVG zum anwendbaren Recht für Zivil- und Handelsfälle mit Bezug auf Taiwan vom 26.04.2010 (FaShi 2010, Nr. 19). Die Bestimmung gilt ab 01.01.2011.

271 Siehe Antwortschreiben des ObVG vom 13.05.2016 (ZuiGaoFaMinTa 2016, Nr. 40), in Judikationsanweisung, 2016-1, S. 58 ff.

272 Antwortschreiben des ObVG vom 01.12.2005 an das Obere Volksgericht von Beijing wegen Wirksamkeitsprüfung hinsichtlich einer Schiedsvereinbarung, (MinSiTaZi 2005, Nr. 52), in Judikationsanweisung, 2006-1, S. 76. Zu einem ähnlichen Fall siehe

Beispiel 2: Die Parteien haben in der Schiedsklausel im Hauptvertrag vereinbart, dass „die Rechtsstreitigkeit auf Antrag von jeder Partei nach der ICC-Regelung im Wege der Schiedsgerichtsbarkeit beizulegen ist, falls eine Schlichtung innerhalb von 60 Tagen nach der Verhandlung nicht erzielt werden sollte. Das Schiedsverfahren soll in Zürich in der Schweiz durchgeführt werden. Die Sprache des Schiedsverfahrens ist Englisch..." Das ObVG hat ausgeführt, dass das Recht am Ort des Gerichtssitzes – hier das chinesische Schiedsgesetz – nur dann angewendet werden solle, wenn die Parteien weder das anwendbare Recht für die Beurteilung der Wirksamkeit der Schiedsvereinbarung noch den Schiedsort vereinbart haben. Zwar gebe es in Zürich in der Schweiz drei Schiedsinstitutionen und die Schiedsvereinbarung sei nach chinesischem Recht wegen der Unbestimmtheit der Schiedsinstitution unwirksam, aber die Parteien haben in der Schiedsvereinbarung Zürich als Schiedsort gewählt. Nach dem schweizerischen Recht sei diese Schiedsvereinbarung wirksam.[273]

Beispiel 3: die Parteien haben in der umstrittenen Schiedsvereinbarung vereinbart, dass „das Schiedsverfahren in Hong Kong nach der ICC-Regelung durchgeführt werden solle". Das ObVG hat festgestellt, dass diese Schiedsvereinbarung nach dem Schiedsrecht von Hong Kong – von den Parteien gewählter Schiedsort – wirksam sei und das Volksgericht für die Rechtsstreitigkeit nicht zuständig sei.[274]

Beispiel 4: Wenn die Parteien zwei Schiedsorte ausgewählt haben und einer davon in China ist, gilt das chinesische Recht als maßgebliches Recht[275].

Beispiel 5: Manche Schiedsvereinbarungen sind sehr kurz formuliert, z.B. „Arbitration: ICC Rules, Shanghai shall apply"[276]. Das ObVG hat angenommen, dass die Parteien in der Schiedsvereinbarung zwar kein maßgebliches Recht,

---

auch das Antwortschreiben des ObVG vom 25.05.2004 an das Obere Volksgericht von Shandong, (2004) MinSiTaZi, Nr. 7, in Judikationsanweisung, 2004-3, S. 34.

273 Antwortschreiben des ObVG zur Frage der Wirksamkeit der Schiedsvereinbarung an Oberes Volksgericht von Jiangsu vom 09.03.2006, Az.: (2006) MinSiTaZi Nr. 1; in Judikationsanweisung, 2006-1, S. 82 f. und in SHEN Deyong/WANG Exiang, S. 131 ff.

274 Antwortschreiben des ObVG an das Obere Volksgericht von Hubei (FaJing 1999, Nr. 143).

275 Antwortschreiben des ObVG vom 20.03.2009 (MinSiTaZi 2009, Nr. 5): vereinbart wurde, dass „der Schiedsort zwischen Ximen (China) und Brüssel wechselt".

276 Antwortschreiben des ObVG über die Wirksamkeit der Schiedsvereinbarung im Fall Zublin International GmbH vs. Wuxi Woco Co. vom 08.07.2004, Az.: (2003) MinSiTaZi Nr. 23, in Judikationsanweisung, 2004-3, S. 36 ff.

aber eindeutig den Schiedsort vereinbart haben. Daher ist das Recht am Schiedsort Shanghai, d.h. das chinesische Recht maßgeblich.

Trotz der Festsetzung des relativ klaren Kriteriums für die Bestimmung des maßgeblichen Rechts für die Wirksamkeit der Schiedsvereinbarung entscheidet das Volksgericht in der Praxis nicht immer fehlerlos, siehe *Beispiel 6* unten:

Beispiel 6[277]: Das Seegericht Shanghai hat in einer Rechtsstreitigkeit von Lu Qin (Hong Kong) Company Ltd. gegen Guangdong sino-foreign Shipping Agent Lit. entschieden, die Schiedsvereinbarung „Arbitration in Hong Kong and English law to apply" sei nach chinesischem Recht unwirksam, weil weder das Hong Konger Recht noch das englische Recht von den Parteien vorgelegt wurde und deswegen das chinesische Recht anwendbar war.

Im Berufungsverfahren hat der Berufungskläger ein Gutachten über die Wirksamkeit der Schiedsvereinbarung nach dem englischen Recht und dem Hong Konger Recht vorgelegt. Das Obere Volksgericht von Shanghai hat in der Berufungsentscheidung ausgeführt, die Schiedsvereinbarung „Arbitration in Hong Kong and English law to apply" sei wirksam. Begründet hat es das damit, dass die Parteien in ihrer Schiedsvereinbarung das englische Recht als das auf die materielle Streitsache anwendbare Recht und Hong Kong als Schiedsort ausgewählt haben. Sowohl nach englischem Recht als auch nach der Schiedsordnung in Hong Kong sei die Schiedsvereinbarung wirksam.[278]

Die Entscheidung des Oberen Volksgerichts war zwar im Ergebnis richtig, bedenklich ist aber, dass das Obere Volksgericht das maßgebliche Recht für die Schiedsvereinbarung nicht eindeutig festgestellt hat. Der Prüfungsmaßstab für die Schiedsvereinbarung sollte nach Art. 16 der Auslegung zum SchG das Hong Konger Recht – „Hong Konger Schiedsordnung", sein.[279]

3. Ermittlung des anzuwendenden ausländischen Rechts

Interessant im obigen Beispiel 6 ist auch die Rechtsfrage, wer die Beweislast für die Ermittlung des anzuwendenden ausländischen Rechts (einschließlich der Rechte in Hong Kong, Macau und Taiwan) trägt.

---

277 Zitiert in SONG Lianbin, Political and Law 2010, S. 4.
278 SONG Lianbin, Political and Law 2010, S. 4. Es handelte sich um einen Zivilprozess von Lu Qin (Hong Kong) Company Lit. gegen Guangdong Shipping Agent Lit.
279 Vgl. Antwortschreiben des ObVG vom 06.08.2008 (MinSiTaZi 2008, Nr. 17): Niederschrift war in der Schiedsvereinbarung „Arbitration in Hong Kong, English law to apply". SONG Lianbin, Political and Law 2010, S. 8.

Das anwendbare ausländische Recht in Zivilsachen mit Auslandsbezug ist nach Art. 10 RAnG grundsätzlich von den Volksgerichten, Schiedsinstitutionen und Verwaltungsbehörden zu ermitteln. Wenn die Parteien die Anwendung eines ausländischen Rechts vereinbart haben, sollen sie die anwendbaren Rechtsnormen des ausländischen Rechts benennen oder in Textform vorlegen. Falls das ausländische Recht nicht ermittelbar ist oder es keine entsprechende Regelung für den betroffenen Fall enthält, gilt das chinesische Recht.

II. Prüfungsmaßstab für die Schiedsvereinbarung ohne Auslandsbezug

Bei der innerstaatlichen Schiedsvereinbarung ist der Prüfungsmaßstab für die Wirksamkeit der Schiedsvereinbarung grundsätzlich das chinesische Recht.[280] Wenn die Parteien ein ausländisches Recht als Prüfungsmaßstab für die Wirksamkeit der Schiedsvereinbarung oder einen Schiedsort im Ausland bestimmt haben, obwohl das gesamte konkrete Rechtsverhältnis nicht einmal ein auslandsbezogenes Element enthält, ist fraglich, ob der Parteiwille zu respektieren ist. Darüber ist weder im Gesetz noch in der Auslegungsregelung des ObVG etwas geregelt. Die Schiedsgerichtsbarkeit basiert auf privater Parteivereinbarung. Die Auswahl der Schiedsinstitution steht den Parteien frei. Auch wenn das ausländische Recht oder die ausländische Schiedsinstitution nicht sachnah ist, sollte der Parteiwille trotzdem berücksichtigt werden. In der Praxis ist es aber möglich, dass das Volksgericht die Anwendung des ausländischen Rechts mit dem Argument ablehnt, dass die Parteien absichtlich das chinesische Recht umgehen wollen.

C. Wirksamkeit der Schiedsvereinbarung nach chinesischem Recht

I. Geschäftsfähigkeit der Parteien

Die Parteien der Schiedsvereinbarung müssen nach dem Umkehrschluss aus § 17 Nr. 2 SchG bei dem Abschluss der Schiedsvereinbarung geschäftsfähig sein. Die Geschäftsfähigkeit richtet sich nach dem anwendbaren Gesetz.

---

280 SHEN Deyong/WAN Exiang, S. 128.

II. Formerfordernis

Nach § 16 I SchG soll die Schiedsvereinbarung entweder in Form der Schiedsklausel im Hauptvertrag niedergeschrieben werden oder in anderer schriftlicher Form abgeschlossen werden. „Andere Schriftform" i.S.v. § 16 I SchG umfasst die Vertragsurkunde, Briefe und elektronische Datenschriftstücke wie Telegramme, Fernschreiben, Faxe, elektronischen Datenaustausch und E-Mail.[281] In der Praxis kommt es auch vor, dass die Parteien nicht auf demselben Dokument, das eine Schiedsvereinbarung enthält, unterzeichnet haben. Die Parteien können jeweils eigene Vertragsdokumente vorbereiten und unterzeichnen und dann die Dokumente gegenseitig austauschen (per Brief, Fax, Email oder in einer anderen gültigen Form). Relevant für die Annahme einer wirksamen Schiedsvereinbarung ist, dass die Parteien die Dokumente, die ihre Willenserklärungen verkörpern, ausgetauscht haben und diese Willenserklärungen übereinstimmen.[282] Zulässig und wirksam ist auch eine Schiedsvereinbarung in der Form, dass die Parteien zwar nicht im eigenen Vertrag eine Schiedsvereinbarung formuliert, jedoch auf ein anderes Dokument verwiesen haben, das eine Schiedsvereinbarung enthält.[283]

III. Inhaltliche Anforderung der Schiedsvereinbarung

Eine wirksame Schiedsvereinbarung muss die Inhalte aus § 16 II Nr. 1 bis 3 SchG enthalten. Dazu gehören die übereinstimmenden Willenserklärungen der Parteien, den Rechtsstreit in einem Schiedsverfahren beilegen zu lassen (Nr. 1), die Gegenstände des Schiedsverfahrens (Nr. 2) und die ausgewählte Schiedskommission (Nr. 3).

1. Übereinstimmende Willenserklärungen der Parteien

a. Übereinstimmende Willenserklärungen

Eine wirksame Schiedsvereinbarung setzt nach § 16 II Nr. 1 SchG die übereinstimmenden Willenserklärungen der Parteien über die Inanspruchnahme der Schiedsgerichtsbarkeit voraus. Die Schiedsvereinbarung kann sowohl vor als auch erst nach dem Entstehen des Rechtsstreits abgeschlossen werden. Der Parteiwille zur Wahl der Schiedsgerichtsbarkeit muss eindeutig und bestimmt sein.

---

281 Art. 1 der Auslegung zum SchG.
282 SHEN Deyong/WANG Exiang, S. 154–155.
283 SHEN Deyong/WANG Exiang, S. 151–152.

Wenn der Vertrag einschließlich der Schiedsvereinbarung von einem Stellvertreter oder mehreren Stellvertretern abgeschlossen wurde, hängt die Wirksamkeit der Schiedsvereinbarung für die vertretene Partei davon ab, ob ihr Stellvertreter mit wirksamer Vollmacht – Anscheinsvollmacht genügt – und im Rahmen seiner Befugnis gehandelt hat. Die vertretene Partei trägt die Beweislast für die fehlende oder missbrauchte Vollmacht ihres Stellvertreters, wenn sie aus diesem Grund die Unwirksamkeit der Schiedsvereinbarung für sich geltend macht.

b. „Entweder Schiedsverfahren oder Gerichtsverfahren"

Da sich die Schiedsgerichtsbarkeit und der Gerichtsweg grundsätzlich ausschließen, ist eine Schiedsvereinbarung unwirksam, die bestimmt, dass die Streitigkeiten „sowohl im Schiedsverfahren als auch im Gerichtsverfahren"[284] oder „entweder im Schiedsverfahren oder im Gerichtsverfahren"[285] beigelegt werden können. Es ist davon auszugehen, dass die Parteien mit einer solchen Schiedsvereinbarung ihren übereinstimmenden Willen zur Schiedsgerichtsbarkeit nicht eindeutig zum Ausdruck gebracht haben.

Trotz einer missglückten Schiedsvereinbarung können die Parteien ihren Willen zur Schiedsgerichtsbarkeit noch verwirklichen, indem sie nachträglich eine wirksame Schiedsvereinbarung abschließen[286] oder sich im Schiedsverfahren auf die Sache einlassen, ohne die Unwirksamkeit der Schiedsvereinbarung fristgemäß geltend zu machen[287].

---

284 Art. 7 S. 1 der Auslegung zum SchG; auch SHEN Deyong/WAN Exiang, S. 74–75.
285 SHEN Deyong/WAN Exiang, S. 74–75. Vgl. Antwortschreiben des ObVG (MinSiTaZi 2002, Nr. 33) in Judikationsanweisung, 2003-1, S. 78 f.: Die Parteien haben nachträglich vereinbart, dass „die Streitigkeiten entweder dem japanischen Gericht oder dem internationalen Schiedsorgan in Xiamen unterbreitet werden können". Das ObVG hat in seinem Antwortschreiben ausgeführt, diese Schiedsvereinbarung beziehe sich sowohl auf die Schiedsgerichtsbarkeit als auch auf den Gerichtsweg. Sie ist unwirksam. Auch Antwortschreiben des ObVG (MinSiTaZi 2009, Nr. 4) in Judikationsanweisung 2009-1, S. 79 ff.: unwirksam ist die Schiedsvereinbarung, nach der „die Streitigkeit der China Foreign Economic and Trade Arbitration Commission oder dem Gericht am Ort unterbreitet werden soll". Auch Entscheidung des Mittleren Volksgerichts von Stadt Zhangjiakou vom 08.11.2017, Akt. (2017) Ji07MinTe Nr. 18.
286 Nach § 16 I 2. Alt. SchG.
287 Wenn eine Partei Schiedsklage vor der Schiedsinstitution erhebt und die andere Partei nicht vor der ersten mündlichen Verhandlung des Schiedsgerichts die Einrede gegen die Schiedsgerichtsbarkeit erhebt, ist dem Parteiverhalten zu entnehmen, dass die Parteien Übereinstimmung über die Streitbeilegung im Wege der

Die missglückte Schiedsvereinbarung bleibt daher unwirksam, wenn z.B.
(1) eine Partei im Streitfall direkt Klage beim Gericht erhebt; oder
(2) eine Partei Schiedsklage erhebt und die andere Partei unter Einhaltung der Präklusionsfrist im Sinne von § 20 II SchG die Unwirksamkeit der Schiedsvereinbarung geltend macht; oder
(3) eine Partei beim Gericht die Feststellung der Wirksamkeit der Schiedsvereinbarung beantragt.[288]

In der Praxis ist für die Feststellung des eindeutigen Parteienwillens eine präzise Auslegung erforderlich.

Die Volksgerichte haben beispielsweise die folgenden Vereinbarungen in der Weise ausgelegt, dass der Gerichtsweg nicht ausgeschlossen ist:

- „Arbitration if any, at Hong Kong and English law to apply"[289]
- „G/A Arbitration if any to be settled in Hong Kong with English Law to apply"[290]
- „General Average/Arbitration if any in Benxi and Chinese Law to be applied."[291]

c. Auslegung des Wortes „kann"

Es kommt auch vor, dass die Parteien in der Schiedsvereinbarung vereinbaren, dass „im Streitfall die Schiedsgerichtsbarkeit in Anspruch genommen werden *kann*". Ob der Rechtsstreit auch einem staatlichen Gericht unterbreitet werden kann, ist in der Vereinbarung nicht erwähnt[292].

Schiedsgerichtsbarkeit erzielt haben, vgl. Art. 7 S. 2 der Auslegungsregelung zum Schiedsgesetz vom 23.08.2006 (FaShi 2006, Nr. 7) i.V.m. § 20 II SchG; SHEN Deyong/ WAN Exiang, S. 72.

288 SHEN Deyong/WAN Exiang, S. 72.
289 Antwortschreiben des ObVG vom 23.02.2017 (ZuiGaoFaMinTa 2017, Nr. 4) in Judikationsanweisung, 2017-2, S. 10 ff.
290 Antwortschreiben des ObVG vom 04.03.2016 (ZuiGaoFaMinTa 2016, Nr. 3) in Judikationsanweisung, 2016-1, S. 49 ff.
291 Antwortschreiben des ObVG vom 21.09.2015 (MinSiTaZi 2015, Nr. 22) in Judikationsanweisung, 2015-1, S. 78 ff.
292 Z.B. Antwortschreiben des ObVG vom 14.05.2003 (MinSiTaZi 2003, Nr. 7) in Judikationsanweisung, 2003-2, S. 67 f. Die Schiedsvereinbarung lautete original in Englisch „... If no settlement is achieved through such negotiation in 14 days, any party to the dispute may refer the dispute for arbitration by the Arbitration Institute of the Stockholm International Chamber of Commerce in accordance with the

Eine Ansicht geht davon aus, dass mit dem Wort „kann" (englisch: „may") nur die Befugnis der Parteien zum Einleiten des Schiedsverfahrens bestätigt werde. Die Schiedsgerichtsbarkeit sei keine „Muss"- oder „Soll"-Lösung für die Parteien. Es sei daher nicht ausgeschlossen, dass sich die Parteien auch an das staatliche Gericht wenden können.[293] Nach der Gegenansicht, die sich auf mehrjährige Rechtspraxis stützen kann, bezieht sich das Wort „kann" (englisch: „may") auf das Subjekt des Satzes „irgendeine Partei" (englisch: „any party").[294] Damit wird betont, dass jede Partei im Streitfall die Schiedsklage erheben kann, ohne z.B. auf das Vorgehen der anderen Partei warten oder die Genehmigung der anderen Partei einholen zu müssen. Dass die Parteien in der Schiedsvereinbarung das Gerichtsverfahren nicht erwähnt haben, darf nicht zum Umkehrschluss führen, dass das Gerichtsverfahren noch möglich ist. Im Ergebnis ist eine solche Schiedsvereinbarung grundsätzlich als wirksam anzusehen.[295] Die Gegenansicht ist m. E. überzeugender.

2. Gegenstand des Schiedsverfahrens

Nach § 16 II Nr. 2 SchG müssen die Parteien in der Schiedsvereinbarung den Gegenstand des Schiedsverfahrens bestimmen. Eine Schiedsvereinbarung, die diese Anforderung nicht erfüllt, ist nicht ohne weiteres unwirksam, sondern zunächst schwebend unwirksam. Nach § 18 1. Variante SchG können die Parteien nachträglich und ergänzend den Schiedsgegenstand vereinbaren. § 18 SchG entspricht dem Grundgedanken des § 16 I SchG, dass die Schiedsvereinbarung auch nach dem Entstehen der Streitigkeit erzielt werden kann, und berücksichtigt die Privatautonomie in der Schiedsgerichtsbarkeit. Wenn die Parteien nachträglich keine Einigung über den Gegenstand des Schiedsverfahrens erzielen, wird die Schiedsvereinbarung endgültig unwirksam.

a. Gesetzlich vorgeschriebene Schiedsfähigkeit des Streitgegenstands

Eine Schiedsvereinbarung ist nach § 17 Nr. 1 SchG unwirksam, wenn der vereinbarte Streitgegenstand über den gesetzlich bestimmten Umfang der schiedsfähigen Streitigkeiten hinausgeht.

UNICITRAL Arbitration Rules adopted by the United Nations General Assembly on 15 December 1976".
293 Wiedergegeben in SHEN Deyong/WAN Exiang, S. 75.
294 Antwortschreiben des ObVG vom 14.05.2003 (MinSiTaZi 2003, Nr. 7); auch in SHEN Deyong/WAN Exiang, S. 75.
295 SHEN Deyong/WAN Exiang, S. 75.

Nach § 2 SchG können die vertraglichen Streitigkeiten und andere Streitigkeiten um Vermögensrechte und -interessen zwischen gleichberechtigten Subjekten wie Bürgern, juristischen Personen und anderen Organisationen einem Schiedsverfahren unterworfen werden. Was Vermögensrechte und -interessen sind, ist weder in Gesetzen noch in Auslegungsregelungen des ObVG geregelt. Anerkannt ist, dass es sich bei den folgenden Streitigkeiten um Vermögensrechte und -interessen handelt: (1) Maritime Streitigkeiten; (2) Streitigkeiten um Grundstücke; (3) Produkthaftungsrechtstreitigkeiten; (4) Patent- und Markenrechtsverletzungen im Industriebereich; (5) Urheberrechtsstreitigkeiten; (6) Streitigkeiten um Wertpapiere; (7) Andere Rechtsverletzungen.[296]

Nicht schiedsfähig sind nach § 3 SchG Ehe-, Adoptions-, Vormundschafts-, Unterhalts- und Erbstreitigkeiten und die Verwaltungsstreitigkeiten, die nach den gesetzlichen Regelungen von Verwaltungsbehörden/Verwaltungsgerichten zu entscheiden sind.

b. Schiedsfähigkeit des Streitgegenstands im konkreten Fall

Wenn man sich im Einzelfall über die Wirksamkeit der Schiedsvereinbarung streitet, ist gegebenenfalls zu prüfen, ob der bestrittene Gegenstand von der Schiedsvereinbarung bzw. von dem in der Schiedsvereinbarung bestimmten Streitgegenstand umgefasst ist. Wenn das nicht der Fall ist, ist die Schiedsgerichtsbarkeit für den konkreten Fall unzulässig.

Dass der Streitgegenstand nicht von der Schiedsvereinbarung umfasst worden ist, ist ein im Gesetz geregelter und von der Partei geltend zu machender Grund für die Aufhebung (vgl. § 58 Nr. 2 Alt. 1 SchG, § 70 SchG i.V.m. § 281 I Nr. 4 Alt. 1 ZPG) und die Ablehnung der Vollstreckung (vgl. § 63 SchG i.V.m. § 220 II Nr. 2 Alt. 1 ZPG, § 281 I Nr. 4 Alt. 1 ZPG) der Schiedssprüche. Dieser Anhaltspunkt wird z.B. auch vom Volksgericht im Klageverfahren berücksichtigt, wenn eine Partei Schiedseinrede als Rüge der Unzuständigkeit des Volksgerichts erhebt und die andere Partei das Gegenargument vorbringt, dass der Streitgegenstand nicht von der Schiedsvereinbarung umfasst sei. Streng genommen wird die Wirksamkeit der Schiedsvereinbarung selbst nicht bezweifelt. Aber wenn der Streitgegenstand im konkreten Fall nicht von der Schiedsvereinbarung umfasst wird, ist die Schiedsvereinbarung für diesen konkreten Streitfall wirkungslos. Es handelt sich dabei um die Auswirkung der Schiedsvereinbarung auf den konkreten Rechtsstreit und daher um den Ausschluss des Gerichtswegs und die Zulässigkeit der Schiedsgerichtsbarkeit.

---

296 TAN Bing, S. 124.

Die Feststellung des Umfangs der Schiedsvereinbarung im konkreten Fall bedarf der Auslegung.

i. Zum Verständnis der „Vertragsstreitigkeiten"

In der Praxis kommen folgende Schiedsklauseln im Vertrag oft vor: „Sämtliche Streitigkeiten wegen der Durchführung des Vertrags (...) sollen einem Schiedsverfahren unterbreitet werden"[297] oder „Sämtliche Streitigkeiten, die im Zusammenhang mit dem Vertrag stehen, sollen einem Schiedsverfahren unterbreitet werden."[298] Bei solchen Schiedsklauseln, die sich auf „sämtliche Vertragsstreitigkeiten"[299] beziehen, ist das ObVG der Ansicht, dass diese weit auszulegen seien[300]. „Vertragsstreitigkeiten" umfassen die Streitigkeiten, die sich aus dem Abschluss, dem Wirksamwerden, der Änderung, Übertragung, Erfüllung, Auslegung, Auflösung und/oder Beendigung des Vertrags und/oder aus der Vertragspflichtverletzung ergeben.[301]

Wenn nur der Hauptvertrag eine Schiedsklausel enthält und die Parteien daneben noch Annexverträge zum Hauptvertrag abgeschlossen oder Annexdokumente zum Hauptvertrag abgefasst haben, sind die Streitigkeiten aus den Annexverträgen oder Annexdokumenten auch von der Schiedsklausel umfasst, soweit die Annexverträge oder Annexdokumente im Hauptvertrag als untrennbarer Teil zu diesem bezeichnet sind.[302]

---

297 Z.B. Antwortschreiben des ObVG an das GanSu Obere Volksgericht vom 18.10.1995 (FaJing 1995, Nr. 273).
298 Z.B. Zivilentscheidung des ObVG vom 13.05.1998 in JiangSu light textile holding company gegen YuYi group ltd. aus Hong Kong und TaiZi development ltd. aus Kanada, veröffentlicht in Amtsblatt des ObVG in 1998-3. S. 109–110; Zivilentscheidungen des ObVG vom 10.05.2005 im Fall der USA WP Unternehmen gegen zwei Unternehmen A und B in Jilin (MinSiZhongZi 2005, Nr. 16).
299 „Vertragsstreitigkeit" ist ein umfassender Begriff aus § 5 des Gesetzes für auslandsbezogene Wirtschaftsverträge vom 19.10.1987. Obwohl dieses Gesetz bereits vom chinesischen Vertragsgesetz ersetzt wurde und außer Kraft getreten ist, hat das ObVG in § 2 der Auslegung zum SchG diesen Begriff weiter benutzt; siehe in SHEN Deyong/ WANG Exiang, S. 32.
300 Antwortschreiben des ObVG an das GanSu Obere Volksgericht vom 18.10.1995 (FaJing 1995, Nr. 273); SHEN Deyong/WANG Exiang, S. 32, 35.
301 Art. 2 der Auslegung zum SchG.
302 SHEN Deyong/WAN Exiang, S. 33.

ii. Deliktshaftung gegen Vertragspflichtverletzung

Enthält ein Vertrag eine Schiedsklausel für die „Vertragsstreitigkeit"[303] oder besteht zu dem Vertrag eine ähnliche Schiedsvereinbarung, ist fraglich, ob das Volksgericht zuständig ist, wenn eine Vertragspartei ohne Rücksicht auf die Schiedsvereinbarung eine Klage auf Schadensersatz erhebt, die auf einer unerlaubten Handlung[304] der anderen Partei(en), z.B. Täuschung und Betrug, beruht. Entscheidend ist, ob die Streitigkeiten wegen der Haftung durch unerlaubte Handlung auch von der Schiedsvereinbarung für die Vertragsstreitigkeiten umfasst sind. Für diese Fallkonstellation haben die Volksgerichte in ein paar Rechtsprechungen unterschiedlich entschieden.

Beispiel 1[305]: *Die Klägerin hat gegen die Beklagte eine Klage auf Schadensersatz wegen der Täuschung mit gefälschtem Konnossement erhoben, obwohl die Parteien im Vertrag vereinbart haben, dass „Streitigkeiten aus dem Vertrag einem Schiedsverfahren unterbreitet werden sollen".*

Das Obere Volksgericht Shanghai hat in seiner Berufungsentscheidung ausgeführt, dass es sich bei der Klage um einen Schadensersatzanspruch aus Deliktshaftung handelte, nicht um eine vertragliche Streitigkeit.

Beispiel 2[306]: *Die Klägerin schloss mit zwei Beklagten jeweils einen Kaufvertrag ab. Statt der vertraglich vereinbarten gebrauchten Fernsehgeräte lieferten die*

---

303 Siehe oben Kapitel 2.C.III.2.b)aa).
304 Die deliktische Haftung bzw. der Schaden aus Rechtsverletzung durch unerlaubte Handlung sind ursprünglich in §§ 117 ff. GGZR und ab 01.07.2010 auch im Gesetz über die Haftung für unerlaubte Handlungen geregelt. Die Schutzgüter des chinesischen deliktischen Rechts sind nach § 2 des Gesetzes über die Haftung für unerlaubte Handlungen die Zivilrechte und Zivilinteresse, die solche Rechte und Interessen von Personen und Vermögen umfassen, wie Recht auf Leben, Gesundheit, Namen, Ruf, Ehre, Porträt, Privatsphäre, eheliche Autonomie, Vormundschaft, Eigentum, Nießbrauch, dingliches Sicherungsrecht, Urheberrecht, Patent, Markennutzungsrecht, Erfindungsrecht, Recht aus Anteilsbeteiligung (in Unternehmen), Recht zur Vererbung. Das ZGB benutzt in Kapitel 7 die Definition „zivilrechtliche Rechte und Interesse" als Oberbegriff für die geschützten Güter von dem Deliktsrecht, enthält jedoch keine Erläuterung zu dieser Definition. Ich gehe davon aus, dass die Erläuterungen zu den „zivilrechtlichen Rechten und Interessen" nach § 2 des Gesetzes über die Haftung für unerlaubte Handlungen weiterhin gelten sollen.
305 Zivilentscheidung des Oberen Volksgerichts von Shanghai vom 11.10.1988 im Fall der Chinesischen Technologie Import und Export ltd. gegen Swiss IRC Inc., veröffentlicht in Amtsblatt des ObVG in 1989-1, S. 26–28.
306 Zivilentscheidung des ObVG vom 13.05.1998 in JiangSu light textile holding company gegen YuYi group ltd. aus Hong Kong und TaiZi development ltd. aus Kanada, veröffentlicht in Amtsblatt des ObVG in 1998-3. S. 109–110.

zwei Beklagten absichtlich metallhaltigen Schrott verschiedener Art an die Klägerin. Daraufhin verklagte die Klägerin die Beklagten gesamtschuldnerisch auf Schadensersatz wegen Rechtsverletzung durch Täuschung und Betrug. Die Beklagten machten geltend, dass im jeweiligen Vertrag zwischen ihnen und der Klägerin eine Schiedsvereinbarung bestand, wonach „sämtliche Streitigkeiten, die sich aus der Erfüllung des Vertrags ergeben oder im Zusammenhang mit dem Vertrag stehen... von CIETAC beigelegt werden sollen".

Das ObVG hat in seiner Berufungsentscheidung zum ersten Mal die Auffassung vertreten, dass CIETAC für die Streitigkeiten zuständig sei, weil CIETAC nach § 2 SchG und § 2 CIETAC-R (a.F.) auch für Vermögensstreitigkeiten und andere nichtvertragliche Streitigkeiten zuständig sein könne. Die Streitigkeit wegen der Deliktshaftung ergebe sich aus der Erfüllung des Vertrags.

Beispiel 3[307]: *In einem anderen Fall hat der Kläger in der ersten Instanz auch zwei Beklagte (Beklagten zu 1) und Beklagten zu 2)) gesamtschuldnerisch wegen der Rechtsverletzung durch unerlaubte Handlung verklagt, weil die Beklagten den Preis der Materialien und Rohstoffe sowie andere Kosten manipuliert und die Unterbilanz verfälscht und dadurch dem Kläger Schaden zugefügt hatten. Im „sino-foreign cooperative joint venture" Vertrag zwischen dem Kläger und der Beklagten zu 1) vereinbarten die Parteien, dass „sämtliche Streitigkeiten, die sich aus der Erfüllung des Vertrags ergeben oder im Zusammenhang mit dem Vertrag stehen, von CIETAC beigelegt werden sollen". Die Beklagten haben eingewendet, dass es sich hier um vertragliche Streitigkeiten, die von der Schiedsvereinbarung umfasst sind, handelt, nicht um deliktische Ansprüche, die vom Kläger geltend gemacht worden sind.*

Im Berufungsverfahren ist das ObVG von seinem Urteil von 1998 (obiges Beispiel 2) abgewichen und hat entschieden, dass der Kläger Schadensersatz aus Deliktshaftung geltend gemacht habe und dieser Klagegegenstand nicht von den Beklagten zum Anspruch wegen vertraglicher Pflichtverletzung abgeändert werden dürfe. Außerdem wirke sich die Schiedsvereinbarung nur auf eine der Beklagten aus. Daher sei das Volksgericht für den Fall zuständig.

Dass deliktische und vertragliche Ansprüche sich voneinander unterscheiden, ist nicht zu beanstanden. In den obigen drei Fällen sind die Streitigkeiten bei der Vertragsdurchführung oder Vertragserfüllung entstanden. Die Streitigkeiten haben engen Bezug zu den zwischen den Parteien bestehenden Verträgen.

---

307 Zivilentscheidungen des ObVG vom 10.05.2005 im Fall der USA WP Unternehmen gegen Jilin Chemical Industrie Ltd. (Beklagte zu 1)) und Jilin Songmei Ltd. (Beklagte zu 2)) (MinSiZhongZi 2005, Nr. 16 und 1).

Dieser Sachzusammenhang und der zugrundeliegende Sachverhalt wurden vom ObVG im Beispielsfall 2 berücksichtigt. Nach chinesischem Recht stehen deliktische und vertragliche Ansprüche aufgrund desselben Lebenssachverhalts bzw. aus derselben Handlung in Konkurrenz.[308] Wenn ein Vertragspartner (der Verletzende) durch seine Handlung sowohl die Vertragspflicht verletzt als auch dem anderen Vertragspartner (dem Geschädigten) in sein Recht auf Leib und Leben oder Vermögen eingreift, kann der Geschädigte nach § 186 ZGB[309] entscheiden, ob er den Verletzer wegen Vertragspflichtverletzung oder wegen deliktischer Haftung in Anspruch nimmt. Die Entscheidung des ObVG im Beispielsfall 2 kann verhindern, dass eine Vertragspartei die Schiedsvereinbarung für Vertragsstreitigkeiten in der Weise absichtlich umgeht, dass sie den deliktischen Anspruch im Klageverfahren geltend macht[310].

Jedoch ist eine solche Umgehungsabsicht nicht stets anzunehmen. Gegebenenfalls muss der Geschädigte deliktische Ansprüche geltend machen, um seine Rechtsinteressen umfangreich wahrnehmen und schützen zu können, z.B. wenn die Verletzungshandlung sowohl durch seine Vertragspartei als auch durch einen Dritten, mit dem der Geschädigte kein Vertragsverhältnis hat, vorgenommen wird[311], wie im Beispielsfall 3. Weil die Beteiligung eines Dritten am Schiedsverfahren im chinesischen Schiedsrecht nicht geregelt ist[312], kann die geschädigte Partei ihren Anspruch gegen den Dritten im Schiedsverfahren möglicherweise nicht durchsetzen. Wenn das Gericht seine Zuständigkeit für die Streitigkeiten zwischen den Vertragsparteien über die Deliktshaftung wegen der Schiedseinrede verneint und der Dritte sich nicht freiwillig am Schiedsverfahren beteiligt, bleibt der geschädigten Partei nur, die Ansprüche gegen ihre Vertragspartei im Schiedsverfahren und die Ansprüche gegen den Dritten im Gerichtsverfahren geltend zu machen[313]. Dann muss sie doppelte Verfahrenskosten tragen und sich dem Risiko aussetzen, dass in beiden Verfahren unterschiedlich entschieden

---

308 GUO Yujun/XIAO Fang, S. 152.
309 Vor 01.01.2021 war die Rechtsgrundlage § 122 VerG.
310 ZHAO Xiuwen, 2010, S. 125.
311 GAO Feng, S. 143.
312 WANG Xiaoli, 2010, S. 24; XIAO Kai/LUO Xiao, S. 71. Zwei Fallgruppen über die Wirkung der Schiedsvereinbarung für Dritte werden in der Auslegung zum SchG geregelt, siehe unten 2. Kapitel, C. V.
313 Vgl. Antwortschreiben des ObVG vom 16.06.2005 (MinSiTaZi 2005, Nr. 9), in Judikationsanweisung, 2005-2, S. 119 ff. und entsprechende Zivilentscheidung des Oberen Volksgericht von Anhui vom 04.07.2005 (WanMinSanChuZi 2004, Nr. 1).

werden könnte.³¹⁴ Um das zu vermeiden, hat das ObVG im Beispielsfall 3 seine Zuständigkeit für die gesamten Streitigkeiten ausgesprochen. Aber das ObVG hat dadurch den Parteiwillen, der sich aus der Schiedsvereinbarung zu den Vertragsstreitigkeiten ergibt, außer Acht gelassen. Bezüglich der Dritten betreffende Streitigkeiten bleibt nur vorzuschlagen, dass die Beteiligung Dritter am Schiedsverfahren mittels Gesetzesänderung oder Auslegungsregelung des ObVG festgelegt werden sollte. Bevor dies geschieht, sollte das Gericht nur für Streitigkeiten zwischen dem Geschädigten und dem Dritten zuständig sein.

3. Ausgewählte Schiedsinstitution

Dass die Schiedsvereinbarung nach § 16 II Nr. 3 SchG eine von den Parteien ausgewählte Schiedskommission enthalten muss, ist eine spezielle Anforderung des chinesischen Schiedsrechts und entspricht nicht der üblichen internationalen Schiedspraxis³¹⁵. Diese Anforderung hat zumindest zwei nachteilige Rechtsfolgen für die Schiedspraxis in China. Zum einen schließt sie die Möglichkeit der ad-hoc-Schiedsgerichtsbarkeit aus³¹⁶. Zum anderen veranlasst die strenge und schiedsunfreundliche Anforderung zur Erhebung zahlreicher Einreden gegen die Zulässigkeit der Schiedsgerichtsbarkeit bzw. die Zuständigkeit des Schiedsgerichts in der Rechtspraxis.³¹⁷ Um zu vermeiden, dass eine auf ICC Schiedsgerichtsbarkeit gerichtete Schiedsvereinbarung in China als unwirksam anzusehen ist, wurde in der Literatur empfohlen, statt der von der ICC vorgeschlagenen Standardklausel³¹⁸ eine der chinesischen Gesetzeslage entsprechend modifizierte Schiedsklausel mit dem folgenden Wortlaut zu verwenden:

„All disputes arising out of or in connection with the present contract shall be *submitted to the International Court of Arbitration of the International Chamber of Commerce* and shall be finally settled under the Rules of Arbitration of the

---

314 GUO Yujun/XIAO Fang, S. 157.
315 SHEN Deyong/WAN Exiang, S. 30.
316 Vgl. Antwortschreiben des ObVG vom 21.09.2015 (MinSiTaZi 2015, Nr. 21), in Judikationsanweisung, 2015-1, S. 78 ff.: die Schiedsvereinbarung „… *the matter in dispute shall be referred to three persons at Beijing and according to Chinese law*" ist unwirksam, weil keine institutionelle Schiedsgerichtsbarkeit vereinbart wurde.
317 YU Xifu, S. 196.
318 Die Standardklausel lautet: „All disputes arising out of or in connection with the present contract shall be finally settled under the Rules of Arbitration of the International Chamber of Commerce by one or more arbitrators appointed in accordance with the said Rules".

International Chamber of Commerce by one or more arbitrators appointed in accordance with the said Rules".[319]

„Ausgewählte" Schiedsinstitution kann auch diejenige sein, die laut der Schiedsvereinbarung von einer Partei im konkreten Fall dann bestimmt oder benannt wird.[320]

Die Auslegung zum SchG hat die strenge Anforderung nunmehr in gewissem Umfang entschärft. Es gilt der Grundsatz, dass eine Schiedsvereinbarung grundsätzlich der Anforderung des § 16 II Nr. 3 SchG genügt, wenn eine Schiedsinstitution zwar nicht in der Schiedsvereinbarung präzise bezeichnet ist, aber eine konkrete Schiedsinstitution dennoch identifiziert werden kann.[321] Um Anhaltspunkte für eine ausreichende Bestimmtheit oder Bestimmbarkeit der Schiedsinstitution zu gewinnen, ist es sinnvoll, verschiedene, in vielfältiger Weise formulierte Schiedsvereinbarungen auszulegen. Nach mehrjähriger Praxis hat das ObVG in seiner Auslegung zum SchG einige Fallgruppen unpräziser Schiedsinstitutionsauswahl zusammengefasst.

a. Unpräzise aber bestimmbare Bezeichnung der Schiedsinstitution

Die Schiedsinstitution gilt auch dann als von Parteien ausgewählt, wenn sie zwar nicht eindeutig bezeichnet wird, aber im konkreten Fall bestimmbar ist (Art. 3 der Auslegung zum SchG).

Eine nicht eindeutige Bezeichnung der Schiedsinstitution kommt z.B. vor, wenn der Name der Schiedsinstitution nicht vollständig bezeichnet wird oder wenn der alte Name einer Schiedsinstitution benutzt wird. Entscheidend ist, ob die Bezeichnung auf eine bestimmte Schiedsinstitution hindeuten kann. Bei der Auslegung und Überprüfung der Schiedsvereinbarung sind folgende Punkte zu beachten:

(1) ob die Parteien beim Abschluss des Vertrags eindeutig erklärt haben, sich der Schiedsgerichtsbarkeit als Streitbeilegungsmethode zu bedienen;
(2) ob eine Partei Beweis erbringen kann, dass sie beim Abschluss des Vertrags die Auswahl der Schiedsinstitution in anderer Weise verstanden hat;

---

319 Hantke, SchiedsVZ 2007, S. 36, 37.
320 Antwortschreiben des ObVG vom 23.12.2016 (ZuiGaoFaMinTa 2016, Nr. 78) in Judikationsanweisung 2017-1, S. 14 ff.: es war in der Schiedsvereinbarung vereinbart, dass die Streitigkeit durch die Schiedskommission, die von Partei A zu nennen ist, … beizulegen ist.
321 ZHOU Cui, RIW 2008 S. 687.

(3) ob die unklare Bezeichnung der Schiedsinstitution auf einem Verschreiben oder der fehlenden Kenntnis von dem vollständigen Namen der Schiedsinstitution beruhte.[322]

Wenn die Bezeichnung der Schiedsinstitution in der Schiedsvereinbarung auf keine oder mehr als eine mögliche Schiedsinstitution hindeutet, ist das Bestimmbarkeitserfordernis nicht erfüllt. Unbestimmt sind beispielsweise Bezeichnungen wie:

- „British International Trade Arbitration Committee"[323]
- „zuständige chinesische Schiedskommission für internationale Handelssachen"[324]
- „zuständiges Schiedsorgan für Wirtschaftsvertrag"[325]
- „Schiedsinstitution in Beijing"[326]
- „China International Trade Arbitration Commission, Shenzhen Commission"[327]
- „Chinesische inländische Schiedsinstitution"[328]

---

322 SHEN Deyong/WAN Exiang, S. 43.
323 Antwortschreiben des ObVG vom 30.10.2008 (MinSiTaZi 2008, Nr. 26): Das British International Trade Arbitration Committee gibt es gar nicht.
324 Antwortschreiben des ObVG zur Frage der Wirksamkeit der Schiedsvereinbarung in der Streitigkeit von ZhongHua international petro ltd. (Bahamas) gegen Hainan Changsheng petro development ltd. vom 05.12.2000 (JiaoTaZiDi 2000, Nr. 14). Nach der Mitteilung des Generalbüros des Staatsrats (General Office of the State Council of the People's Republic of China) über einige Fragen zur Ausführung des chinesischen Schiedsgesetzes vom 08.06.1996 (GuoFaBan 1996, Nr. 22) können sich alle Schiedskommissionen in China mit Rechtsstreitigkeiten mit Auslandsbezug befassen. Die „chinesische Schiedskommission für internationale Handelssachen" deutet nicht unbedingt auf CIETAC oder CMAC hin.
325 Zivilbeschluss des Mittleren Volksgericht von Kunming in der Yunnan Provinz vom 08.06.2005 zum Antrag von SHEN Jian gegen Handwerk WuHua RongPeng auf die Feststellung der Wirksamkeit der Schiedsvereinbarung (KunMinYiChuZi 2005, Nr. 104).
326 Antwortschreiben des ObVG an Shanghai Oberes Volksgericht (MinSiTaZi 2008, Nr. 24): Es gibt drei Schiedsinstitutionen in Beijing: BAC, CMAC und CIETAC.
327 Antwortschreiben des ObVG (MinSiTaZi 2008, Nr. 37) in Judikationsanweisung 2009-1, S. 70: CIETAC hat keine Zweigstelle in Shenzhen und ein Verschreiben für „CIETAC Huanan Zweigstelle" oder „ICC China Huanan Zweigstelle" ist nicht zu beweisen.
328 Antwortschreiben des ObVG vom 04.11.2009 (MinSiTaZi 2009, Nr. 41).

- „Foreign Economic Arbitration Commission of the Council for the Promotion of International Trade Guangdong Province"[329]

Dagegen sind die folgenden Bezeichnungen hinreichend bestimmt:
- „China International Trade Arbitration Commission"[330]
- „FTAC of China"[331] oder „FEIAC"[332]

b. Von der Schiedsordnung auf die Schiedsinstitution

Ist in der Schiedsvereinbarung nur die anzuwendende Schiedsordnung vereinbart worden, wird die Schiedsinstitution als nicht ausgewählt angesehen, es sei denn, dass die Parteien nachträglich eine ergänzende Schiedsvereinbarung geschlossen haben oder anhand der Schiedsordnung eine Schiedsinstitution bestimmt werden kann (Art. 4 der Auslegung zum SchG).

Die ständigen Schiedsinstitutionen haben im Prinzip eigene Schiedsordnungen. Wenn die Parteien eine Schiedsinstitution ausgewählt haben, ohne zugleich die anzuwendende Schiedsordnung zu erörtern, ist davon auszugehen, dass die Schiedsordnung der ausgewählten Schiedsinstitution Anwendung finden soll[333]. Die Auswahl der Schiedsordnung lässt jedoch nicht unbedingt umgekehrt auf die

---

329 Antwortschreiben des ObVG vom 30.11.2017 (ZuiGaoFaMinTa 2017, Nr. 132) in Judikationsanweisung 2017-2, S. 29 ff.: eine Schiedsinstitution mit diesem Namen existiert nicht.
330 Antwortschreiben des ObVG an CIETAC zur Frage der Wirksamkeit der Schiedsvereinbarung mit kleinem Mangel (FaJing 1998, Nr. 159): im Vergleich zum richtigen Namen der CIETAC (= Chinese International Economic and Trade Arbitration Commission) fehlte ein Wort „Economic". Nach Ansicht des ObVG verhindert das Fehlen des Wortes „Economic" nicht, dass CIETAC als von Parteien ausgewählte Schiedskommission angenommen wird.
331 Berufungsentscheidung des ObVG, JingZhongZi (2000) Nr. 48: „FTAC" (= Foreign Trade Arbitration Commission of China) war der alte Name der CIETAC. Das ObVG nahm an, die Schiedsinstitution sei bestimmbar; siehe auch in Antwortschreiben des ObVG vom 13.09.2017 (ZuiGaoFaMinTa 2017, Nr. 70) in Judikationsanweisung 2017-2, S. 14 ff.
332 Antwortschreiben des ObVG an Oberes Volksgericht in Innere Mongolei vom 13.04.2002 (MinSiTaZi 2001, Nr. 26), auch in Judikationsanweisung, 2002-2, S. 51 f. Das ObVG nahm an, dass mit FETAC (Foreign Ecomomic and Trade Arbitration Commission of China) die CIETAC identifiziert werden konnte. Die heutige CIETAC hat einige alte Name und einen anderen Namen: „FTAC" (bis 1980) und „FETAC" (bis 1988). Seit 2000 ist CIETAC zugleich auch „ICC China".
333 SHEN Deyong/WAN Exiang, S. 49. Siehe auch § 4 II CIETAC-R.

Inanspruchnahme einer bestimmten Schiedsinstitution schließen. Zum einen ist es möglich, dass eine Schiedsinstitution auch eine andere Schiedsordnung anwendet[334]. Zum anderen kann die Schiedsordnung auch für ein ad-hoc-Verfahren bestimmt und angewendet werden. Im letzteren Fall müssen die Parteien sich über die Schiedsinstitution einigen, weil ein in China durchzuführendes ad-hoc-Verfahren vom chinesischen Recht nicht anerkannt ist.[335]

Wenn die Parteien nur die anzuwendende Schiedsordnung, nicht zugleich aber auch die Schiedsinstitution bestimmt haben, ist die Wirksamkeit der Schiedsvereinbarung davon abhängig, ob (1) die Schiedsordnung eindeutig auf eine bestimmte Schiedsinstitution hindeuten kann oder (2) ob die Parteien sich nachträglich über eine bestimmte Schiedsinstitution geeinigt haben[336].

Wann die Schiedsregelung eindeutig auf eine bestimmte Schiedsinstitution hindeuten kann, ist eine Auslegungsfrage.

Früher hat das ObVG z.B. die Schiedsvereinbarung, in der die Parteien nur die ICC-Schiedsordnung gewählt haben, auch nach chinesischem Recht als wirksam angesehen. Begründet wurde das vom ObVG damit, dass nach § 8 der ICC-Schiedsordnung die ICC-Schiedsinstitution die einzige Schiedsinstitution ist, die die ICC Schiedsordnung anzuwenden habe.[337] In seinen neuen Entscheidungen und Antwortschreiben hat sich das ObVG von seiner früheren Ansicht verabschiedet. Es ist heute der Auffassung, dass die alleinige Bestimmung der ICC-Schiedsordnung als anwendbare Schiedsordnung ohne nähere Bestimmung über die Schiedsinstitution nicht der Anforderung des § 16 II Nr. 3 SchG genüge[338].

---

334 Beispielsweise kann CIETAC nach § 4 III S. 2 CIETAC-R die von den Parteien vereinbarte Schiedsordnung anwenden.
335 SHEN Deyong/WAN Exiang, S. 51.
336 SHEN Deyong/WAN Exiang, S. 51, 53.
337 Antwortschreiben des ObVG vom 16.05.1996 wegen Rechtsstreits von Taiwan Fuyuan GmbH gegen Xiamen WeiGe Holzprodukt GmbH (FaHan 1996, Nr. 78).
338 Antwortschreiben des ObVG vom 08.07.2004 (MinSiTaZi 2003, Nr. 23); auch Berufungsentscheidung des ObVG vom 13.09.2007 (MinSiZhongZi 2007, Nr. 15); auch Antwortschreiben des ObVG vom 20.03.2009 (MinSiTaZi 2009, Nr. 5): die Parteien haben zwar die ICC Schiedsordnung als anwendbare Schiedsordnung bestimmt, aber keine von der Schiedsordnung vorgeschlagene Standardschiedsvereinbarung für die Schiedsgerichtsbarkeit in China angewendet, d.h. keine bestimmte Schiedsinstitution ausgewählt. Daher wurde die Schiedsvereinbarung nach chinesischem Recht als unwirksam angesehen.

Nach § 4 IV CIETAC-R (früher: § 4 III CIETAC-R (2005)) gilt die CIETAC als von den Parteien gewählt, auch wenn die Parteien in der Schiedsvereinbarung nur die Schiedsgerichtsbarkeit nach der CIETAC-R und nicht zugleich auch die Schiedsinstitution bestimmt haben. Beruhend auf dieser Regelung hat das ObVG die Bestimmtheit der Schiedsvereinbarung hinsichtlich der Schiedsinstitutionsauswahl beispielsweise bejaht, wenn die Parteien die CIETAC-R als anwendbare Schiedsordnung und den Schiedsort in Beijing bestimmt haben[339]. Es lässt sich nicht erkennen, warum das ObVG § 8 der ICC-Schiedsordnung und § 4 IV CIETAC-R (früher: § 4 III CIETAC-R (2005)) unterschiedlich behandelt hat. § 4 IV CIETAC-R schließt zudem nicht aus, dass die CIETAC-R von anderen Schiedsinstitutionen oder ad-hoc-Schiedsgerichten angewendet werden kann. Trotz dieser widersprüchlichen Auffassung zur Vergangenheit hat das ObVG aber hier neuerlich zu § 4 CIETAC-R eine schiedsfreundliche Entscheidung getroffen.

c. Zwei oder mehrere Schiedsinstitutionen

Wenn zwei oder mehr Schiedsinstitutionen bestimmt wurden, dürfen die Parteien eine davon auswählen. Wenn sie sich nicht über eine Schiedsinstitution einigen können, ist die Schiedsvereinbarung unwirksam (Art. 5 der Auslegung zum SchG).

In solchen Schiedsvereinbarungen haben die Parteien bereits mit der Nennung von Schiedsinstitutionen ihren Willen zur schiedsrichterlichen Streitbeilegung zum Ausdruck gebracht. Die Auswahl zwischen den Schiedsinstitutionen wird den Parteien überlassen. Wenn die Parteien das Volksgericht für die Überprüfung der Schiedsvereinbarung in Anspruch nehmen, sei es im Verfahren nach § 20 I SchG, sei es mit Erhebung der Schiedseinrede nach § 26 SchG, ist anzunehmen, dass keine Übereinstimmung über die Schiedsvereinbarung erzielt wurde. Die Schiedsvereinbarung ist unwirksam.[340]

d. Von dem Ort der Schiedsinstitution auf die Schiedsinstitution

Wenn nur der Ort der Schiedsinstitution bestimmt wird und an diesem Ort nur eine Schiedsinstitution vorhanden ist, gilt diese Schiedsinstitution als von den Parteien ausgewählt. Wenn zwei oder mehr Schiedsinstitutionen an diesem Ort

---

339 Antwortschreiben des ObVG vom 16.05.2006 (MiSiTaZi 2006, Nr. 9) hinsichtlich der zweiten bestrittenen Schiedsvereinbarung.
340 Vgl. Antwortschreiben des ObVG vom 05.04.2008 (MinSiTaZi 2007, Nr. 45) und Antwortschreiben des ObVG vom 18.03.2008 (MinSiTaZi 2008, Nr. 4).

vorhanden sind, dürfen die Parteien sich auf eine davon einigen. Wenn keine Einigung erzielt werden kann, ist die Schiedsvereinbarung unwirksam (Art. 6 der Auslegung zum SchG).

Der Ort der Schiedsinstitution ist vom Schiedsort im rechtlichen Sinne zu unterscheiden. Die Vereinbarung, dass das Schiedsverfahren an einem bestimmten Ort stattfinden soll, bezieht sich auf den Schiedsort im rechtlichen Sinne. Da das chinesische Recht nur institutionelle Schiedsgerichtsbarkeit anerkennt und großen Wert auf die Bestimmbarkeit der Schiedsinstitution legt, genügt eine Vereinbarung über den Schiedsort nicht der Anforderung nach § 16 II Nr. 3 SchG[341]. Dagegen kann die Vereinbarung, dass die Streitigkeit einer – noch nicht konkretisierten – Schiedsinstitution an einem bestimmten Ort unterbreitet werden soll, der Anforderung nach § 16 II Nr. 3 SchG genügen, wenn die Schiedsinstitution nach der Auslegung des ObVG identifiziert werden kann. Art. 6 der Auslegung zum SchG umfasst 3 Unterfälle[342]:

(1) Es gibt keine Schiedsinstitution an dem von den Parteien bestimmten Ort.
    Rechtsfolge: Wenn die Parteien nachträglich keine weitere Vereinbarung schließen, ist die Schiedsvereinbarung unwirksam.
(2) Es gibt nur eine Schiedsinstitution an dem bestimmten Ort.
    Rechtsfolge: Identifizierung der Schiedsinstitution ist in diesem Fall möglich. § 16 II Nr. 3 SchG ist erfüllt.[343]
(3) Es gibt zwei oder mehr Schiedsinstitutionen an dem bestimmten Ort.
    Rechtsfolge: Wenn die Parteien nachträglich keine weitere Vereinbarung schließen, ist die Schiedsvereinbarung unwirksam[344].

---

341 Antwortschreiben des ObVG vom 19.03.1997 (FaHan 1997, Nr. 36). Auch SHEN Deyong/WANG Exiang, S. 66.
342 SHEN Deyong/WANG Exiang, S. 67–71.
343 Z.B. gibt es nur eine Schiedskommission in Yunnan Provinz – Kunming Schiedskommission. Die Schiedsvereinbarung mit der Bezeichnung der Schiedsinstitution als „Yunnan Schiedskommission" war wirksam, vgl. Zivilentscheidung des Mittleren Volksgerichts von Kunming (KunMinYiChuZi 2005, Nr. 36), auch in SHEN Deyong/ WANG Exiang, S. 65.
344 Z.B. „Schiedsinstitution in Beijing" war nicht eindeutig und unwirksam. Antwortschreiben des ObVG an das Obere Volksgericht von Shanghai (MinSiTaZi 2008, Nr. 24): Es gibt drei Schiedsinstitutionen in Beijing: BAC, CMAC und CIETAC; siehe auch Antwortschreiben des ObVG vom 02.12.2016 (ZuiGaoFaMinTa 2016, Nr. 90) in Judikationsanweisung 2017-1, S. 9 ff. und Antwortschreiben des ObVG vom 01.06.2016 (ZuiGaoFaMinTa 2016, Nr. 58) in Judikationsanweisung 2016-2, S. 46 ff.

e. Schwebende Unwirksamkeit

Wenn in der Schiedsvereinbarung keine oder keine eindeutige Schiedsinstitution gewählt wird, ist die Schiedsvereinbarung schwebend unwirksam. Die Parteien können nachträglich eine ergänzende Vereinbarung treffen, andernfalls ist die Schiedsvereinbarung endgültig unwirksam (§ 18 2. Variante SchG). Die nachträgliche Schiedsvereinbarung muss übereinstimmende Willenserklärungen der Parteien aufweisen. Das Schweigen genügt nicht[345].

f. Exkurs: Streit zwischen CIETAC, SHIAC und SCIA

i. Hintergrund des Streits

Die heutige *China International Economic and Trade Arbitration Commission* (abgekürzt CIETAC) wurde im Jahr 1954 vom *China Council for the Promotion of International Trade* (abgekürzt CCPIT) gegründet und hatte zunächst den Namen *Foreign Trade Arbitration Commission* (gekürzt als FTAC). Im Jahr 1980 wurde der Name zu *Foreign Economic Trade Arbitration Commission* (FETAC) geändert. 1988 wurde der Name zum heutigen Namen CIETAC geändert. Seit 2000 benutzt CIETAC auch den Namen *Arbitration Institute of the China Chamber of International Commerce.*[346]

CIETAC hatte bis 2012 vier Zweigniederlassungen in Form von *Subcommission* oder *Arbitration Center*. Darunter sind eine Zweigniederlassung in Shanghai (unter dem ehemaligen Namen: *CIETAC Shanghai Subcommission*) und eine in Shenzhen (unter dem ehemaligen Namen: *CIETAC South China Subcommission* oder *CIETAC Shenzhen Subcommission*).

Laut § 2 Abs. 8 der alten CIETAC-R (Version 2005), die bis zum April 2012 galt, konnten die Parteien vereinbaren, ihre Streitigkeit durch die Schiedskommission in Peking (CIETAC) oder die südchinesische Zweigniederlassung in Shenzhen (CIETAC South China Sub-Commission) oder die Shanghaier Zweigniederlassung (CIETAC Shanghai Sub-Commission) beilegen zu lassen. Wenn

---

345 Antwortschreiben des ObVG vom 05.05.2009 (MinSiTaZi 2009, Nr. 7): Der Antragsteller erhielt ein Anwaltsschreiben der Gegenpartei, in dem er aufgefordert wurde, über die Unterbreitung der Streitigkeit zur Schiedsgerichtsbarkeit Stellung zu nehmen. Wenn der Antragsteller innerhalb einer Frist von 3 Tagen nicht antworten würde, gelte das Schweigen als Einverständnis mit der Schiedsgerichtsbarkeit. Der Antragsteller antwortete auf das Schreiben nicht, sondern stellte einen Antrag nach § 20 I SchG vor dem Volksgericht.
346 Siehe http://www.cietac.org/index.php?m=Page&a=index&id=2 (zuletzt abgerufen am 09.03.2023) und § 1 CIETAC-R.

die Parteien darüber keine Vereinbarung getroffen hatten, konnte der Antragsteller entscheiden, die Streitigkeit der CIETAC oder irgendeiner Zweigniederlassung abzugeben. Im Streitfall über die Auswahl entschied CIETAC.

Am 03.02.2012 hat CIETAC erklärt, dass die damals neue Version der CIETAC-R (Version 2012) ab 01.05.2012 gelten soll. § 2 Abs. 3 der CIETAC-R (Version 2012) betonte, dass die Zweigniederlassungen die von CIETAC entsendeten Organe der CIETAC sind und die Schiedsfälle aufgrund der Bevollmächtigung von CIETAC empfangen und bearbeiten. Laut § 2 Abs. 6 der CIETAC-R (Version 2012) können die Parteien vereinbaren, ihre Streitigkeit durch CIETAC oder die Zweigniederlassungen beilegen zu lassen. Wenn darüber nichts vereinbart ist, soll die CIETAC den Antrag annehmen und die Sache verwalten.

Die neue CIETAC-R (Version 2012) hat starke Kritik von den Zweigniederlassungen Shanghai und Shenzhen hervorgerufen. Nach erfolgloser Verhandlung zwischen CIETAC und den betroffenen Zweigniederlassungen hat CIETAC im Dezember 2012 öffentlich bekanntgegeben, dass die Bevollmächtigung an die CIETAC South China Sub-Commission und CIETAC Shanghai Sub-Commission für die Annahme und Verwaltung der Schiedsfälle aufgehoben worden ist und CIETAC South China Sub-Commission und CIETAC Shanghai Sub-Commission nicht mehr berechtigt sind, den Namen und die Marke von *China International Economic and Trade Arbitration Commission* (CIETAC) zu benutzen. Dagegen haben CIETAC South China Sub-Commission und CIETAC Shanghai Sub-Commission die Ansicht vertreten, dass sie keine unselbständige Zweigniederlassung von CIETAC, sondern jeweils die von den örtlichen zuständigen Behörden zugelassenen selbständigen Schiedsinstitutionen sind.

Am 22.10.2012 hat die CIETAC South China Sub-Commission öffentlich bekanntgegeben, dass ihr Name zu *South China International Economic and Trade Arbitration Commission* geändert worden ist und gleichzeitig auch den Namen *Shenzhen Court of International Arbitration* (abgekürzt **SCIA**) benutzt. SCIA wendet seit dem 01.12.2012 eine eigene Schiedsordnung und eine eigene Liste der Schiedsrichter an. Sowohl die Stadt Shenzhen als auch die Justizbehörde der Provinz Guangdong[347] haben bestätigt, dass SCIA eine selbständige Schiedsinstitution in der Form einer juristischen Person des Öffentliches Rechts und SCIA der geänderte Name von CIETAC South China Sub-Commission ist.[348]

---

347 Shenzhen ist eine Stadt in der Provinz Guangdong.
348 Offizielles Dokument der Justizbehörde der Provinz Guangdong vom 06.12.2012 mit Aktenzeichen YueSiHan 2012, Nr. 413, zitiert in http://www.junhe.com/legal-updates/375 (zuletzt abgerufen am 09.03.2023); siehe auch die Darstellung der Tatsachen im

Am 11.03.2013 hat die CIETAC Shanghai Sub-Commission öffentlich bekanntgegeben, dass ihr Name mit Wirkung zum 11.03.2013 in *Shanghai International Economic and Trade Arbitration Commission* geändert worden ist und gleichzeitig auch den Namen *Shanghai International Arbitration Center* (gekürzt als **SHIAC**) benutzt.[349] SHIAC wendet seit dem 01.05.2013 eine eigene Schiedsordnung und eine eigene Liste der Schiedsrichter an. Die Justizbehörde der Stadt Shanghai hat bestätigt, dass SHIAC eine selbständige Schiedsinstitution und nach dem Schiedsgesetz befugt ist, Schiedsfälle zu bearbeiten und darüber zu entscheiden.[350]

Ort und Adressen von SCIA und SHIAC bleiben identisch wie vorher. CIETAC hat eine Restrukturierung der Shanghai Zweigniederlassung und der Südchina Zweigniederlassung durchgeführt und öffentlich bekanntgegeben, dass die Zweigniederlassungen nach der Restrukturierung ihren Namen behalten, d.h. *China International Economic and Trade Arbitration Commission South China Sub-Commission* und *China International Economic and Trade Arbitration Commission Shanghai Sub-Commission*.[351] Die Büroadressen und Kontaktdaten sind aber geändert worden.[352]

In der Praxis herrschte lange Zeit Chaos wegen der Unklarheit über die Zuständigkeit der CIETAC, SCIA und SHIAC und wegen der irreführenden Namen, insbesondere wenn die Parteien nichts über eine konkrete Schiedskommission zwischen CIETAC, SCIA und SHIAC vereinbart haben oder die Parteien sich über die Identität der Schiedskommission wegen der Vorgänge der Namensänderung streiten[353]. Das ObVG hat 2013 alle Volksgerichte

---

Bericht des Oberen Volksgerichts von Beijing an das ObVG vom 30.12.2014 (GaoMinTaZi 2015, Nr. 24), in Judikationsanweisung 2015-1, S. 62 ff.
349 Siehe http://www.shiac.org/SHIAC/news_detail.aspx?page=12013&id=2 (zuletzt abgerufen am 09.03.2023).
350 Offizielles Dokument der Justizbehörde der Stadt Shanghai vom 11.10.2012 mit Aktenzeichen HuSiFaZhi 2012, Nr. 7 und offizielles Dokument des Arbeitsausschusses für Gesetzgebungsangelegenheiten des Ständigen Ausschusses des Städtischen Volkskongresses von Shanghai vom 25.01.2013 mit Aktenzeichen HuHuiFa 2013, Nr. 2, zitiert in http://www.junhe.com/legal-updates/375 (zuletzt abgerufen am 09.03.2023).
351 Bekanntgabe auf http://www.cietac.org/index.php?m=Article&a=show&id=13628 (zuletzt abgerufen am 09.03.2023).
352 Bekanntgabe auf http://www.cietac.org/index.php?m=Article&a=show&id=13627 (zuletzt abgerufen am 09.03.2023).
353 Z.B. Antwortschreiben des ObVG vom 26.03.2015 (MinSiTaZi 2015, Nr. 6) in Judikationsanweisung 2015-1, S. 61 ff.

angewiesen, Entscheidungen in den Angelegenheiten über die Wirksamkeit von Schiedsvereinbarungen in diesem Zusammenhang, Aufhebungen oder Nichtvollstreckung von Schiedssprüchen von CIETAC, SCIA und SHIAC erst nach einer Stellungnahme des ObVG zu treffen.[354]

ii. Aktuelle Rechtslage – Antwort des ObVG in 2015

Am 23.06.2015 hat das ObVG eine förmliche Antwort an das Obere Volksgericht von Shanghai[355] erlassen. Außer einigen Übergangsregelungen sind folgende Regelungen bis heute noch von Bedeutung:

(1) Wenn die Parteien vor den Zeitpunkten der jeweiligen Namensänderung von SCIA und SHIAC die Schiedsvereinbarung mit Abgabe der Streitigkeit an „*China International Economic and Trade Arbitration Commission South China Sub-Commission*" oder „*China International Economic and Trade Arbitration Commission Shanghai Sub-Commission*" abgeschlossen haben, sind SCIA und SHIAC zuständig.

(2) Wenn die Parteien nach den Zeitpunkten der jeweiligen Namensänderungen von SCIA und SHIAC vereinbart haben, die Streitigkeit durch „*China International Economic and Trade Arbitration Commission South China Sub-Commission*" oder „*China International Economic and Trade Arbitration Commission Shanghai Sub-Commission*" beilegen zu lassen, ist CIETAC zuständig.

(3) Als Ausnahme zum Vorrang des Volksgerichts (Darstellung in Kapitel 2.A.I.3.c) gilt, dass das Volksgericht über die Wirksamkeit der Schiedsvereinbarung auf Antrag einer Partei (Schiedsbeklagte) entscheiden wird, selbst wenn die andere Partei (Schiedsklägerin) vorher Schiedsklage bei einer Schiedsinstitution erhoben hat und die Schiedsinstitution auf Antrag der Schiedsklägerin über deren Zuständigkeit positiv entschieden hat. Dabei sei § 13 der Auslegung zum SchG nicht zu beachten.

Hintergrund für diese Ausnahme war, dass viele Parteien zur Vermeidung von Prozessrisiken wegen der Streitigkeit der drei Schiedsinstitutionen in der Praxis die Schiedsklage gleichzeitig mit dem Antrag bei der bearbeitenden Schiedsinstitution auf die Feststellung der eigenen Zuständigkeit erhoben bzw. gestellt haben. Dadurch wollten die Parteien die Prüfung durch das Volksgericht unter

---

354 Mitteilung des ObVG vom 04.09.2013 (Fa 2013, Nr. 194).
355 Antwort des ObVG vom 23.06.2015 (FaShi 2015, Nr. 15), seit 17.07.2015 in Kraft getreten.

Ausnutzung von Art. 13 der Auslegung zum SchG und die Zuweisung der Sache an das Gericht oder an die andere Schiedsinstitution vermeiden.

M. E. besteht die Gefahr der „Selbstbegünstigung" der Schiedsinstitution nicht nur in der Konstellation einer Streitigkeit zwischen CIETAC, SCIA und SHIAC. Eine generelle Befugnis des Volksgerichts zur Überprüfung der Entscheidung der jeweiligen Schiedsinstitution über ihre eigene Zuständigkeit sollte eingeführt werden. Das ist prozessökonomischer als die Überprüfungsmöglichkeit des Volksgerichts bei der Aufhebung der Schiedssprüche.

iii. Praktische Anmerkung

Aus der Antwort des ObVG vom 23.06.2015 ist erkennbar, dass das ObVG die Selbständigkeit von SCIA und SHIAC bzw. ihre Eigenschaft als Nachfolgerinnen der früheren CIETAC *Sub-Commissions* anerkannt hat. Die komplizierten geschichtlichen Hintergründe für die Gründung von SCIA und SHIAC bzw. der rechtliche Charakter der beiden in der Vergangenheit werden in dieser Arbeit nicht vertieft erforscht. Es kann nicht ausgeschlossen werden, dass es künftig ähnliche Streitigkeiten zwischen CIETAC und ihren anderen Sub-Commissions geben wird.

In **Anhang 2** zu dieser Arbeit sind die historischen und aktuellen Namen und die Kontaktdaten von CIETAC, SCIA und SHIAC aufgelistet. In **Anhang 3** zu dieser Arbeit sind die aktuellen *Sub-Commissions* und *Arbitration Center* von CIETAC aufgelistet. In der Praxis sollte man beim Entwerfen der Schiedsvereinbarung, insbesondere bei der Auswahl der Schiedsinstitution darauf achten, die richtigen Namen der Schiedsinstitutionen zu nennen.

IV. Unwirksamkeit nach § 17 Nr. 3 SchG

Die Schiedsvereinbarung ist nach § 17 Nr. 3 SchG unwirksam, wenn die Schiedsvereinbarung aufgrund von Drohung oder Zwang seitens einer Partei gegenüber der anderen geschlossen ist. Diese Regelung schützt Privatautonomie und Vertragsfreiheit. Fraglich ist nur, ob eine sittenwidrige Handlung, die zwar nicht von einer Partei vorgenommen wird, jedoch der Partei zuzurechnen ist, die Wirksamkeit der Schiedsvereinbarung beeinträchtigt. Die Frage ist heute noch offen. Es fehlt immer noch ein konkretes und festgelegtes Kriterium für die Zurechnung.

V. Einige Fallgruppen

1. Fallgruppe 1: Einschaltung einer ausländischen Schiedsinstitution im Fall einer Streitigkeit ohne Auslandsbezug

Das ObVG hat Schiedsvereinbarungen, nach denen die Parteien in einem Streitfall ohne jeglichen Auslandsbezug eine ausländische Schiedsinstitution eingeschaltet haben, als unwirksam angesehen.[356] Begründet hat das ObVG seine Ansicht damit, dass die Beilegung eines Streitfalls ohne jeglichen Auslandsbezug durch eine ausländische Schiedsinstitution oder ad-hoc Schiedsgericht nicht vom chinesischen Schiedsrecht geregelt bzw. zugelassen ist. Die anderen Volksgereichte haben diese Feststellung zu einer gerichtlichen Praxis gemacht.[357]

2. Fallgruppe 2: Wirksamkeit der Schiedsvereinbarung gegenüber Dritten

Eine wirksame Schiedsvereinbarung entfaltet Bindungswirkung auf die Parteien, die die Schiedsvereinbarung abgeschlossen haben. Die Schiedsvereinbarung kann gegebenenfalls auch für einen Dritten verbindlich sein, wenn der Dritte in die Rechtsstellung der Partei eintritt. Zwei Fallgruppen sind in der Auslegung zum SchG vorgesehen.

a. Wirksamkeit der Schiedsvereinbarung für Gesamtrechtsnachfolge

Wenn eine Partei nach dem Abschluss der Schiedsvereinbarung mit einer oder mehreren anderen Rechtssubjekten fusioniert oder in mehrere Rechtssubjekte aufgespalten wird, gilt die Schiedsvereinbarung weiterhin für die Rechtsnachfolger; das gleiche gilt, wenn eine Partei stirbt. Wenn die Parteien beim Abschluss der Schiedsvereinbarung etwas anderes vereinbart haben, gilt das Vereinbarte (Art. 8 der Auslegung zum SchG).

Die Fortsetzung der Bindungswirkung der Schiedsvereinbarung bei der Fusion oder Aufspaltung der Parteien bezieht sich nur auf juristische Personen[358]. Von einer Fusion wird gesprochen, wenn zwei oder mehrere Rechtssubjekte aufgrund Gesetzes oder Vertragsvereinbarung zu einem Rechtssubjekt

---

356 Antwortschreiben des ObVG vom 31.08.2012 (MinSiTaZi 2012, Nr. 2) in Judikationsanweisung 2012-2, S. 126; Antwortschreiben des ObVG vom 18.12.2013 (MinSiTaZi 2013, Nr. 64) in Judikationsanweisung 2014-1, S. 44. Zitiert auch in SONG Lianbin 2014, S. 341, 342.
357 QIN Nan, S. 129.
358 MA Zhanjun, S. 157.

verschmolzen sind. Die ursprünglichen Rechtssubjekte existieren nicht mehr, während das neue Rechtssubjekt entweder neu gegründet wird oder bereits existiert. Das neue Rechtssubjekt ist der Rechtsnachfolger der ursprünglichen Rechtssubjekte.[359] Mit der Aufspaltung sind zwei Formen gemeint. Zum einen kann ein Rechtssubjekt in zwei oder mehrere neue Rechtssubjekte aufgespalten werden und das ursprüngliche Rechtssubjekt existiert nicht mehr. Zum anderen kann das ursprüngliche Rechtssubjekt weiterhin existieren und das neu entstandene Rechtssubjekt nur einen Teil des Vermögens vom ursprünglichen Rechtssubjekt übernehmen.[360] Diese Regelung entspricht dem Gedanken der Rechts- und Pflichtfortsetzung nach § 67 ZGB[361].

Der Todesfall bezieht sich auf natürliche Personen. Die Fortsetzung der Rechte und Pflichten einschließlich der aus der Schiedsvereinbarung richtet sich im Erbfall nach den erbrechtlichen Regelungen.[362]

b. Wirksamkeit der Schiedsvereinbarung für Einzelrechtsnachfolge – Vertragsübernahme, Gläubiger- und Schuldnerwechsel

Die vertraglichen Forderungen und Pflichten einer Vertragspartei können übertragen werden. Das kann in drei Arten erfolgen, nämlich durch die Übertragung des Vertrags (einschließlich Forderungen und Pflichten) von einer Partei auf einen Dritten (Vertragsübernahme), Übertragung der Pflichten vom Schuldner auf einen Dritten (Schuldübernahme) oder Übertragung der Forderungen vom Gläubiger auf einen Dritten (Abtretung).[363] Wenn die Vertragsparteien eine Schiedsvereinbarung getroffen haben, ist zu klären, wie diese Schiedsvereinbarung nach der Übertragung der Forderungen und/oder Pflichten auf die Vertragsparteien und den Dritten (Übernehmenden) wirkt.

i. Vertragsübernahme

Wenn eine Partei ihre sämtlichen Forderungen und Pflichten aus einem Vertrag einem Dritten überträgt, findet ein Wechsel der Vertragspartei statt.

---

359 SHEN Deyong/WANG Exiang, S. 84–85.
360 SHEN Deyong/WANG Exiang, S. 84–85.
361 WANG Yanjun, Judikationsanweisung 2008-2, S. 188; MA Zhanjun, S. 157. Vor 01.01.2021 war die Rechtsgrundlage § 90 VerG.
362 MA Zhanjun, S. 157.
363 SUN Bei, S. 52; SHENG Yulan, S. 77.

(1) H.M.
In einem solchen Fall wird nach h.M.[364] die Schiedsvereinbarung als Bestandteil des Vertrags angesehen und wird an den Übernehmenden übertragen auf den Dritten als Übernehmenden automatisch über.[365]

(2) Gegenansicht
Gegen den automatischen Übergang der Schiedsvereinbarung spricht eine Ansicht, dass die Schiedsvereinbarung der schriftlichen Form bedarf und der Übernehmende (Dritte) bei der Vertragsübernahme nur einen Übertragungsvertrag abschließt und nicht die Schiedsvereinbarung oder den die Schiedsvereinbarung umfassenden Vertrag unterzeichnet.[366] Der Dritte wird deswegen auch „Nichtunterzeichnender" genannt.[367]

(3) Stellungnahme
Nach § 555 ZGB[368] muss der Vertrag mit Zustimmung der anderen Vertragspartei übertragen werden. Spätestens wenn die andere Partei zur Abgabe ihrer Zustimmung aufgefordert wird, hat sie Kenntnis von der Übertragung. Sie hat die Möglichkeit, bei der Schiedsvereinbarung zu bleiben oder von der Schiedsvereinbarung Abstand zu nehmen. Der Übernehmende (Dritte) hat bei der Verhandlung mit seinem Ansprechpartner (= die ursprüngliche Vertragspartei, die den Vertrag übertragen möchte) auch die Möglichkeit, von der Schiedsvereinbarung, soweit er sie kennt, Abstand zu nehmen. Ohne Widerspruch von irgendeinem Beteiligten wird die Schiedsvereinbarung mit dem Hauptvertrag zusammen auf den Übernehmenden übergehen.[369] Das widerspricht dem Grundsatz der Selbständigkeit der Schiedsvereinbarung nicht. Die Selbständigkeit der Schiedsvereinbarung ist ein schiedsfreundlicher Grundsatz. Sie besagt, dass die Schiedsvereinbarung vom Hauptvertrag trennbar ist und die Wirksamkeit der Schiedsvereinbarung nicht von der Wirksamkeit des Hauptvertrags

---

364 Vgl. Antwortschreiben des ObVG vom 12.05.1998 (FaJing 1998, Nr. 212 und Zivilentscheidung des Oberen Volksgericht von Hubei (FaShenJianJingZaiShenZi 1999, Nr. 4).
365 SUN Bei, S. 52. In dem Aufsatz von SUN Bei ist auch zitiert, dass der Grundsatz „*Automatic Assignment Rule*" im Fall der Vertragsübernahme gilt.
366 Zitiert auch in SUN Bei, S. 52, 53.
367 LIN Shan/FU Xi, S. 104.
368 Vor 01.01.2021 war die Rechtsgrundlage § 88 VerG.
369 SHENG Yulan, S. 78.

abhängt.³⁷⁰ Es wird nie geleugnet, dass die Schiedsvereinbarung Bestandteil des Hauptvertrags ist. Diese Trennbarkeit bzw. Selbständigkeit der Schiedsvereinbarung gegenüber dem Hauptvertrag sollte im Falle der Übertragung des Vertrags auch in schiedsfreundlicher Weise ausgelegt werden und der Parteiwille hinsichtlich der Schiedsgerichtsbarkeit ist zu respektieren³⁷¹.

ii. Schuldübernahme

Wenn eine Partei (Schuldner) ihre Pflichten aus einem Vertrag ganz oder teilweise auf einen Dritten überträgt, bleibt sie immer noch Partei des Vertrags. Nach § 551 ZGB³⁷² muss die Schuldübernahme mit Zustimmung der anderen Partei (Gläubiger) erfolgen. Wie bei der Vertragsübernahme haben der Gläubiger und der Dritte die Möglichkeit, über die Schiedsvereinbarung für das neue Rechtsverhältnis zu entscheiden, wenn sich die Schiedsvereinbarung auch auf die übernommenen Pflichten bezieht. Wenn der Gläubiger der Schuldübernahme ausdrücklich zustimmt oder innerhalb einer angemessenen Frist keine Verweigerung der Schuldübernahme erklärt, wird angenommen, dass die Schiedsvereinbarung zusammen mit den übertragenen Pflichten auf den Dritten übergeht³⁷³.

iii. Abtretung

Anders als bei der Vertragsübernahme und Schuldübernahme bedarf die Abtretung der Forderungen von einer Partei (bisheriger Gläubiger) an einen Dritten (neuer Gläubiger) nicht unbedingt der Zustimmung der anderen Vertragspartei (Schuldner). Wenn der Schuldner nicht über die Schuldübernahme informiert ist, ist die Abtretung nach § 546 I ZGB³⁷⁴ gegenüber dem Schuldner wirkungslos. Bei einer Abtretung mit ordnungsgemäßer Mitteilung an den Schuldner ist problematisch, ob die Schiedsvereinbarung mit den Forderungen zusammen auf den Dritten übergeht.³⁷⁵

Gegen den automatischen Übergang der Schiedsvereinbarung spricht, dass ohne Zustimmungserfordernis wie bei der Vertragsübernahme der Schuldner das Einverständnis mit der Fortgeltung der Schiedsvereinbarung nicht ausdrücklich

---

370 HOU Denghua, 2005, S. 28.
371 SHEN Deyong/WANG Exiang, S. 87–88.
372 Vor 01.01.2021 war die Rechtsgrundlage § 84 VerG.
373 SHENG Yulan, S. 78; SUN Bei, S. 52.
374 Vor 01.01.2021 war die Rechtsgrundlage § 80 I 2 VerG.
375 SHEN Deyong/WANG Exiang, S. 89–90.

erklärt hat. Wenn der neue Gläubiger (Dritte) die Forderung erwirbt, ist nicht ohne weiteres anzunehmen, dass er auch die Schiedsvereinbarung, die sowohl Rechte als auch Verpflichtungen betreffen kann, erwerben möchte.[376]

Für den Übergang der Schiedsvereinbarung spricht, dass der Schuldner nach § 548 ZGB[377] nach Erhalt der Mitteilung über die Abtretung dem neuen Gläubiger (Dritten) die Einwendungen entgegensetzen kann, die er gegen den bisherigen Gläubiger hat. Die Einwendungen umfassen nicht nur die materiellen Einwendungen, sondern auch die formellen Einwendungen, die sich auf die Streitbeilegungsmethode und die Festlegung der Forderungen und Pflichten beziehen.[378] Wenn der bisherige Gläubiger aufgrund der Schiedsvereinbarung das Recht hat, die Streitigkeit wegen der übertragenen Forderung einem Schiedsgericht zu unterbreiten, soll dem neuen Gläubiger das gleiche Recht zustehen. Wenn der bisherige Gläubiger beim Streit über die Forderung nicht ohne weiteres Klage erheben darf, darf der neue Gläubiger auch nicht ohne weiteres Klage erheben.[379] Für den Schuldner gilt das Gleiche.

Der Ansicht für den Übergang der Schiedsvereinbarung ist zu folgen. Zwischen dem Zustimmungserfordernis bei der Vertrags- und Schuldübernahme und dem Mitteilungserfordernis bei der Abtretung gibt es faktisch keinen Unterschied, weil die Parteien und der Dritte zu der Änderung des Rechtsverhältnisses in verschiedener Form Stellung nehmen können. Das ObVG hat in einer Berufungsentscheidung[380] bestätigt, dass die abgetretene Forderung aus dem ursprünglichen Vertrag (zwischen dem bisherigen Gläubiger und Schuldner) stammt und die Abtretungsvereinbarung auch die Schiedsklausel des ursprünglichen Vertrags umfassen soll.

iv. Lösung nach der Auslegung zum SchG

Unter Berücksichtigung der seit langem in der Praxis diskutierten Fallgruppen hat das ObVG in Art. 9 seiner Auslegung zum SchG den Grundsatz geregelt, dass die Schiedsvereinbarung auch für den Übernehmenden gilt, wenn ihm die Forderungen und Pflichten (aus einem Vertrag) komplett oder teilweise übertragen werden. Alle drei oben erwähnten Übertragungsformen sind von dieser Auslegung umfasst. Gleichzeitig sieht das ObVG auch drei Ausnahmen vor. Die

---

376 SUN Bei, S. 54–55.
377 Vor 01.01.2021 war die Rechtsgrundlage § 82 VerG.
378 SONG Lianbin, 2001, S. 47.
379 SHEN Deyong/WANG Exiang, S. 91.
380 Zivilentscheidung des ObVG vom 16.08.2000 (JingZhongZi 2000, Nr. 48).

Schiedsvereinbarung gilt nicht mehr für den Übernehmenden (Dritten), wenn die Beteiligten etwas anderes vereinbart haben, wenn sich der Übernehmende (Dritte) bei der Forderung- oder Schuldübernahme eindeutig gegen die Übernahme der Schiedsvereinbarung erklärt hat oder wenn der Übernehmende (Dritte) im Fall der selbständigen Schiedsvereinbarung keine Kenntnis von der Existenz der selbständigen Schiedsvereinbarung hat.

3. Fallgruppe 3: Konnossement im Seehandel

Eine Besonderheit beim Konnossement in der Seeangelegenheit, das mit dem Schiffsmietvertrag zusammen gelten soll, ist, dass auf der vorderen Seite des Konnossements eindeutig darauf hingewiesen werden muss, dass der (Schiffs) Mietvertrag eines bestimmten Datums zwischen bestimmten Parteien einschließlich u. a. der Schiedsvereinbarung in dem Mietvertrag in das Konnossement einbezogen worden ist. Die Schiedsvereinbarung im Mietvertrag gilt nicht für die Rechtsstreitigkeit aus oder in Zusammenhang mit dem betroffenen Konnossement, wenn der Hinweis (nur) auf der Rückseite zu finden ist[381] oder der Mietvertrag wegen unklarer oder fehlender Parteibezeichnung oder fehlenden oder unklaren Datums nicht feststellbar ist[382] oder keine Einbeziehung der Schiedsvereinbarung ins Konnossement klargestellt ist[383].

VI. Zusammenfassung

Bei der Überprüfung der Wirksamkeit der Schiedsvereinbarung muss das Volksgericht zunächst das maßgebliche Recht bestimmen. Nach Art. 16 der Auslegung zum SchG erfolgt die Rechtsauswahl nach dieser Reihenfolge: (1) das von den Parteien vereinbarte Recht (2) das Recht am Schiedsort und (3) das Recht am Ort des Gerichts.

Wenn ein ausländisches Recht als maßgebliches Recht anzuwenden ist, ist dieses Recht nach Art. 10 I 1 RAnG (ab 01.04.2011) von Volksgerichten,

---

381 Siehe Antwortschreiben des ObVG vom 03.02.2015 (MinSiTaZi 2015, Nr. 4) in Judikationsanweisung 2015-1, S. 52 ff.
382 Siehe Antwortschreiben des ObVG vom 30.09.2017 (ZuiGaoFaMinTa 2017, Nr. 109) in Judikationsanweisung 2017-2, S. 20 ff.; Antwortschreiben des ObVG vom 18.06.2015 (MinSiTaZi 2015, Nr. 18) in Judikationsanweisung 2015-1, S. 73 ff.; Antwortschreiben des ObVG vom 18.09.2014 (MinSiTaZi 2014, Nr. 40) in Judikationsanweisung 2014-2, S. 54 ff.
383 Siehe Antwortschreiben des ObVG vom 15.03.2016 (ZuiGaoFaMinTa 2016, Nr. 20) in Judikationsanweisung 2016-1, S. 54 ff.

Schiedsinstitutionen und Verwaltungsbehörden selbst zu ermitteln. Die Parteien sollen das ausländische Recht benennen oder in Textform vorlegen, wenn sie es als Prüfungsmaßstab bestimmt haben. Falls das ausländische Recht nicht ermittelt werden kann oder keine auf den Fall anwendbare Regelung enthält, gilt das chinesische Recht.

Wenn schließlich das chinesische Recht maßgebliches Recht ist, ist die Schiedsvereinbarung unter den oben dargestellten Voraussetzungen zu prüfen. Dabei ist insbesondere die Anforderung der Bestimmtheit oder Bestimmbarkeit der Schiedsinstitution gem. § 16 II Nr. 3 SchG zu beachten.

Kapitel 3: Gerichtliche Unterstützung bei der Beweisaufnahme

Die Sachverhaltsaufklärung durch Beweisaufnahme ist wichtig für ein Streitbeilegungsverfahren, einschließlich des Schiedsverfahrens als solchem. Weder im SchG noch im ZPG liegt eine ähnliche Regelung wie in der deutschen Regelung des § 1050 ZPO vor. In diesem Kapitel 3 wird die (erwartete) gerichtliche Unterstützung durch das Volksgericht bei der Beweisaufnahme diskutiert.

A. Rechtsschutzinteresse an der gerichtlichen Unterstützung

I. Befugnisse des Schiedsgerichts bei der Beweisaufnahme

1. Regelungen nach geltendem Recht und Schiedsordnungen

Grundsätzlich gilt nach § 43 I SchG, dass derjenige, der Ansprüche geltend macht, die Beweise für die anspruchsbegründenden Voraussetzungen erbringen soll. Das entspricht dem Beibringungsgrundsatz im Zivilprozessrecht. Das Schiedsgericht kann nach § 43 II SchG selbst Beweise erheben, die es für notwendig erachtet.

Die Schiedsordnungen entfalten zwar keine allgemeine Bindungswirkung und gelten nur, wenn die Parteien die Anwendung der entsprechenden Schiedsordnungen vereinbart haben. Viele Schiedsordnungen der chinesischen Schiedsinstitutionen[384] enthalten jedoch dieselbe Regelung wie § 43 II SchG. Das Schiedsgericht kann danach nicht nur von Amts wegen, sondern auch auf Antrag einer Partei des Schiedsverfahrens die erforderlichen Beweise erheben.[385]

Unter welchen Voraussetzungen das Schiedsgericht Beweise selbst ermitteln und erheben darf und welche Befugnisse das Schiedsgericht bei seiner eigenen

---

384 § 43 I CIETAC-R, § 34 I BAC-R, § 44 I SCIA-R, § 38 I SHIAC-R.
385 § 34 I BAC-R, § 44 I SCIA-R, TAO Jingzhou, 2006, S. 612: Nach § 38 CIETAC-Schiedsordnung 2005 (das ist § 44 CIETAC-R (aktuelle Version)) ist das Schiedsgericht berechtigt, Sachverständige zur Begutachtung bestimmter Fragen zu beauftragen und die Parteien aufzufordern, Dokumente, Materialien, Vermögen, Güter dem Sachverständigen zur Überprüfung zur Verfügung zu stellen. Wenn das Schiedsgericht von Amts wegen der Vorlage der Beweismittel durch die Partei anordnen darf, ist dem Schiedsgericht nicht zu verwehren, dies auf Antrag einer Partei zu tun.

Beweisaufnahme hat, ist weder im SchG noch in einer Auslegungsregelung des ObVG diesbezüglich eindeutig geregelt. In der Praxis besteht immer noch erheblicher Interpretationsbedarf hinsichtlich der Befugnisse des Schiedsgerichts bei der Beweisermittlung nach § 43 II SchG oder nach der entsprechend anwendbaren Schiedsordnung.

2. Literaturauffassungen

In der Literatur gibt es viele Meinungen über die Befugnisse des Schiedsgerichts für die Beweisermittlung bzw. Beweiserhebung.

a. Strenge Parteivorbringung

Nach einer Ansicht muss der Parteibeibringungsgrundsatz streng eingehalten werden. Das Schiedsgericht würde seine Neutralität verlieren, wenn es einer Partei bei der Beweisführung bzw. Erfüllung der Beweislast hilft und dadurch die Erfolgschance dieser Partei erhöht.[386] Da nicht nur das SchG, sondern auch die meisten Schiedsordnungen der chinesischen Schiedsinstitutionen keine eindeutige Regelung für die Beweiserhebung durch das Schiedsgericht enthalten, wird der Antrag einer Partei auf die Beweiserhebung durch das Schiedsgericht in der Praxis häufig vom Schiedsgericht abgelehnt.[387]

b. Bedürfnis der eindeutigen Regelung

Eine zweite Ansicht weist auf die Regelungslücke hinsichtlich der Beweisfrage im Schiedsverfahren und das Erfordernis der Schaffung einer Rechtsgrundlage zur Schließung dieser Lücke hin. Nach dieser Ansicht soll das Verhältnis zwischen SchG, ZPG, Auslegungsregelungen des ObVG und der Schiedsordnungen der Schiedskommissionen geklärt werden. Es wird vorgeschlagen, dass der Gesetzgeber im SchG regelt, dass das ZPG für die Konstellation anwendbar sein soll, wenn das SchG keine einschlägigen Regelungen enthält. Bevor der Gesetzgeber einschlägige Regelungen erlässt, sollen das ZPG und die Auslegungsregelungen des ObVG angewendet werden.[388]

---

386 Vgl. WANG Xiaoli, 2011, S. 92.
387 WANG Xiaoli, 2011, S. 92, 94.
388 WANG Zuxing, S. 463, 487.

c. Breites Ermessen des Schiedsgerichts

Nach einer dritten Ansicht hat das Schiedsgericht gemäß § 43 II SchG einen breiten Ermessensspielraum hinsichtlich der Beweiserhebung, weil das Gesetz nicht eindeutig festlegt, welche Beweise das Schiedsgericht selbst erheben kann.[389] Das Schiedsgericht könne in zwei Konstellationen von Amts wegen Beweise ermitteln: (1) wenn es um die Tatsachen für die Verletzung der staatlichen, gesellschaftlichen Interessen und Rechte von anderen geht und (2) wenn es sich um Tatsachen handelt, auf die sich das Schiedsverfahren bezieht, z.B. die Wirksamkeit der Schiedsvereinbarung, Fortsetzung des bereits begonnenen Schiedsverfahrens, Verschiebung der Hauptverhandlung usw.[390] Das Schiedsgericht könne auch auf Antrag einer Partei Beweise erheben, falls die Partei aus objektiven Gründen nicht selbst die Beweise ermitteln oder besorgen kann. Die andere Partei sei berechtigt, zu diesem Antrag der Partei Stellung zu nehmen.[391]

d. Volle Befugnis des Schiedsgerichts

Nach einer absoluten Mindermeinung haben Schiedsgerichte hinsichtlich der Beweise die Befugnis eines „Quasi-Richters".[392]

e. Stellungnahme

i. Kritik gegen die strenge Parteivorbringen

Der von der ersten Ansicht ins Feld geführte Parteibeibringungsgrundsatz und die Neutralität des Schiedsgerichts sind zwar wichtige Grundsätze im Schiedsverfahren. Sie dürfen aber nicht in einer absoluten Weise verstanden werden. Das Schiedsgericht wird nicht parteiisch, nur weil es selbst die verfahrensrelevanten Tatsachen ermittelt, insbesondere, wenn die mit der Beweisvorlegung belastete Partei keinerlei Zugriff auf solche Beweismittel hat.

ii. Unklare Rechtsquelle

In der gegenwärtigen Schiedspraxis werden die zivilrechtlichen Regelungen hinsichtlich des Beweisrechts aufgrund der langjährigen Tradition immer noch auf das Schiedsverfahren angewendet. Das wird in der Literatur kritisiert.[393] Die

---

389 YUE Li, 2008, S. 40, 41.
390 YUE Li, 2008, S. 40, 41.
391 YUE Li, 2008, S. 40, 42.
392 FANG Mo, S. 5.
393 LIU Xiaohong 2009, S. 95; Jiang Xia, 2007, S. 34; SONG Chaowu 2010, S. 61.

Feststellung des Verhältnisses zwischen den genannten vier Rechtsquellen – SchG, ZPG, Auslegungsregelungen des ObVG und Schiedsordnungen – laut der zweiten Ansicht ist sinnvoll. Die Abklärung und Feststellung der Rechtsanwendungskriterien liegt im Aufgabenbereich des Gesetzgebers oder der zuständigen Stelle in der jeweiligen Schiedsinstitution für die Modifizierung der Schiedsordnung. Bevor das Verhältnis zwischen den Rechtsquellen geklärt wird, besteht die Regelungslücke hinsichtlich des Beweisrechts im Schiedsverfahren fort. Zu beachten ist auch, dass wegen der Unterschiede zwischen Schiedsverfahren und Zivilverfahren nicht alle Vorschriften des ZPG auf das Schiedsverfahren angewendet werden können, vor allem nicht die Vorschriften, die dem Volksgericht die Befugnis zur Ausübung hoheitlicher Zwangsmaßnahmen einräumen.[394]

iii. Kritik gegen die volle Befugnis des Schiedsgerichts

Der letzten Meinung ist nicht zu folgen. Das Schiedsgericht sollte gegebenenfalls gerichtliche Unterstützung anfordern können. Mangels Rechtsgrundlage darf das Schiedsgericht keinesfalls alle Befugnisse haben, die ein staatliches Gericht im Zivilverfahren hat.

iv. Argumente für das Ermessen des Schiedsgerichts

Der Vorschlag der dritten Ansicht bietet eine balancierte Alternative an. Trotz des Parteibeibringungsgrundsatzes ist aus dem Gedanken des fairen Verfahrens das allgemeine Interesse an der Sachverhaltsaufklärung zu berücksichtigen. Wenn das Schiedsgericht Zugriffsmöglichkeit auf die für das Verfahren relevanten Beweise hat oder haben kann, soll die Beweisermittlung und -beschaffung durch das Schiedsgericht nicht ausgeschlossen werden. Die Zugriffsmöglichkeit ist z.B. gegeben, wenn das Schiedsgericht Akteneinsicht auf die bei staatlichen Behörden, Gerichten, Institutionen oder anderen Organisationen befindlichen Unterlagen verlangen oder beantragen kann. Wenn eine Partei gewisse Beweise aus von ihr nicht zu vertretenden Gründen nicht selbst beschaffen kann, soll sie sich an das Schiedsgericht wenden dürfen. Das gilt typischerweise für solche Beweise: (1) Beweismittel, die sich bei der anderen Partei befinden; (2) zur Aussage nicht bereiter Zeuge; (3) Beweismittel, die sich bei im Verfahren unbeteiligten Dritten befinden[395]. Das Schiedsgericht

---

394 Näheres über das Gewaltmonopol und hoheitliche Zwangsmaßnahmen siehe unter Kapitel 3.A.II.
395 ZHANG Xiaoru/XIAO Xianshu, S. 45, 46.

kann dann auf Antrag dieser Partei im eigenen Ermessen die Beweiserhebung anordnen.[396]

Zu beachten ist, dass die Sachverhaltsaufklärung nicht um jeden Preis erzielt werden darf. Das Schiedsgericht darf sich nicht parteiisch verhalten. Das Schiedsgericht soll im eigenen Ermessen die Rechte und Interessen beider Parteien berücksichtigen und abwägen.[397] Wenn eine Partei einen Beweis nicht selbst vorlegen kann, weil sich dieser Beweis bei der anderen Partei befindet, muss das Schiedsgericht unter Berücksichtigung der konkreten Umstände im Einzelfall das Interesse der einen Partei an der Sachverhaltsaufklärung und das Interesse der anderen Partei an z.B. der Geheimhaltung der Geschäftsgeheimnisse abwägen und erst dann die Beweisvorlegung durch die andere Partei, die eigentlich keine Beweislast trägt, anordnen, wenn das Interesse der ersten Partei eindeutig überwiegt. Die Beweisvorlegung kann z.B. in der Form angeordnet werden, dass die andere Partei die Geschäftsgeheimnisse in den Unterlagen, die als Beweismittel vorgelegt werden sollen, schwärzen darf.

Zu beachten ist auch, dass die Befugnisse des Schiedsgerichts nach der herrschenden Theorie der hybriden Mischform[398] ausschließlich auf der Schiedsvereinbarung beruhen und das Schiedsgericht grundsätzlich nicht befugt ist, rechtsverbindliche Maßnahmen gegenüber Dritten außerhalb des Schiedsverfahrens zu unternehmen.[399] Daher sind Beweismaßnahmen wie die Anordnung einer Dokumentenvorlage nur gegen Beteiligte eines Schiedsverfahrens möglich.[400]

II. Gewaltmonopol und fehlende hoheitliche Zwangsmaßnahmen

Unabhängig davon, ob der Gesetzgeber mit § 43 II SchG dem Schiedsgericht tatsächlich einen großen Ermessensspielraum einräumen wollte und in welchem Umfang das Schiedsgericht die Beweisermittlungsmaßnahme vornehmen darf, hat § 43 SchG in der Praxis noch ein Anwendungsproblem: Das Schiedsgericht

---

396 Näheres über das Gewaltmonopol und hoheitliche Zwangsmaßnahmen siehe unter 4. Kapitel, B. II.
397 Dieses Argument basiert auf dem auf dem deutschen Recht beruhenden Verhältnismäßigkeitsprinzip, welches dem chinesischen Recht fremd ist.
398 Vgl. Jiang Xia, 2007, S. 34; JIANG Xia/LIAO Yongan, 2008 S. 126.
399 Steinbrück, S. 12; Schlosser, Schiedsgerichtsbarkeit, Rn. 242; Jiang Xia, 2007, S. 34; JIANG Xia/LIAO Yongan, 2008 S. 126; TAO Jingzhou 2006, S. 609.
400 Steinbrück, S. 12; Schlosser, Schiedsgerichtsbarkeit, Rn. 242.

darf wegen des staatlichen Gewaltmonopols keine Zwangsmaßnahmen treffen.[401] Wenn die Partei, bei der sich die Beweismittel befinden, diese nicht nach der Anordnung des Schiedsgerichts freiwillig herausgibt, hat die Beweislast tragende Partei keinerlei Möglichkeit, auf die Beweismittel zuzugreifen. § 43 II SchG geht in diesem Fall ins Leere.[402] Die einzige Möglichkeit für den Zugriff auf solche Beweismittel nach aktuellem Schiedsrecht ist die Beweissicherung, die jedoch vor allem eine Untergangsgefahr der Beweismittel, die nicht stets gegeben ist, voraussetzt.[403]

In der Literatur werden folgende Lösungen zu dem Problem der fehlenden Berechtigung des Schiedsgerichts zur Gewaltausübung vorgeschlagen:

1. Lösung des negativen Rückschlusses bei Beweiswürdigung

Nach einer Ansicht kann das Schiedsgericht bei der Beweiswürdigung zulasten der Partei, die die Beweismittel nicht nach Anordnung des Schiedsgerichts vorgelegt hat, eine für diese Partei negative Schlussfolgerung ziehen.[404] Wenn die Partei, bei der sich die Beweismittel befinden, ohne triftigen Grund die Vorlage der Beweismittel verweigert, führt es zum Rückschluss, dass die durch die Beweismittel zu beweisende Tatsache bewiesen ist.[405] Diese negative Schlussfolgerung war (nur) in § 35 III CMAC-Schiedsordnung (modifizierte Version 2004) ausdrücklich geregelt[406].

Gegen diese Lösung spricht zunächst, dass weder das SchG noch das ZPG einen solchen Rückschluss vorsieht. Die CMAC-Schiedsordnung wurde bereits modifiziert und die aktuelle CMAC-R enthält keine solche Regelung mehr. Die vorgeschlagene negative Rückschlusslösung ist auch deswegen nicht gerechtfertigt, weil sie den Umfang und Inhalt der angeforderten Beweise im Einzelfall

---

401 Steinbrück, S. 12.
402 TAN Bing, S. 319; YAN Xiangrong, S. 10; YUE Li, 2008, S. 42; JIANG Xia, 2007, S. 35; LIU Xiaohong, 2009, S. 91, 95.
403 Siehe in Kapitel 4.C.
404 YUE Li, 2008, S. 40, 42. Vgl. Jiang Xia, 2007, S. 34, 36. Die Vertreter sind der Ansicht, dass die Befugnis des Schiedsgerichts zur Beweisermittlung nach § 43 II SchG aufgehoben werden solle. Es solle zwingend (nur) der Parteibeibringungsgrundsatz gelten.
405 ZHENG Xuelin/SONG Chunli, S. 47–48.
406 § 35 III CMAC-Schiedsordnung (2004) besagte, dass wenn eine Partei die Beweismittel besitzt und ohne vernünftige Gründe die Vorlage der Beweismittel ablehnt, das Schiedsgericht die Schlussfolgerung zulasten dieser Partei ziehen kann, dass die Tatsache, die von der anderen Partei behauptet und durch die betroffenen Beweismittel zu beweisen ist, bewiesen ist.

nicht berücksichtigt. Beweise sind die Grundlagen für das Schiedsverfahren und müssen vorgelegt und vom Schiedsgericht überprüft und bewertet werden. Dass die Gegenpartei die Vorlegung der bei ihr befindlichen Beweise trotz der Anordnung des Schiedsgerichts ohne gerechtfertigte Gründe verweigert, darf nicht zur Annahme der Beweiskraft der nicht vom Gericht geprüften, sondern nur von einer Partei behaupteten Beweise führen. Das Schiedsgericht darf die Verweigerung der Gegenpartei zur Vorlegung der Beweise bzw. die verweigerte Kooperation der Gegenpartei auf keinen Fall wie ein Anerkenntnis der Gegenpartei behandeln. Es kann nur im Rahmen seines Ermessensspielraums bei der Beweiswürdigung diese Verweigerung als Indizien, die im Zusammenhang mit anderen Beweisen oder Umständen stehen könnten, berücksichtigen. Eine deutsche Literaturstimme[407] hat ausgeführt, dass das Schiedsgericht gegenüber den Schiedsparteien selbst in der Regel über ausreichende Sanktionsmöglichkeiten verfüge, um sie zur aktiven Mitwirkung bei der Sachverhaltsaufklärung und Beweisbeschaffung anzuhalten: Fehlende Kooperation einer Parteien könne es etwa im Wege der negativen Beweiswürdigung und gegebenenfalls bei der Kostenverteilung ahnden. Zutreffend ist, dass das Schiedsgericht mit solchen Sanktionsmöglichkeiten Druck auf die Partei, die die Beweismittel besitzt, ausüben kann. Fraglich ist aber, wie weit die negative Beweiswürdigung gehen würde und wie das Schiedsgericht auf der Basis eines ungeklärten Sachverhalts über eine Kostenverteilung entscheiden kann.

M. E. ist Unterstützung durch ein staatliches Gericht in der Situation notwendig, wenn das Schiedsgericht über keine ausreichenden Mittel verfügt, um den Sachverhalt aufzuklären.

2. Gewaltausübung durch das Schiedsgericht

Als Lösung für das vorgenannte Problem wurde auch vorgeschlagen, dass dem Schiedsgericht die Befugnis zur Erteilung und Ausübung von Zwangsmaßnahmen eingeräumt werden solle. Die Kontrolle durch ein staatliches Gericht sei jedoch erforderlich.[408]

Gegen diesen Vorschlag spricht, dass mit der Einräumung der hoheitlichen Befugnis der Charakter der Schiedsgerichtsbarkeit als ein auf der Parteivereinbarung beruhendes privates Streitbeilegungsmittel geschwächt wird.[409] Außerdem ist dieser Vorschlag nicht realistisch und schwer durchsetzbar. Das Schiedsgericht

---

407 Steinbrück, S. 382.
408 YUE Li 2008, S. 40, 42.
409 ZHANG Xiaoru/XIAO Xianshu, S. 45, 47.

und die Schiedsinstitution haben keine Handlungs- und Vollstreckungsorgane. Bedenklich sind ebenfalls der Schutz des Rechts der Beteiligten und Unbeteiligten am Schiedsverfahren sowie der Schutz des staatlichen Gewaltmonopols.

3. Unterstützung durch das staatliche Gericht

Die gerichtliche Unterstützung hinsichtlich der Zwangsmaßnahmen scheint die einzige praktikable Lösung zu sein, die auch der Praxis der internationalen Schiedsverfahren entspricht. Die staatsgerichtliche Mitwirkung ist vor allem bei der Anordnung von Zwangsmaßnahmen, die mit der Aufklärung des Sachverhalts bzw. mit der Beweisermittlung im Zusammenhang steht, erforderlich.[410] Die gerichtliche Unterstützung soll zum einen dazu dienen, dass die vom Schiedsgericht gegenüber einer Partei angeordnete Vorlage der Beweismittel in der Praxis durchgesetzt werden kann. Zum anderen soll auch die Konstellation berücksichtigt werden, dass das Schiedsgericht keine rechtsverbindlichen Maßnahmen gegenüber Dritten treffen kann, wenn sich die Beweismittel bei einem Dritten befinden und der Dritte die Beweismittel nicht freigeben möchte[411] oder wenn der Dritte nicht als Zeuge aussagen möchte. Da die Beweisermittlung bei einem Dritten einen erheblichen Eingriff in die Rechte dieses im Schiedsverfahren unbeteiligten Dritten darstellen könnte und die Verhältnismäßigkeit zwischen dem Schutzbedürfnis der Schiedsparteien und dem Dritten zu prüfen ist, hat nur das staatliche Gericht bzw. das Volksgericht die Befugnis, einzelfallbezogene und angemessene Maßnahmen zu treffen.

B. Fehlende Rechtsgrundlage für gerichtliche Unterstützung

I. SchG

Da das Schiedsgericht keine eigene Zwangsgewalt besitzt, soll Rechtshilfe erforderlich sein.[412] Jedoch ist weder im SchG oder in der Auslegungsregelung des ObVG zum SchG eine gerichtliche Rechtshilfe für die Beweisbeschaffung und -aufnahme im Schiedsverfahren vorgesehen.[413] Die Beweissicherung als einzige

---

410 Steinbrück, S. 14, 15.
411 Jiang Xia, 2007, S. 34, 36.
412 Prütting/Gehrlein, ZPO Kommentar, § 1050 ZPO (DE) Rn. 1.
413 Das SchG enthält nur fünf Vorschriften (§§ 43–46, 68 SchG) über die Beweise im Schiedsverfahren. Die §§ 46, 68 SchG regeln die Beweissicherung (siehe Kapitel 4.C). Das Schiedsgericht kann nach § 43 II SchG selbst Beweise ermitteln, die es für notwendig erachtet. Wenn es ein Sachverständigengutachten für notwendig hält, kann

geregelte Möglichkeit für den Zugriff des Schiedsgerichts (durch ein staatliches Gericht) auf bestimmte im Schiedsverfahren benötigte Beweismittel wird in Kapitel 4 erörtert.

II. Anwendung von ZPG und Beweisbestimmung auf das Schiedsverfahren

Nach § 67 II ZPG ist ausnahmsweise auch eine Beweiserhebung von Amts wegen möglich. Danach kann das Volksgericht selbst Beweise ermitteln bzw. beschaffen, wenn (1) die Parteien die Beweise aus objektiven Gründen nicht vorlegen können oder (2) wenn das Gericht die Beweise für erforderlich für das Verfahren hält. Das Volksgericht ist nach § 70 I ZPG auch berechtigt, bei einschlägigen Stellen und Personen[414] Beweise zu erheben. Die in Anspruch genommenen Stellen und Personen dürfen die angeforderte Mitwirkung nicht ablehnen. Im Fall der Verweigerung oder Vereitelung der Mitwirkung durch die Stellen oder Personen kann das Volksgericht nach § 117 I Nr. 1 ZPG die Vornahme der Mitwirkungshandlung oder Bußgeld anordnen. § 97 und § 99 der Auslegung zum ZPG haben die vom Gericht ermittelbaren Beweise i.S.v. § 67 II ZPG näher dargestellt.

§ 97 der Auslegung zum ZPG listet die folgenden Beweise im Sinne von § 67 II 1. Alternative ZPG, die die Parteien aus objektiven Gründen nicht selbst erheben können, auf:

(1) die von den zuständigen staatlichen Behörden aufbewahrten Beweismittel, zu denen die Parteien und ihre Prozessvertreter keinen Zugang haben;
(2) Beweise, die Staatsgeheimnisse, Geschäftsgeheimnisse oder Privatgeheimnisse enthalten; und
(3) andere Beweise, auf die die Parteien oder ihre Prozessvertreter aus objektiven Gründen keine Zugriffsmöglichkeit haben.

---

es einen Sachverständigen beauftragen (§ 44 I SchG). Die Beweise müssen in der Verhandlung vorgelegt werden und die Parteien können sie überprüfen (§ 45 SchG). Darüber hinaus gibt es keine weitere Rechtsgrundlage hinsichtlich des Beweisrechts im Schiedsverfahren.

414 Die „Stellen" umfassen die betroffenen Unternehmen, Organisationen, Behörden und alle Arten von Vereinigungen usw., die als eine Einheit auftreten. „Einschlägige Stelle" ist ein oft in chinesischen Gesetzen sowie in chinesischer Literatur und Presse auftauchender unbestimmter Begriff. Der Umfang des Begriffs und die Kriterien für die Konkretisierung sind ebenfalls unbestimmt. Die einschlägige Stelle (有关单位) ist m. E. diejenige Stelle, die in jeglichem Zusammenhang mit der Sache steht. Das gleiche gilt für „einschlägige Person (有关个人)" und „einschlägige Behörde (有关部门)".

§ 99 der Auslegung zum ZPG listet die folgenden Beweise im Sinne von § 67 II 2. Alternative ZPG, die das Gericht für erforderlich für das Verfahren hält, auf:

(1) Beweise, die möglicherweise die Interessen des Staates oder das öffentliche Interesse schädigen;
(2) Beweise, die sich auf die Identität und Verhältnisse (der Bevölkerung) beziehen;
(3) Beweise, die sich auf Rechtsstreitigkeiten gemäß § 58 ZPG (in Bezug auf Verletzung des Umwelt- und Ressourcenschutzes, Verletzung der legitimen Rechte und Interessen vieler Verbraucher im Bereich der Lebensmittel- und Arzneimittelsicherheit, die zur Schädigung des öffentlichen Interesses der Gesellschaft führt) beziehen;
(4) Beweise, die die Möglichkeit zeigen, dass sich die Parteien böswillig absprechen, um die legitimen Rechte und Interessen anderer zu schädigen; und
(5) Beweise, die verfahrensrechtliche Angelegenheiten wie z.B. die Hinzufügung von zusätzlichen Parteien, die Aussetzung des Verfahrens, die Beendigung des Verfahrens, die Ablehnung der Richter usw. betreffen.

Fraglich ist, ob solche Regelungen im ZPG und in Beweisbestimmungen des ObVG direkt auf das Schiedsverfahren anwendbar sind, d.h. ob das staatliche Gericht auf Antrag des Schiedsgerichts oder der Partei(en) die Beschaffung der oben genannten Beweise unterstützen wird, die oben genannten Beweise zu beschaffen.

1. Erste Ansicht: Keine Anwendung des ZPG

Nach einer Ansicht in der Literatur sollen auf das Schiedsverfahren nur das Schiedsgesetz und die Regelungen des ZPG, auf die das Schiedsgesetz verweist, Anwendung finden, da das Schiedsverfahren anders als der Zivilprozess ist.[415]

2. Zweite Ansicht: Subsidiäre Anwendung von ZPG und Beweisbestimmungen des ObVG

Nach einer zweiten Ansicht ist das ZPG auf das Schiedsverfahren subsidiär anwendbar, soweit das SchG selbst keine entsprechenden Regelungen enthält.[416] Demnach sind beispielsweise § 66 ZPG und die Beweisbestimmungen des ObVG, die das Beweisrecht im Zivilprozess regeln, auch im Schiedsverfahren

---

415 SHEN Deyong/WAN Exiang, S. 180; SONG Chaowu, S. 61, 62.
416 TAN Bing, S. 291; WANG Zuxing 2005, 166, 171; Lutz Kniprath, S. 27.

anwendbar, so dass Urkundenbeweis, Sachbeweis, sichtbares und hörbares Material, Zeugenaussage, Parteivernehmung, Sachverständigenbeweis und Augenscheinprotokoll auch im Schiedsverfahren zulässig sind.[417] Die Vertreter dieser Ansicht behaupten, dass die subsidiäre Anwendbarkeit des ZPG im SchG geregelt sei[418].

3. Stellungnahme

Es ist anerkannt, dass das Schiedsverfahren vom Parteiwillen geprägt ist und sich vom zivilprozessualen Verfahren unterscheidet. Die Bestimmungen im ZPG, auf die nicht verwiesen sind, sollen daher keinesfalls unmittelbar auf das Schiedsverfahren angewendet werden. Das SchG enthält keine Regelung in Bezug auf eine subsidiäre Anwendbarkeit und die Vertreter der zweiten Ansicht haben ebenfalls keine einschlägige Vorschrift genannt. Deshalb ist der zweiten Ansicht nicht zu folgen.

Das ZPG wurde bereits im Jahr 1991 erlassen und enthält neben den Vorschriften für den Zivilprozess auch in §§ 278–282 ZPG Regelungen über die Schiedsgerichtsbarkeit mit Auslandsbezug und in § 290 ZPG Regelungen über die Vollstreckung ausländischer Schiedssprüche durch das Volksgericht. Das SchG hat als späteres Gesetz und spezielles Gesetz für die Schiedsgerichtsbarkeit gegenüber dem ZPG Vorrang.[419] Das ergibt sich aus § 78 SchG, nach dem das Schiedsgesetz gelten soll, soweit vor dem Inkrafttreten des SchG bestimmte Regelungen über das Schiedsverfahren im Widerspruch zum SchG stehen. § 78 SchG ist in der Weise auszulegen, dass das SchG Vorrang hat, wenn das SchG und das ZPG hinsichtlich desselben Punkts widersprechende Regelungen enthalten. § 78 SchG darf nicht in der Weise ausgelegt werden, dass das ZPG im Schiedsverfahren Anwendung findet, soweit das SchG keine entsprechenden Regelungen enthält.

Nach § 65 S. 1 SchG gilt für das Schiedsverfahren in Bezug auf Streitigkeiten aus Wirtschaft und Handel, Logistik und maritime Angelegenheiten mit Auslandsbezug vor allem das 7. Kapitel des SchG (§§ 65–73 SchG). In dem Fall, dass

---

417 TAN Bing, S. 291; WANG Zuxing 2005, 166, 171. Zu beachten ist, dass die Wortlaute dieser zwei Literaturstimmen identisch sind. Der gleiche Wortlaut taucht auch in anderer auf spätere Zeitpunkte datierten Literatur auf. Da die Gefahr plagiierender Übernahme an diesen Stellen sehr hoch ist, hat die Autorin dieser Dissertation hier auf die Zitierung weiterer Literatur verzichtet.
418 TAN Bing, S. 291.
419 Vgl. YU Xifu, S. 406.

(für bestimmte Konstellationen mit Auslandsbezug) das 7. Kapitel keine einschlägigen Regelungen enthält, finden nach § 65 S. 2 SchG die anderen einschlägigen Vorschriften des SchG Anwendung. Dass das ZPG in §§ 278–282 ZPG Regelungen über die Schiedsgerichtsbarkeit mit Auslandsbezug enthält, musste den Gesetzgebern des SchG im Jahr 1995 bekannt sein. Die Rechtsanwendungs- bzw. Verweisungsregelung in § 65 S. 2 SchG spricht dafür, dass der Gesetzgeber des SchG keine subsidiäre Anwendung des ZPG beabsichtigte und sich bewusst für die ausdrückliche Verweisung auf Vorschriften im SchG entschieden hat.

Da ZPG nicht direkt (subsidiär) angewendet wird, finden § 94 und § 96 der Auslegung zum ZPG auf das Schiedsverfahren auch keine unmittelbare Anwendung.

4. Analoge Anwendung von ZPG

Eine analoge Anwendung von Gesetz und Auslegungsregelung des ObVG ist dem chinesischen Prozessrecht fremd.

III. Anwendung von IBA-Regeln

Die IBA-Regeln zur Beweisaufnahme in der internationalen Schiedsgerichtsbarkeit (**„IBA-Regeln"**) finden ohne Parteivereinbarung keine unmittelbare Anwendung im chinesischen Schiedsverfahren. In der Praxis vereinbaren die Parteien auch selten die Anwendung der IBA-Regeln.[420]

IV. Anwendung von Schiedsordnungen

Denkbar wäre, die Regelungslücke hinsichtlich der Rechtshilfe für die Beweisbeschaffung und Beweisaufnahme im Schiedsverfahren durch die jeweils anwendbaren Schiedsordnungen im Einzelfall zu füllen. Aus Art. 20 der Auslegung zum SchG vom 23.08.2006 (FaShi 2006, Nr. 7) ergibt sich, dass die von den Parteien ausgewählten oder vereinbarten Schiedsordnungen wichtige Rechtsgrundlagen für das Schiedsverfahren darstellen.[421] Beispielsweise müssen die in der geltenden Schiedsordnung vorgeschriebenen Fristen z.B. für die Zustellung der Schiedsordnung und der Namenliste der Schiedsrichter (§ 25 I SchG), die Bestellung der Schiedsrichter (§ 32 SchG) und die Mitteilung des Hauptverhandlungsdatums (§ 41 I 1 SchG) eingehalten werden.

---

420 TAO Jingzhou, 2006, S. 612.
421 Siehe Kapitel 5.C.II.3.a)aa).

Die Geltung der Schiedsordnung kann aber die oben genannte Regelungslücke nicht schließen. Zum einen enthalten die aktuell geltenden Schiedsordnungen der wichtigen Schiedsinstitution in China keine Regelungen über die gerichtliche Unterstützung. Zum anderen sind die Schiedsordnungen keine förmlichen Gesetze und entfalten keine allgemeine Rechtswirkung wie Gesetze. Die Schiedsgerichtsbarkeit zeichnet sich dadurch aus, dass die Parteien die geltende Schiedsordnung für das konkrete Schiedsverfahren grundsätzlich frei bestimmen können. Das führt dazu, dass im jeweiligen Schiedsverfahren je nach der Wahl der Parteien und der in Anspruch genommen Schiedskommission unterschiedliche Schiedsordnungen Anwendung finden können. Selbst wenn die Parteien Schiedsordnungen ausgewählt haben, die eine gerichtliche Unterstützung vorsieht, bindet eine solche Regelung das chinesische staatliche Gericht nicht, weil das chinesische Gesetz keine solche Unterstützung erlaubt.

V. Ergebnis

Das chinesische Schiedsrecht sieht zurzeit keine Unterstützung oder Hilfe des Volksgerichts bei der Beweisermittlung im Schiedsverfahren vor. Da eine solche Unterstützung aber für das Schiedsverfahren notwendig ist, muss entweder das SchG modifiziert werden oder eine Auslegungsregelung des ObVG mit Bindungswirkung erlassen werden.

Kapitel 4: Einstweiliger Rechtsschutz durch das Volksgericht

Das chinesische Volksgericht kann vor einem Schiedsverfahren oder während eines Schiedsverfahrens zum Zweck der Überprüfung der Wirksamkeit der Schiedsvereinbarung angerufen werden (siehe Kapitel 2). Es kann ein beendetes Schiedsverfahren oder den Schiedsspruch auch nachträglich im Aufhebungsverfahren oder im Vollstreckungsverfahren überprüfen (siehe Kapitel 5 und Kapitel 6). Dies genügt jedoch noch nicht, um ein effektives Schiedsverfahren zu gewährleisten. Da die Befugnisse des Schiedsgerichts vielmehr auf der Schiedsvereinbarung der Parteien und der Anerkennung durch das staatliche Rechtssystem basieren[422], verfügt das Schiedsgericht nicht über jenes Zwangsmittel, das dem Volksgericht vorbehalten bleibt (sog. staatliches Gewaltmonopol)[423]. Um die Arbeit des Schiedsgerichts effektiv zu gestalten, ist das Schiedsgericht auf die Hilfe des Volksgerichts angewiesen.[424] Die Beteiligung des Volksgerichts an einem Schiedsverfahren bzw. die Hilfe durch das Volksgericht erfolgen in China gemäß dem förmlichen Gesetz (SchG und ZPG) nicht in vielfältiger Weise, sondern beschränken sich auf den einstweilen Rechtsschutz in Form der Vermögenssicherung (§ 28 SchG i.V.m. § 103 ff. ZPG) (siehe Kapitel 4.A) und Beweissicherung (§ 46 SchG und § 68 SchG) (siehe Kapitel 4.C). Dennoch sind eventuell noch weitere vorläufige Maßnahmen durch das Volksgericht im Schiedsverfahren möglich (siehe Kapitel 4.B und Kapitel 4.D).

A. Vermögenssicherung

I. Sinn der Vermögenssicherung

Eine Vermögenssicherung im Schiedsverfahren ist nach § 28 I, II SchG in Verbindung mit entsprechenden Vorschriften im ZPG über die Vermögenssicherung (vor allem §§ 103–108, 111 und 279 ZPG) möglich.[425] Die Vermögenssicherung

---

422 Schlosser, Schiedsgerichtsbarkeit, Rn. 424.
423 Steinbrück, S. 12; MüKo/Münch, § 1050, Rn. 4.
424 Ulrich Hauswaldt, S. 42.
425 § 28 II SchG besagt, dass die Schiedskommission den Antrag der Partei auf die Vermögenssicherung gemäß den Regelungen des ZPG an das Volksgericht übermittelt. Dadurch verweist § 28 II SchG eindeutig auf die Anwendung des ZPG auf das Schiedsverfahren in Bezug auf die Vermögenssicherung.

schützt die Partei vor der Vernichtung, dem Verstecken, der Verschiebung oder Veräußerung des Vermögens durch die andere Partei und gewährleistet die künftige Vollstreckung im Falle eines Obsiegens im Rechtsstreit.

II. Kompetenzverteilung

Das chinesische Schiedsrecht verleiht ausschließlich dem Volksgericht die Prüfungs- und Anordnungsbefugnis hinsichtlich der Vermögenssicherung, indem es in § 28 II SchG (anwendbar grundsätzlich für alle Schiedsverfahren) und § 279 ZPG (bezogen nur auf die Zuständigkeit des Gerichts und anwendbar nur für Schiedsverfahren mit Auslandsbezug) regelt, dass der Antrag auf Vermögenssicherung bei der Schiedskommission zu stellen ist und die Schiedskommission den Antrag weiter an das zuständige Volksgericht übermittelt. Dabei beschränkt sich die Aufgabe bzw. Befugnis der Schiedskommission auf die Weiterleitung des Antrags.[426] Die Befugnis zur Entscheidung über die Vermögenssicherung und die Vollziehung der Vermögenssicherung ist nach dem geltenden chinesischen Recht ausschließlich dem Volksgericht vorbehalten.

Gegen die ausschließliche Befugnis des Volksgerichts wird in der Literatur vertreten, dass auch das Schiedsgericht die Befugnis haben soll, über die Sicherung des Vermögens, das sich bei einer Partei des Schiedsverfahrens befindet, zu entscheiden.[427] Die Partei in einem laufenden Schiedsverfahren soll auswählen dürfen, ob sie sich wegen der vorläufigen Maßnahme (einschließlich der Vermögenssicherung) an das Schiedsgericht oder an das Volksgericht wendet.[428] Um eine Vorprüfung des Streitgegenstandes durch das Volksgericht und widersprüchliche Ergebnisse von Schiedsgericht einerseits und Volksgericht andererseits zu vermeiden, soll die Antragstellung an das Schiedsgericht bevorzugt werden.[429] Nur wenn das Schiedsgericht nicht in der Lage oder nicht geeignet ist, über vorläufige Maßnahmen (einschließlich der Vermögenssicherung) zu entscheiden, soll das Volksgericht über den Antrag entscheiden.[430] Wenn es darum geht, das Vermögen, das sich bei einem Dritten befindet, zu sichern, hat das Volksgericht über die Vermögenssicherung zu entscheiden.[431] Vor der

---

426 DENG Jie, S. 88.
427 MA Liping/LI Jiliang, S. 43, 44; DENG Jie, S. 87, 88.
428 HUANG Kaishen, S. 142, 146.
429 HUANG Kaishen, S. 142, 159; ZHAO Dan, 2018, S. 2.
430 HUANG Kaishen, S. 142, 159.
431 MA Liping/LI Jiliang, S. 43, 44; QIAO Xin/DUAN Li, S. 4, 9.

Einleitung des Schiedsverfahrens dürfe die Partei den Vermögenssicherungsantrag nur beim Volksgericht stellen.[432]

Diese Literaturmeinungen sind zum Teil in den Schiedsordnungen einiger chinesischer Schiedsinstitutionen für bestimmte Konstellationen realisiert bzw. erweitert worden. Im folgenden Kapitel 4.C.VIII.2 werden deren Anwendungsumfang und Auswirkung auf die geltende Rechtslage noch näher dargestellt. Was die Vollziehung der Vermögenssicherung angeht, besteht in der Literatur Einigkeit darüber, dass diese ausschließlich dem Volksgericht vorbehalten ist.

III. Zeitpunkt der Vermögenssicherung

1. Vermögenssicherung im Schiedsverfahren

Die Vermögenssicherung in einem eingeleiteten Schiedsverfahren ist ein im Gesetz vorgesehener Regelfall und daher stets zulässig.

2. Vermögenssicherung vor Einleitung des Schiedsverfahrens

Das ZPG hat bis zum Jahr 2012 nicht die Vermögenssicherung vor Einleitung des Schiedsverfahrens, sondern nur die Vermögenssicherung vor Klageerhebung geregelt. In der Literatur wurde jedoch das Rechtsschutzinteresse an einer Vermögenssicherung vor Einleitung des Schiedsverfahrens angesprochen.[433] Im Jahr 2012 wurde das ZPG modifiziert. Es ist unstreitig, dass die Vermögenssicherung nach dem neuen § 104 I 1 ZPG vor der Erhebung der Schiedsklage beim Volksgericht beantragt werden kann. Interessant und nicht unbedenklich sind aber die Begrifflichkeit und die Verweisungstechnik, die m. E. klärungsbedürftig sind.

§ 104 I 1 ZPG besagt, dass ein Interessenbetroffener beim Volksgericht am Ort, wo sich das Sicherungsvermögen befindet oder beim Volksgericht am Wohnort des Antragsgegners oder beim Volksgericht, das für den Fall zuständig ist, vor der Klageerhebung oder Schiedsklageerhebung die Vermögenssicherung beantragen kann, wenn die rechtmäßigen Interessen des Interessenbetroffenen wegen der Dringlichkeit ohne die Vermögenssicherung irreparabel geschädigt würden.

Zu beachten ist zunächst die Begrifflichkeit „Interessenbetroffener". Dieser Begriff wird mehrmals benutzt im chinesischen Zivilprozessrecht. Jedoch fehlt eine eindeutige Definition dieses Begriffs. Allein vom Wortlaut kann der Begriff

---

432 HUANG Kaishen, S. 142, 146; ZHAO Dan, 2018, S. 2.
433 DA Kai, S. 54; DENG Jie, S. 90.

alle natürlichen oder juristischen Personen umfassen, deren Interessen von dem streitigen Fall unmittelbar oder mittelbar betroffenen sind, z.B. die Parteien, den Nebenintervenienten (im Sinne des deutschen Rechts) oder unbeteiligte Dritte, deren Interessen irgendwie betroffenen würden.

Es ergibt sich aus dem Sinn und Zweck der Regelung, dass mit dem sog. Interessenbetroffenen eigentlich Parteien der künftig zu erhebenden Klage oder Schiedsklage gemeint sind. Nur weil die Klage/Schiedsklage noch nicht erhoben worden ist, kann der Interessenbetroffene nicht als „Partei" benannt werden.

Eine Partei kann die Vermögenssicherung beantragen, wenn der Schiedsspruch wegen des Verhaltens der anderen Partei oder anderer Gründe nicht oder schwierig vollstreckt werden könnte (§ 28 I SchG). Die Schiedskommission hat den Vermögenssicherungsantrag der Partei nach den Regelungen des ZPG ans Volksgericht weiterzuleiten (§ 28 II SchG). Da eine Vermögenssicherung vor der Erhebung der Schiedsklage nach § 104 I 1 ZPG direkt beim Volksgericht zu beantragen ist, stehen der Wortlaut der Verweisungsnorm des § 28 II SchG und der Wortlaut des § 104 ZPG in Konflikt. Vorzugswürdig ist die Geltung/Anwendung von § 104, weil zum einen der neue § 104 ZPG mit eindeutigem Wortlaut in Bezug auf die Vermögenssicherung vor der Schiedsklageerhebung im Jahr 2012 eingefügt wurde und aktueller als der seit 1995 existierende alte Wortlaut des § 28 SchG ist. Zum anderen verweist § 28 SchG auf die Verfahrensregelungen im ZPG in Bezug auf die Vermögenssicherung, einschließlich der Regelungen über den Zeitpunkt der Antragstellung, Zuständigkeit und Verfahren. Gesetzgebungstechnisch gesehen sollte § 28 II SchG in der letzten Modifikation des SchG im Jahr 2017 angepasst werden. Aus unbekannten Gründen ist das nicht geschehen. Hoffentlich wird das in der nächsten Gesetzesänderung geschehen.

Die Schiedsordnungen einiger chinesischer Schiedsinstitutionen sehen die Anordnung vorläufiger Maßnahmen durch den Notschiedsrichter vor der Erhebung der Schiedsklage vor. Im folgenden Kapitel 4.C.VIII.2 werden deren Anwendungsumfang und Auswirkung auf die geltende Rechtslage noch näher dargestellt.

3. Vermögenssicherung nach Abschluss des Schiedsverfahrens

Die Vermögenssicherung soll nach ihrem Sinn und Zweck die künftige Vollstreckung gewährleisten. Die Gefahr, dass das Vermögen während des Schiedsverfahrens von der anderen Partei verschoben oder vernichtet wird, kann bis zur tatsächlichen Vollstreckung des Schiedsspruchs bestehen. Wenn die Vermögenssicherung nach dem geltenden Recht nur während eines Schiedsverfahrens möglich ist, besteht eine Rechtsschutzlücke für die Partei für den Zeitraum zwischen dem Erlass des Schiedsspruchs, d.h. Abschluss des Schiedsverfahrens, und der Vollstreckung des Schiedsspruchs.[434] Diese Lücke wird auch nicht durch eine vorläufige Vollstreckung geschlossen, weil das Schiedsgesetz nicht auf die Möglichkeit der vorläufigen Vollstreckung nach §§ 109, 110 ZPG verweist.[435] In der zivilrechtlichen Streitsache kann der Gläubiger in dringenden Fällen eine Vermögenssicherung beim Vollstreckungsgericht in der Zeit zwischen dem Inkrafttreten der Entscheidung und dem Beginn der Vollstreckungsverfahren beantragen. Wenn der Gläubiger innerhalb von 5 Tagen nach Vollziehung der Vermögenssicherung keine Vollstreckung mit dem Antrag in Gang setzt, wird die Vermögenssicherung aufgehoben.[436] M. E. bezieht sich diese Regelung ebenfalls auf das Vermögenssicherungsverfahren im weiteren Sinne und ist daher aufgrund der Verweisung in § 28 SchG auch auf das Schiedsverfahren anwendbar.

IV. Zuständigkeit

Nach § 279 ZPG und Artikel II Nr. 10 der Bestimmung des ObVG vom 29.12.2020[437] ist für die Entscheidung über die beantragte Vermögenssicherung und deren Vollstreckung in der Schiedssache mit Auslandsbezug das Mittlere Volksgericht sachlich zuständig. Nach Artikel II Nr. 9 der Bestimmung des ObVG vom 29.12.2020[438] ist für die Entscheidung über die beantragte Vermögenssicherung und deren Vollstreckung in der innerstaatlichen Schiedssache das Untere Volksgericht sachlich zuständig.

Örtlich zuständig ist nach § 104 ZPG in beiden Konstellationen das Volksgericht am Wohnort oder Sitz des Antragsgegners oder das Volksgericht am Ort, wo sich das zu sichernde Vermögen befindet.

Die Vermögenssicherung wird durch das Vollstreckungsorgan des Volksgerichts, das über die Vermögenssicherung entschieden hat, durchgeführt.[439]

---

434 Lutz Kniprath, S. 130.
435 Vgl. auch Lutz Kniprath, S. 130.
436 Art. 163 der Auslegung des ObVG zur Anwendung von ZPG vom 29.12.2020 (FaShi 2020, Nr. 20).
437 Bestimmung des ObVG über einige Fragen in der Vollstreckungsarbeit des Volksgerichts vom 29.12.2020 (FaShi 2020, Nr. 21).
438 Bestimmung des ObVG über einige Fragen in der Vollstreckungsarbeit des Volksgerichts vom 29.12.2020 (FaShi 2020, Nr. 21).
439 Siehe Nach § 43 der Bestimmung des ObVG zu einigen Fragen betreffend die Vermögenssicherung durch das Volksgericht vom 07.11.2016 (Fashi 2016, Nr. 22) (modifiziert vom 29.12.2020, Fashi 2020, Nr. 21). Auch YE Qing, S. 151. Früher war im Zivilprozess und Verwaltungsprozess die Prozesskammer für die Vollstreckung der

V. Verfahren

Die Vermögenssicherung gewährleistet die künftige Vollstreckung. Sie muss einem Zahlungs- oder Herausgabeanspruch dienen.[440] Der Antrag hat folgende Angaben zu enthalten: (1) Identität, Adresse und Kontakt des Antragstellers und Antragsgegners; (2) Antragsgegenstände und die Tatsachen und Gründe, auf die die Antragsgegenstände sich stützen; (3) der zu sichernde Betrag bzw. Wert des Streitgegenstands; (4) die Information über das zu sichernde Vermögen bzw. konkrete Hinweise auf das zu sichernde Vermögen (des Antraggegners); (5) Information über das Vermögen (auf der Seite des Antragstellers) bzw. die Kreditwürdigkeit des Antragstellers für die Sicherheitsleistung für die Vermögenssicherung oder die Gründe, warum keine Sicherheitsleistung erforderlich ist; (6) andere Informationen, die im Einzelfall dargestellt werden sollen.[441] Die einschlägigen Beweise zu den Angaben im Antrag sind auch vorzulegen.[442]

Zusätzlich zu den Antragsgegenständen sowie den Tatsachen und Gründe, auf die die Antragsgegenstände sich stützen, ist auch darzulegen, dass ohne Vermögenssicherungsmaßnahmen die Vollstreckung des Anspruchs durch das Verhalten der anderen Partei – z.B. die oben genannte Vernichtung, Verschiebung oder Veräußerung des Vermögens – oder aus anderen Gründen unmöglich oder schwierig sein würde.[443] Diese Notwendigkeit von Sicherungsmaßnahmen ist ähnlich wie der Arrestgrund bzw. Verfügungsgrund im deutschen Zivilprozessrecht. Darüber hinaus sollen auch Informationen über den Rechtsstreit zwischen dem Antragsteller und Antragsgegner angegeben werden. Das ist auch vergleichbar wie der Arrestanspruch bzw. Verfügungsanspruch im deutschen Zivilprozessrecht.

Vermögenssicherungsanordnung zuständig. Nach dem modifizierten Art. I Nr. 3 der Bestimmung des ObVG über einige Fragen in der Vollstreckungsarbeit des Volksgerichts vom 29.12.2020 (FaShi 2020, Nr. 21) soll das Vollstreckungsorgan jetzt die vom Volksgericht im Zivilprozess und Verwaltungsprozess angeordnete Vermögenssicherung ausführen.

440 TAN Bing, S. 357.
441 § 1 der Bestimmung des ObVG zu einigen Fragen betreffend die Vermögenssicherung durch das Volksgericht vom 07.11.2016 (Fashi 2016, Nr. 22) (modifiziert durch das ObVG am 29.12.2020, Fashi 2020, Nr. 21).
442 § 1 der Bestimmung des ObVG zu einigen Fragen betreffend die Vermögenssicherung durch das Volksgericht vom 07.11.2016 (Fashi 2016, Nr. 22) (modifiziert durch das ObVG am 29.12.2020, Fashi 2020, Nr. 21).
443 TAO Jingzhou, 2007, S. 9–10; TAN Bing, S. 357.

Dass das Volksgericht in seinem Ermessen das Dringlichkeitserfordernis anhand der zur Verfügung gestellten Beweise zu prüfen hat, versteht sich von selbst. Zu beachten ist, dass weder im Gesetz noch in den Auslegungsregelungen des ObVG geregelt ist, ob das Bestehen bzw. die Erfolgsaussicht des zu sichernden Anspruchs vom Volksgericht geprüft werden oder, wenn ja, glaubhaft gemacht werden oder schlüssig aussehen sollen. Im Antrag ist nur das Aktenzeichen der erhobenen Klage mit den Parteien und dem Rechtsstreitgrund (*Anyou*案由) (siehe Kapitel 2.A.I.2.a)) anzugeben.[444] Aus Diskussionen mit chinesischen Richtern und Rechtsanwälten über die praktische Umsetzung ergibt sich, dass das Volksgericht das Bestehen bzw. die Erfolgsaussicht des zu sichernden Anspruchs in der Praxis grundsätzlich nicht prüft(!). Das Volksgericht prüft den zu sichernden Anspruch nur, wenn Anhaltspunkte für eine fiktive Klage bzw. Scheinklage bestehen.[445]

Für eine Prüfung des zu sichernden Anspruchs spräche allerdings zunächst, dass die Vermögenssicherung im gewissen Sinne eine vorzeitige und vorübergehende Vollstreckung und keinen geringfügigen Eingriff in die Rechte der Gegenpartei darstellt. Dafür muss der zu sichernde Gegenstand zumindest schutzwürdig sein. Wenn das Volksgericht die Vermögenssicherung anordnet, ohne den Anspruch des Antragstellers vorab zu prüfen, wird das Vorhandensein der Schutzwürdigkeit des zu sichernden Gegenstands stets angenommen, was nicht immer gerechtfertigt sein muss. Darüber hinaus sieht das ObVG in einer Bestimmung vor, dass das Volksgericht von der Sicherheitsleistung durch den Antragsteller absehen kann, wenn sich aus dem eindeutigen Sachverhalt und Gläubiger-Schuldner-Verhältnis ergibt, dass die Wahrscheinlichkeit einer fehlerhaften Vermögenssicherung relativ gering ist.[446] Geringe Wahrscheinlichkeit einer fehlerhaften Vermögenssicherung heißt, dass der Antragsteller seine Klage im Klageverfahren voraussichtlich gewinnen würde.[447] Das zeigt mit Hilfe des Rückschlussgedankens, dass das Volksgericht zumindest prüfen sollte, ob der zu sichernde Anspruch schlüssig vorgetragen ist.

---

444 Laut dem Template für den Vermögenssicherungsantrag aus der offiziellen Webseite des Online Systems für Sicherungsanträge an Volksgerichte https://baoquan.court.gov.cn/#/home/index (zuletzt abgerufen am 09.03.2023).
445 Leider sind die Antworten der einzelnen befragten Personen nicht zitierbar.
446 § 9 I Nr. 5 der Bestimmung des ObVG zu einigen Fragen betreffend die Vermögenssicherung durch das Volksgericht vom 07.11.2016 (Fashi 2016, Nr. 22) (modifiziert durch das ObVG am 29.12.2020, Fashi 2020, Nr. 21).
447 Siehe Kapitel 4.A.X, Entschädigungsmöglichkeit.

Die Antragsteller und der Antragsgegner müssen Parteien des anhängigen Rechtsstreits sein.[448] Im Fall der Vermögenssicherung vor der Einleitung des Schiedsverfahrens muss ein rechtliches Gläubiger-Schuldner-Verhältnis zwischen dem Antragsteller und dem Antragsgegner bestehen.[449] Die Vermögenssicherung kann nur das Vermögen, das der Streitgegenstand zwischen den Parteien ist, oder das Vermögen des Antragsgegners erfassen.[450] Das Vermögen eines nicht an dem Prozess/Schiedsverfahren beteiligten Dritten darf kein Gegenstand der Vermögenssicherung sein.[451]

Nach Annahme des Vermögenssicherungsantrags hat das Volksgericht innerhalb von 5 Tagen über den Antrag zu entscheiden. In dringenden Fällen muss es innerhalb von 48 Stunden entscheiden.[452]

VI. Sicherheitsleistung

Das Volksgericht kann nach § 103 II ZPG die Erbringung einer Sicherheitsleistung durch den Antragsteller anordnen. Die angeordnete Sicherheitsleistung soll nicht mehr als 30% des zu sichernden Betrags bzw. des Werts des Streitgegenstands ausmachen.[453] Im Fall der Vermögenssicherung vor der Klageerhebung

---

448 Z.B. § 7 (2) der Bestimmung des Oberen Volksgerichts von Shanghai zur Vermögenssicherung, modifiziert vom 17.07.2017, https://www.hshfy.sh.cn/shfy/gweb2017/xxnr.jsp?pa=aaWQ9MjAxMTE0MzImeGg9MSZsbWRtPWxtNDcxz&zd=splc ((zuletzt abgerufen am 09.03.2023).

449 Z.B. § 9 (1) der Bestimmung des Oberen Volksgerichts von Shanghai zur Vermögenssicherung, modifiziert vom 17.07.2017, https://www.hshfy.sh.cn/shfy/gweb2017/xxnr.jsp?pa=aaWQ9MjAxMTE0MzImeGg9MSZsbWRtPWxtNDcxz&zd=splc ((zuletzt abgerufen am 09.03.2023).

450 Z.B. § 7 (3) der Bestimmung des Oberen Volksgerichts von Shanghai zur Vermögenssicherung, modifiziert vom 17.07.2017, https://www.hshfy.sh.cn/shfy/gweb2017/xxnr.jsp?pa=aaWQ9MjAxMTE0MzImeGg9MSZsbWRtPWxtNDcxz&zd=splc ((zuletzt abgerufen am 09.03.2023).

451 Z.B. § 86 (1) der Bestimmung des Oberen Volksgerichts von Shanghai zur Vermögenssicherung, modifiziert vom 17.07.2017, https://www.hshfy.sh.cn/shfy/gweb2017/xxnr.jsp?pa=aaWQ9MjAxMTE0MzImeGg9MSZsbWRtPWxtNDcxz&zd=splc ((zuletzt abgerufen am 09.03.2023).

452 § 103 III ZPG und § 4 der Bestimmung des ObVG zu einigen Fragen betreffend die Vermögenssicherung durch das Volksgericht vom 07.11.2016 (Fashi 2016, Nr. 22) (modifiziert durch das ObVG am 29.12.2020, Fashi 2020, Nr. 21).

453 § 5 I der Bestimmung des ObVG zu einigen Fragen betreffend die Vermögenssicherung durch das Volksgericht vom 07.11.2016 (Fashi 2016, Nr. 22) (modifiziert durch das ObVG am 29.12.2020, Fashi 2020, Nr. 21).

bzw. Einleitung des Schiedsverfahrens hat der Antragsteller entsprechend einer gerichtlichen Anordnung eine Sicherheit in voller Höhe des ersuchten zu sichernden Betrags bzw. des Werts des Streitgegenstands zu leisten. In speziellen Fällen hat das Volksgericht hinsichtlich der Höhe der Sicherheitsleistung eigenes Ermessen.[454] Falls der Antragsteller die Sicherheitsleistung verweigert, wird der Antrag abgelehnt.

Das Volksgericht kann in bestimmten Fällen von der Anordnung einer Sicherheitsleistung absehen, z.B. wenn der Antragsteller mit der ersuchten Vermögenssicherung seinen Anspruch auf Unterhaltszahlungen, Erstattung medizinischer Kosten, ausstehende Arbeitsentgelte oder Entschädigung für Personenschäden aus Arbeits- oder Verkehrsunfall geltend macht, oder wenn sich aus dem eindeutigen Sachverhalt und Gläubiger-Schuldner-Verhältnis ergibt, dass die Wahrscheinlichkeit einer fehlerhaften Vermögenssicherung relativ gering ist.[455]

Die Vermögenssicherung vor Klageerhebung bzw. der Einleitung des Schiedsverfahrens wird automatisch zur Vermögenssicherung im laufenden Verfahren umgewandelt, wenn die Klage bzw. die Schiedsklage innerhalb von 30 Tagen nach der Vornahme der Sicherungsmaßnahmen durch das Volksgericht erhoben wird. In der Vollstreckungsphase (d.h. nach dem Abschluss des Streitverfahrens) wird die (bereits vorgenommene) Vermögenssicherung automatisch zur Vollstreckungsmaßnahme wie Versiegelung, Verwahrung oder Einfrierung umgewandelt.[456]

VII. Sicherungsmaßnahmen

Als Sicherungsmaßnahmen kommen die Versiegelung, die Verwahrung, das Einfrieren, die Sicherheitsleistung durch den Antragsgegner und andere vom Gesetz vorgesehene Maßnahmen nach § 106 ZPG in Betracht.[457] Während

---

454 Art. 152 II 2 der Auslegung des ObVG zur Anwendung des ZPG vom 29.12.2020 (FaShi 2020, Nr. 20); § 5 II der Bestimmung des ObVG zu einigen Fragen betreffend die Vermögenssicherung durch das Volksgericht vom 07.11.2016 (Fashi 2016, Nr. 22) (modifiziert durch das ObVG am 29.12.2020, Fashi 2020, Nr. 21).

455 § 9 der Bestimmung des ObVG zu einigen Fragen betreffend die Vermögenssicherung durch das Volksgericht vom 07.11.2016 (Fashi 2016, Nr. 22) (modifiziert durch das ObVG am 29.12.2020, Fashi 2020, Nr. 21).

456 § 17 der Bestimmung des ObVG zu einigen Fragen betreffend die Vermögenssicherung durch das Volksgericht vom 07.11.2016 (Fashi 2016, Nr. 22) (modifiziert durch das ObVG am 29.12.2020, Fashi 2020, Nr. 21).

457 WANG Jingfan, S. 60, 65.

sich die Versiegelung und Aufbewahrung in der Regel auf unbewegliche oder bewegliche Gegenstände richten, bezieht sich das Einfrieren auf das Guthaben des Antragsgegners bei einer Bank und auch auf seine Wertpapiere. Jede Art der Verfügung über die Forderung gegen die Bank oder Kreditinstitute ist dem Antragsgegner dann verboten. Darüber hinaus können hinterlegungsunfähige Waren durch die Parteien oder durch das Volksgericht versteigert werden, und der Versteigerungserlös wird bei dem Volksgericht hinterlegt.[458] Falls das vorhandene Vermögen des Antragsgegners für den zu sichernden Anspruch nicht ausreicht und der Antragsgegner eine Forderung gegen einen Dritten hat, kann das Volksgericht dem Drittschuldner verbieten, an den Schuldner zu leisten.[459]

Bis zum Jahr 2015 konnten unbewegliche Gegenstände und bestimmte bewegliche Gegenstände, z.B. Fahrzeuge oder Schiffe, noch in der Weise gesichert werden, dass die Eigentumsurkunden für diese Gegenstände gepfändet wurden und zugleich die zuständige Behörde darüber informiert wurde, dass einer Übertragung der entsprechenden Gegenstände nicht zugestimmt oder die Abänderung des Inhabers aufgrund eines Übertragungsgeschäfts nicht vorgenommen werden dürfe. Gegebenenfalls konnten solche Gegenstände verpfändet werden.[460] Seit dem Jahr 2016 können alle solchen Gegenstände versiegelt und verpfändet werden. Bei Fahrzeugen oder Flugzeugen hat der Antragsgegner schriftlich über Eigentum und Nutzungsstand der Gegenstände für die weitere Prüfung des Gerichts zu berichten.[461] Ein Grundstück oder eine Wohnung kann teilweise versiegelt oder verpfändet werden, wenn deren Gesamtwert höher als der zu sichernden Anspruch ist.[462]

Ein Gegenstand des Antragsgegners, der seinerseits schon zur Sicherung der Schulden des Antragsgegners an einen Dritten verpfändet ist oder von einem

---

458 Art. 153 der Auslegung des ObVG zur Anwendung von ZPG vom 29.12.2020 (FaShi 2020, Nr. 20).
459 Art. 159 der Auslegung des ObVG zur Anwendung von ZPG vom 29.12.2020 (FaShi 2020, Nr. 20).
460 Art. 101 der Auslegung des ObVG zur Anwendung von ZPG vom 14.07.1992 (FaShi 1992, Nr. 22).
461 § 14 der Bestimmung des ObVG zu einigen Fragen betreffend die Vermögenssicherung durch das Volksgericht vom 07.11.2016 (Fashi 2016, Nr. 22) (modifiziert durch das ObVG am 29.12.2020, Fashi 2020, Nr. 21).
462 § 15 der Bestimmung des ObVG zu einigen Fragen betreffend die Vermögenssicherung durch das Volksgericht vom 07.11.2016 (Fashi 2016, Nr. 22) (modifiziert durch das ObVG am 29.12.2020, Fashi 2020, Nr. 21).

Dritten rechtmäßig einbehalten wird, kann ebenfalls gesichert werden. Jedoch hat der Dritte Vorrang bei der Befriedigung aus diesem Gegenstand.[463]

Wenn der Antragsgegner mehrere Gegenstände, die dem Sicherungszweck dienen können, besitzt, soll das Volksgericht die gesicherten Gegenstände auswählen, deren Wegnahme/Aufbewahrung sich auf das Leben oder das Geschäft des Antragsgegners weniger auswirkt. Die fortgesetzte Nutzung durch den Antragsgegner kann erlaubt werden, wenn sie keinen wesentlichen Einfluss auf den Wert der Gegenstände hat, z.B. Anlagen, Maschinen und Einrichtungen, die zur Produktion notwendig sind.[464]

VIII. Rechtsbehelf

1. Rechtsbehelfe gegen die Entscheidung über die Vermögenssicherung

Gegen die Entscheidung über die Vermögensversicherung können die Parteien (sowohl Antragsteller als auch Antragsgegner) innerhalb von 5 Tagen nach der Zustellung der Entscheidung einen einmaligen Widerspruch beim Volksgericht, das über die Vermögenssicherung entschieden hat, einlegen. Das Gericht muss innerhalb von 10 Tagen nach Erhalt des Widerspruchs entscheiden.[465] Während der Prüfung des Widerspruchs wird der Vollzug der angeordneten Sicherungsmaßnahmen nicht ausgesetzt (§ 111 ZPG). Wenn der Widerspruch des Antragsgegners gegen die angeordnete Vermögenssicherung Erfolg hat, wird die Vermögenssicherung aufgehoben oder abgeändert. Wenn der Widerspruch des Antragstellers gegen die Ablehnung der Vermögenssicherung Erfolg hat, wird die Ablehnungsentscheidung aufgehoben und die Vermögenssicherung angeordnet.[466]

---

463 Art. 157 der Auslegung des ObVG zur Anwendung von ZPG vom 29.12.2020 (FaShi 2020, Nr. 20).
464 Art. 155 der Auslegung des ObVG zur Anwendung von ZPG vom 29.12.2020 (FaShi 2020, Nr. 20); § 13 der Bestimmung des ObVG zu einigen Fragen betreffend die Vermögenssicherung durch das Volksgericht vom 07.11.2016 (Fashi 2016, Nr. 22) (modifiziert durch das ObVG am 29.12.2020, Fashi 2020, Nr. 21).
465 § 111 ZPG und § 25 I der Bestimmung des ObVG zu einigen Fragen betreffend die Vermögenssicherung durch das Volksgericht vom 07.11.2016 (Fashi 2016, Nr. 22) (modifiziert durch das ObVG am 29.12.2020, Fashi 2020, Nr. 21).
466 § 25 II und III der Bestimmung des ObVG zu einigen Fragen betreffend die Vermögenssicherung durch das Volksgericht vom 07.11.2016 (Fashi 2016, Nr. 22) (modifiziert durch das ObVG am 29.12.2020, Fashi 2020, Nr. 21).

2. Rechtsbehelfe gegen Vollziehungsmaßnahmen

Der Antragsteller, Antragsgegner oder Interessenbetroffene kann einen schriftlichen Widerspruch erheben, wenn er der Ansicht ist, dass die Vollziehungsmaßnahmen zur Durchsetzung der Vermögenssicherung rechtswidrig sind.[467] Das Volksgericht hat innerhalb von 15 Tagen nach Erhalt des Widerspruchs diesen zu prüfen und entscheiden. Gegen die Entscheidung über den Widerspruch kann der Antragsteller, Antragsgegner oder Interessenbetroffene nach § 232 ZPG innerhalb von 10 Tagen nach Zustellung der Entscheidung einen Einspruch beim Volksgericht der nächsten Instanz einlegen.

Der Begriff des Interessenbetroffenen soll hier m. E. umfangreich ausgelegt werden und umfasst alle Personen, deren Interessen von der Vollziehungsmaßnahme betroffen sind. Unbeteiligte Dritte gehören auch dazu.

3. Rechtsbehelfe des Dritten

Dass dem Antragsgegner, der normalerweise Partei des Rechtsstreits ist, gegen die Vermögenssicherung ein Widerspruch als Rechtsbehelf zusteht, ist positiv zu beurteilen. Zu beachten ist, dass die Vermögenssicherung normalerweise die Gegenstände im Besitz des Antragsgegners erfassen. Hinsichtlich einer beweglichen Sache wird vermutet, dass ihr Besitzer auch der Eigentümer ist; hinsichtlich einer unbeweglichen Sache wird vermutet, dass der im Register Eingetragene der Eigentümer ist.[468] Eine Ausnahme gilt nur für den Fall, dass sich der Gegenstand offensichtlich bei einer „Besitzhilfe"[469], zum Beispiel einem Lagerinhaber oder Verwahrer, befindet. Daher kommt es in der Praxis nicht selten vor, dass die gesicherten Gegenstände eigentlich einem Dritten gehören.

Im Falle der Sicherstellung des Gegenstandes, der nicht Gegenstand des Rechtsstreits zwischen den Parteien ist, kann der Dritte, der nicht an dem Rechtsstreit beteiligt ist, schriftlichen Widerspruch beim Volksgericht gegen die Entscheidung des Volksgerichts über die Vermögenssicherung und/oder gegen die Vollziehungsmaßnahme zur Durchsetzung der Vermögenssicherung einlegen,

---

467 § 26 der Bestimmung des ObVG zu einigen Fragen betreffend die Vermögenssicherung durch das Volksgericht vom 07.11.2016 (Fashi 2016, Nr. 22) (modifiziert durch das ObVG am 29.12.2020, Fashi 2020, Nr. 21), der auf § 232 ZPG verweist.
468 XU Ziliang, S. 138, 139.
469 Der Begriff „Besitzhilfe" wird für den Fall angewendet, dass es unter Umständen für den objektiven Dritten erkennbar ist, dass der tatsächliche Besitzer nicht Eigentümer ist, sondern nur dem Eigentümer „hilft", die Sachen zu behalten oder zu verwahren, vgl. XU Ziliang, S. 138, 140.

wenn er ein materielles Recht an dem Sicherungsgegenstand geltend macht.[470] Das materielle Recht könnte Eigentum oder ein anderes materielles Recht sein, das genügt, um die Übertragung oder Übergabe des sichergestellten Gegenstandes zu verhindern.[471] Das Volksgericht hat nach § 234 ZPG den Widerspruch innerhalb von 15 Tagen nach Erhalt zu prüfen und zu entscheiden. Gegen diese Entscheidung über den Widerspruch kann sowohl der Antragsteller als auch der Dritte innerhalb von 15 Tagen nach Zustellung dieser Entscheidung eine Vollstreckungswiderspruchsklage erheben. Falls das Volksgericht dem Widerspruch des Dritten stattgegeben hat und der Antragsteller nach Ablauf der 15-tägigen Frist keine Vollstreckungswiderspruchsklage erhebt, hebt das Volksgericht die Sicherstellung des betroffenen Gegenstandes auf.[472] Wenn das Volksgericht dem Widerspruch des Dritten nicht stattgibt, soll das Vollstreckungsgericht für die Vollstreckungswiderspruchsklage des unbeteiligten Dritten zuständig sein.[473]

Im Laufe der Prüfung des Volksgerichts über den Widerspruch des Dritten oder über die Vollstreckungswiderspruchsklage des Dritten darf das Volksgericht nicht über den sichergestellten Gegenstand verfügen, es sei denn, dass der Antragsteller ausreichende und effektive Sicherheitsleistung erbringt.[474]

IX. Beendigung der Vermögenssicherung

Mit den oben erwähnten Rechtsbehelfen kann die Vermögenssicherung aufgehoben bzw. beendet werden. Darüber hinaus kann das Gericht auch in den folgenden Fällen die angeordnete und/oder ausgeführte Vermögenssicherung aufheben:

---

470 § 27 der Bestimmung des ObVG zu einigen Fragen betreffend die Vermögenssicherung durch das Volksgericht vom 07.11.2016 (Fashi 2016, Nr. 22) (modifiziert durch das ObVG am 29.12.2020, Fashi 2020, Nr. 21), der auf § 234 ZPG verweist.
471 § 14 der Auslegung des ObVG über die Anwendung des ZPG im Vollstreckungsverfahren vom 29.12.2020 (FaShi 2020, Nr. 21).
472 § 27 der Bestimmung des ObVG zu einigen Fragen betreffend die Vermögenssicherung durch das Volksgericht vom 07.11.2016 (Fashi 2016, Nr. 22) (modifiziert durch das ObVG am 29.12.2020, Fashi 2020, Nr. 21), der auf § 234 ZPG verweist.
473 § 1 I der Auslegung des ObVG zur Rechtsanwendungsfrage in Bezug auf die Vollstreckungswiderspruchsklage (Entwurf für öffentliche Kommentierungen) vom 29.11.2019. Diese Auslegung ist nur ein Entwurf. Eine förmliche Auslegung ist noch nicht veröffentlicht worden.
474 § 15 und § 16 der Auslegung des ObVG über die Anwendung des ZPG im Vollstreckungsverfahren vom 29.12.2020 (FaShi 2020, Nr. 21).

(1) wenn die Vermögenssicherung fehlerhaft ist;
(2) wenn der Antragsteller den Antrag zurückgenommen hat;
(3) wenn die Klage/Schiedsklage des Antragstellers durch wirksame Entscheidung abgewiesen worden ist;
(4) wenn andere Konstellationen vorliegen, die das Volksgericht überzeugen, dass die Vermögenssicherung aufgehoben werden sollen.[475]

Der Antragsteller hat in den folgenden für die Schiedssache relevanten Fällen die Aufhebung der Vermögenssicherung zu beantragen:

(1) wenn die Schiedsklage nicht innerhalb von 30 Tagen nach der Vollziehung der Vermögenssicherung erhoben worden ist;
(2) wenn die Schiedsinstitution die Schiedsklage nicht annimmt oder die Rücknahme der Schiedsklage (durch den Antragsteller bzw. Schiedskläger) zulässt oder die Schiedsklage so behandelt, als sei sie zurückgenommen worden;
(3) wenn die Schiedsklage durch den Schiedsspruch abgewiesen worden ist;
(4) wenn andere Konstellationen vorliegen, aus denen sich ergibt, dass die Vermögenssicherung aufgehoben werden sollen.[476]

Die Vermögenssicherung kann auch aufgehoben werden, wenn der gesicherte Anspruch erfüllt ist, die Voraussetzungen der Vermögenssicherung entfallen sind oder der Antragsteller mit Zustimmung des Gerichts seinen Antrag zurückgenommen hat.[477] Wenn der Schiedsspruch aufgehoben wird, muss auch die Vermögenssicherung aufgehoben werden.[478]

---

475 Art. 166 I der Auslegung des ObVG zur Anwendung von ZPG vom 29.12.2020 (FaShi 2020, Nr. 20).
476 § 23 I der Bestimmung des ObVG zu einigen Fragen betreffend die Vermögenssicherung durch das Volksgericht vom 07.11.2016 (Fashi 2016, Nr. 22) (modifiziert durch das ObVG am 29.12.2020, Fashi 2020, Nr. 21).
477 Lutz Kniprath, S. 133.
478 Antwortschreiben des ObVG zur vorgelegten Frage im Fall des Antrags auf Aufhebung der Vermögenssicherung durch Hong Sheng Ltd. (MinSiTaZi 2004, Nr. 25). Ursprüngliche Klägerin des Schiedsverfahrens vor der Schiedskommission in der Stadt DaLian war die Hui Ying Medien Vertrieb Ltd. (HY). Beklagte war die Hong Sheng Ltd. (HS). Der Sachverhalt des Falles war wie folgt: Die Klägerin HY hat im Schiedsverfahren gegen die Beklagte HS Antrag auf Vermögenssicherung gestellt. Das zuständige Mittlere Volksgericht am Ort hat dem Antrag stattgegeben. Später wurde dem Schiedsanspruch des Klägers stattgegeben. Gleichzeitig wurde festgestellt, dass die Beklagte HS mit einem Gegenanspruch gegen die Klägerin gegen den stattgegebenen Schiedsanspruch aufrechnen konnte. Fünf Tage nach dem Erlass des Schiedsspruchs hat die Beklagte Antrag auf Aufhebung der Vermögenssicherung beim Mittleren Volksgericht gestellt. Sie war der Ansicht, dass der Anspruch der Klägerin bereits durch die Aufrechnung erfüllt worden und mit dieser Erfüllung

X. Entschädigungsmöglichkeit

1. Entschädigung durch Antragsteller

Wenn das Ersuchen der Vermögenssicherung fehlerhaft ist, hat der Antragsteller dem Antraggegner nach § 28 III SchG Schäden durch die Vermögenssicherung zu ersetzen.[479] Fraglich ist, mit welchem Maßstab anzunehmen ist, dass das Ersuchen der Vermögenssicherung fehlerhaft ist. Die Vermögenssicherung ist eine Art des einstweiligen Rechtsschutzes. Der Sinn der Vermögenssicherung liegt darin, eine gesicherte Vermögenslage zu verschaffen, bevor der Anspruch des Antragstellers bzw. des künftigen Klägers und Gläubigers durch eine rechtskräftige Zivilentscheidung oder einen wirksamen Schiedsspruch festgestellt wird. Das bringt das Risiko mit sich, dass der Antragsteller im Zivilprozess und in der Schiedsklage verliert. Daher kann ein fehlerhaftes Ersuchen nur angenommen werden, wenn die Notwendigkeit der Vermögenssicherung aufgrund eines Verschuldens des Antragstellers falsch interpretiert wurde oder der Anspruch des Antragstellers aus dem Antragsteller von Anfang an bekannten Gründen nicht besteht.

Der Antragsteller hat dem Antragsgegner einen durch die Vermögenssicherung erlittenen Schaden zu ersetzen, wenn er die Aufhebung der Vermögenssicherung nicht rechtzeitig beantragt hat, obwohl er dies hätte tun müssen (siehe Voraussetzungen für die Aufhebung der Vermögenssicherung durch den Antragssteller oben in Kapitel 4.A.IX).[480]

---

der Schiedsspruch auch quasi „vollstreckt" worden sei. Wenige Tage später hat die Klägerin Aufhebung des Schiedsspruchs beim gleichen Volksgericht beantragt. Das Mittlere und später auch das Obere Volksgericht beabsichtigten, den Schiedsspruch aufzuheben, waren aber nicht sicher, ob die Vermögenssicherung auch aufzuheben war. Daraufhin wollten sie die Stellungnahme des ObVG einholen. Nach Ansicht des ObVG darf die Vermögenssicherung solange nicht aufgehoben werden, wie die Aufhebung der Schiedsentscheidung lediglich beantragt worden ist und das Gericht noch nicht darüber entschieden hat, weil die Vermögenssicherung bis zur Vollstreckung des Schiedsspruchs die Rechtswirkung behält. Falls das Volksgericht den Schiedsspruch aufheben würde, müsste es auch die Vollstreckung aus der Schiedsentscheidung nach § 64 SchG beenden. Mit dem Entfallen des Zwecks der Vermögenssicherung müsste das Volksgericht auch die Vermögenssicherung aufheben.

479 Das entspricht der Entschädigungsregelung für den Zivilprozess nach § 108 ZPG.
480 § 23 III der Bestimmung des ObVG zu einigen Fragen betreffend die Vermögenssicherung durch das Volksgericht vom 07.11.2016 (Fashi 2016, Nr. 22) (modifiziert durch das ObVG am 29.12.2020, Fashi 2020, Nr. 21).

Wie bei dem Rechtsbehelf des Dritten gegen die Vermögenssicherung ist dem Dritten auch die Möglichkeit zu geben, einen erlittenen Schaden ersetzt zu bekommen, wenn statt der Gegenstände des Antragsgegners die Gegenstände des Dritten gesichert worden sind. Nach einer Ansicht ist die Sicherstellung antragsgegnerfremder Gegenstände allein schon ausreichend, eine fehlerhafte Vermögenssicherung anzunehmen und dem Dritten zu ermöglichen, den Schadensersatzanspruch geltend zu machen.[481] Diese Ansicht ist aber nicht überzeugend, weil der Schadensersatzanspruch ein verschuldensabhängiger Anspruch ist und das Verschulden des Antragstellers voraussetzt. Es ist zuzugeben, dass das Interesse des unbeteiligten Dritten an seinem Eigentum oder seinem materiellen Recht im Verhältnis zum Interesse des Antragstellers an der Befriedigung seines Anspruchs aus dem Vermögen des Antragsgegners schutzwürdiger ist. Daher darf keine hohe Anforderung für das Verschulden des Antragstellers gestellt werden. Dem Antragsteller sollten hinsichtlich der dem Dritten gehörenden Gegenstände deshalb verstärkte Sorgfalts- und Überprüfungspflichten auferlegt werden, weil er diese Gegenstände als die zu sichernden Gegenstände in seinem Vermögenssicherungsantrag angibt. Im Fall einer teilweisen Abweisung der Schiedsklage, d.h. bei einer teilweisen Verwirklichung des Sicherungsbedürfnisses sollte ein Schadensersatz zum Teil möglich sein.

Das Volksgericht, das die Vermögenssicherung ausführt, ist zuständig für Streitigkeiten zwischen den Parteien, die sich um den genannten Schadensersatz wegen der Vermögenssicherung streiten.[482] Es sollte auch für die Klage des Dritten gegen den Antragsteller auf den Schadenersatz zuständig sein.

2. *Staatliche Entschädigung*

Nach § 38 des Gesetzes über die staatliche Entschädigung der Volksrepublik China (**Entschädigungsgesetz**)[483] kann der Geschädigte eine staatliche Entschädigung für eine rechtswidrige Sicherungsmaßnahme verlangen. Es ist zu

---

481 Vgl. in XU Ziliang, S. 138, 141. In einem vom Autor XU Ziliang zitierten Fall hat das Gericht die Geltendmachung des Entschädigungsanspruchs des Dritten zugelassen und anschließend geprüft.

482 Vgl. § 27 der Auslegung des ObVG über die Anwendung des ZPG im Vollstreckungsverfahren vom 29.12.2020 (FaShi 2020, Nr. 21).

483 Das Gesetz über die staatliche Entschädigung der Volksrepublik China wurde am 12.05.1994 verkündet und ist am 01.01.1995 in Kraft getreten. Die letzte Modifikation war im Jahr 2012. Der aktuelle Paragraph 38 ist identisch mit Paragraph 31 in der alten Version und ist unverändert geblieben.

berücksichtigen, dass die Staatsentschädigung nur bei Vornahme rechtswidriger Sicherungsmaßnahmen durch Volksgerichte möglich ist. Der Betroffene muss zudem noch ein weiteres selbständiges Verfahren unter dem Gesetz über die staatliche Entschädigung einleiten und die Risiken und Kosten tragen. Das ObVG hat am 08.02.2022 eine neue Auslegung zur staatlichen Entschädigung im Zusammenhang mit der Zwangsvollstreckung erlassen.[484] Die Auslegung ist am 01.03.2022 in Kraft getreten und gilt für die Fälle, in denen ein Geschädigter einen Schadensersatzanspruch nach § 38 des Entschädigungsgesetzes geltend macht, wenn das Volksgericht bei der Vollstreckung von Urteilen, Beschlüssen und anderen rechtskräftigen Rechtsdokumenten (einschließlich der Schiedssprüche) fehlerhafte Vollstreckungsmaßnahmen oder Zwangsmaßnahmen vorgenommen hat und die rechtmäßigen Rechte und Interessen von Bürgern, juristischen Personen und anderen Organisationen dadurch verletzt sind und bei den Bürgern, juristischen Personen und anderen Organisationen Schäden entstanden sind.[485]

---

484 Auslegung des ObVG vom 08.02.2022 zu verschiedenen Rechtsanwendungsfragen zur Entschädigung im Zusammenhang mit der Zwangsvollstreckung (FaShi 2022, Nr. 3).
485 Art. 1 der Auslegung des ObVG vom 08.02.2022 zu verschiedenen Rechtsanwendungsfragen zur Entschädigung im Zusammenhang mit der Zwangsvollstreckung (FaShi 2022, Nr. 3). Nach Art. 2 der Auslegung kann der Schadensersatz geltend gemacht werden:
(1) wenn ein nicht rechtskräftiger Titel vollstreckt wurde oder wenn der Gegenstand der Vollstreckung den im Titel festgelegten Betrag und Umfang deutlich überschreitet;
(2) wenn die Vollstreckung vorsätzlich verzögert wird, unterlassen wird oder nicht wiederaufgenommen wird, obwohl sie nach dem Gesetz hätte erfolgen müssen, in dem Fall, dass der Vollstreckungsschuldner über vollstreckbare Vermögensgegenstände verfügt;
(3) wenn rechtswidrig in das Vermögen eines außenstehenden Dritten vollstreckt wurde oder die Vollstreckungsgegenstände rechtswidrig an andere Parteien oder außenstehende Dritten ausgehändigt wurden;
(4) wenn in die Vermögensgegenstände, die Gegenstände der Hypotheken, Verpfändungen, Pfandrechte und Eigentumsvorbehalte sind, Vollstreckung wurde und die Rechtsinhaber, die nach dem Gesetz vorgängig zu befriedigen sind, nicht berücksichtigt und geschützt sind;
(5) wenn in einen Vermögensgegenstand, der bereits Gegenstand einer rechtmäßigen Sicherungs- oder Vollstreckungsmaßnahme eines anderen Volksgerichts ist, rechtswidrig vollstreckt wurde;
(6) wenn die Beaufsichtigung und die Verwahrung der beschlagnahmten, gepfändeten oder eingefrorene Vermögensgegenstände vorsätzliche unterlassen oder vernachlässigt worden sind;

B. Handlungssicherung

I. Rechtsgrundlage für Handlungssicherung

Bis zum Juni 2012 war die Vermögenssicherung in Kapitel 9 (Titel: Vermögenssicherung und vorläufige Vollstreckung)[486] im Buch 1 (Titel: Allgemeiner Teil), und in Kapitel 26 (Titel: Vermögenssicherung)[487], und Kapitel 27 (Titel: Schiedsgerichtsbarkeit)[488] im Buch 4 (Titel: Verfahren mit Auslandsbezug), geregelt. Eine Handlungssicherung in Form der gerichtlichen Anordnung des Handelns oder Unterlassens durch eine Partei war damals nur in den Gesetzen in Bezug auf das Recht am geistigen Eigentum geregelt.[489] Mit dem Inkrafttreten der Modifikation des ZPG am 01.07.2012 wurde der einstweilige Schutz des staatlichen Gerichts um die Handlungssicherung erweitert. Die relevante Modifikation umfasst die folgenden Punkte:

(1) das Kapitel 26 wurde abgeschafft;
(2) das Wort „Vermögenssicherung" wurde im Titel des Kapitels 9 und an allen relevanten Stellen im ZPG durch das Wort „Sicherung" ersetzt, mit einer

---

(7) wenn die (weitere) Bearbeitung der erfolgten Vollstreckung in Vermögensgegenständen, die sich nicht für die langfristige Erhaltung eignen oder leicht abzuschreiben sind, nicht rechtzeitig erfolgt hat oder rechtswidrig war;
(8) wenn die Versteigerung, die Veräußerung oder die Verrechnung von Forderungen mit Gegenständen rechtswidrig waren oder die gesetzlich erforderliche Bewertung von Vermögensgegenständen unterlassen wurde oder die gesetzlich erforderliche Versteigerung von Vermögensgegenständen unterlassen wurde;
(9) wenn die Versteigerung, die Veräußerung oder die Verrechnung von Forderungen mit Gegenständen rechtswidrig aufgehoben wurden;
(10) wenn die Maßnahmen, wie die Aufnahme von Personen in die Liste der nicht kreditwürdigen Vollstreckungsschuldner, die Einschränkung des Konsums und/oder die Beschränkung der Ausreise aus dem Land, rechtswidrig waren;
(11) im Falle der sonstigen rechtswidrigen Vollstreckungsmaßnahmen oder Zwangsmaßnahmen.
Die Details über die weiteren Verfahren zur Geltendmachung des staatlichen Entschädigungsanspruchs ziehen in den übrigen Klauseln (Art. 3 bis 19) der Auslegung.

486 Die Vorschriften waren §§ 92–96 ZPG a.F. und § 99 ZPG a.F.
487 Die Vorschriften waren §§ 249–254 ZPG a.F.
488 Die Vorschriften waren § 256 ZPG a.F.
489 Zum Beispiel § 66 I des chinesischen Patentgesetzes, § 65 des chinesischen Markenschutzgesetzes, § 50 I des chinesischen Urheberrechtes.

Ausnahme von § 106 ZPG[490], der sich auf die Sicherungsmaßnahmen spezifisch für Vermögenssicherung bezieht;
(3) die Beantragung einer Sicherung wurde neben dem ursprünglich bestehenden Grund (Erschwerung der Vollstreckungen des (künftigen) Urteils) auch für die Fälle ermöglicht, in denen ein Schaden bei den Parteien entsteht, der entweder durch die Handlung einer Partei oder aus anderen Gründen verursacht worden ist; und
(4) das Gericht kann auf den Antrag der Gegenpartei bei Vorliegen einer der obigen Voraussetzungen in (3) sowohl die bereits ursprüngliche mögliche Vermögenssicherung anordnen, als auch – was neu ist – die Partei zu bestimmten Handlungen verpflichten oder der Partei bestimmte Handlungen verbieten (sog. Handlungssicherung).

Das bedeutet, dass die bis Juni 2012 nur auf die Vermögenssicherung anwendbaren Regelungen hinsichtlich der Voraussetzungen, der Zuständigkeit, des Verfahrens und des Rechtsbehelfs (mit Ausnahme der Sicherungsmaßnahmen) jetzt auch auf die Handlungssicherung Anwendung finden (§§ 100–105, 108 und 272, mit Ausnahme von § 103).

Wegen des Titelnamens des Kapitels 9 „Sicherung und vorläufige Vollstreckung" und des Verweises in § 84 III ZPG (Anwendbarkeit der Regelungen für Sicherungen im Kapitel 9 auf die Beweissicherung) kann das Wort „Sicherung" als Oberbegriff im engeren Sinne für die Vermögenssicherung und Handlungssicherung verstanden werden. Es kann gegebenenfalls auch als Oberbegriff im weiteren Sinne für alle drei Sicherungsmöglichkeiten – Beweissicherung, Vermögenssicherung und Handlungssicherungen – verstanden werden. Die konkrete Bedeutung soll im Einzelfall im Zusammenhang mit dem Kontext genau ausgelegt werden.

Als Ergänzung zum ZPG gelten zurzeit hauptsächlich noch die folgenden Auslegungsregelungen des ObVG für die Vermögenssicherung:

– Auslegung des ObVG zur Anwendung des ZPG vom 29.12.2020 (FaShi 2020, Nr. 20) (modifizierte Version 2020);
– Bestimmung des ObVG über einige Fragen in der Vollstreckungsarbeit des Volksgerichts vom 29.12.2020 (FaShi 2020, Nr. 21) (modifizierte Version 2020);

---

490 § 106 ZPG: Die Vermögenssicherung erfolgt durch Beschlagnahme, Sicherstellung Einfrieren oder andere gesetzlich geregelte Maßnahmen. Nach dem Vollzug der Vermögenssicherung soll das Volksgericht den Antragsgegner informieren.

- Auslegung des ObVG über die Anwendung des ZPG im Vollstreckungsverfahren vom 29.12.2020 (FaShi 2020, Nr. 21) (modifizierte Version 2020);
- Bestimmung des ObVG zu einigen Fragen betreffend die Vermögenssicherung durch das Volksgericht vom 07.11.2016 (Fashi 2016, Nr. 22) (modifiziert vom 29.12.2020, Fashi 2020, Nr. 21).

Die Auslegung des ObVG zur Anwendung des ZPG wurde zum ersten Mal im Jahr 2015 erlassen und Ende 2020 modifiziert. Sie hat bereits die Modifizierung des ZPG im Jahr 2012 berücksichtigt, weil sie an vielen Stellen von „Sicherung" (statt nur „Vermögenssicherung") spricht und auch in § 152[491] dieser Auslegung den Ermessensspielraum des Volksgerichts im Falle der Handlungssicherung regelt. Die in dieser Auslegung enthaltenen Regelungen in Bezug auf die Sicherung finden daher, wenn möglich, auch auf die Handlungssicherung Anwendung.

Nach § 156 der Auslegung des ObVG zur Anwendung des ZPG vom 29.12.2020 (FaShi 2020, Nr. 20) richten sich die Methoden und Maßnahmen zur Vollziehung der Vermögenssicherung durch das Volksgericht nach den Regelungen über das Vollstreckungsverfahren. Daher gelten die Bestimmung des ObVG über einige Fragen in der Vollstreckungsarbeit des Volksgerichts vom 29.12.2020 und die Auslegung des ObVG über die Anwendung des ZPG im Vollstreckungsverfahren vom 29.12.2020 (FaShi 2020, Nr. 21) nicht für die Handlungssicherung. Die Bestimmung des ObVG zu einigen Fragen betreffend die Vermögenssicherung durch das Volksgericht gilt auch nicht für die Handlungssicherung.

II. Inhalt der Handlungssicherung

Der wesentliche Inhalt der Handlungssicherung umfasst nach § 100 ZPG die Verpflichtung der Partei zu bestimmten Handlungen und/oder das Handlungsverbot. Obwohl diese Darstellung kurz und knapp ist, sollen die dadurch realisierbaren Zwecke und Auswirkungen mit Art. 17 II (a) (b) des UNCITRAL Modellgesetzes identisch sein: (a) Beibehaltung des *Status quo* oder zur Wiederherstellung des *Status quo ante* bis zur Entscheidung der Streitigkeit und (b) Ergreifung von Maßnahmen zur Verhinderung oder Unterlassung von Handlungen, die das Schiedsverfahren gegenwärtig oder unmittelbar schädigen oder beeinträchtigen.

---

491 § 152 II 3 der Auslegung des ObVG zur Anwendung des ZPG vom 29.12.2020 (FaShi 2020, Nr. 20): Im Fall der Handlungssicherung soll das Gericht über den Betrag der Sicherheitsleistung anhand der konkreten Lage im Einzelfall entscheiden.

Zum Beispiel kann das Gericht einer Partei verbieten, ihre Geschäftsanteile an einer Gesellschaft an Dritte zu veräußern, falls die Geschäftsanteile Streitgegenstände eines Schiedsverfahrens sind.

III. Vollziehung und Zwangsvollstreckung der Handlungssicherung

Sowohl die Handlungspflicht als auch das Handlungsverbot stehen mit der Parteihandlung oder dem Parteiwillen im Zusammenhang. Die beantragte Handlungssicherung wird vollzogen, wenn das Volksgericht sie anordnet und die Partei sich entsprechend verhält – in Form von Handeln oder Unterlassen.

Falls die Partei als Empfänger der Handlungssicherungsanordnung nicht freiwillig die Handlung vornimmt bzw. gewisse Handlungen ohne Berücksichtigung des angeordneten Handlungsverbots weiter durchführt, stellt sich die Frage, wie das Gericht seine Sicherungsanordnung mit Zwangsvollstreckungsmaßnahmen durchsetzen kann. Leider ist im chinesischen Recht nirgendwo (weder im Gesetz noch in den Auslegungsregelungen des ObVG) die Erwirkung von Handlungen oder Unterlassungen geregelt. Insoweit besteht noch eine große Regelungslücke.

IV. Handlungssicherung in Schiedsverfahren

Fraglich ist, ob eine Handlungssicherung vor einem oder in einem Schiedsverfahren möglich ist. Das Schiedsgesetz gewährt der Partei das Recht, nach § 28 SchG die Vermögenssicherung und nach 46 und § 68 die Beweissicherung zu beantragen. Trotz der Modifizierung des ZPG im Jahr 2012 wurde das SchG nicht hinsichtlich der Handlungssicherung angepasst und enthält bis heute keine Regelung über die Handlungssicherung.

Trotz der ausgebliebenen Modifikation des SchG, die m. E. durchgeführt werden sollte, ist es in der Praxis unstreitig, dass die Handlungssicherung auch im Schiedsverfahren bzw. vor der Einleitung eines Schiedsverfahrens möglich ist. Beispielsweise bietet die offizielle Webseite für das Online-Sicherungsbeantragungssystem an Volksgerichte eindeutig die Möglichkeit zur Handlungssicherung für das Schiedsverfahren an.[492] Die Übereinkunft zur gegenseitigen Unterstützung beim einstweiligen Rechtsschutz durch Gerichte in Festland-China und Hong Kong[493] ermöglicht den Parteien des

---

492 https://baoquan.court.gov.cn/#/propertyPreservation?bqlx=3 (zuletzt abgerufen am 09.03.2023). Das ObVG ist für den Inhalt verantwortlich und hat das Urheberrecht für diese Seite.
493 Siehe Details in Kapitel 4.D.III.

Schiedsverfahrens, das von der chinesischen Schiedsinstitution durchgeführt wird, die Vermögenssicherung, Beweissicherung und Handlungssicherung direkt beim Gericht in Hong Kong zu beantragen.[494] Diese Übereinkunft dient m. E. wegen des Wortlauts „gegenseitige Unterstützung" dem Zweck, den Parteien eines Verfahrens in Hong Kong ebenfalls die einstweiligen Schutzmittel unter dem chinesischen Recht zur Verfügung zu stellen. Die Übereinkunft bestätigt, dass die Schiedsparteien nach dem chinesischen Schiedsrecht auch auf die Handlungssicherung zurückgreifen können.

C. Beweissicherung

I. Rechtsgrundlage für Beweissicherung

Von der Beweissicherung ist im chinesischen Schiedsgesetz nur in § 46 SchG (betreffend Schiedsverfahren ohne Auslandsbezug) und § 68 SchG (betreffend Schiedsverfahren mit Auslandsbezug) die Rede. Danach kann eine (Schieds)Partei im Fall der Gefahr des Verlustes eines Beweismittels oder in Fall einer Erschwernis hinsichtlich einer Beweiserhebung (beide in dieser Arbeit als „**Eilfälle**", jeweils als „**Eilfall**" bezeichnet) eine Beweissicherung beantragen. Die Schiedskommission/Schiedsinstitution hat den Antrag an das zuständige Untere oder Mittlere Volksgericht weiterzuleiten. Da es im SchG an weiteren Verfahrensregelungen über die Beweissicherung fehlt, ist anzunehmen, dass die zivilprozessrechtlichen Regelungen für die Beweissicherung Anwendung finden und § 46 SchG und/oder § 68 SchG nur die speziellen Voraussetzungen (Einfälle als Sicherungsgründe, Zuständigkeit und die Rolle und Funktion der Schiedsinstitution) in Bezug auf ein Schiedsverfahren vorschreiben. § 84 ZPG regelt die Beweissicherung im Zivilprozess, die ebenfalls das Bestehen eines Eilfalls voraussetzt. Nach § 84 III ZPG gelten die Regelungen im Kapitel 9 des ZPGs in Bezug auf die Sicherung ebenfalls für die Beweissicherung.

---

494 § 7 der Übereinkunft („*Arrangement*") zur gegenseitigen Unterstützung beim einstweiligen Rechtsschutz durch Gerichte in Festland-China und Hong Kong vom 26.09.2019 (FaShi 2019, Nr. 14); siehe Details in Kapitel 4.D.II.3.

II. Kompetenzverteilung zwischen Schiedskommission und Volksgericht für Beweissicherung im Schiedsverfahren

1. Befugnis zur Einleitung der Beweissicherung

a. Gegenwärtige Rechtslage

Nach dem Gesetzeswortlaut ist die Partei des Schiedsverfahrens, die sich Sorgen über die Untergangsgefahr der Beweismittel macht, ausschließlich zur Antragstellung bei der Schiedskommission[495] befugt (§ 46 S. 2 SchG). Die Schiedskommission leitet den Antrag weiter an das zuständige Volksgericht.[496]

b. Literaturmeinung

In der Literatur wird vorgeschlagen, dass auch die Schiedsinstitution die Befugnis haben soll, die Beweissicherung beim Volksgericht zu beantragen.[497] Begründet wird dies damit, dass die Schiedsinstitution nach § 43 II SchG die Befugnis hat, Beweise zu ermitteln. Wenn keine Partei die Sicherung der Beweismittel beantragt, da diese möglicherweise für sie ungünstig sind, die Beweismittel aber für die reibungslose Durchführung des Schiedsverfahrens erforderlich sind, soll die Schiedsinstitution selbst die Beweissicherung beantragen können.[498] Das entspricht auch dem Gedanken des § 84 2. Alt. ZPG (§ 74 2. Alt. ZPG a.F. (2007))[499], wonach das Volksgericht im Zivilprozess ohne Antrag der Parteien selbst die Beweissicherung anordnen und vornehmen kann.[500]

---

495 Beachte: hier leitet die Schiedskommission, d.h. Schiedsinstitution, nicht hingegen das Schiedsgericht den Antrag weiter.
496 Siehe § 46 S. 2 SchG und § 68 SchG. Im Hinblick auf das Schiedsverfahren mit Auslandsbezug siehe auch § 272 ZPO.
497 XU Meng, S. 62; JIANG Xia/LIAO Yongan, S. 126, 128.
498 XU Meng, S. 58, 62; JIANG Xia/LIAO Yongan, S. 126, 128.
499 In der zitierten Literatur wurde die Bezifferung der Klausel in der alten Fassung des ZPG angegeben. Um Klarheit zu schaffen, wird in dieser Arbeit stets die Bezifferung der Klausel in der aktuellen Fassung des ZPG angegeben und die Bezifferung der Klausel in der alten Fassung des ZPG zusammen mit dem Entstehungsjahr dieser alten Fassung in der Klammer mitangegeben. Z.B. bedeutet die in der Klammer angegebene „§ 74 2. Alt. ZPG a.F. (2007)", dass sich die Literatur zu § 74 2. Alt. ZPG auf die Fassung des ZPG aus dem Jahr 2007 bezieht. „§ 74 2. Alt. ZPG a.F. (2007)" entspricht dem § 84 2. Alt. ZPG in der heute geltenden aktuellen Fassung des ZPG.
500 XU Meng, S. 62. In der zitierten Literatur angegeben war § 74 2. Alt. ZPG in der alten Fassung des ZPG (aus dem Jahr 2007), die dem aktuellen § 84 2. Alt. ZPG entspricht.

c. Stellungnahme

Die Idee, dass das Schiedsgericht auf eigenes Betreiben eine Beweissicherung beim Volksgericht beantragen kann, ist m. E. im Hinblick auf die Rechtsnatur der Beweissicherung (siehe Kapitel 3.A.I oben) rechtlich bedenklich. Die Beweissicherung ist ein einstweiliges Schutzmittel. Sie soll vor allem den effektiven Rechtsschutz für die Parteien gewährleisten. Wenn keine Partei die Beweissicherung beantragt, ist es faktisch eher unmöglich, einen Eilfall – insbesondere für die grundsätzlich zur Beweiserhebung pflichtigen Parteien – anzunehmen.

Sowohl im Schiedsgesetz (§ 43 II SchG) als auch im Zivilprozessgesetz (§ 67 II ZPG) ist vorgesehen, dass das Schiedsgericht bzw. das Volksgericht selbst Beweise ermitteln bzw. beschaffen können. Aber nur das Volksgericht kann nach § 84 2. Alt. ZPG die Beweissicherung anordnen und vornehmen. Das Schiedsgesetz enthält eine solche Regelung hinsichtlich der Beweissicherung nicht. Außerdem ist zu beachten, dass die Schiedsgerichtsbarkeit großen Wert auf die Privatautonomie legt, während die Autorität des Staats bzw. des Volksgerichts sowohl im chinesischen Recht als auch in der chinesischen Rechtspraxis berücksichtigt und gewährleistet wird. Aufgrund der systematischen Auslegung des § 84 2. Alt. ZPG in der Zusammenschau ist davon auszugehen, dass eine analoge Anwendung des § 84 2. Alt. ZPG für das Schiedsverfahren nicht in Frage kommt.

Darüber hinaus ist die Befugnis des Volksgerichts nach § 84 2. Alt. ZPG zur Anordnung der Beweissicherung ohne Parteiantrag auch bedenklich. Die Befugnis des Volksgerichts nach § 84 2. Alt. ZPG widerspricht dem Sinn der Beweissicherung und verwechselt folgende Themen, (1) wer im Eilfall die Anregungsbefugnis und Interessen hat, um die Beweismittel zu schützen und (2) wer im Zivilprozess die Beweismittel auf welchem Wege erheben soll.

Die Beweissicherung im Schiedsrecht ist daher nicht mit der anderen Frage zu verwechseln, mit welchen Mitteln das Schiedsgericht die für das Schiedsverfahren relevanten Beweismittel ermitteln und erhalten kann. Im Kapitel 3 ist diskutiert, dass das Schiedsgericht auf die Unterstützung oder Hilfe des Volksgerichts angewiesen sein sollte. Dabei handelt sich es um die Möglichkeit der Gerichtshilfe im Schiedsverfahren. Dies kann jedoch nicht durch ein einstweiliges Schutzmittel ersetzt werden.

2. Befugnis zur Entscheidung über die Beweissicherung

Dass die Schiedskommission/Schiedsinstitution ohne eigene Entscheidungsbefugnis den Antrag der Partei auf die Beweissicherung lediglich ans Volksgericht weiterleitet, wird in der Literatur am heftigsten kritisiert. Diese Vorgehensweise wird als eine Zeitverschwendung für die Parteien angesehen, die oft wegen der zeitlichen Effizienz des Schiedsverfahrens die Schiedsgerichtsbarkeit gewählt haben.[501]

Vorgeschlagen wird, dass im Fall einer Beweissicherung in einem Schiedsverfahren das Schiedsgericht selbst über die Beweissicherung entscheiden solle, weil das Schiedsgericht sich mit der Sache befasse und die Sach- und Rechtslage sowie den notwendigen Umfang der Beweissicherung besser kenne.[502] Zumindest solle das Schiedsgericht eine Vorprüfung über den Antrag vornehmen und eine eigene Stellungnahme abgeben, die später auch vom Volksgericht zu berücksichtigen ist.[503]

Es wird z. T. auch vorgeschlagen, dass die Parteien entsprechend der internationalen Schiedspraxis die Auswahlmöglichkeit haben sollen, sich wegen der Beweissicherung an das Volksgericht oder an das Schiedsgericht zu wenden. Das von den Parteien in Anspruch genommene Organ (Volksgericht oder Schiedsgericht) soll dann die Entscheidungsbefugnis über den Sicherungsantrag haben.[504]

Dass das Schiedsgericht als sachnäheres Organ den Antrag der Partei auf die Beweissicherung prüfen und darüber entscheiden kann oder soll, ist m. E. sinnvoll und schiedsfreundlich. Zu beachten ist aber, dass bei einer entsprechenden Änderung der Rechtslage durch den Gesetzgeber das entsprechende Verfahren und insbesondere die Rechtsmittel der Betroffenen mitgeregelt werden müssen. Eine klare Kompetenzverteilung zwischen Schiedsinstitution/Schiedskommission und Schiedsgericht wäre ebenfalls unentbehrlich.

3. Befugnis zur Vollziehung der Beweissicherung

Die Beweissicherung ist durchzuführen, wenn diejenige Partei, bei der sich die Beweismittel befinden, diese nicht freiwillig vorlegen möchte. Zur Vollziehung der Beweissicherung bzw. zur Vornahme der Sicherungsmaßnahmen als Zwangsmittel ist ausschließlich das Volksgericht als staatliches Organ nach §§ 46 SchG i.V.m. 70 ZPG i.V.m. Art. 27 der Bestimmungen des ObVG über die Beweise im Zivilprozess[505] (nachfolgend gekennzeichnet als „**Beweisbestimmuneng des ObVG**") befugt.[506]

---

501 LIN Zhi, S. 44.
502 LIN Zhi, S. 42, 44.
503 Vgl. in DU Kailin, 2003, S. 59.
504 XU Meng, S. 58, 61.
505 Bestimmungen des ObVG über die Beweise im Zivilprozess vom 25.12.2019 (FaShi 2019, Nr. 19).
506 LIN Zhi, S. 42, 44.

Nach der Ansicht von Literaturstimmen, die eine Befugnis des Schiedsgerichts zur Entscheidung über die Beweissicherung vorgeschlagen haben, schließen sich die ausschließliche Befugnis des Volksgerichts zur Vollziehung der Beweissicherung und die Befugnis des Schiedsgerichts zur Entscheidung über die Beweissicherung nicht aus. Die Befugnis des Volksgerichts zur Vollziehung der Beweissicherung beschränkt sich in deren Augen auf die Anordnung und Ausübung der Zwangsmittel. Wenn das Schiedsgericht eine Beweissicherung anordnet, soll das Volksgericht wegen der Prozessökonomie ohne nochmalige Prüfung die Beweissicherung durchführen.[507]

III. Beweissicherung vor einem Schiedsverfahren

In einem bereits eingeleiteten Schiedsverfahren können die Parteien Antrag auf Beweissicherung stellen. Bis 2012 sah weder das ZPG noch das SchG eine Beweissicherung vor der Einleitung eines Schiedsverfahrens vor. Daher hielt die chinesische Schiedspraxis an dem Gesetzeswortlaut fest und lehnte die Beweissicherung vor der Einleitung eines Schiedsverfahrens ab.[508] Ob eine Beweissicherung auch vor der Einleitung eines Schiedsverfahrens zulässig ist, war bis zur Änderung des ZPG im Jahr 2012 umstritten.[509]

Der Gesetzgeber hat aber im Jahr 2012 in dem neuen § 84 II ZPG vorgeschrieben, dass eine Partei vor der Klageerhebung oder der Stellung des Schiedsantrags beim zuständigen Volksgericht die Beweissicherung beantragen kann, falls die Beweise aufgrund dringender Umstände verloren gehen können oder später schwer zu beschaffen sind. Dadurch ist die Literaturmeinung[510] durchgesetzt worden. Die Gesetzesänderung ist willkommen und praxisrelevant, weil das einstweilige Rechtsschutzmittel nicht davon abhängen soll, ob das Streitverfahren eingeleitet worden ist oder nicht. Ausreichend muss es sein, dass ein Streitverfahren beabsichtigt und möglich ist. Außerdem soll eine vernünftige Partei vor einem Streitverfahren die Gelegenheit haben, z.B. aufgrund der Sach- und

---

507 LIN Zhi, S. 42, 44.
508 Dargestellt in XU Meng, S. 58–59; YE Qing, S. 153; TAN Bing, S. 309 und 321.
509 YANG Guang, 2009, S. 82.
510 Z.B. XU Meng, S. 59–60; YANG Guang, S. 83; LIN Zhi, S. 42: Es wurde vertreten, dass die Parteien vor der Einleitung eines Schiedsverfahrens eine Beweissicherung direkt beim Volksgericht beantragen dürfen sollen. Hierfür spricht, dass die Gefahr des Untergangs von Beweisen generell auch vor Einleitung eines Schiedsverfahrens besteht. Die Schutzwürdigkeit der Parteien hinsichtlich ihrer Interessen an der Sicherung der Beweismittel dürfe nicht von der Einleitung des Schiedsverfahrens abhängen.

Beweislage abzuwägen, ob sie ein Streitverfahren einleiten wird und welche Erfolgsaussicht sie in dem einzuleitenden Verfahren hat. Sie wird die Klage bzw. die Schiedsklage erst dann erheben, wenn sie davon ausgehen kann, dass die für sie günstigen Beweismittel aufgrund einer bereits vorab erfolgten Beweissicherung später im Streitverfahren eingebracht werden können. Ansonsten müsste die Partei hohe Risiken und Kosten tragen. Wenn die Beweismittel verloren gehen oder ihre Verwendung erschwert werden könnten, würde der Partei die Gelegenheit zu vorprozessualen Überlegungen unwiederbringlich genommen.

IV. Zuständigkeit

Für die Beweissicherung im innerstaatlichen Schiedsverfahren ist nach § 46 S. 2 SchG das Untere Volksgericht zuständig. Im Schiedsverfahren mit Auslandsbezug ist nach § 68 SchG das Mittlere Volksgericht für die Beweissicherung zuständig.

Örtlich zuständig ist das Volksgericht an dem Ort, wo sich die Beweismittel befinden (vgl. Wortlaut der § 46 S. 2 SchG und § 68 SchG). Für die Beweissicherung vor einem eingeleiteten Schiedsverfahren ist auch das Volksgericht an dem Wohnsitz des Schiedsbeklagten zuständig.

V. Voraussetzungen[511]

1. Antrag von der Partei

Die Beweissicherung erfolgt nur auf Antrag der Partei.

2. Untergangsgefahr oder Erschwernis hinsichtlich der Beweiserhebung

Die Beweissicherung setzt vor allem eine Gefahr des Untergangs von Beweisen voraus. Die Beweise können wegen Todes, Todesgefahr oder schwerer Krankheit bei Personen, durch Verderben von Lebensmitteln oder auch durch Zerstörung und Vernichtungen von Gegenständen entfallen.

---

511 Die Erörterung hier basiert auf der aktuellen Rechtslage. In der Literatur wird z.B. die Ansicht vertreten, dass die Beweissicherung auch wie im deutschen Recht mit dem Einverständnis der Gegenpartei möglich sein soll, vgl. ZHAN Shangang/ZHU Jianmin, 2009, S. 39. Solche noch nicht realisierten Literaturmindermeinungen über die Voraussetzungen der Beweissicherung bleiben hier unberücksichtigt.

Später schwierig zu erheben sind die Beweismittel, wenn die nachträgliche Ermittlung der Beweismittel erheblichen zeitlichen, personalen und/oder organisatorischen Aufwand erfordern würde. Das ist z.B. beim Zeugenbeweis der Fall, wenn der Zeuge ins Ausland auswandert oder sich für lange Zeit im Ausland aufhalten wird.[512]

VI. Verfahren/Durchsetzung

Nach dem Verweis in § 84 III ZPG können die Regelungen für Sicherungen im Kapitel 9 des ZPG auf die Beweissicherung Anwendung finden.

1. Beweissicherung bei der Gegenpartei

Der Umfang der Beweissicherung wird im Gesetz oder der Auslegungsregelung des ObVG nicht ausdrücklich geregelt. Wenn sich die Beweismittel bei der Partei des Streitverfahrens befinden und sie auch dieser Partei gehören, ist die Beweissicherung an diese Partei zu richten.

2. Beweissicherung mit Bezug auf Dritte

Die Beweissicherung kann gegebenenfalls einen Dritten betreffen. Fraglich ist, inwiefern die Beweissicherung mit Bezug auf Dritte erfolgen kann.

a. Beispielsfall und verschiedene Auffassungen

Das Problem wird im unteren Beispielsfall dargestellt:

X und Y gründeten ein Joint-Venture-Unternehmen T aufgrund eines zwischen ihnen abgeschlossenen Joint-Venture-Vertrages T war ein im Register eingetragenes eigenständiges Unternehmen. T wurde organisatorisch und wirtschaftlich von Y beherrscht und hatte enge geschäftliche und wirtschaftliche Beziehungen mit Y. Im Jahr 2001 erhob das Unternehmen X bei der CIETAC eine Schiedsklage gegen das Unternehmen Y wegen einer Streitigkeit über Kapitalanlagen. Nach der Annahme der Schiedsstreitigkeit durch die CIETAC stellte X einen Beweissicherungsantrag, der durch die CIETAC an das Mittlere Volksgericht der Stadt Nan Tong weitergeleitet wurde. X beantragte, die Geschäftsbücher und Belege, die sich bei T befanden, zu sichern. Das zuständige Volksgericht ordnete die Beweissicherung an, ließ die in Frage kommenden Beweismittel am Ort versiegeln und informierte die CIETAC darüber. Die CIETAC prüfte

---

512 YE Qing, S. 153, 154; LIN Zhi, S. 42, 43.

anschließend die gesicherten Geschäftsbücher und Belege im Beisein von Sachverständigen und Richtern.[513]

Diese Entscheidung des Volksgerichts hinsichtlich der Beweissicherung bei einem Dritten wurde in der Literatur unterschiedlich beurteilt.

Obwohl das Unternehmen T als eigenständiges Unternehmen formal ein Dritter, ist nach einer Ansicht die Beweissicherung bei T im vorliegenden Fall als eine Beweissicherung wie bei der Schiedspartei Y anzusehen, weil T wegen seiner engen geschäftlichen Beziehung mit Y organisatorisch und wirtschaftlich von Y beherrscht war.[514]

Nach einer zweiten Ansicht ist die Beweissicherung bei einem Dritten nach der gegenwärtigen Rechtslage unzulässig, weil sich die Beweissicherung nur auf die Partei des Rechtsstreits erstrecken kann. Im Gesetz ist nicht ausdrücklich geregelt, dass sich die Beweissicherung auch gegen einen Dritten richten kann.[515]

Obwohl die Beweissicherung sich nach dem Gesetz nicht auf die Sicherung bei den Parteien beschränkt, wird nach einer dritten Ansicht zwingend eine Abänderung der Rechtslage für erforderlich gehalten, da die Schiedsvereinbarung nur Wirkung auf die Parteien entfaltet und keine Rechtsgrundlage für die Beweissicherung bei Dritten darstellen kann.[516]

b. Stellungnahme

Die Beweissicherung mit Bezug auf Dritte ist im Gesetz nicht geregelt. M. E. sollte die Beweissicherung gegenüber Dritten zulässig sein, unabhängig davon, ob zwischen den Parteien und dem Dritten enge wirtschaftliche oder gesellschaftliche Beziehungen bestehen oder nicht. Entscheidend sollte sein, ob die bei dem Dritten vorhandenen Beweismittel für den Beweis der relevanten Tatsache im Schiedsverfahren nützlich sind und ob eine Gefahr eines Untergangs dieser Beweismittel vorliegt. Im Gesetz ist nur geregelt, dass die Beweissicherung beantragt werden kann, wenn die Voraussetzungen erfüllt sind. Eine Beschränkung, dass die Beweissicherung nur bei einer Partei des Rechtsstreits stattfinden darf, ist dem nicht zu entnehmen.[517] Zu berücksichtigen ist auch, dass die Sicherung

---

513 Beispielsfall, zitiert in DU Kailin, 2003, S. 59.
514 DU Kailin, 2003, S. 59. Das ist eine Ansicht aus aus der Kammer des Volksgerichts, die DU Kailin befürwortet und in ihrer Literatur zitiert hat.
515 Ebenfalls eine Ansicht aus der Kammer des Volksgerichts, zitiert in DU Kailin, 2003, S. 59; auch LIN Zhi, S. 42, 45.
516 LIN Zhi, S. 42, 45.
517 LIN Zhi, S. 42, 45.

einer Zeugenaussage unstreitig zulässig ist, wenn z.b. der Zeuge bald ins Ausland auswandert. Da der Zeuge oft ein Dritter ist, lässt dies darauf schließen, dass eine Beweissicherung bei Dritten generell zulässig ist. Da die Beweissicherung bei einem an dem Rechtsstreit nicht beteiligten Dritten ein schwerer Eingriff in das Recht des Dritten darstellt, soll die Beweissicherung bei einem Dritten stets von dem Volksgericht geprüft und angeordnet werden.[518] Dabei muss die Entscheidungserheblichkeit berücksichtigt werden.

3. Beweissicherungsmaßnahmen

Nach Art. 27 II der Beweisbestimmungen des ObVG über die Beweissicherung kann das Gericht Versiegelung, Aufbewahrung (in Gewahrsam nehmen), Stimmenaufnahme, Videoaufnahme, Kopieren, Begutachtung, Untersuchung, Protokollführung usw. anordnen. Außerdem richtet sich die zur Verfügung stehende Maßnahme nach § 84 III ZPG nach den Regelungen über die Vermögenssicherung und Handlungssicherung im Kapitel 9 des ZPG (siehe Kapitel 4.A.VII).

Der Verweis in § 84 III ZPG auf das Kapitel 9 des ZPG ist schon problematisch, da sich die Vermögenssicherung und Beweissicherung voneinander unterscheiden.[519] Die Beweissicherungsmaßnahmen sollen von den unterschiedlichen Arten der Beweismittel abhängen. Die Vermögenssicherung betrifft dagegen nur körperliche Gegenstände oder Geldwert.

Wie das Volksgericht und anschließend das Schiedsgericht die gesicherten Beweise unter Berücksichtigung der Interessen aller Betroffenen anwenden und behandeln sollen, bedarf näher Erläuterung. Zu berücksichtigen ist z.B. der Schutz der Persönlichkeit oder der Geschäftsgeheimnisse des von der Beweissicherung Betroffenen, insbesondere des am Streitverfahren nicht beteiligten Dritten.

4. Sicherheitsleistung

Nach § 26 der Beweisbestimmung des ObVG kann das Gericht die Sicherheitsleistung durch den Antragsteller für die beantragte Beweissicherung anordnen, wenn eine Sicherungsmaßnahme wie Versiegelung oder Aufbewahrung (in Gewahrsam nehmen) die Verwendung oder den Umlauf des Sicherungsgegenstandes einschränkt oder wenn die Sicherung dem Besitzer des Beweismittels Schäden zufügen könnte. Die Art und Weise oder die Höhe der Sicherheitsleistung

---

518 Siehe auch LIN Zhi, S. 42, 45.
519 ZHAN Shangang, S. 121 ff.

wird vom Volksgericht auf der Grundlage der Auswirkungen der Sicherungsmaßnahme auf den Beweismittelbesitzer, des Wertes des Sicherungsgegenstandes, der Höhe des Streitgegenstandes und anderer Faktoren festgelegt.

5. Beendigung der Beweissicherung

Im Fall einer Beweissicherung vor einem Schiedsverfahren soll das die Beweissicherung anordnende und vollziehende Volksgericht nach § 29 der Beweisbestimmungen des ObVG auf Antrag der Partei die gesicherten Beweise unverzüglich an das Volksgericht übergeben, bei dem die Klage nachher anhängig zu machen ist. Obwohl außer § 29 der Beweisbestimmungen des ObVG keine Regelung mehr gegeben ist, wann und wie die Beweissicherung beendet wird, versteht es sich von selbst, dass die gesicherten Beweise im laufenden Verfahren benutzt und gewürdigt werden und mit der Zweckerreichung oder spätestens mit dem Abschluss des gesamten Schiedsverfahrens wieder freizugeben sind.

VII. Rechtsbehelfe

Gegen die Entscheidung des Volksgerichts über die Beweissicherung können die Parteien innerhalb von 5 Tagen nach der Zustellung der Entscheidung einen einmaligen Widerspruch einlegen.[520]

VIII. Entschädigung

1. Entschädigung durch Antragsteller

Wenn ein fehlerhafter Beweissicherungsantrag des Antragstellers Vermögensschäden bei einer Partei verursacht hat, hat das Volksgericht dem Anspruch

---

520 Das richtet sich nach § 111 ZPG. Zu beachten ist, dass das konkrete Verfahren für die Einlegung des Widerspruchs (z.B. Frist usw.) ist nicht in ZPG, sondern in der Bestimmung des ObVG zu einigen Fragen betreffend die Vermögenssicherung durch das Volksgericht vom 07.11.2016 (Fashi 2016, Nr. 22) (modifiziert durch das ObVG am 29.12.2020, Fashi 2020, Nr. 21) geregelt, siehe die Darstellungen für die Vermögenssicherung in Kapitel 4.A.VIII). Obwohl sich diese Bestimmung des ObVG nur auf die Vermögenssicherung bezieht, ist es in der Praxis anerkannt, dass sie auch für die Beweissicherung anwendbar ist. Das ergibt sich aus der Rechtsbehelfsbelehrung im Formular für Antrag auf Beweissicherung, veröffentlich auf der offiziellen Seite der Volksgerichte unter http://www.court.gov.cn/susongyangshi-xiangqing-114.html (zuletzt abgerufen am 09.03.2023).

dieser geschädigten Partei gegen den Antragssteller auf einen Schadensersatz stattzugeben.[521]

2. Staatliche Entschädigung

Fraglich ist, ob eine staatliche Entschädigung bei einer rechtswidrigen Beweissicherung möglich ist. Nach § 38 des Gesetzes über die staatliche Entschädigung der Volksrepublik China kann der Geschädigte eine staatliche Entschädigung für eine rechtswidrige Sicherungsmaßnahme verlangen. Jedoch hat das ObVG in einer Antwort des ObVG auf die Frage, ob eine rechtswidrige Beweissicherungsmaßnahme in den Anwendungsbereich der staatlichen Entschädigung fällt, ausgeführt, dass der Anwendungsbereich der staatlichen Entschädigung durch das Gesetz über die staatliche Entschädigung der Volksrepublik China bestimmt sei. Weder das geltende Staatliche Entschädigungsgesetz noch relevante gerichtliche Auslegungen regelten, dass eine rechtswidrige Beweissicherungsmaßnahme von der staatlichen Entschädigung umfasst sei.[522] Es ist unklar, ob das ObVG das Wort „Sicherungsmaßnahme" im Gesetz über die staatliche Entschädigung der Volksrepublik China nur als Vermögenssicherung verstanden hat oder ob das ObVG andere Argumente für diese mit dem natürlichen Verständnis des Begriffs „Sicherungsmaßnahme" nicht ohne weiteres in Einklang zu bringende Ausführung hatte.[523]

IX. Zusammenfassung: Bedeutung der Beweissicherung im chinesischen Recht

Was die geregelte Beweissicherung tatsächlich ist und wie eine Beweissicherung in der Praxis läuft (Ist-Fragen), sind oben in Kapitel 4.C.I bis Kapitel 4.C.VIII erörtert. Hier in diesem Abschnitt Kapitel 4.C.IX wird diskutiert, was man sich

---

521 § 28 der Bestimmungen des ObVG über die Beweise im Zivilprozess vom 25.12.2019 (FaShi 2019, Nr. 19).

522 Antwort des ObVG zur Staatsentschädigung für die rechtswidrige Beweissicherungsmaßnahme vom 19.09.2006 (QueTaZi Nr. 3).

523 Selbst wenn eine staatliche Entschädigung für eine rechtswidrige Sicherungsmaßnahme bzw. deren Vollziehung möglich wäre. ist zu berücksichtigen, dass die Staatsentschädigung nur bei Vornahme rechtswidriger Sicherungsmaßnahmen durch Volksgerichte erfolgt. Der Betroffene muss zudem noch ein weiteres selbständiges Verfahren unter dem Gesetz über die staatliche Entschädigung einleiten und die Risiken und Kosten tragen, siehe oben Kapitel 4.A.X.2.

unter Beweissicherung überhaupt vorzustellen hat bzw. welchen Sinn und Zweck die Beweissicherung zu haben hat (Soll-Fragen).

1. Gesetzgeberische Erwägungen

Sowohl nach § 46 S. 1 SchG als auch nach § 84 I ZPG setzt die Beweissicherung einen Eilfall – Gefahr des Verlustes eines Beweismittels oder eine Erschwernis hinsichtlich einer Beweiserhebung – voraus. Sowohl die Funktion als auch die Gesetzesformulierung entsprechen einer Alternative des selbständigen Beweisverfahrens nach deutschem Zivilprozessrecht (vgl. § 485 I 2. Alt. ZPO).[524] Aber anders als bei der selbständigen Beweissicherung im deutschen Recht kann eine Partei im chinesischen Zivilprozess nicht aus anderen Gründen die Beweissicherung durch das Volksgericht beantragen. Aus der Anforderung des Vorliegens eines Eilfalles für die Beweissicherung ergibt sich, dass die Beweissicherung nach chinesischem Recht vielmehr wie die Vermögenssicherung als ein Mittel des einstweiligen Rechtsschutzes behandelt wird. Das ergibt sich auch aus dem Verweis von § 84 III ZPG auf die Sicherungsregelungen im Kapitel 9 des ZPG, wonach das Verfahren für die Beweissicherung sich nach den Regelungen für die Sicherung richtet.

2. Literaturmeinungen

Nach einer Ansicht ist die Beweissicherung eine Fixierung und Aufbewahrung der Beweismittel in bestimmter Form durch das Volksgericht, damit sich das Gericht oder das Personal für die Rechtspflege später der Beweismittel zur Ermittlung und Analyse der Tatsachen bedienen kann.[525] Das ist ähnlich wie eine zweite Ansicht, nach der die Beweissicherung eine Regelung ist, mit der das Gericht auf Antrag der Partei oder aufgrund eigener Befugnis die Beweise, die verloren gehen könnten oder später schwer zu erheben sein könnten, vor der förmlichen Verhandlung in der Sache feststellt.[526] Eine dritte Ansicht definiert die Beweissicherung als eine vorverlagerte Beweisermittlungsmaßnahme des Gerichts.[527] Das Wesen der Beweissicherung solle die Beweisermittlung sein und die Fixierung und Sicherung der Beweise sei nur das äußere Erscheinungsbild.[528]

---

524 In der chinesischen Literatur werden die Beweissicherung im Sinne des chinesischen Rechts und das selbständige Beweisverfahren nach §§ 485 ff. ZPO verglichen, z.B. KONG Lingzhang, S. 124, 128.
525 DING Yaodong, 2011, S. 14.
526 DING Yaodong, 2011, S. 14.
527 ZHAN Shangang/ZHU Jianmin, 2009, S. 36.
528 DUAN Wenbo/LI Ling, S. 81, 82.

Alle diese Ansichten verstehen die Beweissicherung aus der Perspektive ihrer Funktionen. Es wird vor allem darauf Wert gelegt, dass die Beweissicherung der anschließenden richterlichen Sachverhaltsermittlung und Beweiswürdigung in der Hauptverhandlung dient.

3. Stellungnahme

Aus dem Gesetzeswortlaut ergibt es sich, dass der Gesetzgeber die Beweiserheblichkeit der Beweismittel außer Acht gelassen und die Beweissicherung nur aufgrund der Objektivierung der Beweise ausgestaltet hat. Dazu kommt noch, dass das Gericht bei der Beweissicherung weder die Erfolgsaussicht der Hauptsache noch die Entscheidungserheblichkeit oder Nützlichkeit der zu sichernden Beweismittel prüft. Ähnlich wie bei der Vermögenssicherung hat der Gesetzgeber dieses einstweilige Schutzsystem einfach so ausgestaltet, dass das zuständige Gericht für die Entscheidung über die Sicherung nur die Sicherungsvoraussetzungen (ähnlich wie Arrestgründe oder Verfügungsgründe nach deutschem Zivilprozessrecht) prüft. Die Prüfung des zu sichernden Anspruchs bleibt allein dem Prozessgericht/Schiedsgericht erst in der Hauptsache vorbehalten. Falls die Sicherung wegen dieses Prüfungsdefizits bzw. Wissensdefizits des Gerichts fehlerhaft ist, haftet der Antragsteller, der die Sicherung veranlasst hat, verschuldensunabhängig für Schäden bei den Interessenbetroffenen.[529]

Gegen diese Logik für die Ausgestaltung des chinesischen einstweiligen Rechtsschutzsystems spricht zum einen, dass die Beweisfrage nicht einfach in einer solchen getrennten Weise behandelt werden kann. Ohne eine Prüfung der Entscheidungserheblichkeit oder Nützlichkeit entsteht ein höheres Risiko für Missbrauch oder Sicherung unnötiger Beweise. Das den Beweissicherungsantrag bearbeitende Justizpersonal als Fachmann sollte zumindest die Schlüssigkeit der Hauptsache und die Entscheidungserheblichkeit und Nützlichkeit der zu sichernden Beweise für den Prozess/Schiedssache prüfen. Die zu sichernden Beweise müssen entscheidungsrelevant sein. Wenn die Beweise für die Ermittlung der Sach- oder Rechtslage entbehrlich sind, ist die Beweissicherung nicht erforderlich.[530]

Zum zweiten können gewisse Beweise nicht objektiviert werden, z.B. Partei- oder Zeugenaussagen. Dabei handelt es sich um die Befragung solcher Personen und die Beschaffung von deren Aussagen. Sowohl der Inhalt als auch die Art

---

529 Siehe oben Kapitel 4.C.VIII.1.
530 LIN Zhi, S. 42, 43.

und Weise der Beweissicherung in solcher Situation erfordern, dass das zuständige Volksgericht sowohl bei der Anordnung als auch bei der Vollziehung der Beweissicherung den Sachverhalt kennt.

Zum dritten genügen gegebenenfalls eine reine Sicherstellung und die anschließende Verwahrung eines Gegenstandes für den Zweck der Beweissicherung nicht, z.B. wenn der Zustand der Sache festgestellt werden soll. Dafür muss der Gegenstand geprüft und gegebenenfalls begutachten werden.[531] Das geht schon weit über die einfache Gegenständeaufbewahrung hinaus.

Zum vierten kann eine Beweissicherung aus dem Grund der Verhältnismäßigkeit unangemessen sein, wenn sie einen Dritten betrifft oder wenn dabei die Beweislast missachtet wird.

Außerdem genügt die Beweissicherung allein dem Unterstützungsbedarf der Parteien in einem Schiedsverfahren nicht. Wenn eine Partei im Zivilprozess z.B. Beweismittel aus anderen objektiven Gründen als Eilfällen nicht selbst beibringen kann, kann sie nicht Beweissicherung beantragen, sondern sie muss sich nach § 67 II ZPG an das Volksgericht zur amtlichen Beweisermittlung anwenden. Diese Befugnis fehlt aber einer Partei in einem Schiedsverfahren, weil § 67 II ZPG nicht einfach auf das Schiedsverfahren angewendet werden kann und eine gerichtliche Unterstützung für die Beweisaufnahme im Schiedsverfahren nach dem geltenden Recht nicht möglich ist (siehe Kapitel 3).

Zum Schluss kann eine Beweissicherung gegebenenfalls ohne Beweisermittlungsarbeiten ihr Ziel nicht erreichen. Die Beweisermittlung ist mit vielen rechtlichen Fragen verbunden, z.B. wer zur Ermittlung befugt ist, welche Regelungen Anwendung finden und wie weit das Volksgericht, das die Schiedssache eigentlich nicht bearbeitet, in dieser Schiedssache nur wegen der Beweissicherung involviert ist, die Sach- und Rechtslage prüft.

Das Beweisrecht in einem Schiedsverfahren sollte als ein eigenständiger Regelungsbereich aufgebaut werden. Dabei sollten sowohl die gerichtliche Unterstützung bei der Beweisaufnahme als auch die Prüfung der Beweissicherung durch das Schiedsgericht ermöglicht werden.

D. Das Spektrum vorläufiger Maßnahmen
I. Sicherungen vs. vorläufige Maßnahmen

Der Begriff „vorläufige Maßnahme" taucht im chinesischen Zivilprozess- und Schiedsrecht nicht auf. Er stammt aus der internationalen Schiedsgerichtsbarkeit,

---

531 Vgl. ZHAN Shangang, S. 121, 124.

z.B. dem UNCITRAL-Modellgesetz. Das chinesische Zivilprozess- oder Schiedsrecht gewährt der Partei den einstweiligen Rechtsschutz (nur) in drei vorgeschriebenen Formen der Sicherung: Beweissicherung, Vermögenssicherung und Handlungssicherung, siehe Kapitel 4, A, B und C.

Da es vielfältige vorläufige Maßnahmen nach den unterschiedlichen Rechtsordnungen der Länder oder Gebiete oder gemäß dem UNCITRAL-Modellgesetz gibt, werden hier die vorläufigen Maßnahmen unter dem UNCITRAL-Modellgesetz als Beispiel mit der Sicherung nach chinesischem Recht verglichen.

Obwohl die Begrifflichkeiten anders sind, sind die Inhalte der Vermögenssicherung, Handlungssicherung und Beweissicherung (siehe Kapitel 4.A, Kapitel 4.B und Kapitel 4.C) mit den Zwecken der vorläufigen Maßnahmen im Sinne von Art. 17 II (a) bis (d) des UNCITRAL-Modellgesetzes deckungsgleich – (a) zur Beibehaltung des *Status quo* oder zur Wiederherstellung des *Status quo ante* bis zur Entscheidung der Streitigkeit, (b) zur Ergreifung von Maßnahmen zur Verhinderung oder Unterlassung von Handlungen, die das Schiedsverfahren gegenwärtig oder unmittelbar schädigen oder beeinträchtigen, (c) zur Sicherung von Vermögenswerten, aus denen ein späterer Schiedsspruch befriedigt werden kann oder (d) zur Sicherung von Beweisen, die für die Entscheidung der Streitigkeit relevant und wesentlich sein können.

Trotz dieser Deckungsgleichheit bestehen Unterschiede hinsichtlich der Voraussetzungen bzw. Prüfungsmaßstäbe für die Sicherung unter chinesischem Recht und die vorläufigen Maßnahmen unter dem UNCITRAL-Modellgesetz.

Hinsichtlich des Prüfungsverfahrens für die Sicherung wird auf Kapitel 4.A, Kapitel 4.B und Kapitel 4.C verwiesen. Vorläufige Maßnahmen nach Art. 17 II (a) bis (c) des UNCITRAL-Modellgesetzes kann das Schiedsgericht nur erlassen, wenn das Schiedsgericht nach Art. 17A I des UNCITRAL-Modellgesetzes überzeugt ist, dass (1) ohne die Anordnung der vorläufigen Maßnahmen Schäden entstehen könnten, die nicht durch einen Schiedsspruch zum Schadensersatz hinreichend ersetzt werden könnten und diese Schäden wesentlich größer wären als diejenigen Schäden, die durch die Anordnung der vorläufigen Maßnahmen bei dem Antragsgegner entstehen würden; und (2) es in der Sache eine vernünftige Erfolgsaussicht des Antragstellers für den von ihm geltend gemachten Anspruch gibt. Weder die Verhältnismäßigkeitsprüfung in (1) noch die Prüfung der Erfolgsaussicht des Anspruchs des Antragstellers wird durch die Volksgerichte unten dem chinesischen Recht vorgenommen. Daher werden die beiden Begriffe sowohl in dieser Arbeit als auch in der Schiedsordnung chinesischer

Schiedsinstitutionen[532] oder chinesischer Literatur unterschiedlich behandelt, selbst wenn sie manchmal gleichzeitig verwendet werden. Sicherung bezieht sich nur auf den gesetzlich geregelten einstweiligen Rechtsschutz in drei Formen unter chinesischem Recht. Vorläufige Maßnahmen werden entweder als Oberbegriff für die Maßnahmen zur Realisierung bzw. Gewährung des einstweiligen Rechtsschutzes in der internationalen Praxis verstanden, oder sie haben nach der im konkreten Fall anwendbaren oder betroffenen Rechtsordnung konkrete Bedeutung. Die Inhalte der beiden Begriffe können sich auch überschneiden.

II. Vorläufige Maßnahmen in einigen Schiedsordnungen

Einige chinesische Schiedsinstitutionen haben in den letzten Jahren ihre Schiedsordnungen modifiziert und verleihen – entgegen der chinesischen gesetzlichen Regelungen – dem Schiedsgericht in bestimmten Konstellationen die Befugnis zur Anordnung vorläufiger Maßnahmen, z.B. BAC-R, Schiedsordnung der Pilot-Freihandelszone von Shanghai[533]. Die Verleihung einer solchen Befugnis an das Schiedsgericht ist zwar nicht gesetzlich verboten, aber grundsätzlich gilt, dass das chinesische Schiedsgericht keine solche Befugnis ausüben darf.[534] Einige Schiedsordnungen regeln die Kompetenz zur Anordnung vorläufiger Schutzmaßnahmen flexibler, z.B. SCIA-R, CIETAC-R.

1. Schiedsrichterlicher einstweiliger Rechtsschutz

a. § 62 BAC-R

§ 62 BAC-R (mit dem Titel: vorläufige Maßnahme) schreibt vor, dass das Schiedsgericht auf Antrag der Parteien nach dem geltenden Recht angemessene vorläufige Maßnahmen in Form von Beschlüssen, Zwischenentscheidungen oder in anderer vom geltenden Recht anerkannten Form, anordnen kann (Abs. 1). Die Partei kann auch nach dem geltenden Recht direkt bei dem zuständigen Gericht den Antrag auf vorläufige Maßnahmen stellen (Abs. 2).

§ 62 BAC-R gehört zum Kapitel 8 der BAC-R „spezielle Regelung für internationale Schiedsgerichtsbarkeit". Nach § 61 I und II BAC-R findet das Kapitel 8 der BAC-R für die internationale Schiedsgerichtsbarkeit und die Schiedsgerichtsbarkeit in Bezug auf Hong Kong, Macau und Taiwan Anwendung. Die Gewährung

---

532 Z.B. § 23 CIETAC-R.
533 Siehe näher im unteren Abschnitt Kapitel 4.D.II.1.b).
534 Siehe Auslegung von § 62 BAC-R auf der offiziellen Webseite von BAC unter https://www.bjac.org.cn/news/view?id=2587 (zuletzt abgerufen am 09.03.2023).

dieser Befugnis an das Schiedsgericht und die Flexibilität der Antragstellung beim Gericht zielen darauf, die Bedürfnisse der Schiedsparteien in der internationalen Schiedsgerichtsbarkeit zu erfüllen, insbesondere, wenn der Ort der Vollziehung der vorläufigen Maßnahmen im Ausland sein soll, weil das chinesische Recht in diesem Fall keinen einstweiligen Rechtsschutz bieten kann. § 62 BAC-R bietet daher den Schiedsparteien mehr Möglichkeiten an, wenn nach dem geltenden Recht des Vollzugsorts (1) ein Schiedsgericht direkt vorläufige Maßnahmen anordnen kann und/oder (2) das Gericht an diesem Vollzugsort die durch ein Schiedsgericht angeordnete vorläufige Maßnahme vollziehen kann oder (3) das geltende Recht des Vollzugsorts (ähnlich wie das chinesische Recht) nur einen Antrag auf vorläufige Maßnahmen beim staatlichen Gericht zulässt.[535]

Daher könnte das Schiedsgericht vorläufige Maßnahmen nach § 62 BAC-R anordnen, wenn (1) das chinesischen Recht keine Anwendung findet und (2) die vom Schiedsgericht angeordneten vorläufigen Maßnahmen außerhalb Festland-Chinas vollzogen werden sollen, z.B. in Hong Kong, Macau, Taiwan und im Ausland, weil ein solcher Fall nicht in den Regelungsbereich des chinesischen Rechts fällt.[536] Eine Regelung wie § 62 BAC-R beeinträchtigt zum einen nicht die Kompetenzverteilung unter dem chinesischen Recht und hat zum anderen keine erheblichen Vollziehungsrisiken, weil der Vollzug außerhalb Festland-Chinas stattfinden soll.[537]

b. § 18 i.V.m. § 20 SHFTZ-R

Pilot-Freihandelszone von Shanghai (*Shanghai Pilot Frei Trade Zone*) als die erste Freihandelszone in Festland-China wurde im Jahr 2013 gegründet. Als Bestandteil des Streitbeilegungssystems in dieser Pilot-Freihandelszone gründete das SHIAC am 22. Oktober 2013 den *China (Shanghai) Pilot Free Trade Zone Court of Arbitration* (abgekürzt als **SHFTZCA**), der effiziente und effektive Schiedsgerichtsdienste im Einklang mit internationalen Standards in der Freihandelszone anbietet. Das SHIAC erließ und verkündete am 8. April 2014 die Schiedsordnung der Pilot-Freihandelszone von Shanghai (*Shanghai Pilot Frei Trade Zone*, abgekürzt als **SHFTZ-R**), die am 1. Mai 2014 in Kraft trat.[538]

---

535 Siehe Auslegung von § 62 BAC-R auf der offiziellen Webseite von BAC unter https://www.bjac.org.cn/news/view?id=2587 (zuletzt abgerufen am 09.03.2023).
536 HUANG Kaishen, S. 142, 148, 149.
537 HUANG Kaishen, S. 142, 150.
538 http://www.shiac.org/Trade/aboutus_E.aspx?page=3 (zuletzt abgerufen am 09.03.2023).

Nach § 18 SHFTZ-R kann eine Partei nach dem Recht des Landes oder Gebiets, wo die vorläufige Maßnahme vollzogen wird, bei der Schiedsinstitution und/oder beim zuständigen Gericht Antrag auf eine oder mehrere der folgenden Maßnahmen – Vermögenssicherung, Beweissicherung, Handlungspflicht oder Handlungsverbot und andere Maßnahmen nach dem geltenden Recht – stellen. Vor der Erhebung der Schiedsklage kann der Antragsteller nach dem Recht der Länder oder Gebiete, wo die vorläufige Maßnahme vollzogen wird, direkt beim zuständigen Gericht den Antrag stellen oder die Hilfe durch die Schiedsinstitution ersuchen, beim zuständigen Gericht den Antrag zu stellen (§ 19 I SHFTZ-R). Die Schiedsklage ist nach dem anwendbaren Recht am Vollzugsort fristgerecht zu erheben (§ 19 III SHFTZ-R). Wenn eine Partei nach der Annahme der Schiedsklage durch die Schiedsinstitution einen solchen Antrag auf die vorläufige Maßnahme bei der Schiedsinstitution stellt, hat die Schiedsinstitution nach dem im Einzelfall geltenden Recht am Vollzugsort entweder den Antrag an das zuständige staatliche Gericht oder das (bereits eingerichtete) Schiedsgericht oder das notwendige Schiedsgericht im Sinne von § 21 SHFTZ-R (siehe unten Kapitel 4.D.II.2) weiterzuleiten (§ 20 SHFTZ-R).

Zu beachten ist, dass der Antragsteller das geltende Recht am Vollzugsort in seinem Antrag anzugeben hat (§ 20 I SHFTZ-R).

c. § 23 III CIETAC-R

Nach § 23 III CIETAC-R kann das Schiedsgericht unter Anwendung des geltenden Rechts oder nach der Vereinbarung der Parteien angemessene vorläufige Maßnahme anordnen und über die Erbringung von Sicherheitsleistungen entscheiden.

d. § 25 III SCIA-R

§ 25 III SCIA-R spricht zwar nur von der Sicherung, enthält aber eine interessante Zusammenfassung über das Verfahren für den Sicherungsantrag: (1) Satz 1: Wenn der Schiedsort in Festland-China ist und eine Partei vor der Einleitung des Schiedsverfahrens die Sicherung beantragt, kann sie den Antrag direkt bei dem zuständigen Gericht stellen (1. Halbs.); wenn eine Partei eine Sicherung während des (eingeleiteten) Schiedsverfahrens beantragt, soll die Schiedsinstitution (SCIA) den Antrag an das zuständige Gericht weiterleiten (2. Halbs.).

(2) Satz 2: Wenn der Schiedsort in anderen Ländern oder Gebieten liegt, soll die Partei ihren Sicherungsantrag nach dem anwendbaren Recht bei dem zuständigen Gericht oder Schiedsgericht stellen.

2. *Eilschiedsrichter (Emergency Arbitrator)*

Die internationale Schiedsgerichtsbarkeit und etliche Schiedsordnungen von Schiedsgerichtsinstitutionen sehen mittlerweile einen Eilschiedsrichter vor, der für die Gewährung einstweiligen Rechtsschutzes zuständig ist, solange das Schiedsgericht noch nicht konstituiert ist.[539] Der Eilschiedsrichter ist Spruchkörper mit vertraglicher Anordnungskompetenz zur Entscheidung über Eilrechtsschutz vor Konstituierung des Schiedsgerichts.[540] Die folgenden, in den letzten paar Jahren erst erlassenen oder modifizierten Schiedsordnungen der chinesischen Schiedsinstitutionen enthalten auch Regelungen über den Eilrechtsschutz durch einen Eilschiedsrichter. Hier werden die Details über den Ablauf des Eilschiedsrichterverfahrens nicht dargestellt.

a. § 63 BAC-R

Nach § 63 BAC-R kann eine Partei vor Konstituierung des Schiedsgerichts nach dem geltenden Recht einen Antrag auf Bestellung des Eilschiedsrichters bei der BAC stellen.

b. §§ 18, 21 und 22 SHFTZ-R

Wenn eine Partei in der Zeit zwischen der Annahme der Schiedssache durch die Schiedsinstitution und der Konstituierung des Schiedsgerichts vorläufige Maßnahmen beantragen möchte, kann sie nach dem geltenden Recht des Landes oder Gebiets, wo die vorläufige Maßnahme vollzogen wird, einen Antrag auf Bestellung des Eilschiedsrichters bei der SHFTZCA stellen. Der bestellte Eilschiedsrichter soll die Entscheidung über die vorläufige Maßnahme gemäß dem Recht des Landes oder Gebiets, wo die vorläufige Maßnahme vollzogen wird, treffen.

c. § 23 II CIETAC-R i.V.m. Anlage 3 CIETAC-Eilschiedsrichterverfahrensordnung

Nach § 23 II CIETAC-R kann eine Partei nach dem geltenden Recht oder nach der Vereinbarung zwischen den Parteien einen Antrag auf Bestellung des Eilschiedsrichters bei der CIETAC stellen, falls sie Eilrechtsschutz braucht.

---

539 Salger/Trittmann/Mahnken, § 28, Rn. 158.
540 Salger/Trittmann/Schäfer, § 5, Rn. 8.

d. § 26 SCIA-R

In der Zeit zwischen der Einleitung des Schiedsverfahrens und der Konstituierung des Schiedsgerichtskann eine Partei, wenn das anwendbare Schiedsverfahrensrecht dies zulässt, einen Antrag auf Bestellung des Eilschiedsrichters bei der SCIA stellen, falls sie einen Eilrechtsschutz braucht.

3. Zusammenfassung

Klar ist, dass (nur) das chinesische Volksgericht vorläufige Maßnahmen in der Form von Vermögenssicherung, Beweissicherung und Handlungssicherung unter dem chinesischen Recht auf Antrag des Antragsstellers anordnen und nachher auch bei Bedarf vollziehen kann, wenn der Schiedsort in Festland-China ist und der Sitz des Antragsgegners oder der Belegenheitsort von dessen Vermögen in Festland-China ist. In diesem Umfang enthält keine der Schiedsordnungen der BAC-R, SHFTZ-R, CIETAC-R und SCIA-R Regelungen, die von den gesetzlichen Regelungen abweichen.

Der oben in Kapitel 4.D.II.1 erörterte schiedsrichterliche einstweilige Rechtsschutz[541] und der oben in Kapitel 4.D.II.2 erörterte eilschiedsrichterliche einstweilige Rechtsschutz[542] sind eigentlich zwei unterschiedliche Themen. Da sie aber beide abweichende Regelungen zu den bestehenden gesetzlichen chinesischen Regelungen darstellen und in die Schiedsordnungen chinesischer Schiedsinstitutionen aufgenommen sind, werden sie hier zusammen behandelt. Allgemein anerkannt ist, dass das folgende Rangverhältnis zwischen der Schiedsgesetzgebung und der Schiedsgerichtsordnung besteht: die zwingenden Regelungen des anwendbaren Schiedsrechts gehen der Schiedsgerichtsordnung vor.[543] Die Frage, ob eine Schiedsinstitution bzw. ein Schiedsgericht über den einstweiligen

---

541 Schiedsrichterlicher einstweiliger Rechtsschutz bedeutet in dieser Arbeit die sichernde und vorläufig wirkende Maßnahme, die von einem Schiedsgericht nach dessen Konstituierung erlassen wurde, vgl. die Definition „Schiedsrichterlicher Eilrechtsschutz" in Salger/Trittmann/Schäfer, § 5, Rn. 8. Zu beachten ist, dass die betroffenen Schiedsordnungsklauseln auch den Antrag beim zuständigen Gericht vorsehen. Dies ist m. E. nur eine „Nebenwirkung" der neu eingefügten Kompetenz für das Schiedsgericht in dem Fall, dass das geltende Recht es verlangt.

542 Eilschiedsrichterlicher einstweiliger Rechtsschutz bedeutet in dieser Arbeit die sichernde und vorläufig wirkende Maßnahme, die von einem Eilschiedsrichter erlassen wurde, vgl. die Definition „Schiedsrichterlicher Eilrechtsschutz" in Salger/Trittmann/Schäfer, § 5, Rn. 8.

543 Salger/Trittmann/Schäfer, § 5, Rn. 14.

Rechtsschutz entscheiden darf, wird im chinesischen Schiedsrecht negativ beantwortet. Daher darf eine davon abweichende Schiedsordnung eigentlich nicht gelten. Hier wird analysiert, ob und wofür die erwähnten Schiedsordnungsregelungen in BAC-R, SHFTZ-R, CIETAC-R und SCIA-R angewendet werden könnten. Wie das Schiedsgericht oder der Einzeleilschiedsrichter oder das involvierte (ausländische bzw. nicht-chinesische) staatliche Gericht den Antrag auf einstweiligen Rechtsschutz prüft und wie das konkrete Verfahren für den Vollzug der angeordneten Maßnahmen ist, wird in dieser Arbeit nicht diskutiert. Außerdem wird unterstellt, dass der Antragsgegner nicht freiwillig der Pflicht, die in der schiedsrichterlich/eilschiedsrichterlich/gerichtlich angeordneten vorläufigen Maßnahme enthalten ist, nachkommt.

Alle oben erwähnten Klauseln in den Schiedsordnungen BAC-R, SHFTZ-R, CIETAC-R und SCIA-R finden nach ihrem jeweiligen Wortlaut <u>nach dem geltenden Recht</u> Anwendung. Was ist das geltende Recht? Ist es das für das Schiedsverfahren anzuwendende Schiedsverfahrensrecht oder das Recht, das für die Anordnung oder den Vollzug der vorläufigen Maßnahmen gilt, z.B. das Recht am Vollzugsort[544]? Müssen die beiden Rechte identisch sein oder können sie unterschiedlich sein, d.h. soll das auf das laufende oder bevorstehende Schiedsverfahren anzuwendende Schiedsverfahrensrecht zwingend auch für die Prüfung der Gewährung des einstweiligen Rechtsschutzes gelten oder soll das Recht am Sitz des Antragsgegners oder der Belegenheitsorte von dessen Vermögen, falls das im Einzelfall nicht das geltende Schiedsverfahrensrecht ist, gelten? Diese Fragen wurden in der chinesischen Literatur noch wenig diskutiert. Zwar hat die BAC auf ihrer offiziellen Webseite Auslegungen zu den Klauseln §§ 62 und 63 BAC-R veröffentlicht, allerdings klärt die BAC damit nur den Hintergrund zu den neuen Klauseln, nicht aber die oben genannten Rechtsfragen.[545]

Es ist den Schiedsinstitutionen BAC, SHFTZ, CIETAC und SCIA jedenfalls bewusst, dass das geltende Recht kein chinesisches Recht sein darf, weil das chinesische Recht keine Anordnung vorläufiger Maßnahmen durch ein Schiedsgericht oder Eilschiedsrichter zulässt.

---

544 Vollzugsort ist der Ort, wo der Antragsgegner sitzt oder sich die Vermögen als Vollzugsgegenstände befinden, d.h. Ort des Sitzes des Antragsgegners oder der Belegenheit der Vermögen.
545 Siehe z.B. Auslegung von § 62 BAC-R auf der offiziellen Webseite der BAC unter https://www.bjac.org.cn/news/view?id=2587 (zuletzt abgerufen am 09.03.2023) und Auslegung des § 63 BAC-R auf der offiziellen Webseite der BAC unter https://www.bjac.org.cn/news/view?id=2588 (zuletzt abgerufen am 09.03.2023).

BAC und SHFTZ gehen davon aus, dass das Recht des Landes oder Gebiets, wo die vorläufige Maßnahme vollzogen wird, für die Anordnung und den Vollzug des einstweiligen Rechtsschutzes gilt.[546] SCIA geht davon aus, dass das nicht-chinesische Recht gilt, wenn der Schiedsort nicht in Festland-China liegt (siehe § 25 III 2 SCIA-R). Wir können zwar nicht zur Schlussfolgerung kommen, dass SCIA das Schiedsverfahrensrecht als das anwendbare Recht für die Prüfung des einstweiligen Rechtsschutzes annimmt. Jedoch ist es ersichtlich, dass der Schiedsort sicherlich ein Auffangkriterium ist, weil nach dem Territorialitätsprinzip das chinesische Schiedsverfahrensrecht in einem Schiedsverfahren mit Schiedsort außerhalb Festland-Chinas in der Regel keine Anwendung findet. Hier berücksichtigen wir Großteile der internationalen Schiedspraxis und auch die Tendenz der chinesischen Schiedspraxis und nehmen den Schiedsort als maßgebliches Kriterium für die Feststellung des anwendbaren und zwingenden Schiedsverfahrensrechts, unabhängig von der Diskussion über die unterschiedlichen Maßstäbe für die Feststellung der Nationalität des Schiedsverfahrens in Kapitel 1.C.I.2.

Das Ziel der Schiedsordnungsklauseln betreffend den schiedsrichterlichen und eilschiedsrichterlichen einstweiligen Rechtsschutz in BAC-R, SHFTZ-R, CIETAC-R und SCIA-R soll es sein, sich in der grenzüberschreitenden Schiedssache die Unterschiede in der Ausgestaltung des einstweiligen Rechtsschutzes zwischen den verschiedenen Rechtsordnungen zu Nutze zu machen.[547] Daher sind die betroffenen Klauseln sehr allgemein formuliert und überlassen der Praxis einen großen Spielraum für die Auslegung und Rechtsauswahl.

In der Regel entfaltet die vorläufige Schutzmaßnahme am Vollzugsort Wirkung.[548] Es genügt nicht, Eilrechtsschutz bei dem Gericht, das außerhalb des Landes des Vollzugs liegt, ins Auge zu fassen, weil die Maßnahme dann erst im Heimatstaat des Antragsgegners anerkannt und für vollstreckbar erklärt werden müsste, wenn dies überhaupt möglich ist.[549] Es ist nicht selbstverständlich, dass staatliche Gerichte verpflichtet sind, einstweilige Maßnahmen, die von einem Schiedsgericht ergangen sind, stets für vollziehbar zu erklären.[550] Die Schutzmaßnahme und deren Vollzug stellen Eingriffe in die Rechte und Interessen der

---

546 Siehe Kapitel 4.D.II.1.a) und Kapitel 4.D.II.1.b).
547 Vgl. den Gedanken in der internationalen Schiedspraxis in Salger/Trittmann/Schäfer, § 5, Rn. 117.
548 Salger/Trittmann/Schäfer, § 5, Rn. 118.
549 Salger/Trittmann/Schäfer, § 5, Rn. 119.
550 Salger/Trittmann/Schäfer, § 5, Rn. 103.

betroffenen Person dar. Die aufgerufenen staatlichen Gerichte müssen jedenfalls nach dem Prozessrecht des Vollzugsortes die Kompetenz für die Anordnung solcher Maßnahmen oder die Anerkennung/Vollziehbarkeitserklärung der angeordneten Maßnahmen oder den Vollzug der Maßnahmen prüfen.

Falls sich der Schiedsort und der Vollzugsort in demselben Land oder Gebiet befinden, muss das Gericht nur das Prozessrecht in diesem Land/Gebiet prüfen. Falls der Schiedsort und der Vollzugsort in zwei unterschiedlichen Ländern oder Gebieten liegen, ist es nicht ausgeschlossen, dass das staatliche Gericht am Vollzugsort gemäß seinem nationalen Prozessrecht das auf das Schiedsverfahren anwendbare ausländische Recht zu berücksichtigen hat. Es wäre denkbar, einstweilige Rechtsschutzmaßnahmen nach ausländischem Verfahrensrecht zuzulassen oder aufgrund des Grundsatzes der prozessualen Waffengleichheit zu beschränken.[551] Zum Beispiel hindere die Geltung des deutschen Verfahrensrechts das Gericht nicht daran, sich bei dem Erlass der beantragten Maßnahme, soweit möglich, an dem Vorbild des ausländischen Prozessrechts zu orientieren.[552]

Anhand dieses Grundgedanken schauen wir hier, wie die erwähnten Klauseln in den Schiedsordnungen BAC-R, SHFTZ-R, CIETAC-R und SCIA-R in den einzelnen Konstellationen funktionieren:

a. Schiedsort und Vollzugsort in China

Wie schon erörtert kann das chinesische Volksgericht Vermögenssicherung, Beweissicherung und Handlungssicherung anordnen und vollstrecken, wenn sowohl der Schiedsort als auch der Vollzugsort in China ist.

b. Schiedsort und Vollzugsort (identisch oder nicht identisch) außerhalb Chinas

Um die Analyse zu vereinfachen, wird hier das Territorialitätsprinzip verwendet. Danach richtet sich das zwingend anwendbare Schiedsverfahrensrecht nach dem Schiedsort. Wenn sowohl der Schiedsort als auch der Vollzugsort außerhalb Festland-Chinas liegt, ist das chinesische Gericht weder für die Anordnung noch für den Vollzug des einstweiligen Rechtsschutzes zuständig. Ohne Berührungspunkte mit China spielt das chinesische Gericht in dieser Konstellation überhaupt keine Rolle. Ob das staatliche Gericht am Vollzugsort neben seinem

---

551 Steinbrück, S. 432–433.
552 Steinbrück, S. 434.

eigenen Prozessrecht noch das Verfahrensrecht am Schiedsort berücksichtigt, richtet sich ausschließlich nach dem Recht des Vollzugsorts.

Wenn man in der Praxis anstatt des Territorialitätsprinzips das Chinaspezifische „Schiedsinstitutionskriterium" (siehe auch Kapitel 1.C.I.2) anwendet und unabhängig von dem Schiedsort das chinesische Schiedsverfahrensrecht anwenden möchte, gilt Kapitel 4.D.II.3.d) unten.

c. Schiedsort außerhalb Chinas und Vollzugsort in China

Wenn der Schiedsort außerhalb Festland-Chinas liegt, ist das chinesische Recht kein anwendbares Schiedsverfahrensrecht für das Schiedsverfahren. Wenn ein ausländisches Gericht oder ein Schiedsgericht oder eine Schiedsinstitution eine vorläufige Maßnahme anordnet, die sich gegen eine Person mit Sitz in China richtet oder auf ein in China belegenes Vermögen bezieht, bedarf deren Durchsetzung eigentlich der gerichtlichen Unterstützung/Hilfe in China. Es gibt in China aber weder eine gesetzliche noch eine höchstrichterliche Regelung, die eine solche Justizhilfe für den Vollzug oder die Unterstützung bei dem Vollzug der ausländischen/nicht-chinesischen richterlichen oder schiedsrichterlichen Anordnung zum einstweiligen Rechtsschutz ermöglicht (eine Ausnahme gilt nur für Hong Kong, siehe Kapitel 4.D.III). Die vorläufigen Maßnahmen, die von einem Schiedsgericht außerhalb Chinas angeordnet worden sind, vollzieht das chinesische Gericht auch nicht nach dem New York-Übereinkommen, weil die Mitgliedstaaten des New York-Übereinkommens nur endgültige Schiedssprüche bei Erfüllung entsprechender Voraussetzungen anerkennen und vollstrecken, und nicht vorläufige Maßnahmen, welche nur das Verfahren betreffen.[553] China setzt eine einstweilige Maßnahme einem Schiedsspruch nicht gleich. Das entspricht auch der herrschenden Auffassung in der deutschen Literatur.[554]

d. Schiedsort in China und Vollzugsort außerhalb Chinas

Nach dem Territorialitätsprinzip findet das chinesische Schiedsverfahrensrecht Anwendung. Danach kann aber kein zuständiges Volksgericht für die Anordnung der Vermögenssicherung, Beweissicherung oder Handlungssicherung festgestellt werden, weil der Vollzugsort nicht in Festland-China liegt.

Da China mit keinem Land oder Gebiet (Ausnahme nur für Hong Kong, siehe Kapitel 4.D.III) Übereinkommen über Justizhilfe in der Durchsetzung des einstweiligen Rechtsschutzes abgeschlossen hat, ist die Möglichkeit – Anordnung der

---

553 SHANG Shu, S. 106, 107.
554 Steinbrück, S. 443.

vorläufigen Maßnahmen durch das chinesische Staatsgericht und Durchsetzung der Maßnahme am Vollzugsort über die Justizhilfe – eine rein theoretische Alternative, die es bis jetzt noch nicht gibt. Ob ein Mitgliedstaat des UNÜs eine einstweilige Maßnahme einem Schiedsspruch gleichsetzt und bereit ist, eine vom chinesischen Gericht angeordnete vorläufige Maßnahme, die in seinem Land vollzogen wird, zu vollstrecken, ist bis heute unbekannt.

Wenn man jetzt auf das Recht am Vollzugsort blickt, kommen die folgenden zwei Konstellationen in Betracht:

i. Nur richterlicher einstweiliger Rechtsschutz zulässig

Wenn das Recht am Vollzugsort, ähnlich wie das chinesische Recht, nur die Anordnung der vorläufigen Maßnahmen durch sein staatliches Gericht zulässt, soll die schutzsuchende Partei ihren Antrag direkt bei dem zuständigen Gericht am Vollzugsort nach dem dortigen Prozessrecht stellen. Dabei ist insbesondere zu prüfen, ob das Recht am Vollzugsort überhaupt zulässt, dass sein staatliches Gericht solche Maßnahmen in einem ausländischen Schiedsverfahren erlässt. Das wäre ebenfalls eine Art der Justizhilfe, die nicht ohne Weiteres in jeder Rechtsordnung zugelassen ist.

ii. Zulässiger schiedsrichterlicher/eilschiedsrichterlicher einstweiliger Rechtsschutz

Wenn das Recht am Vollzugsort die Anordnung der vorläufigen Maßnahmen durch das Schiedsgericht und/oder Eilschiedsrichter und/oder die Schiedsinstitution auch außerhalb des Landes oder Gebiets, zu dem der Vollzugsort gehört, zulässt, ist es laut dem Wortlaut der erwähnten Klauseln in den Schiedsordnungen BAC-R, SHFTZ-R, CIETAC-R und SCIA-R möglich, dass die Schiedsinstitution oder das Schiedsgericht vorläufige Maßnahmen anordnet. Wenn das Recht am Vollzugsort auch die Vollziehung solcher Maßnahmen durch sein staatliches Gericht unterstützt, kann eine Partei bei Bedarf um den Vollzug solcher Maßnahmen am Vollzugsort ersuchen.

Fraglich ist, ob diese Vorgehensweise später als ein Verfahrensfehler kritisiert werden könnte, weil das Schiedsgericht und/oder Eilschiedsrichter und/oder die Schiedsinstitution nach dem zwingend anwendbaren chinesischen Schiedsverfahrensrecht/Prozessrecht keine Kompetenz hat, selbst die vorläufige Maßnahme anzuordnen.[555]

---

555 HUANG Kaishen, S. 142, 149.

Bis jetzt wurde noch keine solche Beschwerde geltend gemacht. In der Praxis hat das BAC im Jahr 2017 nach §§ 62 und 63 BAC-R in einem Fall mit Hong Kong als Vollzugsort einen Eilschiedsrichter bestellt, der teilweise über den Antrag des Antragstellers positiv entschieden hat und vorläufige Maßnahme angeordnet hat. Der Antragsteller hat erfolgreich die Vollstreckung der Maßnahme durch das Gericht in Hong Kong veranlasst. Rechtsgrundlage für die Vollstreckung war Art. 22B i.V.m. Art. 45 der *Cap 609 Hong Kong Arbitration Ordinance.*[556]

Das ist zwar ein Fall mit positivem Ergebnis für den Antragsteller. Es schließt das Risiko eines möglichen Verstoßes gegen das zwingende chinesische Schiedsverfahrensrecht aber nicht aus.

Nach Art. 28B I der *Cap 609 Hong Kong Arbitration Ordinance* ist ein durch den Eilschiedsrichter gemäß der relevanten Schiedsordnung in oder außerhalb Hong Kongs erlassener Eilrechtsschutz (*emergency relief*) in der gleichen Weise vollstreckbar wie ein Beschluss oder eine Verfügung eines Gerichts. Nach Art. 61 Abs. I und Abs. V der *Cap 609 Hong Kong Arbitration Ordinance* ist ein Beschluss oder eine Verfügung, die in oder außerhalb von Hong Kong in Bezug auf ein Schiedsverfahren von einem Schiedsgericht erlassen wurde, in der gleichen Weise vollstreckbar wie ein Beschluss oder eine Verfügung des Gerichts. Wenn ein Schiedsgericht einer chinesischen Schiedsinstitution oder ein Schiedsgericht in China oder ein Eilschiedsrichter den Eilrechtsschutz mit Vollzugsort in Hong Kong erlassen dürfte, sollte das in der Übereinkunft („*Arrangement*") zur gegenseitigen Unterstützung beim einstweiligen Rechtsschutz durch Gerichte in Festland-China und Hong Kong vom 26.09.2019 (FaShi 2019, Nr. 14) auch geregelt sein, weil es längst bekannt ist, dass das Gericht in Hong Kong solchen Eilrechtsschutz unter Erfüllung der Voraussetzungen nach der *Cap 609 Hong Kong Arbitration Ordinance* vollstrecken wird. Da die Übereinkunft zu diesem Punkt schweigt (siehe gleich unten Kapitel 4.D.III), ist anzunehmen, dass das ObVG, das eine Partei der Übereinkunft ist, die Anordnung des Eilrechtsschutzes durch das Schiedsgericht und den Eilschiedsrichter noch nicht regelungstechnisch fixieren möchte.

e. Auswirkung für andere Schiedsordnungen

Das oben Dargestellte gilt nicht nur für die erwähnten Klauseln in den Schiedsordnungen BAC-R, SHFTZ-R, CIETAC-R und SCIA-R, sondern auch für andere Schiedsordnungen, die ähnliche Klauseln enthalten oder enthalten werden.

---

556 Kurze Darstellung des Falls in HUANG Kaishen, S. 142, 151.

Nach dem geltenden chinesischen Recht wird das chinesische Staatsgericht keine vorläufigen Maßnahmen, die von einem Schiedsgericht angeordnet worden sind, vollziehen, egal ob der Schiedsort oder das Schiedsgericht in oder außerhalb Festland-Chinas liegt. Wenn die Parteien z.B. in einem in China laufenden Schiedsverfahren die ICC Schiedsordnung anwenden und das Schiedsgericht laut der ICC Schiedsordnung vorläufige Maßnahmen anordnet, wird das Staatsgericht diese Maßnahmen nicht vollziehen.[557]

III. Sonderfall: Hong Kong

Das ObVG und die Regierung der Sonderverwaltungsregion Hong Kong haben die Übereinkunft zur gegenseitigen Unterstützung beim einstweiligen Rechtsschutz durch Gerichte in Festland-China und Hong Kong am 2. April 2019 unterzeichnet, die am 1. Oktober 2019 in Kraft getreten ist. Nach dieser Übereinkunft können die Parteien des Hong Kong-Schiedsverfahrens vor der Schiedsentscheidung nach dem chinesischen Zivilprozessgesetz und Schiedsgesetz und den dazugehörigen Auslegungsregelungen beim zuständigen Mittleren Volksgericht[558] die Sicherungen beantragen.[559] Dementsprechend können die Parteien des Schiedsverfahrens, das von der chinesischen Schiedsinstitution durchgeführt wird, vor der Schiedsentscheidung nach der *Cap 609 Hong Kong Arbitration Ordinance* und *Cap 4 High Court Ordinance* beim *Hong Kong High Court* die Sicherungen beantragen.[560]

Die Sicherungen, die in Festland-China ersucht werden können, umfassen in Festland-China die Vermögenssicherung, Beweissicherung und Handlungssicherung. Die Sicherungen, die in Hong Kong ersucht werden können, umfassen die Verfügungen und andere vorläufigen Maßnahmen zur Beibehaltung des *Status quo* oder zur Wiederherstellung des *Status quo ante* bis zur Entscheidung

---

557 SHANG Shu, S. 106, 107.
558 Örtlich zuständig ist das Volksgericht am Wohnort oder Sitz des Antragsgegners oder das Volksgericht am Ort, wo sich das zu sichernde Vermögen befindet oder sich die zu sichernden Beweise befinden. Die Parteien dürfen nur bei einem davon den Antrag stellen.
559 § 3 I der Übereinkunft („*Arrangement*") zur gegenseitigen Unterstützung beim einstweiligen Rechtsschutz durch Gerichte in Festland-China und Hong Kong vom 26.09.2019 (FaShi 2019, Nr. 14).
560 § 7 der Übereinkunft („*Arrangement*") zur gegenseitigen Unterstützung beim einstweiligen Rechtsschutz durch Gerichte in Festland-China und Hong Kong vom 26.09.2019 (FaShi 2019, Nr. 14).

der Streitigkeit, zur Ergreifung von Maßnahmen zur Verhinderung oder Unterlassung von Handlungen, die das Schiedsverfahren gegenwärtig oder unmittelbar schädigen oder beeinträchtigen, zur Sicherung von Vermögenswerten oder zur Sicherung von Beweisen, die für die Entscheidung der Streitigkeit relevant und wesentlich sein können.[561] Diese aufgelisteten Zwecke der Verfügungen und vorläufigen Maßnahmen entsprechen Art. 35 II der *Cap 609 Hong Kong Arbitration Ordinance* und Art. 17 II des UNCITRAL Modellgesetzes.

Der Begriff „Hong Kong-Schiedsverfahren" in dieser Übereinkunft umfasst das Schiedsverfahren mit Hong Kong als Schiedsort, das von den folgenden Institutionen oder Büros durchgeführt wird:

(1) Schiedsinstitutionen, die in Hong Kong niedergelassen sind oder ihren Hauptsitz in Hong Kong haben und Hong Kong als Hauptverwaltungsort haben;
(2) Streitbeilegungsinstitutionen oder ständige Büros, die in Hong Kong von internationalen zwischenstaatlichen Organisationen, denen die Volksrepublik China angehört, eingerichtet wurden;
(3) Streitbeilegungsinstitutionen oder ständige Büros, die in Hong Kong von anderen Schiedsinstitutionen eingerichtet wurden, wenn diese Streitbeilegungsinstitutionen oder ständigen Büros die von der Regierung der Sonderverwaltungsregion Hong Kong festgelegten Kriterien in Bezug auf die Anzahl der Schiedsfälle und den Wert des Gegenstandes erfüllen.

Die Liste der oben erwähnten Institutionen oder ständigen Büros soll dem ObVG von der Regierung der Sonderverwaltungsregion Hong Kong vorgelegt und von beiden bestätigt werden.[562] Am 26.09.2019 hat das Justizamt Hong Kong eine Liste der die Qualifikation der Übereinkunft erfüllenden Institutionen oder ständigen Büros veröffentlicht, die zur Beantragung der Sicherungen bei den chinesischen Gerichten befugt sind:

- Hong Kong International Arbitration Center
- China International Economic and Trade Arbitration Commission Hong Kong Arbitration Center

---

561 § 1 der Übereinkunft („*Arrangement*") zur gegenseitigen Unterstützung beim einstweiligen Rechtsschutz durch Gerichte in Festland-China und Hong Kong vom 26.09.2019 (FaShi 2019, Nr. 14).
562 § 2 der Übereinkunft („*Arrangement*") zur gegenseitigen Unterstützung beim einstweiligen Rechtsschutz durch Gerichte in Festland-China und Hong Kong vom 26.09.2019 (FaShi 2019, Nr. 14).

- International Court of Arbitration of the International Chamber of Commerce – Asia Office
- Hong Kong Maritime Arbitration Group
- South China International Arbitration Center (HK)[563]
- eBRAM International Online Dispute Resolution Center.[564]

Die das Hong Kong-Schiedsverfahren durchführende Institution oder das ständige Büro hat den Antrag der Parteien an das zuständige chinesische Volksgericht weiterzuleiten und die Bestätigung der Anhängigkeit der Schiedssache beifügen. Im Fall des Sicherungsantrages vor der Einleitung des Schiedsverfahrens kann der Antrag direkt beim zuständigen Volksgericht gestellt werden. Innerhalb von 30 Tagen nach der Vollziehung der Sicherungsmaßnahmen muss die Bestätigung der Anhängigkeit der Schiedssache durch die Institution oder das ständige Büro beim Volksgericht angekommen sein. Ansonsten werden die Sicherungsmaßnahmen aufgehoben.[565]

Die Anforderungen an den Schiedsort des Hong Kong-Schiedsverfahrens und an die Qualifikation und Mitwirkung der Schiedsinstitution aus Hong Kong für eine beantragte Sicherung bei chinesischen Staatsgerichten beruhen sowohl auf der strengen Verfahrensregelung des chinesischen Rechts als auch auf dem noch unklaren Maßstab für die Feststellung der Nationalität des Schiedsverfahrens (Schiedsort- oder Schiedsinstitutionsprinzip, siehe Kapitel 1.C.I.2). Daraus ergibt sich, dass die Parteien eines ad-hoc-Schiedsverfahrens mit Schiedsort in Hong Kong keine Sicherungsmaßnahmen durch chinesische Staatsgerichte beantragen können.

Dagegen gibt es keine Anforderung an den Schiedsort des Schiedsverfahrens, das von einer chinesischen Schiedsinstitution verwaltet ist, wenn die Partei eines solchen Verfahrens in Hong Kong die Sicherungsmaßnahmen beantragt. Der Grund dafür ist, dass der Schiedsort des Schiedsverfahrens für die Vollziehung der Sicherungsmaßnahmen durch das Hong Konger Gericht nach den *Cap 609*

---

563 Das South China International Arbitration Center (HK) ist nach eigenen Angaben eine Zweigniederlassung der SCIA in Hong Kong. Ihre Webseite wird noch eingerichtet werden, siehe http://www.scia.com.cn/Home/index/serviceinfo4/id/15.html ((zuletzt abgerufen am 09.03.2023))

564 https://www.info.gov.hk/gia/general/201909/26/P2019092600393.htm?fontSize=1 ((zuletzt abgerufen am 09.03.2023))

565 § 3 II und III der Übereinkunft („*Arrangement*") zur gegenseitigen Unterstützung beim einstweiligen Rechtsschutz durch Gerichte in Festland-China und Hong Kong vom 26.09.2019 (FaShi 2019, Nr. 14).

Hong Kong Arbitration Ordinance und *Cap 4 High Court Ordinance* keine Rolle spielt.[566] Aus Art. 45 II, III der *Cap 609 Hong Kong Arbitration Ordinance* ergibt sich, dass das Hong Konger Gericht auf Antrag irgendeiner Partei vorläufige Maßnahmen in Bezug auf irgendein Schiedsverfahren, das in oder außerhalb Hong Kongs eingeleitet wurde oder eingeleitet wird, anordnen kann, unabhängig davon, ob das Schiedsgericht ähnliche Maßnahmen anordnen kann. Das *Cap 609 Hong Kong Arbitration Ordinance* nimmt das UNCITRAL-Modellgesetz als Vorbild und räumt sowohl dem Schiedsgericht als auch dem Hong Konger Gericht einen großzügigen Spielraum bei der Unterstützung des Schiedsverfahrens ein. Die Befugnis des Hong Konger Gerichts unter Art. 45 II, III der *Cap 609 Hong Kong Arbitration Ordinance* ist nur dadurch beschränkt, dass das Hong Konger Gericht in Bezug auf ein Schiedsverfahren außerhalb Hong Kongs nur vorläufige Maßnahmen anordnen kann, wenn aus dem Schiedsverfahren ein in Hong Kong zu vollstreckender Schiedsspruch erlassen wird und die ersuchten vorläufigen Maßnahmen zu den vorgesehenen und zulässigen Arten und Typen solcher Maßnahmen unter dem Hong Konger Recht gehören.[567] Das Hong Konger Gericht kann das Ersuchen vorläufiger Maßnahme ablehnen, wenn (1) die ersuchte Maßnahme der Streitgegenstand des Schiedsverfahrens ist, d.h. die Maßnahme die Hauptsache vorwegnehmen würde, und (2) nach der Ansicht des Hong Konger Gerichts die Anordnung der Maßnahmen durch das Schiedsgericht angemessener ist.[568]

Die Rechtsbehelfe gegen die Entscheidung des jeweilgen Gerichts unterliegen dem Recht des Ortes, wo das ersuchte Gericht sitzt.[569]

Die Übereinkunft stellt einen Sonderfall der gegenseitigen Justizhilfe im Bereich des einstweiligen Rechtsschutzes im oder vor dem Schiedsverfahren dar. Sie ist auch bis jetzt die einzige regelungstechnisch fixierte, anerkannte und durchsetzbare Justizhilfe in diesem Bereich.

Im Fall des Vollstreckungsantrags von Farenco Shipping Pte. Ltd. auf Vollstreckung von Schiedssprüchen aus Hong Kong hat das Seegericht von Guangzhou

---

566 JIANG Qibo/ZHOU Jiahai/SI Yanli/LIU Kun, in der Zeitung „*People's Court Daily*" vom 26.09.2019 unter http://rmfyb.chinacourt.org/paper/html/2019-09/26/content _160433.htm?div=-1 (zuletzt abgerufen am 09.03.2023); Art. 61 der *Cap 609 Hong Kong Arbitration Ordinance*.
567 Art. 45 V der *Cap 609 Hong Kong Arbitration Ordinance*.
568 Art. 45 IV der *Cap 609 Hong Kong Arbitration Ordinance*.
569 § 9 der Übereinkunft („*Arrangement*") zur gegenseitigen Unterstützung beim einstweiligen Rechtsschutz durch Gerichte in Festland-China und Hong Kong vom 26.09.2019 (FaShi 2019, Nr. 14).

Sicherungsmaßnahmen angeordnet, bevor es über die Anerkennung und Vollstreckung der Schiedssprüche entschieden hat.[570] Am 27.11.2020 haben das ObVG und das Justizministerium der Regierung der Sonderverwaltungsregion Hong Kong zehn typische Fälle der gegenseitigen Vollstreckung von Schiedssprüchen in englischer und chinesischer Sprache veröffentlicht. Davon war der Fall von Farenco Shipping Pte. Ltd. als der erste Fall gelistet. Daraus ergibt sich, dass die Sicherungsmaßnahmen vor der Entscheidung des Volksgerichts über die Anerkennung und Vollstreckung angeordnet werden können.

IV. Sonderfall: Macau

Das ObVG und die Regierung der Sonderverwaltungsregion Macau haben die Übereinkunft zur gegenseitigen Unterstützung beim einstweiligen Rechtsschutz durch Gerichte in Festland-China und Macau am 25. Februar 2022 unterzeichnet, die am 25. März 2022 in Kraft getreten ist. Nach dieser Übereinkunft können die Parteien des Macau-Schiedsverfahrens vor der Schiedsentscheidung nach dem chinesischen Zivilprozessgesetz und Schiedsgesetz und den dazugehörigen Auslegungsregelungen beim zuständigen Mittleren Volksgericht[571] die Sicherungen beantragen.[572] Dementsprechend können die Parteien des Schiedsverfahrens, das von der chinesischen Schiedsinstitution durchgeführt wird, vor der Schiedsentscheidung nach dem Recht von Macau beim erstinstanzlichen Gericht von Macau die Sicherungen beantragen.[573]

Die üblichen Vorschriften der Übereinkunft sind ähnlich wie die in der Übereinkunft zur gegenseitigen Unterstützung beim einstweiligen Rechtsschutz durch Gerichte in Festland-China und Hong Kong vom 2. April 2019. In dieser Arbeit wird man nicht ins Detail gehen.

---

570 Veröffentlicht auf der Webseite des ObVG unter https://www.court.gov.cn/zixun-xiangqing-275321.html (zuletzt abgerufen am 09.03.2023).
571 Örtlich zuständig ist das Volksgericht am Wohnort oder Sitz des Antragsgegners oder das Volksgericht am Ort, wo sich das zu sichernde Vermögen befindet oder sich die zu sichernden Beweise befinden. Die Parteien dürfen nur bei einem davon den Antrag stellen.
572 § 2 I der Übereinkunft („*Arrangement*") zur gegenseitigen Unterstützung beim einstweiligen Rechtsschutz durch Gerichte in Festland-China und Macau vom 24.02.2022 (FaShi 2022, Nr. 7).
573 § 5 der Übereinkunft („*Arrangement*") zur gegenseitigen Unterstützung beim einstweiligen Rechtsschutz durch Gerichte in Festland-China und Macau vom 24.02.2022 (FaShi 2022, Nr. 7).

Kapitel 5: Aufhebung der Schiedssprüche

Ein Schiedsspruch ist eine endgültige Entscheidung für den Streitgegenstand (sog. letztes Wort des Schiedsspruchs)[574]. Erheben die Parteien nach Erlass eines Schiedsspruchs wegen desselben Streitfalls erneut eine Schiedsklage oder eine Klage beim Volksgericht, so wird diese von der Schiedskommission oder dem Volksgericht nicht bearbeitet bzw. eine Aktenanlegung abgelehnt.[575] Aus dem Sinn und Zweck dieser Regelung ergibt sich, dass es keine Berufungsinstanz im Schiedsverfahren gibt. Das heißt jedoch nicht, dass es für die Parteien keine Möglichkeit gibt, den Schiedsspruch anzugreifen. Nach § 58 SchG bzw. § 70 SchG i.V.m. § 281 I ZPG können Schiedssprüche vom Volksgericht mit bestimmten Gründen aufgehoben werden. Diese gesetzlich eingeräumte Eingriffsmöglichkeit kann nicht von den Parteien vertraglich ausgeschlossen werden.[576]

Wenn eine Partei die Vollstreckung eines Schiedsspruchs beantragt, ist es der anderen Partei oder einem Dritten möglich, im Vollstreckungsverfahren die Ablehnung der Vollstreckung zu beantragen. Der Unterschied bzw. das Verhältnis zwischen der Aufhebung und der Ablehnung der Vollstreckung werden in Kapitel 6 näher dargestellt.

A. Entstehungsgeschichte zur Aufhebung der Schiedssprüche

Als das ZPG im Jahre 1981 erlassen wurde, enthielt es keine Bestimmung über die Aufhebung oder Vollstreckungsablehnung. China ist im Jahr 1986 dem New York Übereinkommen beigetreten. Vor dem Hintergrund, dass China eine Internationalisierung der Legislative und Judikative zumindest in auslandsbezogenen Geschäften anstrebte, wurde das ZPG im Jahr 1991 modifiziert. Das ZPG gab der Schiedspartei zum ersten Mal die Möglichkeit, die Ablehnung der Vollstreckung eines Schiedsspruchs mit bestimmten Gründen beim Volksgericht zu beantragen. § 217 II ZPG a.F. (Version 1991) schrieb die Gründe für die Ablehnung eines (innerstaatlichen) Schiedsspruchs vor und § 260 ZPG a.F. (Version 1991) schrieb die Gründe für die Ablehnung eines auslandsbezogenen Schiedsspruchs vor. Bis 1995 wurde viel diskutiert, ob der Erlass eines Schiedsgesetzes erforderlich war.

---

574 § 9 I 1 SchG.
575 § 9 I 2 SchG.
576 SONG Lianbin/HUANG Baochi, S. 9, 19.

Vor allem wurde heftig diskutiert, ob ein Schiedsspruch vom Volksgericht aufgehoben werden kann bzw. ob eine Schiedspartei neben dem Vollstreckungsablehnungsantrag noch die Möglichkeit haben kann, einen Schiedsspruch aufheben zu lassen. Mit dem Erlass des SchG im Jahr 1995 hat der Gesetzgeber die überwiegende Meinung zur geltenden Rechtslage gemacht. Mit dem Erlass des SchG im Jahr 1995 wurde klar, welche Meinung überwiegte. Der Schiedsspruch ist nach § 58 I SchG aufhebbar. Die Aufhebungsgründe nach § 58 II SchG unterschieden sich aber von den damaligen Vollstreckungsablehnungsgründen (siehe Unterstreichungen in der unteren Tabelle).

Aufhebungsgründe § 58 II SchG	Vollstreckungsablehnungsgründe § 217 II ZPG a.F. (Version 1999)
Die innerstaatlichen Schiedssprüche können nach § 58 I Nr. 1–6 SchG aufgehoben werden, wenn eine Partei begründet geltend macht, dass	Die Vollstreckung eines Schiedsspruchs ist abzulehnen, wenn eine Partei begründet geltend macht, dass einer der unteren Umstände vorliegt, d.h. wenn
– eine Schiedsvereinbarung fehlt (Nr. 1);	– die Parteien weder im Vertrag eine Schiedsklausel vereinbart noch nachträglich eine schriftliche Schiedsvereinbarung getroffen haben (Nr. 1);
– der Gegenstand des Schiedsspruchs nicht von der Schiedsvereinbarung umfasst ist oder die Schiedskommission zur Durchführung des Schiedsverfahrens nicht berechtigt war (Nr. 2);	– der Gegenstand des Schiedsspruchs nicht von der Schiedsvereinbarung umfasst ist oder die Schiedskommission zur Durchführung des Schiedsverfahrens nicht berechtigt war (Nr. 2);
– die Zusammensetzung des Schiedsgerichts oder das Schiedsverfahren gegen die gesetzlichen Verfahrensregelungen verstoßen hat (Nr. 3);	– die Zusammensetzung des Schiedsgerichts oder das Schiedsverfahren gegen die gesetzlichen Verfahrensregelungen verstoßen hat (Nr. 3);
– die Beweise, auf die sich der Schiedsspruch gestützt hat, gefälscht waren (Nr. 4);	– die Beweismittel für die Feststellung der Tatsachen nicht ausreichend sind (Nr. 4);

Aufhebungsgründe § 58 II SchG	Vollstreckungsablehnungsgründe § 217 II ZPG a.F. (Version 1999)
– die Gegenpartei Beweise unterdrückt hat, die die Gerechtigkeit des Schiedsverfahrens beeinträchtigen könnten (Nr. 5);	– die Rechtsanwendung fehlerhaft war (Nr. 5);
– ein Schiedsrichter während des Schiedsverfahrens Bestechungen verlangt oder erhalten, seinen privaten Nutzen verfolgt oder das Gesetz verletzt hat (Nr. 6).	– ein Schiedsrichter während des Schiedsverfahrens Bestechungen verlangt oder erhalten, seinen privaten Nutzen verfolgt oder das Gesetz verletzt hat (Nr. 6).

§ 217 II ZPG a.F. (Version 1991) galt, bis sie im Jahr 2012 geändert wurde. In einem Zeitraum von 21 Jahren konnte man sich in Aufhebungsverfahren und Vollstreckungsablehnungsverfahren auf unterschiedliche Gründe (siehe jeweilige Nr. 4 und Nr. 5) berufen. Der neue § 244 II ZPG[577] wurde an § 58 II SchG angepasst und ist identisch mit § 58 II SchG. § 260 ZPG a.F. (Version 1991) bleibt unverändert und ist heute § 281 ZPG.

B. Aufhebbare Schiedssprüche

Die (innerstaatlichen) Schiedssprüche können nach § 58 SchG vom zuständigen Volksgericht am Ort des Sitzes der die Schiedssprüche erlassenden Schiedsinstitution aufgehoben werden. Nach § 70 SchG i.V.m. § 281 I ZPG können die Schiedssprüche mit Auslandsbezug, die von den Schiedsinstitutionen mit Auslandsbezug erlassen sind, vom Volksgericht aufgehoben werden. Der Hintergrund und die heutige Auslegung der Formulierung „Schiedsinstitution mit Auslandsbezug" wurde im Kapitel 1.C.II erörtert. Heute können alle Schiedsinstitutionen/Schiedskommissionen Schiedsverfahren mit Auslandsbezug durchführen. Aus der Berichterstattungsbestimmung und der Überprüfungsbestimmung ergibt sich ebenfalls, dass die Schiedsfälle unter gerichtlicher Überprüfung die Aufhebung der Schiedssprüche inländischer

---

[577] Während der Modifizierung des ZPG wurde die Artikelnummer der Vorschrift entsprechend geändert.

Schiedsinstitutionen umfassen.[578] Im Ergebnis können nach dem gegenwärtigen chinesischen Recht alle Schiedssprüche der inländischen Schiedsinstitutionen durch das Volksgericht aufgehoben werden.

Vom chinesischen staatlichen Gericht nicht aufhebbar sind Schiedssprüche aus Hong Kong, Macau und Taiwan[579] und ausländische Schiedssprüche. Die Zuordnung der Schiedssprüche – wie oben in Kapitel 1.C dargestellt – spielt daher eine große Rolle für die Bestimmung der Aufhebbarkeit eines Schiedsspruchs.

Das chinesische Recht, die Auslegungsregelung des ObVG und die höchstgerichtliche Rechtsprechung haben folgende zwei Fragen immer noch nicht geklärt:

– Ist ein Schiedsspruch, der von einer ausländischen Schiedsinstitution in einem Verfahren mit Schiedsort in China erlassen worden ist, ein chinesischer Schiedsspruch oder ein ausländischer Schiedsspruch?[580]
– Ist ein Schiedsspruch, der von einer chinesischen Schiedsinstitution oder von deren Zweigniederlassung in einem Verfahren mit Schiedsort im Ausland erlassen worden ist, ein chinesischer Schiedsspruch oder ein ausländischer Schiedsspruch?[581]

Deswegen kann das Volksgericht nach dem gegenwärtigen Recht diese zwei Arten von Schiedssprüchen nicht aufheben. Bis jetzt gibt es auch noch keine veröffentlichten Fälle, die sich auf Aufhebung solcher Schiedssprüche beziehen. Obwohl das Volksgericht mittlerweile in einem Vollstreckungsfall[582] zum ersten Mal den Schiedsort als Kriterium für die Feststellung der Nationalität des Schiedsspruchs verwendet und einen in Guangzhou, China als Schiedsort erlassenen Schiedsspruch der ICC als einen chinesischen Schiedsspruch mit Auslandsbezug angesehen hat, ist diese Ansicht nicht durch Gesetz oder Auslegungsregelung anerkannt oder fixiert. Das „Schiedsinstitutionskriterium"

---

578 Siehe auch Kapitel 1.B.III.1.b).
579 Siehe Kapitel 1.C.II.
580 Siehe Kapitel 1.C.I.2.c)cc).
581 Siehe Kapitel 1.C.I.2.c)dd).
582 Entscheidung des Mittleren Volksgerichts von Guangzhou vom 6. August 2020, Aktenzeichnen (2015) SuiZhongFaMinSiChuZi Nr. 62, zu finden über China Judgements Online unter https://wenshu.court.gov.cn/ Siehe zu mehr Einzelheiten der Entscheidung Kapitel 1.C.I.2.c)dd).

ist immer noch das gesetzlich geregelte Kriterium für die Feststellung der Nationalität eines Schiedsspruchs.[583]

Das Volksgericht kann nach dem gegenwärtigen Recht einen Schiedsspruch, der durch ein ausländisches ad hoc-Schiedsgericht im Hoheitsgebiet China erlassen wird, auch nicht aufheben.

C. Aufhebungsgründe

Aus welchen Gründen ein Schiedsspruch aufgehoben wird, hängt davon ab, ob der angegriffene Schiedsspruch bzw. das abgeschlossene Schiedsverfahren Auslandsbezug hat. Dem Wortlaut nach ist § 58 SchG die allgemeine Vorschrift für die Aufhebungsgründe. Hinsichtlich der Aufhebungsgründe für Schiedssprüche mit Auslandsbezug verweist § 70 SchG auf die Gründe für die Ablehnung der Vollstreckung auslandsbezogener Schiedssprüche nach § 281 I ZPG n.F. (§ 258 ZPG a.F.)[584]. Wegen dieser Verweisung hinsichtlich der auslandsbezogenen Schiedssprüche findet § 58 SchG – insbesondere § 58 I und II SchG – ausschließlich für innerstaatliche Schiedssprüche Anwendung[585].

Die Gründe für die Ablehnung der Vollstreckung innerstaatlicher Schiedssprüche wurden während der Modifizierung des ZPG im Jahr 2012 abgeändert. Jetzt schreibt § 244 ZPG die Gründe für die Ablehnung der Vollstreckung innerstaatlicher Schiedssprüche vor, die mit den Aufhebungsgründen in § 58 SchG identisch sind. Die Modifizierung des ZPG vereinheitlichte die Gründe für die Aufhebung und Ablehnung der Vollstreckung eines Schiedsspruchs. Aber das Dual-System des chinesischen Schiedsrechts – die unterschiedliche Behandlung der innerstaatlichen Schiedsverfahren und der auslandsbezogenen Schiedsverfahren – bleibt.

Um einen besseren Überblick zu verschaffen, sind die Aufhebungsgründe und Vollstreckungsablehnungsgründe in **Anhang 4** zu dieser Arbeit aufgelistet.

---

583 Siehe Kapitel 1.C.I.2.c)dd). Siehe auch die Entscheidung des Mittleren Volksgerichts von Guangzhou vom 6. August 2020, Aktenzeichnen (2015) SuiZhongFaMinSiChuZi Nr. 62, zu finden über China Judgements Online unter https://wenshu.court.gov.cn/
584 § 70 SchG sagt, dass ein Schiedsspruch mit Auslandsbezug aufhebbar ist, wenn eine Partei begründet geltend macht, dass einer der Umstände des § 265 I ZPG a.F. vorliegt. § 258 ZPG war die alte Fassung des aktuellen § 281 I ZPG n.F. und regelt die Gründe für die Ablehnung der Vollstreckung eines Schiedsspruchs mit Auslandsbezug.
585 YANG Guang, 2009, S. 93; YAN Hong, S. 195.

I. Darstellung einzelner Aufhebungsgründe

Um einen Vergleich zwischen den unterschiedlichen Aufhebungsgründen zu vereinfachen, werden hier die Aufhebungsgründe für innerstaatliche Schiedssprüche und Schiedssprüche mit Auslandsbezug in Form einer Tabelle dargestellt. Wenn eine Partei andere Gründe, die nicht in § 58 SchG § 281 ZPG n.F. genannt sind, geltend macht, sind solche Gründe vom Volksgericht nicht zu berücksichtigen.[586]

Aufhebung innerstaatlicher Schiedssprüche	Aufhebung der Schiedssprüche mit Auslandsbezug
Die innerstaatlichen Schiedssprüche werden nach § 58 I Nr. 1–6 SchG aufgehoben werden, wenn eine Partei begründet geltend macht, dass	Ein Schiedsspruch mit Auslandsbezug wird aufgehoben, wenn eine Partei begründet geltend macht, dass einer der Umstände des § 281 I ZPG vorliegt, d.h. wenn
– eine Schiedsvereinbarung fehlt (Nr. 1);	– die Parteien weder im Vertrag eine Schiedsklausel vereinbart noch nachträglich eine schriftliche Schiedsvereinbarung getroffen haben (Nr. 1);
– der Gegenstand des Schiedsspruchs nicht von der Schiedsvereinbarung umfasst ist oder die Schiedskommission zur Durchführung des Schiedsverfahrens nicht berechtigt war (Nr. 2);	– der Antragsteller (des Aufhebungsverfahrens)[587] nicht über die Bestimmung der Schiedsrichter oder über die Durchführung des Schiedsverfahrens informiert wurde oder er aus nicht von ihm zu vertretenden Gründen nicht zur Sache Stellung genommen hat (Nr. 2);

---

586 Art. 17 der Auslegung zum SchG.
587 Die Ablehnungsgründe im Vollstreckungsverfahren und die Aufhebungsgründe im Aufhebungsverfahren stimmen aufgrund der Normenverweisung von § 70 SchG auf § 281 I ZPG überein. § 281 I Nr. 2 ZPG bezieht sich auf die Ablehnungsgründe hinsichtlich der Vollstreckung des Schiedsspruchs und lautet eigentlich, dass der „Antragsgegner (im Vollstreckungsverfahren)" nicht über die Bestimmung der Schiedsrichter oder über die Durchführung des Schiedsverfahrens informiert wurde…". Die Partei, zu deren Gunsten der Schiedsspruch erlassen worden ist, stellt einen Antrag auf Vollstreckung des Schiedsspruchs. Diese Partei ist Antragsteller im Vollstreckungsverfahren. Die andere Partei, der die Vollstreckungsmaßnahmen drohen, ist der Antragsgegner und kann Ablehnungsgründe geltend machen. Im Aufhebungsverfahren ist diejenige Partei, die Aufhebungsgründe geltend macht, Antragsteller. Damit § 70 SchG i.V.m.

Aufhebung innerstaatlicher Schiedssprüche	Aufhebung der Schiedssprüche mit Auslandsbezug
– die Zusammensetzung des Schiedsgerichts oder das Schiedsverfahren gegen die gesetzlichen Verfahrensregelungen verstoßen hat (Nr. 3);	– die Zusammensetzung des Schiedsgerichts oder das Schiedsverfahren gegen die Schiedsordnung verstößt (Nr. 3);
– die Beweise, auf die sich der Schiedsspruch gestützt hat, gefälscht waren (Nr. 4);	– der Gegenstand des Schiedsverfahrens nicht von der Schiedsvereinbarung umfasst ist oder die Schiedsinstitution zur Durchführung des Schiedsverfahrens nicht berechtigt war (Nr. 4).
– die Gegenpartei Beweise unterdrückt hat, die die Gerechtigkeit des Schiedsverfahrens beeinträchtigen könnten (Nr. 5);	
– ein Schiedsrichter während des Schiedsverfahrens Bestechungen verlangt oder erhalten, seinen privaten Nutzen verfolgt oder das Gesetz verletzt hat (Nr. 6).	
Darüber hinaus kann das Volksgericht den Schiedsspruch nach § 58 III SchG aufheben, wenn das Gericht feststellt, dass der Schiedsspruch gegen die gesellschaftlichen und öffentlichen Interessen verstößt.	

II. Auslegung elinzener Aufhebungsgründe

1. Fehlende Schiedsvereinbarung nach § 58 I Nr. 1 SchG bzw. § 70 SchG i.V.m. § 281 I Nr. 1 ZPG n.F.

Die Schiedsvereinbarung ist das Fundament, auf dem das Schiedsverfahren und der Schiedsspruch fußen. Eine fehlende Schiedsvereinbarung i.S.v. § 58 I Nr. 1

---

281 I Nr. 2 ZPG als Aufhebungsgrund geltend gemacht werden kann, muss der Wortlaut des § 281 I Nr. 2 ZPG auch entsprechend angepasst werden.

SchG i.S.v. Art. 18 S. 1 der Auslegung zum SchG liegt nicht nur dann vor, wenn die Parteien keine Schiedsvereinbarung abgeschlossen haben. Nach Art. 18 S. 2 der Auslegung zum SchG hat das ObVG die Aufhebungsgründe erweitert: wenn die Schiedsvereinbarung als unwirksam festgestellt oder aufgehoben worden ist, ist dies ein Fehlen einer Schiedsvereinbarung i.S.v. § 58 I Nr. 1 SchG. Obwohl sich der Wortlaut des Art. 18 S. 2 der Auslegung zum SchG nur auf die Aufhebung einer innerstaatlichen Schiedsvereinbarung nach § 58 I Nr. 1 SchG bezieht, dürfte diese Erweiterung auch für die Aufhebung eines inländischen Schiedsspruchs mit Auslandsbezug gelten, weil die Schiedsvereinbarung der Grundstein für alle Schiedsverfahren und Schiedssprüche ist. Nach § 20 SchG oder § 26 SchG ist die Wirksamkeit der Schiedsvereinbarung mit Auslandsbezug auch vom Volksgericht überprüfbar. Es ist kein Grund ersichtlich, warum der Schiedsspruch mit Auslandsbezug nicht aufgehoben werden kann, wenn die zugrundeliegende Schiedsvereinbarung unwirksam oder angefochten worden ist. Das ObVG hat diese Erweiterung für die Aufhebung eines Schiedsspruchs mit Auslandsbezug in der Rechtsprechung auch anerkannt[588].

a. Keine oder unwirksame Schiedsvereinbarung

Grundsätzlich ist es eher unwahrscheinlich, dass ohne Schiedsvereinbarung ein Schiedsverfahren stattgefunden hat und ein Schiedsspruch erlassen worden ist. Bevor ein Schiedsverfahren eingeleitet wird, ist es die erste Aufgabe der Schiedsinstitution zu prüfen, ob eine Schiedsvereinbarung besteht. Die Aufhebung des Schiedsspruchs wegen Fehlens einer Schiedsvereinbarung ist deswegen vor allem in der Fallkonstellation relevant, dass eine scheinbar wirksame Schiedsvereinbarung vorgelegt wird. Zu prüfen ist, ob die Parteien ihre übereinstimmenden, mit Bezug auf einander abgegebenen Willenserklärungen zur Streitbeilegung im Schiedsverfahren in irgendeiner gültigen Form zum Ausdruck gebracht haben. Bezüglich der Voraussetzungen der Wirksamkeit einer Schiedsvereinbarung nach chinesischem Recht wird auf Kapitel 2.C verwiesen. Das Mittlere Volksgericht Yueyang in Hunan Provinz hat einen Schiedsspruch der Schiedskommission Yueyang in einem Schiedsverfahren zwischen dem Auftraggeber und dem Bauherrn aufgehoben, weil der Bauherr der Unterauftragnehmer des Auftragnehmers ist und kein vertragliches Verhältnis mit dem Auftraggeber und der

---

588 Antwortschreiben des ObVG vom 16.12.2009 wegen der Aufhebung eines auslandsbezogenen Schiedsspruchs (MinSiTaZi 2008, Nr. 43).

zwischen dem Auftraggeber und dem Auftragnehmer bestehende Schiedsvereinbarung nicht für diesen Bauherrn gilt.[589]

b. Aufhebung[590] der Schiedsvereinbarung

i. Aufhebbarkeit

Weder im SchG noch im ZGB ist geregelt, ob und wie eine Schiedsvereinbarung aufgehoben werden kann. In der Literatur wird diskutiert, ob zivilrechtliche Regelungen in Bezug auf die Aufhebung von Willenserklärungen/Verträgen für Schiedsvereinbarungen gelten können.

(1) Anwendbarkeit der zivilrechtlichen Regelung

Bevor das ZGB am 01.01.2021 in Kraft getreten ist, konnte die Schiedsvereinbarung nach der ersten Auffassung[591] wie ein Vertrag nach § 54 I, II VerG auf Antrag der Parteien vom Volksgericht oder einer Schiedsinstitution aufgehoben werden.[592] Das Argument der Vertreter dieser Ansicht ist, dass eine

---

589 Leitfall Nr. 198, veröffentlich durch ObVG auf https://www.court.gov.cn/fabu-xiangq ing-384761.html (zuletzt abgerufen vom 09.03.2023).
590 Es ist zu beachten, dass an vielen Stellen im ZGB von einer „Aufhebung" die Rede ist. Je nachdem in welchem Kontext dieser Begriff verwendet ist, hat er im Vergleich zur Begrifflichkeit im deutschen Recht unterschiedliche Bedeutungen. Die Aufhebung einer Rechtshandlung, z.B. der Willenerklärung als Grundlage einer Schiedsvereinbarung, ist ähnlich, aber nicht identisch wie die Anfechtung einer Willenserklärung im deutschen Recht (siehe anschließende Darstellung in diesem Kapitel 5.C.II.1.b)). Ein gutgläubiger Vertragspartner kann einen Vertrag, den er mit einem beschränkten Geschäftsfähigen abgeschlossen hat, vor der Genehmigung durch den gesetzlichen Vertreter des beschränkt Geschäftsfähigen aufheben (§ 145 II ZGB). Diese Aufhebung ist vergleichbar mit dem „Widerruf" im Sinne von § 109 I BGB (DE). Ein gutgläubiger Vertragspartner kann auch einen Vertrag, den er mit einem Stellvertreter ohne Vertretungsmacht abgeschlossen hat, vor der Genehmigung durch den Vertretenen aufheben (§ 171 II ZGB). Die Aufhebung des Vertrags hier ist vergleichbar mit dem „Widerruf" im Sinne von § 178 BGB (DE).
591 SHEN Deyong/WAN Exiang, S. 157.
592 Nach den Regelungen im VerG konnte ein Vertrag (hier: eine Schiedsvereinbarung) aufgehoben werden, wenn deren Abschluss auf einem schweren Irrtum beruhte (§ 54 I Nr. 1 VerG) oder wenn sie beim Abschluss deutlich ungerecht war (§ 54 I Nr. 2 VerG) oder wenn eine Partei die andere Partei getäuscht oder mit Gewalt bedroht oder die Not der anderer Partei ausgenutzt hat, so dass die andere Partei entgegen ihrem eigentlichen Willen die Schiedsvereinbarung abgeschlossen hat (§ 54 II VerG).

Schiedsvereinbarung eine vertragliche Vereinbarung zwischen den Parteien sei und wie ein Vertrag behandelt werden müsse.[593]

(2) Keine Aufhebung der Schiedsvereinbarung

Als Gegenansicht wird vertreten, dass die Schiedsvereinbarung nicht wie eine vertragliche Regelung aufgehoben werden könne. Begründet wird diese Ansicht damit, dass die Aufhebbarkeit der Schiedsvereinbarung weder im chinesischen Schiedsgesetz noch im ausländischen Schiedsgesetz oder in sonstigen Regelungen vorgesehen sei. Die Wirksamkeitsvoraussetzung für eine Schiedsvereinbarung sei ausschließlich in §§ 16–18 SchG geregelt. Nach § 20 SchG und § 26 SchG müsse die Partei vor der ersten mündlichen Verhandlung die Einrede gegen die Wirksamkeit der Schiedsvereinbarung erheben. Wenn die Partei nicht innerhalb dieser Frist die Einrede erhebe oder wenn die Schiedsinstitution im Fall der Erhebung der Unwirksamkeitseinrede zum Ergebnis komme, dass die Schiedsvereinbarung wirksam sei, dürfe das Volksgericht die Schiedsvereinbarung nicht mehr überprüfen. In diesem Fall würde eine Schiedsvereinbarung als wirksam angesehen, selbst wenn die Schiedsvereinbarung möglicherweise unwirksam sein könnte.[594]

(3) Stellungnahme

Vorzugswürdig ist die Sichtweise der ersten Ansicht, weil die Schiedsvereinbarung auf einer (wirksamen) Willenserklärung beruht. Eine an einem schweren Fehler leidende Willenserklärung hat keine Wirkung. Das SchG ist zwar ein spezielles Gesetz für die Schiedsgerichtsbarkeit. Das schließt jedoch nicht aus, dass z.B. das ZGB, das allgemeine Zivilrechtsverhältnisse regelt, auf die Schiedsvereinbarung Anwendung findet. Es wäre nicht gerecht, wenn eine Schiedsvereinbarung als solche nur den Regelungen im SchG unterläge, obwohl sie ohne Zweifel ein Vertrag aus übereinstimmenden Willenserklärungen ist. Außerdem ist durch Art. 18 S. 2 der Auslegung zum SchG eindeutig die aufgehobene Schiedsvereinbarung als ein Grund für die Aufhebung des Schiedsspruches anerkannt. Das Argument des Vertreters der zweiten Ansicht hinsichtlich § 20 SchG und § 26 SchG betrifft nicht die Aufhebbarkeit der Schiedsvereinbarung, sondern das Verfahren und die zeitliche Beschränkung für die Geltendmachung der Aufhebbarkeit der Schiedsvereinbarung (siehe unten).

---

593 SHEN Deyong/WAN Exiang, S. 157.
594 Vgl. SUN Ruixi, 2008, S. 55, 57.

Nachdem das ZGB in Kraft getreten ist, dürften §§ 147 bis 152 ZGB (als modifizierter Ersatz für die entsprechenden Regelungen im VerG) bezüglich der Aufhebung der Willenserklärung auf Schiedsvereinbarungen anwendbar sein. Die Person/Partei, die eine zivilrechtliche Rechtshandlung vorgenommen hat (was auch die Abgabe einer Willenserklärung umfasst), ist berechtigt, beim Volksgericht oder einer Schiedsinstitution die Aufhebung der Rechtshandlung zu beantragen, wenn die zivilrechtliche Rechtshandlung aufgrund eines schweren Irrtums vorgenommen wurde (§ 147 ZGB), oder wenn die zivilrechtliche Rechtshandlung durch Täuschung durch die andere Partei veranlasst ist und die Rechtshandlung gegen den wahren Willen der handelnden Person ist (§ 148 ZGB), oder wenn die zivilrechtliche Rechtshandlung auf einer Täuschung eines Dritten beruht und die Handlung gegen den wahren Willen der handelnden Person ist und die andere Partei dies weiß oder hätte wissen müssen (§ 149 ZGB) oder wenn die zivilrechtliche Rechtshandlung auf einer Drohung und Nötigung durch die andere Partei oder Dritten beruht und die Handlung gegen den wahren Willen der handelnden Person ist (§ 150 ZGB) oder wenn das Zustandekommen der zivilrechtlichen Rechtshandlung wegen Ausnutzung der Notlage oder des mangelnden Urteilsvermögens der handelnden Person offensichtlich unbillig ist und die handelnde Person deswegen geschädigt ist (§ 151 ZGB).

Aus §§ 147 bis 151 ZGB ergibt sich, dass eine Partei einen Vertrag bzw. eine Schiedsvereinbarung nicht wie im deutschen Recht durch einseitige Willenserklärung gegenüber der anderen Partei anfechten kann, z.B. im Fall eines Irrtums. Die Willenserklärung ist auch nicht gegebenenfalls wegen Sittenwidrigkeit automatisch nichtig wie im deutschen Recht, z.B. im Fall der Nötigung oder Ausnutzung der Notlage. Um die Unwirksamkeit der betroffenen Rechtshandlungen geltend zu machen, muss die Partei stets ein Volksgericht oder eine Schiedsinstitution einschalten, damit dieses/diese die Rechtshandlungen, die auch die Willenserklärung und Schiedsvereinbarung umfassen, aufhebt. Dieses Recht wird in § 152 ZGB als Aufhebungsrecht genannt. Zur Vermeidung jegliches Missverständnisses wegen dieses Wortlautes wird hier klargestellt, dass die Partei kein Gestaltungsrecht hat, die Rechtshandlung selbst aufzuheben. Sie hat nur ein Recht, die Rechtshandlung aufheben zu lassen. Das ist auch der Grund, warum in dieser Arbeit von der „Aufhebung" statt „Anfechtung" die Rede ist. Unter bestimmten Voraussetzungen kann das Aufhebungsrecht nach § 152 ZGB[595] erloschen.

---

595 Das Recht einer Partei, eine zivilrechtliche Rechtshandlung aufheben zu lassen, erlischt nach § 152 ZGB, wenn (1) die Partei es versäumt hat, die Aufhebung innerhalb

Ob die Partei die Aufhebung der Schiedsvereinbarung vor dem Schiedsspruchaufhebungsverfahren beantragen muss oder diese auch während des Schiedsspruchaufhebungsverfahrens oder sogar jederzeit beantragen kann, ist nicht geregelt. Aus Art. 18 S. 2 der Auslegung zum SchG ergibt sich, dass ein Schiedsspruch erst aufgehoben werden kann, wenn die Schiedsvereinbarung aufgehoben worden ist. Die Schiedsvereinbarung gilt nach deren Aufhebung als von Anfang an unwirksam, weil die Aufhebung der Schiedsvereinbarung nach § 155 ZGB[596] eine *ex tunc* Wirkung hat. Daher dürfte die Aufhebung der Schiedsvereinbarung als eine rechtsvernichtende Einwendung gegen die Wirksamkeit der Schiedsvereinbarung angesehen werden. Unter Berücksichtigung der schiedsverfahrensrechtlichen Besonderheiten ist es als gerecht anzusehen, dass die Partei in einem bereits eingeleiteten Schiedsverfahren die Aufhebung der Schiedsvereinbarung unter Einhaltung der jeweiligen Frist in einem Verfahren nach § 20 SchG oder § 26 SchG geltend macht. Dabei ist zu berücksichtigen, dass das Aufhebungsrecht der Partei nicht schon wegen § 152 ZGB[597] erloschen sein darf.

---

eines Jahres ab dem Tag geltend zu machen, an dem sie den Grund für die Aufhebung kennt oder hätte kennen müssen oder es versäumt hat, die Aufhebung innerhalb von 90 Tagen ab dem Tag geltend zu machen, an dem die Partei, die einem schweren Irrtum unterliegt, von dem Irrtum weiß oder hätte wissen müssen; (2) die genötigte Partei innerhalb eines Jahres ab dem Tag, an dem die Nötigung begangen wurde, die Aufhebung nicht geltend gemacht hat; (3) die Partei auf ihr Recht auf Geltendmachung der Aufhebung eindeutig verzichtet hat, nachdem sie von dem Aufhebungsgrund Kenntnis erlangt hat, oder (4) die Partei innerhalb von fünf Jahren ab dem Zeitpunkt der Vornahme der zivilrechtlichen Handlung keine Aufhebung geltend gemacht hat.

596 § 155 ZBG: Eine Rechtshandlung, die unwirksam ist oder aufgehoben worden ist, ist von Anfang an nicht rechtsverbindlich. §§ 147 bis 151 ZGB regeln die aufhebbaren Rechtshandlungen.

597 Das Recht einer Partei, eine zivilrechtliche Rechtshandlung aufheben zu lassen, erlischt nach § 152 ZGB, wenn (1) die Partei es versäumt hat, die Aufhebung innerhalb eines Jahres ab dem Tag geltend zu machen, an dem sie den Grund für die Aufhebung kennt oder hätte kennen müssen oder es versäumt hat, die Aufhebung innerhalb von 90 Tagen ab dem Tag geltend zu machen, an dem die Partei, die einem schweren Irrtum unterliegt, von dem Irrtum weiß oder hätte wissen müssen; (2) die genötigte Partei innerhalb eines Jahres ab dem Tag, an dem die Nötigung begangen wurde, die Aufhebung nicht geltend gemacht hat; (3) die Partei auf ihr Recht auf Geltendmachung der Aufhebung eindeutig verzichtet hat, nachdem sie von dem Aufhebungsgrund Kenntnis erlangt hat, oder (4) die Partei innerhalb von fünf Jahren ab dem Zeitpunkt der Vornahme der zivilrechtlichen Handlung keine Aufhebung geltend gemacht hat.

ii. Einzelne Gründe für die Aufhebung der Schiedsvereinbarung
(1) Aufhebung wegen schweren Irrtums

Weder das geltende ZGB noch das alte VerG oder AGZR definieren, was „Irrtum" bzw. „schwerer Irrtum" ist. Das ist stets eine Auslegungsfrage.

Das ObVG legt keinen Wert auf den Unterschied zwischen den verschiedenen Arten von Irrtümern – Inhaltsirrtum, Erklärungsirrtum oder Motivirrtum. Nach der Ansicht des ObVG sind solche schweren Irrtümer als Aufhebungsgründe relevant, die in Art. 71 der Meinungen des ObVG zur Durchführung des AGZR (FaFa 1998, Nr. 6) aufgelistet sind. Art. 71 der Meinungen des ObVG besagt: *wenn der Handelnde wegen eines Irrtums über die Eigenschaft der Handlung, über die Vertragspartei, über die Sorten, Qualität, Maß oder Quantität des Vertragsgegenstandes usw. gehandelt hat, die Folge der Handlung seinem Willen entgegensteht und er deswegen großen Schaden erlitten hat, kann der Irrtum als schwerer Irrtum qualifiziert werden.*

Die aufgelisteten Irrtümer beziehen sich auf die wesentlichen Elemente eines Vertrags. Zu beachten ist, dass das ObVG mit dem Wort „usw." gleichzeitig eine unklare Erweiterungsmöglichkeit geschafft hat. „Handlung" bedeutet hier die Rechtshandlung, z.B. Willenserklärung. Der Irrtum einer Vertragspartei muss für ihre Handlung kausal sein.[598] Der Irrtum eines Dritten ist der Vertragspartei nicht zurechenbar.[599] Erforderlich ist auch, dass die sich irrende und handelnde Partei wegen der Handlung einen großen Schaden erlitten haben muss.[600]

Fragt man, was die wesentlichen Elemente einer Schiedsvereinbarung sind, so zeigt sich, dass Parteien, Schiedsgericht bzw. Schiedsinstitutionen, Verfahrensregelungen und Prüfungsmaßstäbe usw. wesentliche Elemente einer Schiedsvereinbarung sind. Nach chinesischem Recht ist eine Schiedsvereinbarung bereits unwirksam, wenn solche wesentlichen Elemente unbestimmt und unbestimmbar sind.[601] Es bleibt daher nicht viel Raum für die Aufhebung einer Schiedsvereinbarung wegen Irrtums.

Wenn eine Partei die Schiedsvereinbarung aufheben möchte, sollte wegen der Unabhängigkeit der Schiedsvereinbarung vom Hauptvertrag stets geprüft

---

598 XIE Chen, 2008, S. 147.
599 SUI Pengsheng, S. 106.
600 In der Literatur wird auch z.T. betont, dass die sich irrende Partei nicht vorsätzlich handeln darf (vgl. XIE Chen, 2008, S. 147). Selbstverständlich schließt der Vorsatz der Partei die Annahme eines Irrtumsfalls aus. Wenn die Partei vorsätzlich entgegen ihrem Willen handelt, ist kein Irrtum gegeben.
601 Siehe Kapitel 2.C.III.

werden, ob sich die Partei über die wesentlichen Elemente einer Schiedsvereinbarung geirrt hat und ob die Schiedsvereinbarung aufgrund des Irrtums abgeschlossen worden ist. In der Praxis können Probleme hinsichtlich der Beweisebarkeit der Aufhebungsgründe gegeben sein, z.B. wie die Partei ihre Irrtümer beweisen und das Volksgericht bzw. Schiedsgericht überzeugen kann. Eine Missbrauchsgefahr könnte auch bestehen, die die Effizienz der Schiedsgerichtsbarkeit beeinträchtigen würde.

(2) Aufhebung wegen Drohung und Nötigung

Hinsichtlich der genannten Aufhebungsgründe – Drohung und Nötigung ist zu beachten, dass § 17 Nr. 3 SchG bereits regelt, dass die Schiedsvereinbarung unwirksam ist, wenn bei deren Abschluss eine Drohung oder Zwangsausübung von einer Partei gegenüber der anderen Partei ausgeübt worden ist.[602] Hier dürfte § 17 Nr. 3 SchG als spezielle Rechtsgrundlage vorrangig angewendet werden.

(3) Aufhebung wegen Täuschung

Eine Täuschung wird als ein Aufhebungsgrund nach § 149 ZGB geltend gemacht, weil die Partei in dieser Konstellation ihren Willen zum Ausdruck gebracht hat und diese rechtsverbindliche Willenserklärung nur an einem täuschungsbedingten Irrtum leidet.

(4) Aufhebung wegen Ungerechtigkeit aufgrund Ausnutzung einer Notlage usw.

Wenn eine Schiedsvereinbarung aufgrund der Ausnutzung einer Notlage erzielt wurde, ist sie nach der geltenden chinesischen Rechtslage (§ 151 ZGB) erst nach der Aufhebung durch ein Gericht oder eine Schiedsinstitution unwirksam. Dies ist aber nicht als gerecht anzusehen. Die Ausnutzung einer Notlage sollte zur Unwirksamkeit der Schiedsvereinbarung führen, weil die in dieser Konstellation abgegebene Willenserklärung wegen der ausgenutzten Bedrängnis bei der betroffenen Partei grundsätzlich so erheblich beeinflusst wird, dass die Willenserklärung dem tatsächlichen Willen der Partei widerspricht. Anderenfalls würde gegen den Grundsatz der Willensfreiheit und Privatautonomie im Zivilrecht und auch den Vertrauensgrundsatz im Rechtsverkehr verstoßen.[603]

---

602 Siehe Kapitel 2.C.IV.
603 YI Xiaozhong, S. 18.

c. Präklusion

Wenn im Schiedsverfahren keine Partei Rügen gegen die Wirksamkeit der Schiedsvereinbarung erhoben hat, wird ein Antrag auf Aufhebung des Schiedsspruchs in einem Aufhebungsverfahren nicht mehr vom Volksgericht berücksichtigt, wenn und soweit der Antrag auf eine Unwirksamkeit der Schiedsvereinbarung gestützt wird.[604] Dass die Partei keine Rügen gegen die Wirksamkeit der Schiedsvereinbarung erhoben hat, lässt darauf schließen, dass die Partei mit diesem Schweigen die Wirksamkeit der Schiedsvereinbarung anerkannt hat und auf ihr Rügerecht verzichtet hat.[605] Hinter dieser Regelung steht außerdem der prozessökonomische Gedanke, dass die Effizienz und Rechtssicherheit des Schiedsverfahrens und Schiedsspruchs gewährleistet werden sollen.[606]

Wenn die Partei bereits während des Schiedsverfahrens[607] Rügen gegen die Wirksamkeit der Schiedsvereinbarung erhoben hat, sei es in einem Verfahren vor einem Volksgericht i.S.v. § 20 SchG, sei es lediglich in Form der Erhebung der Rügen beim Schiedsgericht, kann die Partei nach dem Erlass des Schiedsspruchs im Aufhebungsverfahren geltend machen, dass der Schiedsspruch infolge der unwirksamen Schiedsvereinbarung aufzuheben ist.[608] Zu beachten ist, dass nach § 20 SchG i.V.m. Art. 13 der Auslegung zum SchG Rügen gegen die Wirksamkeit der Schiedsvereinbarung vor der ersten mündlichen Verhandlung des Schiedsgerichts erhoben werden müssen.

2. Kompetenzüberschreitung nach § 58 I Nr. 2 SchG und § 70 SchG i.V.m. § 281 I Nr. 4 ZPG n.F.

Um klarzustellen, ob das Schiedsgericht innerhalb seiner Entscheidungskompetenz gehandelt hat, müssen die Schiedsvereinbarung, der Parteiantrag und insbesondere die konkreten Streitigkeiten im Einzelfall genau ausgelegt werden.

Art. 13 der Vollstreckungsbestimmung legt aus, unter welchen vier Konstellationen die Kompetenzüberschreitung eines Schiedsgerichts angenommen wird. Obwohl Art. 13 der Vollstreckungsbestimmung sich eigentlich auf § 244 II Nr. 2 ZPG, der für die Ablehnung der Vollstreckung eines Schiedsspruchs gilt, bezieht, sind der Aufhebungsgrund in § 58 I Nr. 2 SchG und der

---

604 Art. 27 Abs. 1 der Auslegung zum SchG.
605 SHEN Deyong/WAN Exiang, S. 232.
606 SHEN Deyong/WAN Exiang, S. 235.
607 Siehe Art. 27 Abs. 1 der Auslegung zum SchG.
608 Art. 27 Abs. 2 der Auslegung zum SchG.

Vollstreckungsablehnungsgrund in § 244 II Nr. 2 ZPG identisch. Die Auslegungsrichtlinien in Art. 13 der Vollstreckungsbestimmung gelten daher auch für den Aufhebungsgrund hier.

Nach Art. 13 der Vollstreckungsbestimmung ist in den folgenden vier Fallkonstellationen anzunehmen, dass der Gegenstand des Schiedsspruchs nicht von der Schiedsvereinbarung umfasst ist oder die Schiedskommission/Schiedsinstitution zur Durchführung des Schiedsverfahrens nicht berechtigt/zuständig war, d.h. eine Kompetenzüberschreitung eines Schiedsgerichts vorliegt:

(1) wenn der Gegenstand des Schiedsspruchs nicht von der Schiedsvereinbarung umfasst ist;
(2) wenn der Gegenstand des Schiedsspruchs nach den gesetzlichen Regelungen oder nach der von den Parteien ausgewählten und geltenden Schiedsordnung nicht schiedsfähig ist;

Das wurde teilweise bereits im Kapitel 2.C.III.2.a) bezüglich der gesetzlich vorgeschriebenen Schiedsfähigkeit des Streitgegenstands nach § 17 Nr. 1 SchG diskutiert und ist eine Fallkonstellation der unwirksamen Schiedsvereinbarung nach § 58 I Nr. 1 SchG bzw. § 70 SchG i.V.m. § 281 I Nr. 1 ZPG;

(1) wenn der Gegenstand des Schiedsspruchs den Parteiantrag überschreitet (*ne ultra petita*);
(2) wenn die Schiedsinstitution, die den Schiedsspruch erlässt, nicht in der Schiedsvereinbarung vereinbart ist.
(3) Streng gesehen ist diese Fallkonstellation ein Unterfall der Unzuständigkeit der Schiedsinstitution.

Wenn sich z.B. die Schiedsvereinbarung auf die Feststellung der Wirksamkeit des Vertrags beschränkt, darf das Schiedsgericht nicht über die Erfüllung und Durchführung des Vertrags entscheiden.[609]

Das Schiedsgericht darf z.B. nicht über die Schiedsvereinbarung zwischen den Parteien hinaus über das Rechtsverhältnis bzw. eine Rechtsstreitigkeit zwischen einer Partei und einem nicht im Schiedsverfahren beteiligten Dritten entscheiden.[610]

---

609 Antwortschreiben des ObVG (MinSiTaZi 2010, Nr. 55) in der Judikationsanweisung, 2010-2, S. 118 ff.
610 Antwortschreiben des ObVG (MinSiTaZi 2005, Nr. 47) in der Judikationsanweisung, 2006-1, S. 58 ff.

Das Schiedsgericht ist nicht entscheidungsbefugt zu den Streitigkeiten aus einem Vertrag, der keine Schiedsklausel enthält, selbst wenn zwischen denselben Vertragsparteien bereits ein anderer Vertrag abgeschlossen worden ist, der eine Schiedsklausel enthält und mit dem nachher abgeschlossenen Vertrag inhaltlich im Zusammenhang steht.[611] Davon abweichend gilt die Schiedsvereinbarung im Hauptvertrag auch für dessen Ergänzungsvertrag oder Änderungsvertrag.[612]

Wenn ein *Joint-Venture*-Vertrag zu beenden ist und der Vertrag eine Schiedsklausel enthält, nach der alle vertraglichen Streitigkeiten im Schiedsverfahren beizulegen sind, ist das Schiedsgericht nicht nur zur Entscheidung über die Beendigung des *Joint-Venture*-Vertrags, sondern auch zur Feststellung der Auflösung des *Joint-Venture*-Unternehmens und der anschließenden Liquidation befugt, da die Auflösung und Liquidation der Gesellschaft die unmittelbaren Folgen der Beendigung des Gesellschaftsvertrags sind. Das Schiedsgericht ist jedoch für die Durchführung der Liquidation der Gesellschaft nicht zuständig.[613]

3. Verstoß gegen Verfahrensregelungen gemäß § 58 I Nr. 3 SchG und § 70 SchG i.V.m. § 281 I Nr. 2 und 3 ZPG n.F.

a. Verfahrensfehler

Nach § 58 I Nr. 3 SchG kann ein (innerstaatlicher) Schiedsspruch aufgehoben werden, wenn die Zusammensetzung des Schiedsgerichts oder das Schiedsverfahren gegen die gesetzlichen Verfahrensregelungen verstößt.

Nach § 70 SchG i.V.m. § 281 I Nr. 3 ZPG kann ein auslandsbezogener inländischer Schiedsspruch aufgehoben werden, wenn die Zusammensetzung des Schiedsgerichts oder das Schiedsverfahren gegen die Schiedsordnung verstößt.

Nach § 70 SchG i.V.m. § 281 I Nr. 2 ZPG kann ein auslandsbezogener inländischer Schiedsspruch aufgehoben werden, wenn eine Partei[614] im Schiedsverfahren nicht über die Bestimmung der Schiedsrichter oder den Termin der Hauptverhandlung informiert wurde (§ 281 I Nr. 2 1. Alt. ZPG) oder er aus nicht von ihm zu vertretenden Gründen nicht zur Sache Stellung genommen hat

---

611 Antwortschreiben des ObVG (MinSiTaZi 2006, Nr. 7) in der Judikationsanweisung, 2006-1, S. 105 ff.
612 Antwortschreiben des ObVG (MinSiTaZi 2010, Nr. 49) in der Judikationsanweisung, 2011-1, S. 152 ff.
613 Antwortschreiben des ObVG (MinSiTaZi 2009, Nr. 45) in der Judikationsanweisung, 2010-1, S. 76 ff.
614 Diese Partei ist dann der Antragsteller im Aufhebungsverfahren.

(§ 281 I Nr. 2 2. Alt. ZPG). Dabei handelt es sich um zwei Regelbeispiele für die Verletzung des rechtlichen Gehörs.

Beispielsweise stimmt die Zusammensetzung des Schiedsgerichts mit der Schiedsgerichtsordnung nicht überein, wenn die Schiedsinstitution einen ursprünglich bestellten Schiedsrichter abgelehnt hat und die Parteien aber nicht über die Neuwahl oder erneute Bestellung des Schiedsrichters informiert hat.[615]

Alle oben erwähnten Gründe werden nachfolgend als „Verfahrensfehler" bezeichnet.

i. Gesetzliche Verfahrensregelungen i.S.d. § 58 I Nr. 3 SchG

Was unter den „gesetzlichen Verfahrensregelungen" im Sinne von § 58 I Nr. 3 SchG zu verstehen ist, wurde in der Literatur diskutiert. Nach einer Ansicht ist der Begriff der „gesetzlichen Verfahrensregelungen" im weitesten Sinne zu verstehen. Alle Gesetze, einschließlich Schiedsgesetz und Zivilprozessgesetz, und Schiedsordnungen sind umfasst.[616] Nach einer zweiten Ansicht umfasst der Begriff der „gesetzlichen Verfahrensregelungen" nur Gesetze (SchG und ZPG) und Auslegungsregelungen des ObVG, nicht aber Schiedsordnungen, weil eine Schiedsordnung kein „Gesetz" ist.[617] Nach einer dritten Ansicht bezieht sich der Begriff der „gesetzlichen Verfahrensregelungen" nur auf die Regelungen des Schiedsgesetzes, nicht auf das Zivilprozessgesetz oder andere Gesetze bzw. Schiedsordnungen, weil sich das Schiedsverfahren vom Zivilprozess unterscheidet und auf das Schiedsverfahren nur das Schiedsgesetz und die Regelungen im Zivilprozessgesetz, auf die das Schiedsgesetz verweist, Anwendung finden können.[618]

Die Diskussion wurde durch Auslegungsregelungen des ObVG beendet.

Art. 20 der Auslegung zum SchG legt fest, dass „gesetzliche Verfahrensregelungen" im Sinne von § 58 I Nr. 3 SchG die Regelungen im SchG und die von den Parteien ausgewählten Schiedsordnungen sind.

Nach § 14 I der Vollstreckungsbestimmung, die zeitlich später als die Auslegung zum SchG erlassen wurde, ist ein Verstoß gegen die gesetzlichen Verfahrensregelungen nach § 244 II Nr. 3 ZPG anzunehmen, wenn gegen die Schiedsverfahrensregelungen im SchG, gegen die von den Parteien vereinbarte

---

615 Entscheidung des Mittleren Volksgerichts von Stadt Dezhou vom 31.05.2017, Aktenzeichen (2017) Lu14MinTe Nr. 10.
616 FU Xiang/SONG Tianyi/LI Wei, S. 78.
617 Zitiert in SHEN Deyong/WAN Exiang, S. 174.
618 Zitiert in SHEN Deyong/WAN Exiang, S. 174.

Schiedsordnung oder gegen die Sondervereinbarung zwischen den Parteien hinsichtlich des Schiedsverfahrens verstoßen worden ist und sich dieser Verstoß auf die Gerechtigkeit der Schiedsentscheidung ausgewirkt haben könnte. Obwohl § 14 I der Vollstreckungsbestimmung sich eigentlich auf § 244 II Nr. 3 ZPG, der für die Ablehnung der Vollstreckung eines Schiedsspruchs gilt, bezieht, sind der Aufhebungsgrund in § 58 I Nr. 3 SchG und der Vollstreckungsablehnungsgrund in § 244 II Nr. 3 ZPG identisch. Da § 14 der Vollstreckungsbestimmung die Formulierung „die gesetzlichen Verfahrensregelungen" auslegt, sollte sie zumindest sinngemäß auch für den gleichlautenden Aufhebungsgrund in § 58 I Nr. 3 SchG gelten.

In der von der 4. Zivilkammer und dem Forschungsbüro des ObVG gemeinsam verfassten Literatur[619] wird folgende Prüfungsreihenfolge vorgeschlagen:

(1) Zunächst finden die zwingenden Regelungen des SchG Anwendung.[620] Sie sind solche Regelungen, deren Anwendung für das Schiedsverfahren in China nicht von den Parteien ausgeschlossen werden kann. Welche Vorschriften des SchG nicht ausgeschlossen werden können, ist zwar weder gesetzlich noch vom ObVG eindeutig festgelegt. Man geht aber davon aus, dass die Vorschriften mit der Formulierung „muss" zwingend anzuwenden sind, z.B. § 24 SchG (Annahme der Schiedsklage durch die Schiedsinstitution), § 25 SchG (Zustellung der Schiedsordnung und Schiedsrichterliste an die Partei), § 33 SchG (Mitteilung über die Zusammensetzung des Schiedsgerichts) und § 41 SchG (Mitteilung über den Termin der Hauptverhandlung).[621]

(2) Dann gilt die wirksame Parteivereinbarung z.B. hinsichtlich der Anzahl der Schiedsrichter, des Schiedsorts und der Schiedsordnung usw., soweit die Parteivereinbarung den zwingenden gesetzlichen Regelungen nicht widerspricht.[622]

(3) Sofern weder eine Parteivereinbarung noch eine zwingende Regelung im SchG vorhanden ist, kann das Schiedsgericht entsprechend den allgemeinen, nicht zwingenden Vorschriften des SchG verhandeln.

(4) Zum Schluss kann das Schiedsgericht nach eigenem Ermessen das Schiedsverfahren gestalten. Das Schiedsverfahren muss allerdings die Mindestforderungen an ein ordnungsgemäßes Verfahren einhalten.[623]

---

619 SHEN Deyong/WAN Exiang, S. 176–177.
620 SHEN Deyong/WAN Exiang, S. 176.
621 SHEN Deyong/WAN Exiang, S. 176–177.
622 SHEN Deyong/WAN Exiang, S. 176–177.
623 SHEN Deyong/WAN Exiang, S. 177.

Diese Prüfungsreihenfolge hat keine Bindungswirkung. Sie zeigt nur die Prüfungstendenz der 4. Kammer des ObVG, die auch für die Schiedsfälle unter gerichtlicher Überprüfung zuständig ist.

ii. Schiedsordnung i.S.d. § 281 I Nr. 3 ZPG

Nach § 70 SchG i.V.m. § 281 I Nr. 3 ZPG darf die Zusammensetzung des Schiedsgerichts oder das Schiedsverfahren mit Auslandsbezug nicht gegen die Schiedsordnung verstoßen. Wenn man den Wortlaut dieser Norm mit dem von § 58 I Nr. 3 SchG vergleicht, kommt man zum Ergebnis, dass im innerstaatlichen und auslandsbezogenen Schiedsverfahren hinsichtlich des anzuwendenden Schiedsverfahrensrechts unterschiedliche Maßstäbe gelten bzw. für das auslandsbezogene Schiedsverfahren anscheinend nur die Schiedsordnung maßgeblich ist. Dieses Ergebnis scheint mit der Vorstellung, dass das SchG auch für das auslandsbezogene inländische Schiedsverfahren gelten sollte, nicht übereinzustimmen.

Aus der Entstehungsgeschichte des Aufhebungsverfahrens (siehe Kapitel 5.A) ergibt sich, dass der Gesetzgeber seit 1991 unterschiedliche Formulierungen der „gesetzlichen Verfahrensregelungen" in § 244 II Nr. 3 ZPO/§ 58 II Nr. 3 SchG hinsichtlich des innerstaatlichen Schiedsspruchs und der „Schiedsordnung" in § 281 I Nr. 3 ZPG hinsichtlich des auslandsbezogenen Schiedsspruchs benutzt. Eine Unterscheidung ist von Anfang an beabsichtigt. In den 1990er Jahren konnten auslandsbezogene Schiedsangelegenheiten nur von der CIETAC und der CMAC bearbeitet werden und CIETAC und CMAC bearbeiteten auch nur auslandsbezogene Schiedsangelegenheiten. Das SchG schreibt das Grundprinzip eines Schiedsverfahrens vor, enthält aber nicht viele konkrete und ausführliche Schiedsverfahrensregelungen. Solche Regelungen stehen in der CIETAC-R und der CMAC-R, die auf internationalen Standards basieren. Der Begriff des Verstoßes gegen die „Schiedsordnung" in § 281 I Nr. 3 ZPG als ein Aufhebungsgrund sollte so auslegt werden, dass die Zusammensetzung des Schiedsgerichts oder das Schiedsverfahren insbesondere nicht gegen die geltende Schiedsordnung (zu der damaligen Zeit entweder CIETAC-R oder CMAC) verstößt. Ein auslandsbezogener Schiedsspruch ist ein chinesischer bzw. inländischer Schiedsspruch. Das chinesische Schiedsrecht sollte auf ihn ohne Zweifel Anwendung finden. In der chinesischen Literatur oder Rechtsprechung wird nicht über die Anwendbarkeit des SchG auf auslandsbezogene inländische Verfahren diskutiert. Die in § 14 I der Vollstreckungsbestimmung genannten maßgeblichen Verfahrensmaßstäbe[624] – Schiedsverfahrensregelungen im SchG, Schiedsordnung oder

---

624 Siehe Kapitel 5.C.II.3.a)aa).

Sondervereinbarung der Parteien – sollten auch für auslandsbezogene Schiedsverfahren gelten.

iii. Exkurs: Anwendbares Verfahrensrecht

Die obige Darstellung über den unterschiedlichen Wortlaut in § 58 II Nr. 3 SchG und § 244 II Nr. 3 ZPG erfolgt deshalb, weil das chinesische Recht keine eindeutige Regelung wie § 1025 I ZPO (DE)[625] hat. Das heißt, eine eindeutige gesetzliche Regelung, welches Verfahrensrecht auf ein Schiedsverfahren – sei es ein innerstaatliches oder auslandsbezogenes Verfahren einer chinesischen Schiedsinstitution mit Schiedsort in Festland-China, sei es ein Verfahren einer chinesischen Schiedsinstitution (einschließlich ihrer Zweigniederlassung) mit Schiedsort außerhalb Festland-Chinas, sei es ein Schiedsverfahren einer ausländischen Schiedsinstitution mit Schiedsort in Festland-China – Anwendung findet, gibt es nicht.

Es ist heute nicht zu bestreiten, dass die von den Parteien wirksam vereinbarte Schiedsordnung für das Schiedsverfahren gilt. Zu beantworten ist noch, nach welchem Maßstab die Wirksamkeit der Vereinbarung über die Schiedsordnung festzustellen ist, ob neben der Schiedsordnung noch andere zwingenden gesetzlichen Vorschriften (z.B. diejenige des Schiedsorts-Staates) für das Schiedsverfahren anzuwenden sind und welches Recht für die sonstigen mit dem Schiedsverfahren zusammenhängenden Angelegenheiten, z.B. staatliche Unterstützung oder Kontrolle in Form von einstweiliger Verfügung oder Aufhebung eines Schiedsspruchs usw. gilt. Alle diese Fragen hängen mit der Frage zusammen, ob das chinesische Schiedsrecht neben der Schiedsordnung auf ein Schiedsverfahren Anwendung findet.

(1) Verfahren einer chinesischen Schiedsinstitution mit Schiedsort in Festland-China

Ohne Zweifel findet das chinesische Schiedsrecht Anwendung.

Die Parteien können grundsätzlich die Schiedsinstitution und Schiedsordnung frei vereinbaren. Mangels Verbotsregelung im chinesischen Recht ist es nicht verboten, dass die Parteien eines Schiedsverfahrens einer inländischen Schiedsinstitution die Schiedsordnung einer anderen, auch ausländischen, Schiedsinstitution als maßgebliche Verfahrensregelung vereinbaren. Zum

---

625 Nach § 1025 I ZPO (DE) finden die Vorschriften der ZPO (DE) – Buch 10 Schiedsrichterliches Verfahren – Anwendung, wenn der Ort des schiedsrichterlichen Verfahrens in Deutschland liegt.

Beispiel können die Parteien nach § 4 Abs. 3 CIETAC-R vereinbaren, die Verfahrensregelung der CIETAC-Schiedsordnung zu modifizieren oder die Schiedsordnung einer anderen Schiedsinstitution für anwendbar zu erklären, es sei denn, die Vereinbarung ist nicht durchsetzbar oder verstößt gegen die zwingenden Vorschriften des SchG.

Zu beachten ist, dass das ObVG in einem Antwortschreiben geäußert hat, dass die chinesischen Parteien einer Rechtsstreitigkeit ohne jegliche auslandsbezogenen Elemente diese Rechtsstreitigkeit nicht durch eine ausländische Schiedsinstitution oder durch ein ad hoc-Schiedsgericht im Ausland beilegen lassen dürfen.[626] Die betroffene Schiedsvereinbarung, eine Streitigkeit ohne jegliche auslandsbezogenen Elemente durch den ICC mit Schiedsort in Peking beizulegen, war nach der Ansicht des ObVG unwirksam.

(2) Verfahren einer chinesischen Schiedsinstitution mit Schiedsort außerhalb Festland-Chinas

Einerseits muss das Recht des Landes, wo der Schiedsort liegt, recherchiert werden. Es muss festgestellt werden, ob das Schiedsrecht in diesem Land Anwendung findet.

Andererseits wäre eine Klarstellung im chinesischen Recht zu begrüßen, dass die Schiedsortstheorie in dieser Konstellation gilt und das chinesische Schiedsrecht (betreffend vor allem das Schiedsverfahren und die Aufhebung von Schiedssprüchen usw.) grundsätzliche keine Anwendung findet. Nur wenn das Recht des Landes, wo der Schiedsort liegt, zulässt, ein ausländisches Schiedsrecht aufgrund einer Parteivereinbarung anzuwenden, könnte das chinesische Schiedsrecht kraft Parteivereinbarung anwendbar sein. Es ist in der Praxis kaum vorstellbar, dass sich Parteien, die einen Schiedsort außerhalb Festland-Chinas ausgewählt haben, noch dem chinesischen Recht unterwerfen möchten. Dieser Parteiwille ist zu berücksichtigen.

(3) Schiedsverfahren einer ausländischen Schiedsinstitution mit Schiedsort in Festland-China

Im chinesischen Recht sollte klargestellt werden, dass die Schiedsortstheorie in dieser Konstellation gilt und das chinesische Schiedsrecht (betreffend vor allem das Schiedsverfahren und Aufhebung von Schiedssprüchen usw.) Anwendung findet.

---

626 Antwortschreiben des ObVG vom 31. August 2012 an das Obere Volksgericht von Jiangsu (MinSiTaZi 2012, Nr. 2) in der Judikationsanweisung, 2012-2, S. 126 ff.

b. Einige Beispiele für Verfahrensfehler in der Praxis
i. Zustellungsfehler

Nach einer Statistik in der Literatur kommen Anträge auf Aufhebung von Schiedssprüchen pro Jahr viel häufiger vor als Anträge auf Ablehnung der Vollstreckung.[627] Von allen Aufhebungsgründen machen die Parteien am häufigsten einen Verfahrensfehler (darunter wiederum am häufigsten einen Zustellungsfehler) geltend.[628]

Das ZPG enthält zahlreiche Regelungen über die unmittelbare Zustellung an Parteien und deren Vertreter und Bevollmächtigte, Zustellung bei verweigerter Annahme, Ersatzzustellung, Zustellung durch öffentliche Bekanntmachung und Zustellung im Ausland usw.[629] Dagegen enthält das SchG nur an einigen Stellen allgemeine Vorgaben über Zustellung oder Erhalt gewisser Unterlagen oder Mitteilungserfordernisse. Beispielsweise muss die Schiedskommission nach § 25 I SchG innerhalb der in der jeweils anwendbaren Schiedsordnung vorgesehenen Frist dem Schiedskläger die Schiedsordnung und die Namensliste der Schiedsrichter zustellen und dem Schiedsbeklagten eine Kopie der Schiedsklage, die Schiedsordnung und die Namensliste der Schiedsrichter zustellen.[630] Eine weitere Regelung über die Frist oder Art und Weise einer Zustellung fehlt im SchG. Da das ZPG ohne Normenverweisung nicht unmittelbar auf das Schiedsverfahren anwendbar ist und das SchG hinsichtlich der Zustellung nicht auf das ZPG verweist, richtet sich die Zustellung im Schiedsverfahren nach der im Einzelfall geltenden Schiedsordnung.[631] Das im Aufhebungsverfahren mit der Sache befasste Volksgericht muss die jeweils anwendbare Schiedsordnung als Prüfungsmaßstab anlegen. In der chinesischen Schiedspraxis ist das jedoch nicht stets der Fall. Manche Volksgerichte wenden rücksichtslos einfach die Bestimmungen des ZPG hinsichtlich der Zustellung an.[632] Das ObVG hat daher vorgeschrieben, dass das Volksgericht die Partei unterstützt, wenn sie begründet geltend gemacht, dass die Rechtsdokumente nicht in der durch das SchG oder die Schiedsordnung vorgeschriebenen Weise zugestellt wurden, die Partei

---

627 SONG Lianbin, 2015, S. 319, 339.
628 SONG Lianbin, 2014, S. 341 ff.
629 Siehe §§ 87–95, 274–277 ZPG.
630 Z.B. Aufhebung des Schiedsspruchs der CIETAC wegen fehlender Zustellung und Verletzung des rechtlichen Gehörs nach dem Antwortschreiben des ObVG (MinSiTaZi 2007, Nr. 7) in der Judikationsanweisung, 2007-2, S. 49 ff.
631 QIU Dongmei/SONG Lianbin, S. 73.
632 QIU Dongmei/SONG Lianbin, S. 72.

dadurch nicht am Schiedsverfahren teilgenommen hat und sich der Verstoß auf die Gerechtigkeit der Schiedsentscheidung auswirken könnte.[633] Das gleiche gilt, wenn der Schiedsrichter sich nach dem SchG oder der Schiedsordnung hätte zurückziehen müssen, dies aber nicht getan hat und sich der Verstoß auf die Gerechtigkeit der Schiedsentscheidung auswirken könnte.[634] Das Volksgericht unterstützt die Partei nicht, wenn das Schiedsgericht die Rechtsdokumente nach dem SchG oder der Schiedsordnung oder entsprechend der von den Parteien vereinbarten Weise zugestellt hat, die Partei aber vorträgt, dass die Zustellung der Rechtsdokumente nicht den Bestimmungen des ZPG entspricht.[635]

Einer der in der Praxis häufig geltend gemachten Aufhebungsgründe ist die Zustellung an eine falsche Adresse. Viele Schiedsordnungen der chinesischen Schiedskommissionen lassen die Zustellung der für das Schiedsverfahren relevanten Schriften, Mitteilungen, Unterlagen (zusammen als **„Relevante Dokumente"** bezeichnet) in Form der Übergabe an den Empfänger, durch eingeschriebenen Brief, per Kurierdienst, per Fax oder auf anderem Wege, den die Schiedskommission oder das Schiedsgericht für angemessen hält, zu.[636] Auch die öffentliche Bekanntgabe ist in einigen Schiedsordnungen anerkannt.[637] In der Literatur ist eine Ansicht gegen die Zulässigkeit der öffentlichen Bekanntgabe als Zustellungsmethode im Schiedsverfahren vertreten.[638] Die Argumente dieser Gegenansicht sind wie folgt: (1) die Parteien im Schiedsverfahren kennen normalerweise die Adresse und Kontaktinformation voneinander (und eine öffentliche Bekanntgabe ist nicht nötig); (2) die Bekanntgabe nimmt viel Zeit in Anspruch, was der Effektivität des Schiedsverfahrens widerspricht; (3) die Geheimhaltungsinteressen der Schiedsparteien werden durch die öffentliche Bekanntgabe beeinträchtigt.[639] Gegen diese Ansicht spricht, dass die

---

633 § 14 II 1. Halbs., 1. Alt. der Vollstreckungsbestimmung.
634 § 14 II 1. Halbs., 2. Alt. der Vollstreckungsbestimmung.
635 § 14 II 2. Halbs. der Vollstreckungsbestimmung.
636 Z.B. § 8 I CIETAC-R; § 61 SHIAC-R; § 115 I Schiedsordnung der Dalian Schiedskommission.
637 Zustellung durch öffentliche Bekanntgabe ist zulässig in den Schiedsordnungen der Dalian-Schiedskommission, Guangzhou-Schiedskommission, Shenzhen-Schiedskommission, Qingdao-Schiedskommission, Xiamen-Schiedskommission, Chengdu-Schiedskommission usw. (vgl. Qiu QIU Dongmei/SONG Lianbin, S. 73 und 74). Die CIETAC-Schiedsordnung, CMAC-Schiedsordnung, Beijing-Schiedsordnung, Shanghai-Schiedsordnung, sehen keine öffentliche Bekanntgabe vor.
638 QIU Dongmei/SONG Lianbin, S. 74.
639 QIU Dongmei/SONG Lianbin, S. 74.

Parteienwillen zu respektieren sind. Wenn die Parteien sich in ihrer Schiedsvereinbarung für eine Schiedskommission bzw. für eine Schiedsordnung entschieden haben, die die öffentliche Bekanntgabe zulässt, ist diese Zustellungsform nicht abzulehnen.

In der Praxis ist gegebenenfalls auch zu fragen, wer dazu verpflichtet ist, die Zustellungsadresse der Partei, an die die verfahrensrelevanten Unterlagen zugestellt werden müssen, zu ermitteln. § 84 CMAC-R hat diesen Punkt offengelassen. § 8 III CIETAC-R schreibt die Nachforschungspflicht der Gegenpartei[640] eindeutig vor. § 73 II der Schiedsordnung der Guangzhou-Schiedskommission lässt die Nachforschung durch die Schiedskommission und die Gegenpartei zu. Die Schiedskommission veranlasst zwar grundsätzlich die Zustellung der Relevanten Dokumente.[641] Die Adresse der Partei, an die die Dokumente zuzustellen sind, ist aber durch die Gegenpartei, die der Antragsteller im Aufhebungsverfahren ist, nachzuforschen und zur Verfügung zu stellen.

Selbst wenn eine Schiedsordnung die Nachforschung durch die Schiedskommission[642] regelt, sollte eine solche Regelung nur als eine Nachforschungsberechtigung, nicht aber als eine Pflicht der Schiedskommission ausgelegt werden.[643]

Für eine wirksame Zustellung oder eine Zustellungsfiktion spielt die „letztbekannte" Zustellungsadresse der Partei eine große Rolle. Was die letztbekannte Adresse ist, hängt vom Einzelfall ab. Sie kann diejenige sein, die durch Eintragung im relevanten Register gegenüber der Allgemeinheit angegeben ist. Sie kann auch diejenige Adresse sein, die in einem früheren gerichtlichen oder schiedsgerichtlichen Verfahren mit derselben Gegenpartei als Zustellungsadresse für die Partei bekannt geworden ist.[644] Als ein Prinzip ist vorzuschlagen, dass die letztbekannte, bei der zuständigen Behörde pflichtgemäß angemeldete

---

640 Gegenpartei ist die andere Partei des Verfahrens gegenüber der vorner [vorne oder vorher?] bezeichneten „Partei, an die die verfahrensrelevanten Unterlagen zugestellt werden sollen".
641 Diese Angabe gilt für die chinesischen Schiedskommissionen. Dieses Kapitel behandelt die Aufhebung von Schiedssprüchen der chinesischen Schiedskommissionen/ Schiedsgerichte.
642 Wie in § 73 II der Schiedsordnung der Guangzhou Schiedskommission.
643 In der Entscheidung des Maritim Volksgerichts von Tianjin vertrat das Volksgericht in einem Aufhebungsverfahren gegen den Schiedsspruch der CMAC aber die Ansicht, dass die Schiedskommission die Adresse nachforschen musste. Der Ansicht des Volksgerichts ist nicht zu folgen.
644 Antwortschreiben des ObVG (MinSiTaZi 2007, Nr. 25) in der Judikationsanweisung, 2007-2, S. 94 ff.

Adresse als letztbekannte Adresse anzusehen ist, es sei denn, dass die Partei dem eingeschalteten Schiedsgericht oder dem Antragsteller eine aktuelle (von der angemeldeten Adresse abweichende) Adresse zu diesem bestimmten Zweck mitgeteilt hat.

ii. Verletzung rechtlichen Gehörs

Zwei Regelbeispiele für die Verletzung rechtlichen Gehörs sind in § 70 SchG i.V.m. § 281 I Nr. 2 ZPG genannt. § 70 SchG i.V.m. § 281 I Nr. 2 ZPG bezieht sich auf auslandsbezogene Schiedssprüche.

Die Gewähr rechtlichen Gehörs sollte auch für ein innerstaatliches Schiedsverfahren gelten, weil sie grundlegend für ein Streitbeilegungsverfahren ist. Betreffend ein innerstaatliches Schiedsverfahren kann die Partei die Verletzung rechtlichen Gehörs als Aufhebungsgrund unter Berufung auf § 58 I Nr. 3 i.V.m. § 33 SchG[645] oder § 41 SchG[646] geltend machen. Wenn eine Partei aus nicht von ihr zu vertretenden Gründen, die andere als die in § 33 SchG und § 41 SchG genannten sind, nicht zur Sache Stellung genommen hat, sollte diese Partei dies unter Berufung auf den Grundsatzes der Gewährung rechtlichen Gehörs auch als Aufhebungsgrund geltend machen können.

iii. Beispiele für Verfahrensfehler

Ein Verfahrensfehler kann z.B. in folgenden Konstellationen angenommen werden:

- einer Partei ist keine Möglichkeit zur Stellungnahme zur Sache eingeräumt worden;[647]
- ein auf angemessenen Gründen beruhender Antrag einer Partei auf Verschiebung der Hauptverhandlung ist vom Schiedsgericht willkürlich abgelehnt worden;[648]
- die Beweismittel sind nicht von den Parteien überprüft worden;[649]
- die Entscheidung im Fall von Uneinigkeit der Schiedsrichter ist nicht entsprechend der Ansicht des Vorsitzenden Schiedsrichters gefasst worden;[650]

---

645 Nach § 33 SchG müssen die Parteien von der Schiedskommission über die Zusammensetzung des Schiedsgerichts schriftlich informiert werden.
646 Nach § 41 SchG müssen die Parteien von der Schiedskommission über den Termin der Hauptverhandlung schriftlich informiert werden.
647 SHEN Deyong/WAN Exiang, S. 186.
648 SHEN Deyong/WAN Exiang, S. 186.
649 SHEN Deyong/WAN Exiang, S. 186.
650 SHEN Deyong/WAN Exiang, S. 186.

- eine Partei hat nicht innerhalb der gesetzten Frist ihre Legitimation zur Beteiligung am Schiedsverfahren bewiesen;[651]
- das Schiedsgericht hat den Schiedsspruch, den es selbst erlassen hat, aufgehoben;[652]
- eine Partei (natürliche Person) ist während des Schiedsverfahrens gestorben, aber das Schiedsgericht hat ohne Berücksichtigung dieser Tatsache das Schiedsverfahren fortgeführt und einen Schiedsspruch gegenüber der verstorbenen Partei verkündet;[653]
- das Schiedsgericht hatte einer Partei A den Antrag der anderen Partei B nicht vollständig zugestellt und die eine Partei A konnte sich daher in der Hauptverhandlung nicht zu allen Punkten im Antrag der anderen Partei B äußern;[654]
- das Schiedsgericht hat wegen Verdachts der Urkundenfälschung hinsichtlich eines Beweismittels im Schiedsverfahren ein bereits erlassenes Vergleichsprotokoll, welches die Rechtswirkung eines Schiedsspruchs hat, modifiziert und dieses modifizierte Vergleichsprotokoll erneut erlassen;[655]

---

651 Antwortschreiben des ObVG (MinSiTaZi 2005, Nr. 51) in der Judikationsanweisung, 2006-1, S. 74.
652 Antwortschreiben des ObVG (MinSiTaZi 2005, Nr. 51) in der Judikationsanweisung, 2006-1, S. 73: das Gesetz (hier das chinesische SchG) und die geltende Schiedsordnung sehen nicht vor, dass das Schiedsgericht seinen Schiedsspruch aufheben kann. Dieses Recht ist nur dem staatlichen Volksgericht vorbehalten.
653 Antwortschreiben des ObVG (MinSiTaZi 2007, Nr. 25) in der Judikationsanweisung, 2007-2, S. 94 ff.: eine gestorbene Partei kann das Schiedsverfahren nicht mehr führen. In dem konkreten Fall enthielt weder das SchG noch die anwendbare CIETAC-Schiedsordnung eine Regelung für den Fall des Versterbens einer Partei während des Schiedsverfahrens. Aber nach den allgemeinen Grundsätzen ist ein Streitbeilegungsverfahren mit verstorbener/nicht existierender Partei jedenfalls gegenstandslos. Das Schiedsverfahren soll in diesem Fall unterbrochen werden, bis der Rechtsnachfolger der Partei festgestellt wird und an dem Verfahren teilnimmt.
654 Antwortschreiben des ObVG (MinSiTaZi 2008, Nr. 21) in der Judikationsanweisung, 2008-2, S. 110 ff.
655 Antwortschreiben des ObVG (MinSiTaZi 2010, Nr. 45) in der Judikationsanweisung, 2010-2, S. 113 ff. Nach vielen Schiedsordnungen ist ein Mediationsverfahren im Rahmen des Schiedsverfahrens zulässig, z.B. hier § 68 der Shen Zhen Schiedsordnung, auch § 45 CIETAC-Schiedsordnung. Der im Mediationsverfahren erzielte Vergleich soll protokolliert werden. Der Vergleich hat dieselbe Wirkung wie ein Schiedsspruch. Grundsätzlich ist eine Modifizierung des Schiedsspruchs/Vergleichsprotokolls durch das Schiedsgericht selbst zulässig, soweit es sich um Tippfehler, Kalkulationsfehler, fehlende Anhaltspunkte, die bereits in der Hauptverhandlung behandelt wurden,

– der Prozessvertreter der Partei ist ein Schiedsrichter der Schiedsinstitution, die diese Schiedsklage bearbeitet.[656]

c. Rechtsfolge des Verfahrensfehlers

Der Schiedsspruch kann wegen eines Verstoßes gegen Verfahrensregelungen nur dann aufgehoben werden, wenn sich der Verstoß auf die Schiedsentscheidung ausgewirkt haben könnte.[657] Das entspricht dem im deutschen Recht vorhandenen Gedanken, dass eine Aufhebung aus rein formalen Gründen zu verhindern ist.[658]

Wenn einer Partei kein rechtliches Gehör gewährt wurde, dürfte es nicht ausgeschlossen sein, dass die Stellungnahme der Partei sich auf die Feststellung des Sachverhalts und die rechtliche Bewertung auswirkt. Daher sollte eine Ergebniswirkung im Fall mangelnden rechtlichen Gehörs stets angenommen werden.

In allen anderen Fällen von Verfahrensfehlern sollte eine Einzelfallbewertung vorgenommen werden. Wenn z.B. einer Partei für die Stellungnahme zur Bildung des Schiedsgerichts und zur Stellung des Antrags auf Aufhebung des Schiedsspruchs längere Fristen als in der Schiedsordnung vorgesehen gesetzt worden sind, ist der Partei dadurch lediglich mehr Überlegungszeit eingeräumt worden. Auf das Schiedsverfahren und die Entscheidung des Schiedsgerichts hat die verlängerte Frist keinen nachteiligen Einfluss. Der Schiedsspruch muss daher nicht aufgehoben werden.[659]

---

handelt. Jede darüber hinaus gehende Modifizierung des Schiedsspruchs/Vergleichsprotokolls ohne Anhörung der Parteien ist unzulässig. Fraglich ist aber, ob und wie das Schiedsgericht sein eigenes Schiedsverfahren korrigieren kann, wenn es selbst herausgefunden hat, dass es eventuell einen Verfahrensfehler gemacht hat.

656 Zivilentscheidung des Mittleren Volksgerichts von ShiJiaZhuang, 2016, Ji01MinTe Nr. 23; siehe SONG Lianbin/LIN Hui/CHEN Xijia, 2016, S. 84–85. Nach § 7 der Maßnahmen zur Bestrafung von Rechtsanwälten und Anwaltskanzleien für rechtswidrige Handlungen in Verbindung mit § 47 Nr. 3 des Gesetzes für Rechtsanwälte wird das Ordnungsgeld verhängt, wenn ein Rechtsanwalt als Vertreter in einem Fall tätig ist, der von einer Schiedsinstitution bearbeitet wird, in der er früher tätig war oder derzeit tätig ist. Eine Rechtsprechung des Mittleren Volksgerichts der Stadt Guangyuan in Provinz Sichuan (2016, Chuan08MinTe Nr. 27) war aber anderer Ansicht. Wenn der Rechtsanwalt nur ein registrierter Schiedsrichter der Schiedsinstitution sei und nicht als Schiedsrichter im konkreten Streitfall tätig sei, sei das kein Aufhebungsgrund.
657 Art. 20 der Auslegung zum SchG; § 14 II der Vollstreckungsbestimmung.
658 MüKo/Münch, § 1059 ZPO, Rn. 38.
659 Antwortschreiben des ObVG (MinSiTaZi 2005, Nr. 54) in der Judikationsanweisung, 2006-1, S. 79: Nach der geltenden Schiedsordnung der Schiedskommission Dalian soll [wirklich soll?] die Partei innerhalb von 20 Tagen nach Erhalt der Mitteilung

Wenn die Partei auf die anwendbaren Regelungen für das Schiedsverfahren oder auf die Schiedsordnungen ausdrücklich hingewiesen wurde und sie wusste oder hätte wissen müssen, dass die gesetzlichen Verfahrensregelungen oder die gewählten Schiedsordnungen nicht eingehalten wurden, aber dennoch ohne Erhebung eines Einspruchs am Schiedsverfahren teilgenommen hat, wird ihr Antrag auf Nichtvollstreckung eines Schiedsspruchs wegen Verletzung der gesetzlichen Verfahrensregelungen oder der Schiedsordnungen nach § 14 III der Volkstreckungsbestimmung nicht vom Volksgericht berücksichtigt. Diese auf den Nichtvollstreckungsantrag anwendbare Präklusionsregelung sollte auch für den Aufhebungsantrag einer Partei gelten.

4. *Fälschung von Beweismitteln nach § 58 I Nr. 4 SchG*

Der (innerstaatliche) Schiedsspruch kann nach § 58 I Nr. 4 SchG aufgehoben werden, wenn Beweismittel, auf die sich der Schiedsspruch gestützt hat, gefälscht sind. Nach der überwiegenden Ansicht in der chinesischen Literatur[660] ist dieser Aufhebungsgrund eine materiell-rechtliche Rüge.

Der Schiedsspruch des Schiedsgerichts beruht auf dem festgestellten Sachverhalt und dessen rechtlicher Beurteilung. Die Feststellung des Sachverhalts stützt sich einerseits auf die vorhandenen Beweismittel und andererseits auf die Bewertung der Beweismittel durch das Schiedsgericht. Wenn die Beweismittel gefälscht sind, ist die Grundlage für die Feststellung des Sachverhalts und für die anschließende rechtliche Beurteilung fehlerhaft. Allerdings leidet eine Entscheidung – sei es vom staatlichen Gericht oder Schiedsgericht –, die auf gefälschten Beweismitteln beruht, immer auch an einem „Verfahrensmangel" im weiteren Sinne dieses Wortes.[661] Daher dürfte die Fälschung von Beweismitteln (nachfolgend als **„Beweisfälschung"** bezeichnet) sowohl materiell-rechtliche also auch verfahrensrechtliche Natur haben.

über die Bildung des Schiedsgerichts und der Liste der Schiedsrichter zur Bestellung des Schiedsrichters Stellung nehmen. Die Partei kann auch bis zu 12 Tagen vor der Hauptverhandlung die Vertagung der Verhandlung beantragen. Im hiesigen konkreten Fall wurde die Partei, die nachher die Aufhebung des Schiedsspruchs beantragt hat, aufgefordert, innerhalb von 45 Tagen zur Bildung des Schiedsgerichts Stellung zu nehmen. Außerdem konnten die Parteien bis zu 3 Tage vor der Hauptverhandlung die Vertagung beantragen.

660 YANG Guang, 2009, S. 93; CHEN An, 1995, S. 20.
661 MüKo/Braun/Heiß, § 580 Rn. 17.

Obwohl eine Beweisfälschung im Zivilprozess oder im Schiedsverfahren keine Straftat nach dem chinesischen Strafgesetz (**StG**) ist[662], ist sie immerhin ein schwerwiegender Fehler in einem Streitbeilegungsverfahren. Dadurch ist nach chinesischem Rechtsverständnis die Gerechtigkeit des Verfahrens verletzt. Eine Berufung auf „Gerechtigkeit" ist im chinesischen Rechtsdiskurs üblich, obwohl es keinen allgemein anerkannten Maßstab dafür gibt. Sie muss dazu dienen, dass ein Verfahrensergebnis nach dem chinesischen Recht und Gesetz zustande kommt. Dabei müssen die Verfahrensprinzipien z.B. die Ordnungsmäßigkeit der Sachverhaltsermittlung, regelkonforme Tatsachenermittlung und -würdigung usw. festgehalten werden.

Im Zivilprozess ist ein durch rechtskräftiges (gerichtliches) Urteil geschlossenes Zivilverfahren nach § 207 I Nr. 3 ZPG wiederaufzunehmen, wenn die Hauptbeweise für den im ursprünglichen Urteil festgestellten Sachverhalt gefälscht sind. Außerdem kann das Volksgericht nach § 114 I Nr. 1, 1. Alt. ZPG je nach der Schwere der Umstände Geldbuße oder Haft verhängen, wenn eine Partei wichtige Beweismittel fälscht und dadurch die gerichtliche Verhandlung behindert.

Da eine Wiederaufnahme des Schiedsverfahrens in der Schiedsgerichtsbarkeit nicht vorgesehen ist, kommt für den wegen Beweisfälschung fehlerhaften Schiedsspruch nur noch die Aufhebung des Schiedsspruchs in Betracht. Ein sich auf gefälschte Beweismittel stützender Schiedsspruch entspricht auf keinen Fall der Gerechtigkeit und Billigkeit und muss aufgehoben werden.[663] Wenn ein Schiedsspruch mit Auslandsbezug an einem solchen schwerwiegenden

---

662 Nach § 305 StG sind im Strafprozess die falsche Aussage und die Beweisfälschung durch den Zeugen, Sachverständigen, Protokollführer oder Übersetzer strafbar. Nach § 306 I StG sind im Strafprozess die Beweisfälschung und -vernichtung durch den Strafverteidiger oder Prozessvertreter, die Hilfeleistung durch solche Personen für eine Partei zur Beweisfälschung und -vernichtung und die Drohung und Verleitung des Zeugen zur falschen Aussage strafbar. Falls solche Handlungen im Zivilverfahren und Verwaltungsverfahren stattgefunden haben, sind sie nicht nach dem StG strafbar. Sowohl im Strafprozess als auch im Zivilprozess und Verwaltungsprozess strafbar sind nach § 307 I und II StG: (1) die Verhinderung des Auftritts eines Zeugen zur Aussage vor dem Gericht im Wege der Gewaltausübung, Drohung und/oder Bestechung; (2) Die Bestimmung der anderen [? der anderen Partei/von anderen?]zur falschen Aussage oder Beweisfälschung; (3) Hilfeleistung für eine Partei zur Beweisfälschung und -vernichtung. Aus dem zurzeit geltenden StG ergibt sich, dass keine Straftat (Prozessbetrug oder Strafvereitelung) begangen wird, wenn die Partei selbst eine falsche Aussage macht und Beweise fälscht, sei es im Strafprozess, im Zivilprozess oder Verwaltungsprozess.

663 SHEN Deyong/WAN Exiang, S. 144.

Fehler leidet, sollte er auch aufgehoben werden. Eine unterschiedliche Behandlung von innerstaatlichen und auslandsbezogenen Schiedssprüchen ist nicht gerechtfertigt.[664]

Das Volksgericht stellt fest, dass die Beweismittel, auf die sich der Schiedsspruch stützt, gefälscht sind, wenn die folgenden Voraussetzungen erfüllt sind:

(1) Der Schiedsspruch ist auf die Beweismittel gestützt.
(2) Die Beweismittel sind Hauptbeweise für die Feststellung des grundlegenden Sachverhalts.
(3) Es wurde festgestellt, dass die Beweismittel in unrechtmäßiger Weise, z.B. durch Fälschung, Veränderung oder Vorlegung einer falschen Bescheinigung, gebildet oder erlangt wurden und dadurch Objektivität, Relevanz und Rechtmäßigkeit der Beweismittel verletzt wurden.[665]

Die Beweisfälschung ist ein schwerwiegender Fehler des Schiedsverfahrens und stellt unabhängig von der Relevanz der Beweise für die Schiedsentscheidung einen „absoluten" Aufhebungsgrund dar.

5. *Verbergung von Beweismitteln nach § 58 I Nr. 5 SchG*

Ein innerstaatlicher Schiedsspruch kann nach § 58 I Nr. 5 SchG aufgehoben werden, wenn die Gegenpartei der Schiedsinstitution Beweismittel verborgen hat, die ausreichen, um eine unparteiische Schiedsentscheidung zu beeinflussen (nachfolgend als „**Beweisverbergung**" bezeichnet). Anders als die Beweisfälschung, ist die Beweisverbergung hier nur ein „relativer" Aufhebungsgrund. Das heißt, dass der Antragsteller geltend machen und beweisen muss, dass die verborgenen Beweismittel für die Entscheidung relevant sind bzw. Auswirkung auf den Ausgang des Schiedsverfahrens gehabt hätten.

---

664 Näheres über das Dual-System hinsichtlich der innerstaatlichen und auslandsbezogenen Schiedssprüche siehe unten 5. Kapitel, C. III Zusammenfassung.
665 Die Voraussetzungen sind geregelt in § 15 der Vollstreckungsbestimmung. § 15 der Vollstreckungsbestimmung legt die Beweisfälschung in Sinne von § 244 II Nr. 4 ZPG aus und listet eindeutig die Voraussetzungen für die Beweisfälschung als Nichtvollstreckungsgrund auf. Obwohl sich § 15 der Vollstreckungsbestimmung auf die Nichtvollstreckung eines Schiedsspruchs bezieht, sollte er [oder besser: die Vorschrift] zumindest sinngemäß auch als Aufhebungsgrund gelten, weil der Wortlaut des § 58 I Nr. 4 SchG identisch mit dem von § 244 I Nr. 4 ZPG ist. Siehe auch Kapitel 5.C.II.3.a) aa).

Die Geltendmachung der Verbergung entscheidungsrelevanter Beweismittel ist nach der überwiegenden Ansicht wegen des Prüfungsbedürfnisses hinsichtlich der Entscheidungsrelevanz eine materiell-rechtliche Rüge, die nur für innerstaatliche Schiedssprüche gilt.[666]

a. Voraussetzungen

Der Grundgedanke dieses Aufhebungsgrundes richtet sich auf die Erzielung eines nach chinesischem Rechtsverständnis gerechten Schiedsspruchs, der sich auf vollständige Tatsachen stützt.[667] Um die eigenen Interessen zu sichern, möchte keine Partei die sie selbst belastenden Beweismittel, die sie in ihrer Hand hält (nachfolgend in diesem Kapitel als „**Nachteilige Beweismittel**" bezeichnet) vorlegen. Der Gesetzgeber meinte, dass der Schiedsspruch ungerecht sei, wenn eine Partei solche Nachteiligen Beweise verborgen habe.[668] Diese Überlegung des Gesetzgebers ist aber rechtlich sehr bedenklich.

Bis zum Jahr 2018 gab es weder eine weitere gesetzliche Regelung noch eine Auslegungsregelung des ObVG, die die Bedeutung und die Folge der Beweisverbergung näher auslegt. Es bestand bereits dann das Risiko, dass eine Beweisverbergung angenommen wird, wenn entscheidungsrelevante Beweismittel dem Schiedsgericht nicht zur Verfügung gestellt worden sind. Eine solche Rechtsanwendung würde mit dem Parteibeibringungsgrundsatz nicht übereinstimmen und daher die Anzahl der aufhebbaren Schiedssprüche erheblich erweitern. Die bloße Nichtbeibringung von Beweismitteln durch die Gegenpartei darf aber nicht zur Aufhebung des Schiedsspruchs führen. Wenn die die Beweismittel besitzende Partei keine Beibringungspflicht hat, darf sie auch nicht nachher dadurch Nachteile erleiden, dass der Schiedsspruch wegen der ausgebliebenen Beibringung der Nachteiligen Beweismittel aufgehoben wird.[669]

§ 16 der Vollstreckungsbestimmung, die seit 1. März 2018 in Kraft ist, schränkt den Anwendungsbereich des Aufhebungsgrundes der Beweisverbergung ein. Eine vom Volksgericht im Aufhebungsverfahren zu berücksichtigende Beweisverbergung setzt voraus, dass

(1) das Beweismittel der Hauptbeweis zur Feststellung des zugrundeliegenden Sachverhalts ist;

---

666 YANG Guang, 2009, S. 93; CHEN An, 1995, S. 20.
667 SHEN Deyong/WAN Exiang, S. 145.
668 SHEN Deyong/WAN Exiang, S. 145.
669 SHEN Wei, S. 50.

(2) das Beweismittel sich nur im Besitz der Gegenpartei befindet und dem Schiedsgericht nicht vorgelegt worden ist; und
(3) (i) die Existenz des betroffenen Beweismittels (der Partei, d.h. dem Antragssteller) bekannt war und (ii) (die Partei) die Gegenpartei (während des Schiedsverfahrens) aufgefordert hat, dieses Beweismittel vorzulegen oder (die Partei) beim Schiedsgericht beantragt hat, die Vorlegung des Beweismittels durch die Gegenpartei anzuordnen und (iii) die Gegenpartei das Beweismittel ohne triftigen Grund nicht vorgelegt hat.[670]

Hat die Partei (d.h. der Antragsteller) Beweismittel, die sich in ihrem Besitz befinden, während des Schiedsverfahrens verborgen und greift den Schiedsspruch nach dessen Erlass mit der Begründung an, dass die von ihr selbst verborgenen Beweismittel ausreichen, um einen unparteiischen Schiedsspruch zu beeinträchtigen, wird das Volksgericht diese Begründung nicht berücksichtigen.[671]

§ 16 der Vollstreckungsbestimmung legt die Beweisverbergung im Sinne von § 244 II Nr. 5 ZPG aus bzw. legt die Voraussetzungen für die Beweisverbergung fest. Da der Aufhebungsgrund in § 58 I Nr. 5 SchG identisch mit der Vollstreckungsablehnungsgrund in § 244 II Nr. 5 ZPG ist, sollte § 16 der Vollstreckungsbestimmung zumindest sinngemäß auch für die Auslegung von Beweisverbergung im Sinne von § 58 I Nr. 5 SchG gelten.

§ 16 der Vollstreckungsbestimmung ist zu kritisieren, weil er für die Beweisverbergung unter anderem genügen lässt, dass eine Partei im Schiedsverfahren die Gegenpartei aufgefordert hat, Beweismittel vorzulegen. Eine zur Aufhebung eines Schiedsspruchs führende Beweisverbergung soll nicht ohne jegliche Prüfung durch das Schiedsgericht einfach mit der Aufforderung einer Partei begründet werden. Die Beibringungspflicht darf nicht allein von der Aufforderung einer Partei abhängen. Der Parteibeibringungsgrundsatz würde sonst umgangen.

Zu beachten ist, dass das Schiedsrecht nicht eindeutig vorschreibt, wie das Schiedsgericht handeln kann, wenn Nachteilige Beweismittel nicht von der die Beweise besitzenden Partei freiwillig beigebracht werden. Aus § 16 der Vollstreckungsbestimmung ergibt sich, dass das Schiedsgericht auf Antrag einer Partei die Beibringung solcher Beweise durch die Gegenpartei anordnen kann. Wenn die Gegenpartei der Anordnung nicht nachkommt, droht die Aufhebung des Schiedsspruchs als Rechtsfolge, vorausgesetzt, dass die beantragende Partei

---

670 § 16 I der Vollstreckungsbestimmung.
671 § 16 II der Vollstreckungsbestimmung.

im Aufhebungsverfahren alle Voraussetzungen für den Aufhebungsgrund der Beweisverbergung beweisen kann.

Es ist zwar nicht geregelt, aber aus dem Sinn und Zweck des Aufhebungsgrundes der Beweisverbergung ergibt sich, dass die Präklusion auch für diesen Aufhebungsgrund gelten sollte. Wenn die Partei bereits im Schiedsverfahren Kenntnis von der Existenz der Beweise erlangt hat, muss sie im Schiedsverfahren einen Antrag auf Vorlage der Beweise durch die Gegenpartei stellen. Wenn sie dies versäumt, sollte eine Aufhebung wegen Beweisverbergung nicht mehr möglich sein.

b. Beweisverbergung in der Praxis

i. Verbergung der Beweise oder falsche Aussage

In der Praxis kann es passieren, dass das Volksgericht nicht unterscheidet, ob eine Partei Beweismittel oder Tatsachen verbirgt. Zum Beispiel hat das 2. Mittlere Volksgericht von Beijing in einem Aufhebungsverfahren eine Beweisverbergung mit dem Argument angenommen, dass der Schiedsbeklagte wahrheitswidrig geleugnet hat, dass der Schiedskläger Vergütung an ihn gezahlt hatte.[672] Diese Entscheidung ist überzeugend, weil die Leugnung des Beklagten nicht eine passive Beweisverbergung, sondern bereits eine aktive falsche Aussage ist. Es ist jedoch zu beachten, dass nach chinesischem Strafrecht die falsche Aussage durch eine Partei nicht strafbar ist (vgl. §§ 305–307 StG). Im SchG gibt es auch keine Regelung bezüglich der Rechtsfolge einer falschen Aussage durch eine Partei.[673]

Das Mittlere Volksgereicht von Dongying hat in einem Aufhebungsverfahren eine Beweisverbergung angenommen, weil der Aufhebungsantraggegner im Schiedsverfahren die Zweckvereinbarung für die getätigten Geldüberweisungen des Antragstellers verborgen hat, so dass der Schiedsspruch aufgrund einer anderen Zweckerfüllung der Geldüberweisungen zum Nachteil des Antragstellers ergangen ist.[674]

---

[672] Entscheidung des 2. Mittleren Volksgerichts von Beijing (ErZhongJingZhongZi 1998, Nr. 193) zur Aufhebung des Schiedspruchs der Beijing Schiedskommission (JingZhongCaiZi 1998, Nr. 3).

[673] Auch im chinesischen Zivilprozessrecht droht keine Strafe oder Zwangsmaßnahme oder Ordnungsgeld bei falscher Aussage am Gericht durch eine Partei. Zum Beispiel ist die falsche Aussage durch eine Partei keine rechtswidrige Handlung im Sinne von § 114 I Nr. 1–6 ZPG.

[674] Entscheidung des Mittleren Volksgerichts von Stadt Dongying vom 25.01.2018, Aktenzeichen (2017) Lu05MinTe Nr. 32.

ii. Vernichtung von Beweismitteln

Fraglich ist, ob eine Verbergung von Beweismitteln anzunehmen ist, wenn die Gegenpartei die Beweismittel vernichtet hat.

Wenn die Gegenpartei zur Beibringung der Beweismittel verpflichtet ist, sollte die Vernichtung der Beweismittel auch ein Unterfall der Beweisverbergung sein.[675]

iii. Beweis der Beweisverbergung

Eine Beweisverbergung zu beweisen, kann im Einzelfall eine große Herausforderung für den Antragstellersein, der sich auf diesen Aufhebungsgrund beruft. Der Antragsteller muss zunächst den Träger und den Inhalt des verborgenen Beweismittels vorlegen und dann die Erfüllung der drei Voraussetzungen in § 16 der Vollstreckungsbestimmung beweisen oder erläutern. Wenn der Antragsteller den Träger und den Inhalt des verborgenen Beweismittels nicht vorlegt, ist das Gericht nicht in der Lage, festzustellen, ob solches Beweismittel objektiv vorhanden war und ob es für das Ergebnis des Schiedsverfahrens relevant gewesen wäre.[676]

6. Bestechung nach § 58 I Nr. 6 SchG

Ein innerstaatlicher Schiedsspruch kann nach § 58 I Nr. 6 SchG aufgehoben werden, wenn ein Schiedsrichter im Schiedsverfahren sich hat bestechen lassen oder eine Bestechung angenommen, Günstlingswirtschaft praktiziert oder das Recht missbraucht hat.

Nach überwiegender Ansicht hat dieser Aufhebungsgrund sowohl verfahrensrechtliche als auch materiell rechtliche Natur.[677] Dieser Ansicht ist aber nicht zu folgen, weil sich die Bestechung nicht auf einen materiell-rechtlichen Faktor, wie z.B. Rechtsanwendung oder Beweismittelbewertung durch das Schiedsgericht, bezieht. Sie hat vielmehr eine verfahrensrechtliche Natur. Unabhängig davon,

---

675 Wenn eine Partei im Zivilverfahren wichtige Beweise zerstört, stellt die Zerstörung der Beweise eine rechtswidrige Handlung im Sinne von § 114 I Nr. 1, 2. Alt. ZPG dar. Das Volksgericht kann je nach der Schwere der Umstände Geldbuße oder Haft verhängen. Das Schiedsgesetz enthält keine solche Regelung.
676 Entscheidung des 1. Mittleren Volksgerichts von Shanghai mit Aktzeichen (2021) Hu01MinTe Nr. 721, recherchiert über die Datenbank „China Judgements Online" für veröffentlichte Gerichtsentscheidungen.
677 YANG Guang, 2009, S. 93; CHEN An, 1995, S. 20; YAN Hong, S. 195; TAN Bing, S. 403.

ob der betroffene Schiedsrichter zugunsten der bestechenden Partei gehandelt hat bzw. diese Handlung die Entscheidung des Schiedsgerichts beeinflusst hat, verstößt die Bestechung als solche bereits gegen den Grundsatz der Gerechtigkeit und die Neutralität des Schiedsrichters sowie des Schiedsgerichts. Wenn ein auslandsbezogenes Schiedsverfahren auch an dem Fehler der Bestechung leidet, sollte der Schiedsspruch mit Auslandsbezug auch aufgehoben werden. Eine unterschiedliche Behandlung von innerstaatlichen und auslandsbezogenen Schiedssprüchen ist nicht gerechtfertigt.[678]

Nach § 18 der Überprüfungsbestimmung zählen nur solche Handlungen für die in § 58 I Nr. 6 SchG genannten rechtswidrigen Handlungen, die durch ein rechtskräftiges strafrechtliches Rechtsdokument oder eine Entscheidung im Disziplinarverfahren festgestellt wurden.

7. Verstoß gegen gesellschaftliche und öffentliche Interessen nach § 58 III SchG

Nach § 58 III SchG ist der Verstoß gegen gesellschaftliche und öffentliche Interessen ein Aufhebungsgrund, den das staatliche Gericht in einem eingeleiteten Aufhebungsverfahren vom Amts wegen prüfen kann (nachfolgend als „**Interessenvorbehalt**"[679] bezeichnet).

a. Bedeutung

Der Begriff „gesellschaftliches und öffentliches Interesse" taucht nicht nur im SchG und ZPG[680], sondern auch in einigen anderen chinesischen Gesetzen auf[681]. Trotzdem gibt es keine gesetzliche Definition dafür. Das ObVG hat ebenfalls keine Auslegungsregelungen bezüglich dieses Begriffs erlassen.

Die Anwendung des Begriffs „das gesellschaftliche und öffentliche Interesse" wird oft in der Literatur kritisiert, weil seine Unbestimmtheit zu protektionistischen Zwecken ausgenutzt werden kann[682] und ggfs. die Rechtssicherheit beeinträchtigt. Trotz dieser Unbestimmtheit ist die Berechtigung des staatlichen Gerichts zur Prüfung und Gewährleistung der öffentlichen Ordnung

---

678 Näheres über das Dual-System hinsichtlich der innerstaatlichen und auslandsbezogenen Schiedssprüche siehe unten 5. Kapitel, C. III Zusammenfassung.
679 Vgl. Definition in Kniprath, S. 163.
680 Vgl. §§ 58, 215, 244, 281, 283 und 289 ZPG.
681 Zum Beispiel §§ 132, 185, 534 ZGB und § 6 des Gesetzes der Volksrepublik China über Auslandsinvestitionen (*Foreign Investment Law of the People's Republic of China*) usw.
682 Zitiert in YANG Guang, 2009, S. 97.

fester Bestandteil aller Kodifikationen auf dem Gebiet des internationalen Schiedsverfahrensrechts[683].

Eine Ansicht in der chinesischen Literatur sieht das gesellschaftliche und öffentliche Interesse im Sinne von § 58 III SchG ähnlich wie die Definitionen *„ordre public"* (öffentliche Ordnung) und *„public policy"* (öffentliche Politik) im Schiedsrecht anderer Länder und in den internationalen Übereinkommen sowie im Modellgesetz für die Schiedsgerichtsbarkeit.[684] Begründet wird diese Ansicht damit, dass die öffentliche Ordnung bzw. die öffentliche Politik Begriffe im internationalen Privatrecht sind und heute im Schiedsrecht vieler Länder angewendet werden.[685] Der Inhalt und die Bedeutung der Begriffe richten sich daher auf die politischen, wirtschaftlichen, kulturellen und ethischen Vorstellungen im jeweiligen Land.[686]

Nach einer anderen Ansicht in der chinesischen Literatur wird das gesellschaftliche und öffentliche Interesse i.S.v. § 58 III SchG als ein grundlegendes Interesse der Gemeinschaft und Gesellschaft und als ein rechtliches und ethisches Grundprinzip Chinas verstanden.[687] Die Richter haben einen großen Ermessensspielraum bei der Entscheidung über den Interessenvorbehalt.[688]

Das gesellschaftliche und öffentliche Interesse ist ein unbestimmter Rechtsbegriff. Beide Ansichten konkretisieren das gesellschaftliche und öffentliche Interesse immer noch nicht. Die konkreten Kriterien, auf die sich die Volksgerichte bei der Feststellung des gesellschaftlichen und öffentlichen Interesses stützen werden, sind wegen der vielfältigen Erscheinungsformen der gesellschaftlichen und öffentlichen Interessen kaum im Voraus festzustellen. Es bedarf der einzelfallabhängigen Auslegung durchs Gericht. Die Volksgerichte haben den

---

683 Ragnar Harbst, S. 145; YANG Guang, 2009, S. 97–98.
684 ZUO Haicong/HONG Zefeng, S. 333; YANG Guang, 2009, S. 97. Zum Beispiel „ordre public" in § 1059 II Nr. 2 ZPO (DE), Art. V Abs. 2 b) UNÜ; „public policy" in Art. 44 Abs. 1 (iii) Japanese arbitration law (law no. 138 of 2003), Art. 1488 Abs. 1 French Code of Civil Procedure (2011), Art. 34 Abs. 2 (b) (ii) UNCITRAL Model Law und Art. 68 Abs. 2 (g) Arbitration Act UK 1996. Früher war „ordre public" ein Begriff in den civil-law-Rechtsordnungen, während „public policy" ein Begriff im angloamerikanischen Raum war. Heute ist die Trennung nicht mehr so streng.
685 CHEN Lin, S. 119. Im Völkerrecht bzw. öffentlichen Recht werden auch diese Begriffe angewendet. Die Darstellung dieser Arbeit beschränkt sich auf internationales Privatrecht.
686 YAN Hong, S. 197; CHEN Lin, S. 119; LI Ying, S. 63.
687 YU Xifu, S. 419; ZUO Haicong/LU Zefeng, S. 333; CHEN Lin, S. 119.
688 YAN Hong, S. 197.

Grundgedanken der zweiten Ansicht in den einzelnen Fällen berücksichtigt und beispielsweise wie folgt konkretisiert:

(1) Das gesellschaftliche und öffentliche Interesse ist das Interesse aller Mitglieder der Gesellschaft, das der Allgemeinheit zugute kommt und für die Entwicklung und die Existenz der gesamten Gesellschaft erforderlich ist. Es hat sowohl den öffentlichen als auch den sozialen Charakter und unterscheidet sich von dem (eigenen) Interesse der Vertragsparteien. Wenn das Schiedsgericht über den Streit der Parteien in Übereinstimmung mit den einschlägigen Gesetzen und der vertraglichen Parteivereinbarung entscheidet, liegt keine Verletzung des gesellschaftlichen und öffentlichen Interesses vor.[689]

(2) Das gesellschaftliche und öffentliche Interesse bezieht sich im Allgemeinen auf die Interessen aller Mitglieder der Gesellschaft oder einer unbestimmten Mehrheit der Gesellschaft und umfasst vor allem die soziale öffentliche Ordnung sowie die guten sozialen Sitten und Gebräuche.[690]

(3) Das gesellschaftliche und öffentliche Interesses wird verletzt, wenn das Ergebnis der (schiedsgerichtlichen) Entscheidung das gemeinsame Interesse der Öffentlichkeit verletzt und die grundlegendsten Rechtsprinzipien und moralischen Normen der gesamten Gesellschaft gefährdet, was sich in Form einer Verletzung des grundlegenden Rechtssystems und -normen, der Verletzung der grundlegenden Werte des sozialen und wirtschaftlichen Lebens, der Gefährdung der öffentlichen Ordnung und der Lebensordnung der Gesellschaft und der Verletzung der grundlegenden moralischen

---

[689] Entscheidung des 4. Mittleren Volksgerichts von Beijing mit Aktzeichen (2021) Jing-04MinTe Nr. 36, und Entscheidung des 4. Mittleren Volksgerichts von Beijing mit Aktzeichen (2021) Jing04MinTe Nr. 860 und Entscheidung des 4. Mittleren Volksgerichts von Lianyungang (Jiangsu Provinz) mit Aktzeichen (2021) Su07MinTe Nr. 78, recherchiert über die Datenbank „China Judgements Online" für veröffentlichte Gerichtsentscheidungen.

[690] Entscheidung des 4. Mittleren Volksgerichts von Beijing mit Aktzeichen (2021) Jing-04MinTe Nr. 833, Entscheidung des Finanzgerichts von Shanghai mit Aktzeichen (2021) Hu74MinTe Nr. 230 und Entscheidung des 1. Mittleren Volksgericht von Shanghai mit Aktzeichen (2021) Hu01MinTe Nr. 566, recherchiert über die Datenbank „China Judgements Online" für veröffentlichte Gerichtsentscheidungen.

Normen, die allgemein von allen Mitgliedern der Gesellschaft anerkannt und befolgt werden, äußert.[691]

(4) In einem Schiedsverfahren hat das Schiedsgericht entschieden, dass Partei A (Antragsteller im späteren Aufhebungsverfahren) der Partei B entsprechend der Parteivereinbarung die Werte Wert für gewisse digitale Währung – BTC (Bitcoin) und BCH (Bitcoin Cash) ersetzen muss. Das Schiedsgericht hat den genauen Erstattungsbetrag aufgrund der auf der Website okcoin.com veröffentlichten Informationen über die Schlusskurse von BTC (Bitcoin) und BCH (Bitcoin Cash) zum Zeitpunkt der Vertragserfüllung festgesetzt. Dabei wurde Das für das Aufhebungsverfahren zuständige Volksgericht war der Ansicht, dass sowohl die Bekanntmachung der chinesischen Volksbank, des Ministeriums für Industrie und Informationstechnologie, der chinesischen Bankenaufsichtsbehörde, der chinesischen Wertpapieraufsichtsbehörde und der chinesischen Versicherungsaufsichtsbehörde über die Prävention von Bitcoin-Risiken (Yinfa 2013, Nr. 289) als auch die Bekanntmachung der chinesischen Volksbank, des Zentralen Internet-Informationsbüros, des Ministeriums für Industrie und Informationstechnologie usw. zur Vermeidung von Risiken bei der Ausgabe und Finanzierung von Token (ausgestellt vom 09.04.2017) eindeutig festgelegt haben, dass Bitcoin nicht den gleichen rechtlichen Status wie eine Währung hat und nicht als umlaufende Währung auf dem Markt verwendet werden kann und darf. Keine Token-Finanzierungs-Handelsplattform darf sich mit dem Austausch von gesetzlichen Zahlungsmitteln mit dem Token oder virtuellen Währungen beschäftigen oder Token oder virtuellen Währungen kaufen, verkaufen oder Vermittlungsdienste anbieten. Dass das Schiedsgericht den Wertersatz verurteilt hat und den Wert festgesetzt hat, verstößt die behördlichen Regelungen und verletzt daher das gesellschaftliche und öffentliche Interesse.[692]

---

691 Entscheidung des 4. Mittleren Volksgerichts von Beijing mit Aktzeichen (2021) Jing-04MinTe Nr. 884, recherchiert über die Datenbank „China Judgements Online" für veröffentlichte Gerichtsentscheidungen.

692 Entscheidung des Mittleren Volksgerichts von Shenzhen (Guangdong Provinz) mit Aktzeichen (2018) Yue03MinTe Nr. 719, recherchiert über die Datenbank „China Judgements Online" für veröffentlichte Gerichtsentscheidungen; auch als Leitfall Nr. 199, veröffentlicht durch ObVG auf https://www.court.gov.cn/fabu-xiangqing-384771.html.

b. Anwendung auf auslandsbezogene Schiedssprüche

§ 58 III SchG gilt ohne Zweifel für den innerstaatlichen Schiedsspruch. Für einen auslandsbezogenen Schiedsspruch gilt § 70 SchG i.V.m. § 281 I ZPG. § 70 SchG verweist nach seinem Wortlaut nur auf § 281 I ZPG, nicht auch auf § 281 II ZPG, welcher den von Amts wegen prüfbaren Interessenvorbehalt enthält.

Nach der herrschenden Auffassung gilt dieser Interessenvorbehalt trotz des unklaren Verweisungswortlautes von § 70 SchG auch für Schiedssprüche mit Auslandsbezug.[693] Das ist überzeugend, weil der Interessenvorbehalt in § 58 III SchG als eine allgemeine, den Grundgedanken zur Aufhebung des Schiedsspruchs verkörpernde Regelung zu verstehen ist. Es ließe sich nicht rechtfertigen, innerstaatliche und auslandsbezogene Schiedssprüche unterschiedlich zu behandeln. § 65 S. 2 SchG schreibt ausdrücklich vor, dass die einschlägigen Bestimmungen der anderen Kapitel des SchG für die Lücken im 7. Kapitel (spezielle Bestimmungen für die auslandsbezogene Schiedsgerichtsbarkeit) gelten.

D. Aufhebungsverfahren

Das Aufhebungsverfahren ist kein Rechtsmittelverfahren (z.B. Berufungsinstanz) gegen einen Schiedsspruch. Es wird vielmehr als ein spezielles Verfahren angesehen, in dem das Volksgericht der Partei einen Rechtsbehelf gegen den Schiedsspruch gewährt.[694]

I. Antragsfrist und Antragsberechtigung

Der Aufhebungsantrag muss innerhalb von sechs Monaten nach dem Erhalt des Schiedsspruchs gestellt werden (§ 59 SchG)[695].

Berechtigte Antragsteller können nur Parteien des betroffenen Schiedsverfahrens sein. Ein an dem Schiedsverfahren nicht beteiligter Dritter ist nicht berechtigt, einen Aufhebungsantrag zu stellen.[696] Der Rechtsnachfolger einer (verstorbenen) Partei ist berechtigt, einen Aufhebungsantrag zu stellen.[697]

---

693 Lutz Kniprath, S. 163.
694 HU Sibo, 2011, S. 64–66.
695 In der Literatur wurde auch angeregt, dass die Frist auf 3 Monate reduziert werden soll, vgl. YAN Hong, 2003, S. 85.
696 Antwortschreiben des ObVG (MinLiTaZi 2001, Nr. 36), siehe Webseite http://www.elinklaw.com/zsglmobile/lawView.aspx?id=54666 (zuletzt abgerufen am 09.03.2023).
697 Antwortschreiben des ObVG (MinSiTaZi 2007, Nr. 25) in der Judikationsanweisung, 2007-2, S. 94 ff.

Weder das Schiedsgericht noch die Schiedsinstitution ist berechtigt, erlassene Schiedssprüche von sich aus aufzuheben.[698]

Nach § 59 SchG kann die Aufhebung des Schiedsspruchs durch eine Partei nur innerhalb von sechs Monaten nach dem Empfang (收到) des Schiedsspruchs beantragt werden.

In der Literatur wird die Ansicht vertreten, dass die für den Aufhebungsantrag relevante sechsmonatige Frist mit der Zustellung des Schiedsspruchs zu laufen beginnen muss.[699] Allein die Kenntnis der Partei vom Erlass des Schiedsspruchs genügt nach dem Vertreter dieser Ansicht nicht, die Frist laufen zu lassen.[700]

Der Literaturansicht ist nicht zu folgen, weil das Schiedsverfahren nicht so förmlich wie ein Zivilverfahren sein muss. Das Wort „Empfang" kann als Zugang des Schiedsspruchs bei der Partei verstanden werden. Es sollte genügen, dass die Partei tatsächlich über das Dokument des Schiedsspruchs verfügen kann.

Der Antrag soll die persönlichen oder firmenbezogenen Informationen des Antragsstellers, den Schiedsspruch mit Datum und die konkreten Anträge und Begründungen enthalten.[701]

II. Zuständigkeit

Zuständig ist das Mittlere Volksgericht an dem Ort, wo die den Schiedsspruch erlassende Schiedsinstitution sitzt.[702] Über die Aufhebung des Schiedsspruchs entscheidet ein Kollegium des Volksgerichts. Das Kollegium ist die Fachkammer bzw. Entscheidungskammer, die bis jetzt für Handelsfälle mit Auslandsbezug zuständig ist.[703] Die Parteien werden

---

698 Antwortschreiben des ObVG (MinSiTaZi 2005, Nr. 51) in der Judikationsanweisung, 2006-1, S. 73.
699 Vgl. QIU Dongmei/SONG Lianbin, S. 72. Die Autoren dieses Aufsatzes haben das Wort „Erhalt" ohne nähere Auslegung oder Begründung als „Zustellung" verstanden.
700 Vgl. QIU Dongmei/SONG Lianbin, S. 72. In dem von den Autoren genannten Beispiel bzgl. der Aufhebung eines Schiedsspruchs der Guangzhou Schiedskommission durch das mittlere Volksgericht von Guangzhou hat das Volksgericht bei der Berechnung der sechsmonatigen Frist lediglich angegeben, dass die sechs Monate ab der Kenntnis des Antragsgegners (Antragsgegner im Aufhebungsverfahren war der Schiedsbeklagte im Schiedsverfahren) vom Erlass des Schiedsspruchs noch nicht zu laufen begonnen hat. Diese Begründung war nicht überzeugend. Das Volksgericht sollte den Zugangszeitpunkt überprüfen, der unabhängig von der Kenntnis des Antragsgegners war.
701 Vgl. Art. 6 der Überprüfungsbestimmung.
702 § 58 I SchG.
703 Ziffer 1 und 2 der Mitteilung des ObVG über die Zuständigkeit für Schiedsfälle unter gerichtlicher Überprüfung (Fa 2017, Nr. 152), vgl. auch Kapitel 2.A.I.1.

angehört.[704] In der Praxis kommt es vor, dass die Parteien innerhalb der nach § 59 SchG dafür geltenden sechsmonatigen Frist unabhängig voneinander (ggfs. auch zu unterschiedlichen Zeiten) jeweils Aufhebungsanträge mit unterschiedlichen Aufhebungsgründen stellen.[705] Da die Anträge an dasselbe Mittlere Volksgericht zu richten sind, werden sie normalerweise an dasselbe Kollegium weitergeleitet und auch von diesem entschieden.

III. Verfahrensablauf

Das Volksgericht soll innerhalb von 7 Tagen über die Annahme des Antrages entscheiden.[706] Wenn der Antrag (trotz Nachreichung erforderlicher Informationen oder Abänderung des Antrags anhand der Hinweise des Volksgerichts) den oben genannten Anforderungen nicht entspricht oder der Antrag bei einem unzuständigen Volksgericht eingereicht wurde, wird das Volksgericht die Aktenanlegung ablehnen oder den Antrag ablehnen, wenn die Akte bereits angelegt ist.[707] Gegen die Ablehnungsentscheidung kann die Partei Berufung einlegen.[708]

Nach der Annahme des Antrages bzw. nach Aktenanlegung soll das Volksgericht innerhalb von 5 Tagen sowohl den Antragsteller als auch den Antragsgegner über deren Rechte und Pflichten und die Aktenanlegung informieren.[709] Wenn der Antragsgegner das Volksgericht für unzuständig hält, soll er die entsprechende Einrede innerhalb von 15 Tagen nach Erhalt der Mitteilung des Volksgerichts einlegen. Wenn der Antragsgegner keinen Wohnsitz in China hat, ist die benannte Frist 30 Tage statt 15 Tage. Das Volksgericht soll über die Einrede des Antragsgegners entscheiden. Gegen diese Entscheidung kann die Partei Berufung einlegen.[710]

---

704 § 58 II SchG und § 70 SchG, Art. 24 der Auslegung zum SchG, Ziffer 1 und 2 der Mitteilung des ObVG über die Zuständigkeit für Schiedsfälle unter gerichtlicher Überprüfung (Fa 2017, Nr. 152).
705 Vgl. HU Sibo, 2010, S. 140.
706 Art. 9 Abs. 1 der Überprüfungsbestimmung.
707 Vgl. Art. 7 und 8 der Überprüfungsbestimmung.
708 Vgl. Art. 7 und 8 der Überprüfungsbestimmung.
709 Vgl. Art. 9 Abs. 2 der Überprüfungsbestimmung.
710 Vgl. Art. 10 der Überprüfungsbestimmung.

IV. Rechtsbehelf

1. Angriffsmöglichkeit nach Gesetz und Auslegungsregelungen

a. Historische Entwicklung

Bis zum Jahr 2007 hat das ObVG stets die Ansicht vertreten, dass eine Berufung gegen die Entscheidung des Volksgerichts über die Aufhebung eines Schiedsspruchs nicht zulässig sei. Aufgrund mangelnder Rechtsgrundlage könne die Volksstaatsanwaltschaft keine staatsanwaltschaftliche Beschwerde einlegen. Auch der Antrag der Partei auf Wiederaufnahme des Aufhebungsverfahrens durch das Volksgericht dürfe nicht vom Volksgericht berücksichtigt werden.

In einem Antwortschreiben vom ObVG an das Obere Volksgericht von Shanghai im Jahr 2007 hat das ObVG das Obere Volksgericht von Shanghai angewiesen, dass das Obere Volksgericht von Shanghai nach § 198 II ZPG n.F. (§ 177 II ZPG a.F.) sein untergeordnetes Mittleres Volksgericht anweisen darf, ein bereits abgeschlossenen Aufhebungsverfahren wiederaufzunehmen.[711]

In einem anderen Fall[712] im Jahr 2008 hat das Mittlere Volksgericht von Guangzhou zunächst in einer Entscheidung („Entscheidung A") einen Aufhebungsantrag einer Partei hinsichtlich eines Schiedsspruchs abgelehnt. Einige Monate später hat das Mittlere Volksgericht selbst den Fall überprüft und seine Entscheidung A mit einer zweiten Entscheidung („Entscheidung B") aufgehoben. Daraufhin hat die Partei erneut die Aufhebung des Schiedsspruchs beantragt. In einer dritten Entscheidung („Entscheidung C") hat das Volksgericht

---

711 Antwortschreiben des ObVG (MinSiTaZi 2007, Nr. 7) in der Judikationsanweisung, 2007-2, S. 49 ff.: In dem hiesigen Fall hat die Partei sowohl einen Aufhebungsantrag gestellt als auch im Vollstreckungsverfahren die Ablehnungsgründe gegen die Vollstreckung des erlassenen Schiedsspruchs geltend gemacht. Der Aufhebungsantrag wurde im Aufhebungsverfahren von dem 2. Mittleren Volksgericht von Shanghai abgelehnt. Das ObVG hat in seinem Antwortschreiben vom 23. Januar 2006 (MinSiTaZi 2006, Nr. 15, zitiert in seinem Antwortschreiben (MinSiTaZi 2007, Nr. 7)) an das Obere Volksgericht von Shanghai geschrieben, dass dieses § 177 II ZPG a.F. (§ 205 II ZPG n.F.) anwenden könne. Daraufhin hat das Obere Volksgericht von Shanghai das 2. Mittlere Volksgericht von Shanghai angewiesen, das Aufhebungsverfahren wiederaufzunehmen. Im erneut aufgenommenen Aufhebungsverfahren hat das 2. Mittlere Volksgericht von Shanghai das Vorliegen des geltenden gemachten Aufhebungsgrunds bejaht und den Schiedsspruch aufgehoben.

712 Antwortschreiben des ObVG (MinSiTaZi 2008, Nr. 21) in der Judikationsanweisung, 2008-2, S. 110 ff.

den Schiedsspruch aufgehoben. Das ObVG hat in seinem Antwortschreiben die Zustimmung zur Aufhebung des Schiedsspruchs erteilt.

Dass das Mittlere Volksgericht von Guangzhou im vorliegenden Fall mit der Entscheidung B seine Entscheidung A aufgehoben hat, ist als ein „Verfahren zur Kontrolle von Entscheidungen" im Sinne des § 205 I ZPG anzusehen. Das ObVG hat von diesem Vorgang Kenntnis genommen und diesen Vorgang nicht kritisiert. Daraus ergibt sich, dass das ObVG diese Selbstkorrektur des Volksgerichts für zulässig hielt.

b. Aktuelle Rechtslage

Das ObVG hat in seiner aktuellen Überprüfungsbestimmung, die im Jahr 2017 erlassen wurde, eindeutig vorgeschrieben, dass gegen die (sachliche) Entscheidung des Volksgerichts darüber, ob die geltend gemachten Aufhebungsgründe begründet sind und dadurch der Schiedsspruch aufgehoben wird oder nicht, keine Einrede, Berufung und kein Wiederaufnahmeantrag möglich ist.[713] Berufung oder Einrede sind nur in den geregelten Fällen, die sich auf die Zulässigkeit des Aufhebungsantrages beziehen, möglich, siehe Kapitel 5.D.III.

Jedoch in der Praxis zeigt sich, dass viele obere Volksgerichte die Entscheidungen der Mittleren Volksgerichte über Aufhebung von Schiedssprüchen noch mal geprüft haben. Dabei handelt es sich nicht nur um die nach Art. 20 der Überprüfungsbestimmung zulässige Berufung in Bezug auf die Zulässigkeit des Aufhebungsantrages, sondern auch um die Überprüfung der Aufhebungsgründe, die Gegenstände der Entscheidung des Mittleren Volksgerichts waren. Die oberen Volksgerichte haben dabei eindeutig als Berufungsinstanz bzw. die zweite Instanz fungiert.[714]

Es ist nicht gerechtfertigt, warum das Obere Volksgericht die Entscheidung des Mittleren Volksgerichts nur hinsichtlich der Zulässigkeit prüfen kann, nicht aber hinsichtlich der materiellen Sachentscheidung. Diese unterschiedliche Behandlung lässt sich auch nicht mit dem Grund der Prozessökonomie gerecht

---

713 Art. 20 der Überprüfungsbestimmung.
714 Wenn man in China Judgements Online die Stichwörter „Entscheidung über Aufhebung eines Schiedsspruchs", „Obere Volksgerichte" eingibt, findet man zahlreiche Berufungsentscheidung der Oberen Volksgerichte, z.B. Entscheidungen des Oberen Volksgerichts von Beijing mit Az. (2018) JingMinZhong Nr. 499, Az. (2021) JingMinZhong Nr. 936 und Az. (2021) JingMinZhong Nr. 607 usw.; Entscheidung des Oberen Volksgerichts von Shanghai mit Az. (2020) HuMinZhong Nr. 189; Entscheidung des Oberen Volksgerichts von Guangdong mit Az. (2019) YueMinZhong Nr. 997.

fertigen. Die Entscheidung des Mittleren Volksgerichts über Aufhebung von Schiedssprüchen sollte wie übliche Zivilentscheidung Gegenstand der Berufung sein können.

2. Berichtssystem

a. Berichterstattung bezüglich Aufhebung

Der Antrag auf Aufhebung von Schiedssprüchen fällt unter die Definition „Schiedsfälle unter gerichtlicher Überprüfung". Nach der aktuell geltenden Berichterstattungsbestimmung unterliegen alle Schiedsfälle unter gerichtlicher Überprüfung der Pflicht zur Berichterstattung.

Wenn das Mittlere Volksgericht oder das spezielle Volksgericht in den Schiedsfällen unter gerichtlicher Überprüfung mit Bezug auf das Ausland und Hong Kong, Macau und Taiwan zum Ergebnis kommt, dass die Schiedssprüche der chinesischen Schiedsinstitution aufzuheben sind, soll es an das zuständige Obere Volksgericht in seinem Bezirk Bericht erstatten. Wenn das Obere Volksgericht zu demselben Ergebnis kommt, muss es an das ObVG Bericht erstatten. Das Mittlere Volksgericht muss seine eigene Entscheidung entsprechend dem Prüfungsergebnis des ObVG erlassen.[715] Das Prüfungsergebnis des Oberen Volksgerichts und des ObVG erfolgt in Form von Antwortschreiben (*Fuhan* 复函).[716]

In den Schiedsfällen unter gerichtlicher Überprüfung ohne Bezug auf das Ausland und Hong Kong, Macau und Taiwan muss der Bericht nur bis zum Oberen Volksgericht erstattet werden, wenn das Volksgericht beabsichtigt, die Schiedssprüche der chinesischen Schiedsinstitution aufzuheben.[717] Nach Art. 3 der Berichterstattungsbestimmung muss das ObVG nur dann involviert werden, wenn sich die Wohnsitze der Parteien der Schiedsfälle unter gerichtlicher Überprüfung in unterschiedlichen Provinzen befinden oder die Schiedssprüche der chinesischen Schiedsinstitution aufgrund Verstoßes gegen gesellschaftliche und öffentliche Interessen aufgehoben werden sollen.

Wenn das Volksgericht höherer Instanz den Bericht vom Volksgericht unterer Ebene erhält, kann es die Parteien anhören oder eine Wiedervorlage des Berichts durch das Volksgericht unterer Ebene mit ergänzenden Tatsachen anweisen, wenn es der Ansicht ist, dass die zugrundeliegende Sachlage unklar ist.[718]

---

715 Art. 2 Abs. 1 der Überprüfungsbestimmung.
716 Art. 6 der Überprüfungsbestimmung.
717 Art. 2 Abs. 2 der Überprüfungsbestimmung.
718 Art. 5 der Überprüfungsbestimmung.

Die neue Berichterstattungsbestimmung behandelt viele offene Probleme aus dem alten Berichtssystem und stellt eine Ergänzung für das vorhandene Berichtssystem dar[719]. Sie lässt aber immer noch einige Punkte offen. Beispielsweise ist noch unklar, ob und wie im Ausland erlassene Schiedssprüche chinesischer Schiedsinstitutionen oder im Inland erlassene Schiedssprüche ausländischer Schiedsinstitutionen oder Schiedssprüche aus ad hoc-Verfahren dem Berichterstattungssystem unterliegen.[720]

Das Berichtssystem ist zwar jetzt durch eine förmliche Auslegungsregelung fixiert[721]. Die Eigenschaft der Berichterstattung ist aber immer noch unklar. Aus Art. 5 der Überprüfungsbestimmung ergibt sich, dass die Berichterstattung den Charakter einer „Quasi-Berufung" hat.[722] Es ist aber formell weder eine Berufung noch eine Art von Beschwerde, wie sie in einem normalen Zivilprozess üblich ist.[723] Mit diesem eigenartigen Berichtssystem kann sogar das ObVG involviert werden. Die Berichterstattung ist zwar kein Rechtsmittel, weil sie nicht von der Partei veranlasst wird. Aber wegen der fehlenden Angriffsmöglichkeit gegen die Entscheidung des Volksgerichts im Aufhebungsverfahren hat das Berichtssystem bislang eine Kontrollfunktion ausgeübt.

b. Kritik am Berichtssystem

Dass die Entscheidung des Volksgerichts im Aufhebungsverfahren auch überprüft und kontrolliert werden soll, ergibt sich bereits aus dem vom ObVG erfundenen Berichtssystem. Das ObVG hat erkannt, dass eine Aufhebungsentscheidung fehlerhaft sein kann und einer Kontrolle bedarf.

Bedenklich ist, dass nur die vom Volksgericht beabsichtigte Aufhebung eines Schiedsspruchs vom Volksgericht höherer Instanz geprüft und genehmigt werden muss, nicht auch die umgekehrte Entscheidung des Volksgerichts hinsichtlich der Ablehnung eines Aufhebungsantrags. Es kann durchaus möglich sein, dass das Volksgericht einen gegebenen Aufhebungsgrund fehlerhaft nicht angenommen hat und einen fehlerhaften Schiedsspruch somit bestehen lässt. Da der

---

719 Die Mitteilung des ObVG vom 28.08.1995 über die Bearbeitung der Fragen in Bezug auf Schiedsgerichtsbarkeit mit Auslandsbezug und ausländische Schiedsgerichtsbarkeit durch das Volksgericht (FaFa 1995, Nr. 18) gilt immer noch.
720 SONG Lianbin, 2018, S. 21, 23.
721 SONG Lianbin, 2018, S. 21, 22.
722 SONG Lianbin, 2018, S. 21, 23.
723 Vgl. Artikel „Analyse des Berichtssystems für die gerichtliche Überprüfung der Schiedsfälle" unter der Webseite von Hangzhou International Arbitration Court http://www.ci-ca.org/downShow_132.html (zuletzt abgerufen am 09.03.2023).

Partei in dieser Konstellation kein Rechtsbehelf gegen die gerichtliche Entscheidung über die (Nicht)Aufhebung zusteht, wäre darüber nachzudenken, wie ein solcher Rechtsanwendungsfehler des Volksgerichts zu beseitigen ist.

Außerdem respektiert das Berichtssystem nicht immer den Willen der Parteien. Die Kontrolle sollte nach dem Wunsch der Partei durchgeführt werden, nicht von Amts wegen. Das Aufhebungsverfahren kann gegebenenfalls wegen der zweimaligen Berichterstattung in zwei Instanzen verschleppt werden, obwohl es sich in vielen Fällen nur um einfache und ersichtlich gegebene Aufhebungsgründe handelt. Diese Verzögerung widerspricht in der Regel dem Willen der Parteien, die sich eigentlich für ein zügiges Schiedsverfahren entschieden haben. Übrigens widerspricht sie auch dem Gedanken der Prozessökonomie.

Ein Hauptargument für das eigenartige Berichtssystem mit der einseitigen Kontrolle (d.h. nur Aufhebungsentscheidung, keine Nichtaufhebungsentscheidung) ist, dass dadurch die Schiedsgerichtsbarkeit unterstützt werde, weil ein Schiedsspruch nicht leicht aufgehoben wird. Aber ein (Rechtsbehelfs-)Verfahren darf nicht auf einen einseitigen Interessenschutz zielen. Es sollte darauf zielen, den Parteien gleiche Möglichkeiten zu geben, einen Rechtsfehler beseitigen zu lassen.

Es wird daher zum einen ein System oder Rechtsbehelf benötigt, das bzw. der zum einen an einen Rechtsfehler der Entscheidung anknüpft, anstatt eines von zwei möglichen Entscheidungsergebnissen zur Voraussetzung zu machen. Zum anderen sollte das System oder der Rechtsbehelf eine Initiative der Parteien zum Ausgangspunkt machen.

E. Rechtsfolge

Wenn keine Aufhebungsgründe vorliegen, ist der Aufhebungsantrag der Partei abzulehnen. Wenn einer der Aufhebungsgründe vorliegt, hat das Volksgericht den Schiedsspruch teilweise oder komplett aufzuheben oder gegebenenfalls die Sache an das Schiedsgericht zurückweisen.

I. Teilaufhebung

Die Teilaufhebung eines Schiedsspruchs ist im SchG und ZPG nicht ausdrücklich geregelt. Erst im Jahr 2006 hat das ObVG in seiner Auslegungsregelung die Teilaufhebung eines Schiedsspruchs zugelassen, wenn der Schiedsspruch den Umfang der Schiedsvereinbarung überschritten hat und die Partei im Aufhebungsantrag sich darauf beruft.[724] Das Volksgericht kann den überschreitenden

---

724 Art. 19 der Auslegung zum SchG.

Teil des Schiedsspruchs aufheben, wenn dieser von dem restlichen Teil des Schiedsspruchs abgetrennt werden kann. Falls der überschreitende Teil des Schiedsspruchs nicht von dem restlichen Teil, der von der Schiedsvereinbarung gedeckt ist, abgetrennt werden kann, muss der ganze Schiedsspruch aufgehoben werden.[725]

II. Vollaufhebung, § 9 II SchG

Nach § 9 II 1. Alt. SchG können sich die Parteien nach der Aufhebung des Schiedsspruchs anhand einer erneut erzielten Schiedsvereinbarung noch einmal an eine Schiedskommission wenden oder den Klageweg zum Volksgericht beschreiten. Daraus ergibt sich, dass die ursprüngliche Schiedsvereinbarung nach der Aufhebung des Schiedsspruchs ihre Wirkung verliert.

Diese absolute Rechtsfolge ist aber bedenklich. Die Aufhebung des Schiedsspruchs soll das Rechtsverhältnis zwischen den Parteien bis zum Zeitpunkt der Erhebung der Schiedsklage beim Schiedsgericht rückwirkend gestalten.[726] Sie darf den Parteiwillen, den Rechtsstreit im Wege der Schiedsgerichtsbarkeit beizulegen, nicht willkürlich abändern[727]. Die genannte Rechtsfolge ist insbesondere kaum gerechtfertigt, wenn die Aufhebung des Schiedsspruchs auf einem Verfahrensfehler, der nicht von den Parteien, sondern vom Schiedsgericht oder Dritten zu vertreten ist, beruht. Das Schicksal der ursprünglichen Schiedsvereinbarung sollte letztendlich (nur) von dem Parteiwillen abhängen. Ausschlaggebend sollte daher sein, ob eine Streitentscheidung durch die Schiedsgerichtsbarkeit weiter vom Parteiwillen getragen wird. Wenn während des Schiedsverfahrens kein übereinstimmender Wille der Parteien zum Verzicht auf Inanspruchnahme der Schiedsgerichtsbarkeit, die durch die ursprüngliche Schiedsvereinbarung vom Parteiwillen getragen worden ist, ersichtlich ist, sollte die Schiedsvereinbarung wirksam bleiben.[728]

Wenn die Aufhebung auf fehlender oder unwirksamer Schiedsvereinbarung beruht, müssen die Parteien nicht mehr auf die Schiedsvereinbarung zurückgreifen. Oder wenn die Parteien im Schiedsverfahren oder im Aufhebungsverfahren eindeutig mit der Aufhebung der Schiedsvereinbarung einverstanden sind, sollte die Schiedsvereinbarung ihre Wirkung verlieren.[729] Nur in solchen

---

725 Art. 19 der Auslegung zum SchG.
726 QIAO Xin, Artikel auf der Zeitung „People's court daily" vom 28.07.2004; LI Weimin, 2007, S. 80.
727 LI Weimin, 2007, S. 80.
728 Thomas/Putzo, § 1059 Rn. 23.
729 LI Weimin, 2007, S. 80.

Fällen müssten die Parteien nach § 9 II SchG entweder eine neue Schiedsvereinbarung abschließen oder Klage beim Volksgericht erheben.

III. Zurückverweisung an das Schiedsgericht zur erneuten Entscheidung

1. Gesetzliche Regelung und Auslegungsregelung

Nach § 61 SchG kann das Volksgericht das Aufhebungsverfahren aussetzen und unter Festsetzung einer bestimmten Frist die Sache an das Schiedsgericht zur erneuten Entscheidung zurückverweisen, wenn das Volksgericht meint, dass das Schiedsgericht in der Sache erneut entscheiden kann. Die Zurückverweisung an das Schiedsgericht ist ein milderes Mittel gegen den Fehler des Schiedsspruchs. Sie ermöglicht die Selbstkorrektur des Schiedsgerichts.

Die Möglichkeit der erneuten Entscheidung durch das Schiedsgericht dient dem Zweck der Prozessökonomie. Wenn das Schiedsgericht, das sich bereits mit der Sache befasst hat, den Fehler im neuen Verfahren korrigieren und eine rechtsfehlerfreie Entscheidung treffen kann, entspricht dies auch den Interessen und dem ursprünglichen Willen der Parteien, die Sache im Schiedswege beilegen zu lassen.

Nach Art. 21 der Auslegung zum SchG von 2006 kann das Gericht gemäß § 61 SchG in einem innerstaatlichen Aufhebungsverfahren die Sache an das Schiedsgericht zurückverweisen, wenn die Aufhebungsgründe im Sinne von § 58 I Nr. 4 und 5 SchG – Beweisfälschung und Beweisunterdrückung – vorliegen. Das Volksgericht muss dabei die Zurückverweisungsgründe darstellen.

2. Offene Fragen bzw. Diskussion

a. Umfang der Anwendung

Nach der herrschenden Ansicht gilt § 61 SchG auch im Falle von fehlerhaftem Schiedsspruch mit Auslandsbezug[730], soweit die allgemeinen Voraussetzungen

---

730 QIU Dongmei/SONG Lianbin, S. 75. Nach a.A. gilt § 61 SchG nur für inländische Schiedssprüche, weil sich § 61 SchG zusammen mit § 58 SchG im 5. Kapitel des SchG befindet. Da das 7. Kapitel des SchG spezielle Regelungen für die auslandsbezogene Schiedsgerichtsbarkeit enthält, gilt das 5. Kapitel nur für die inländische Schiedsgerichtsbarkeit. Eine dem § 61 SchG entsprechende Regelung ist in § 70 SchG i.V.m. § 265 ZPG, die speziellen Regelungen für die Aufhebung der Schiedssprüche mit Auslandsbezug darstellen, nicht enthalten (Aufbau des SchG), zitiert in QIU Dongmei/SONG Lianbin, S. 75.

für die Anwendung des § 61 SchG erfüllt sind. Die Möglichkeit der erneuten Entscheidung durch das Schiedsgericht soll auch im Falle eines Schiedsspruchs mit Auslandsbezug gegeben sein.[731] Die Anwendung des § 61 SchG auf Schiedssprüche mit Auslandsbezug wurde bereits vom ObVG in vielen Fällen bestätigt.[732] Dafür spricht, dass sowohl die inländische als auch die auslandsbezogene Schiedsgerichtsbarkeit chinesische Schiedsgerichtsbarkeit ist und gleich behandelt werden sollte.

b. Heilbare Fehler

In der Literatur wird Art. 21 der Auslegung zum SchG als eine Vervollständigung des § 61 SchG angesehen und begrüßt.[733]

Gegen den Gedanken der „Vervollständigung" spricht aber zum einen, dass das ObVG außer der formellen Begründungsbedürftigkeit für die Zurückweisung keine weitere konkrete Voraussetzung für das Verfahren festgelegt hat. Zum anderen sollte das Volksgericht in großem Umfang dem ursprünglichen Schiedsgericht eine Gelegenheit zur Korrektur seines Schiedsspruchs geben, damit der Schiedsspruch nicht mit der Aufhebung „sofort" entkräftet wird. Die in Art. 21 der Auslegung zum SchG genannten Aufhebungsgründe (Beweisfälschung und Beweisunterdrückung), bei deren Vorliegen die Zurückverweisung möglich ist, sollten nicht abschließend sein. Auch Verfahrensfehler des ursprünglichen Schiedsgerichts können durch dieses selbst korrigiert werden. Die Zulässigkeit der Zurückverweisung der Sache sollte nicht von dem verfahrensrechtlichen oder materiell-rechtlichen Charakter der Fehler des Schiedsspruchs abhängen. Für die übrigen fünf Aufhebungsgründe im Sinne von § 58 SchG und § 281 ZPG gilt Folgendes:

- Im Falle einer fehlenden Schiedsvereinbarung ist keine Zurückverweisung an das Schiedsgericht möglich, weil das Fundament für ein Schiedsverfahren fehlt.[734]
- Die Zurückverweisung ist auch im Falle der Kompetenzüberschreitung unzulässig.[735]

---

731 Zitiert in QIU Dongmei/SONG Lianbin, S. 75.
732 Beispiele im Antwortschreiben des ObVG (MinSiTaZi 2007, Nr. 25) in der Judikationsanweisung, 2007-2, S. 94 ff.; Antwortschreiben des ObVG (MinSiTaZi 2005, Nr. 51) in der Judikationsanweisung, 2006-1, S. 73 f.
733 WAN Exiang/YU Xifu, 2007, S. 77.
734 SHEN Deyong/WAN Exiang, S. 195.
735 SHEN Deyong/WAN Exiang, S. 195.

– Ein Verstoß gegen eine Verfahrensregelung kann grundsätzlich durch das Schiedsgericht korrigiert werden.[736] Zu beachten ist jedoch, dass im Falle der falschen Zusammensetzung des Schiedsgerichts der Fehler nicht durch die Zurückverweisung an das ursprüngliche Schiedsgericht korrigiert werden kann. Ein neues Schiedsgericht muss gebildet werden. Jedoch sieht § 61 SchG nur die Zurückverweisung an das ursprüngliche Schiedsgericht vor, weil § 61 SchG verlangt, dass das Volksgericht das Schiedsgericht über die erneute Entscheidung benachrichtigt. Nur ein bereits existierendes Schiedsgericht, d.h. das ursprüngliche Schiedsgericht kann benachrichtigt werden. Die Zurückverweisung an das Schiedsgericht sollte nicht bei falscher Zusammensetzung des Schiedsgerichts angewendet werden.[737]
– Im Falle der Bestechung und anderer Fehler im Sinne des § 58 I Nr. 6 SchG ist der Grundsatz der Neutralität der Schiedsrichter und das faire Verfahren erheblich beeinträchtigt. Eine neue Entscheidung durch das Schiedsgericht sollte nicht zumutbar sein.[738]
– Ein Verstoß gegen den Interessenvorbehalt ist in der Regel nicht korrigierbar.[739]

In der Gerichtspraxis kommen z.B. auch die folgenden Gründe für die Zurückverweisung in Betracht: fehlende Begründungen im Schiedsspruch, Nichtberücksichtigung relevanter Beweismittel im Schiedsverfahren usw.[740]

3. Schicksal des Aufhebungsverfahrens und des Schiedsspruchs

Wenn das Schiedsgericht innerhalb der gesetzten Frist mit der erneuten Befassung mit der Sache angefangen hat, muss das Volksgericht das Aufhebungsverfahren abschließen; wenn das neue Verfahren nicht durch das Schiedsgericht eingeleitet wird, muss das Volksgericht das Aufhebungsverfahren fortsetzen.[741]

Bevor das Schiedsgericht mit der erneuten Verhandlung beginnt, ist das Aufhebungsverfahren vor dem Volksgericht noch anhängig. Der Schiedsspruch ist noch nicht aufgehoben worden und entfaltet daher noch Rechtswirkung.

Nach dem Beginn der erneuten Verhandlung innerhalb der gesetzten Frist wird das Aufhebungsverfahren abgeschlossen. Zu beachten ist, dass das Gesetz

---

736 SHEN Deyong/WAN Exiang, S. 195.
737 SHEN Deyong/WAN Exiang, S. 196.
738 SHEN Deyong/WAN Exiang, S. 197.
739 SHEN Deyong/WAN Exiang, S. 197–198.
740 HONG Hao, 2007, S. 80, 81. Die von dem Autor zitierten Fälle stammten aus dem Jahr 2005.
741 Art. 22 der Auslegung zum SchG.

hier nicht von der „Aufhebung", sondern vom „Abschluss" des Aufhebungsverfahrens spricht. Fraglich ist, ob der ursprüngliche Schiedsspruch mit der Zurückverweisung der Sache an das Schiedsgericht und dem Beginn der neuen Verhandlung durch das Schiedsgericht bzw. mit dem Abschluss des Aufhebungsverfahrens nach Art. 22 der Auslegung zum SchG automatisch aufgehoben wird.

Wenn wir davon ausgehen, dass mit dem Abschluss des Aufhebungsverfahrens keine Aufhebung des ursprünglichen Schiedsspruchs erfolgen würde, dann wäre dieser Schiedsspruch noch wirksam. Wenn das Schiedsgericht später einen neuen Schiedsspruch erlässt, muss dieser neue Schiedsspruch den ursprünglichen Schiedsspruch ersetzen[742]. Ansonsten würde es zwei wirksame Schiedssprüche gleichzeitig geben. Der Ersetzungsvorgang ist aber wegen der fehlenden Rechtsgrundlage sehr bedenklich, denn das aufgrund der Zurückverweisung erneut eingeleitete Schiedsverfahren ist weder eine Fortsetzung des ursprünglichen bereits abgeschlossenen Schiedsverfahrens noch ein Ersatz des ursprünglichen Schiedsverfahrens. Der vom Schiedsgericht im ursprünglichen Schiedsverfahren erlassene und nicht vom Volksgericht aufgehobene Schiedsspruch stellt einen wirksamen Rechtstitel für die Parteien dar und ein solcher Titel sollte in einem förmlichen Verfahren abgeschafft werden. Aus dem Umkehrschluss ergibt sich, dass der ursprüngliche Schiedsspruch mit dem Abschluss des Aufhebungsverfahrens auch aufgehoben worden sein muss. Der Gesetzgeber oder das ObVG sollte dies noch eindeutig festlegen.

---

742 SHEN Deyong/WAN Exiang, S. 204.

Kapitel 6: Anerkennung und Vollstreckung von Schiedssprüchen

Falls die im Schiedsverfahren unterlegene Partei nicht freiwillig leistet, kann die andere Partei die Anerkennung und/oder Vollstreckung durch das Volksgericht beantragen, wenn sich der Schuldner oder das Vermögen des Schuldners in China befindet. Der Antragsteller ist Vollstreckungsgläubiger und der Antragsgegner ist Vollstreckungsschuldner.

Je nachdem, ob es sich um innerstaatliche Schiedssprüche, auslandsbezogene inländische Schiedssprüche, ausländische Schiedssprüche oder Schiedssprüche aus Hong Kong, Macau und Taiwan handelt, weisen Rechtsgrundlage, Verfahren und Voraussetzungen für ihre Anerkennung und/oder Vollstreckung Unterschiede auf.

Die Zuordnung der Schiedsgerichtsbarkeit bzw. Schiedssprüche ist in Kapitel 1.C darstellt. Zu beachten sind die umstrittene Zuordnung der in China erlassenen Schiedssprüche der ausländischen Schiedsinstitutionen und die unklare Zuordnung der im Ausland erlassenen Schiedssprüche der chinesischen Schiedsinstitutionen.

In diesem Kapitel 6 wird zunächst das Vollstreckungsverfahren für inländische Schiedssprüche detailliert in Kapitel 6.A.I dargestellt. Anschließend werden nur die Unterschiede bei der Vollstreckung anderer Schiedssprüche im Vergleich zur Vollstreckung inländischer Schiedssprüche im Einzelnen dargestellt.

A. Vollstreckung inländischer Schiedssprüche

I. Vollstreckung innerstaatlicher Schiedssprüche

Die Darstellung in diesem Kapitel 6.A.I erfolgt grundsätzlich nach dem Ablauf des Vollstreckungsverfahrens. Der Antrag auf Vollstreckung wird vom Gericht (Aktenanlegungsdezernat) geprüft und entweder angenommen und an das Vollstreckungsorgan weitergeleitet oder abgelehnt. Rechtsbehelfe sind nur gegen die Ablehnungsentscheidung möglich. Nach dem Erhalt des Vollstreckungsbescheids vom Vollstreckungsorgan kann der Vollstreckungsschuldner die Ablehnung der Vollstreckung beantragen und dadurch den Schiedsspruch als Rechtsgrund für die Vollstreckung angreifen. Das Gericht bildet dann eine Kollegialkammer (als Entscheidungskammer) und prüft die Ablehnungsgründe (Kapitel 6.A.I.6.e)). Ein Dritter kann gegebenenfalls eine Ablehnung der Vollstreckung beantragen (Kapitel 6.A.I.8). Schließlich wird die Vollstreckung durchgeführt. Rechtsbehelfe stehen sowohl den Parteien als auch dem Dritten zur Verfügung (Kapitel 6.A.I.6.c)).

1. Rechtsgrundlage

Für die Vollstreckbarkeit eines innerstaatlichen Schiedsspruchs stellen §§ 62, 63 SchG in Verbindung mit § 244 ZPG die gesetzliche Grundlage dar.

Nach § 244 I ZPG kann eine Partei die Vollstreckung des Schiedsspruchs einer gesetzlich eingerichteten Schiedsinstitution beantragen. Aus dem Wortlaut „Schiedsspruch einer gesetzlich eingerichteten Schiedsinstitution" ergibt sich, dass § 244 ZPG auf inländische Schiedssprüche anwendbar ist. Der Begriff „gesetzlich" ist hier im Sinne chinesischen Rechts zu verstehen. Die Partei kann direkt eine Vollstreckung des Schiedsspruchs beantragen. Eine vorherige Anerkennung ist nicht nötig.

Für das konkrete Vollstreckungsverfahren gelten die zivilprozessrechtlichen Regelungen, einschließlich der Regelungen im ZPG, der Auslegungsregelungen des ObVG zum ZPG und der vollstreckungsrelevanten Fragen und selbstverständlich auch die Auslegungsregelungen des ObVG in Bezug auf die Schiedssache, z.B. Überprüfungsbestimmung, Vollstreckungsbestimmung, Berichterstattungsbestimmung, Auslegung zum SchG.

Der Antrag auf Vollstreckung der Schiedssprüche inländischer Schiedsinstitutionen fällt in Fallgruppe 2 der Schiedsfälle unter Gerichtlicher Überprüfung (siehe Kapitel 1.B.III.1.b). Wenn man Vollstreckung im engeren Sinne versteht, d.h. die Vollstreckung hier allein als Vollstreckungsmaßnahme versteht, ist sie kein Schiedsfall unter Gerichtlicher Überprüfung, weil nur das Vollstreckungsorgan die Vollstreckung durchführt und kein Spruchkörper des Gerichts den Schiedsspruch bzw. das Schiedsverfahren überprüft oder kontrolliert. Wenn man aber die Vollstreckung hier im weiteren Sinne versteht, d.h. den ganzen Vorgang einschließlich der Antragstellung einer Partei, die Vollstreckungsablehnung durch die andere Partei bis hin zur Vollstreckungsmaßnahme, dann ist sie ein Schiedsfall unter Gerichtlicher Überprüfung, weil das Gericht im Fall der Beantragung der Vollstreckungsablehnung den Schiedsspruch bzw. das Schiedsverfahren überprüfen wird.

Die Überprüfungsbestimmung und die Berichterstattungsbestimmung gelten für alle fünf Fallgruppen von Schiedsfällen unter Gerichtlicher Überprüfung. Die Vollstreckungsbestimmung gilt nur für die Vollstreckung des Schiedsspruchs, der von einer Schiedsinstitution nach dem chinesischen Schiedsgesetz erlassen worden ist – Fallgruppe 2.

2. Sachliche und örtliche Zuständigkeit

Für die Vollstreckung eines Schiedsspruchs ist das Mittlere Volksgericht am Wohnsitz des Schuldners – Vollstreckungsgegner – oder am Ort, wo sich der Vollstreckungsgegenstand befindet, zuständig.[743]

Das Mittlere Volksgericht kann diese Zuständigkeit auf das Untere Volksgericht delegieren, wenn der Wert des Vollstreckungsgegenstandes in die erstinstanzliche zivil- und handelsrechtliche sachliche Zuständigkeit des Unteren Volksgerichts fällt[744] und der Wohnsitz des Vollstreckungsgegners oder der Ort des Vollstreckungsgegenstandes in den örtlichen Zuständigkeitsbereich dieses Unteren Volksgerichts fällt.[745] Ein Rechtsbehelf gegen diese Zuständigkeitsdelegation ist in keinen gesetzlichen Vorschriften oder höchstgerichtlichen Auslegungsregelungen vorgesehen.

3. Antragsfrist

Der Schiedsspruch erwirbt nach § 57 SchG Rechtskraft mit seinem Erlass und stellt den Rechtsgrund für die Vollstreckung dar. Im Schiedsspruch wird in der Regel eine Erfüllungsfrist für die freiwillige Leistung gesetzt und der Schiedsspruch darf erst nach Ablauf der Erfüllungsfrist vollstreckt werden. Der Vollstreckungsantrag ist nach § 246 I ZPG innerhalb von zwei Jahren zu stellen. Die Frist beginnt mit dem letzten Tag der im Schiedsspruch gesetzten Erfüllungsfrist.[746] Wenn die Leistung in Raten zu erbringen ist, beginnt die Frist mit dem letzten Tag der für die jeweilige Rate gesetzten einzelnen Erfüllungsfrist. Wenn

---

743 Art. 2 Abs. 1 der Vollstreckungsbestimmung.
744 Die Unteren Volksgerichte in Beijing, Shanghai, Provinz Jiangsu, Provinz Zhejiang und Provinz Guangdong sind für Streitigkeiten mit einem Wert bis zu RMB 100 Mio. zuständig, wenn beide Parteien in demselben Zuständigkeitsgebiet des Gerichts sitzen/wohnen; sie sind für Streitigkeiten mit einem Wert bis zu RMB 50 Mio. zuständig, wenn zumindest eine Partei nicht im Zuständigkeitsgebiet des Gerichts sitzt/wohnt. Diese Wertgrenze ist für andere Untere Volksgerichte in anderen Provinzen niedriger, z.B. RMB 5 Mio., 10 Mio. oder 30 Mio.; siehe drei Mitteilungen des ObVG über die Anpassung der Zuständigkeitskriterien der Oberen Volksgerichte und der Mittleren Volksgerichte in Zivil- und Handelssachen erster Instanz, FaFa 2015, Nr. 7, FaFa 2018, Nr. 13 und FaFa 2019, Nr. 14.
745 Art. 2 Abs. 2 der Vollstreckungsbestimmung.
746 Vgl. § 239 II ZPG. Der Tag, mit dem die Frist beginnt, wird bei der Frist nicht mitgezählt, vgl. § 82 II 2 ZPG. Das gilt für alle Fristberechnungen nach chinesischem Recht in dieser Arbeit.

keine Erfüllungsfrist gesetzt wird, beginnt die Frist mit dem Tag, an dem der Schiedsspruch rechtskräftig wird, d.h. an dem Erlasstag. Ein Schiedsspruch ist nicht mehr vollstreckbar, wenn er aufgehoben wird.[747] Da der Schiedsspruch nach § 59 SchG innerhalb von 6 Monaten nach dessen Zustellung noch aufhebbar ist, kommt ggfs. das Problem des zeitlichen Wettbewerbs zwischen Vollstreckung und Aufhebung des Schiedsspruchs in Betracht. Dieses Problem wird im Verhältnis zwischen Ablehnung der Vollstreckung und Aufhebung (siehe unten 0) näher erörtert.

4. Antrag

Beantragt ein Antragsteller beim Volksgericht die Vollstreckung eines Schiedsspruchs, so hat er einen Vollstreckungsantrag und die Urschrift des Schiedsspruchs oder eine beglaubigte Abschrift davon vorzulegen. Der Antrag muss folgende Angaben enthalten: (i) Identifikationsinformationen über die betroffenen Parteien (Name, Geschlecht, Geburtsdatum, Staatsangehörigkeit und Wohnsitz, wenn es sich bei dem Antragsteller oder Antragsgegner um eine natürliche Person handelt; Name, Sitz, sowie der Name und die Stellung des gesetzlichen Vertreters oder Beauftragten, wenn es sich um eine juristische Person oder eine sonstige Organisation handelt; (ii) den wesentlichen Inhalt des Schiedsspruchs und das Datum, an dem er wirksam wird; (iii) den konkreten Antrag und die Begründung dafür; (iv) chinesische Übersetzungen für Dokumente, wenn sie in Fremdsprachen eingereicht werden.[748] Gegebenenfalls muss der Antragsteller aufgrund anderer allgemeiner Regelungen über das Vollstreckungsverfahren noch andere Dokumente einreichen, z.B. Nachweis der Identität des Antragsstellers und Nachweis für die Erbschaft des Erben als Antragsteller oder den Forderungsübergang im Fall des Rechtsnachfolgers als Antragsteller usw.[749]

---

747 TAN Bing, S. 412. Sowohl innerstaatliche Schiedssprüche als auch Schiedssprüche mit Auslandsbezug sind inländische Schiedssprüche, die dem chinesischen Schiedsrecht unterliegen. Falls solche Schiedssprüche vom chinesischen Volksgericht aufgehoben werden, verlieren sie ihre Rechtswirkung. Eine Vollstreckung solcher aufgehobenen Schiedssprüche ist nicht möglich.
748 Art. 6 der Überprüfungsbestimmung. Dieser Art. 6 der Überprüfungsbestimmung gilt sowohl für die Vollstreckung als auch für die Aufhebung eines Schiedsspruchs, er gilt sowohl für die Vollstreckung inländischer als auch ausländischer Schiedssprüche.
749 Art. 18 der Bestimmung des ObVG über einige Fragen in der Vollstreckungsarbeit des Volksgerichts vom 29.12.2020 (FaShi 2020, Nr. 21).

5. Aktenanlegung durch Aktenanlegungsdezernat

a. Voraussetzung für Aktenanlegung

Das Volksgericht entscheidet innerhalb von sieben Tagen nach Erhalt des Vollstreckungsantrags, ob es ihn annimmt und eine Akte dafür anlegt oder nicht.[750] Der Antrag auf Vollstreckung eines Schiedsspruchs wird zunächst vom Aktenanlegungsdezernat[751] des angerufenen Volksgerichts dahingehend geprüft,

- ob der zu vollstreckende Schiedsspruch bereits rechtswirksam ist;
- ob der Antragsteller zur Beantragung der Vollstreckung berechtigt ist, z.B. ob er der Berechtigte des Anspruchs laut dem Schiedsspruch oder dessen Rechtsnachfolger ist;
- ob eine vollstreckbare Leistung im Schiedsspruch gegeben ist und ob der Gegenstand der Vollstreckung und der Vollstreckungsgegner hinreichend bestimmt sind;
- ob die Erfüllungsfrist bereits abgelaufen ist;
- ob das angerufene Volksgericht für die Vollstreckung zuständig ist.[752]

b. Aktenanlegung und Weiterleitung an das Vollstreckungsorgan

i. Keine Bildung der Fachkammer

Wenn die Voraussetzungen erfüllt sind, wird der Vollstreckungsantrag angenommen, d.h. das Aktenanlegungsdezernat beschließt, sich mit dem Vollstreckungsantrag zu befassen.[753] Eine Anerkennung oder Erklärung der Vollstreckbarkeit inländischer Schiedssprüche ist nicht erforderlich. Daher ist bis zur Übergabe des Vollstreckungsauftrags an das Vollstreckungsorgan

---

750 Art. 9 der Überprüfungsbestimmung.
751 Art. 2 Abs. 1 der Meinung des ObVG zu bestimmten Fragen betreffend Aktenanlegung im Vollstreckungsverfahren und Abschluss des Vollstreckungsverfahrens vom 17.12.2014 (FaFa 2014, Nr. 26). Ein Volksgericht hat außer Zivilkammer, Strafkammer, Verwaltungskammer, Vollstreckungsdezernat/-kammer, und anderen organisatorischen Einrichtungen (z.B. Aufsichtsdezernat) noch ein wichtiges Dezernat, das Aktenanlegungsdezernat. Näheres über das Aktenanlegungsdezernat siehe Kapitel 1.D.
752 Art. 16 Abs. 1 der Bestimmung des ObVG über einige Fragen in der Vollstreckungsarbeit des Volksgerichts vom 11.06.1998 (Fashi 1998, Nr. 15, geändert durch FaShi 2020, Nr. 21 vom 29.12.2020). Dieser Art. 16 ist nicht nur für Schiedssprüche anwendbar, sondern auch für andere in der Bestimmung aufgelisteten Entscheidungen des Volkgerichts. Der Wortlaut von Art. 16 ist hier für den Schiedsspruch angepasst.
753 Art. 16 Abs. 2 Halbs. 1 der Bestimmung des ObVG über einige Fragen in der Vollstreckungsarbeit des Volksgerichts vom 29.12.2020 (FaShi 2020, Nr. 21).

keine Kammer des Volksgerichts, sondern nur das Aktenanlegungsdezernat involviert. Diese Besonderheit bezüglich der funktionellen Zuständigkeit ergibt sich insbesondere aus der Mitteilung des ObVG zu Fragen über die funktionelle Zuständigkeit bei Gericht in Schiedsfällen unter Gerichtlicher Überprüfung (Fa 2017, Nr. 152). Laut dieser Mitteilung ist die mit Handelssachen mit Auslandsbezug befasste Entscheidungskammer (Kollegialkammer) der Volksgerichte für die Schiedsfälle unter Gerichtlicher Überprüfung als spezialisierte Gerichtskammer (im Folgenden als „Fachkammer" bezeichnet) zuständig.[754] Die Fälle der Feststellung der Wirksamkeit von Schiedsvereinbarungen (Fallgruppe 1), Aufhebung der Schiedssprüche inländischer Schiedsinstitutionen (Fallgruppe 3) und Anerkennung und Vollstreckung der Schiedssprüche aus Hong Kong, Macau und Taiwan und aus dem Ausland (Fallgruppe 4 und 5) werden (nach der Aktenanlegung) von dieser Fachkammer bearbeitet.[755] Das liegt daran, dass die Schiedssprüche aus Hong Kong, Macau und Taiwan und aus dem Ausland als rechtskräftige Titel aus anderen justiziellen Gebieten keine automatische Rechtskraft in Festland-China haben. Die Rechtskraft bzw. Vollstreckbarkeit solcher Schiedssprüche muss zunächst vom Justizorgan in Festland-China anerkannt werden. Funktionell zuständig dafür ist die Fachkammer des jeweils zuständigen Mittleren Volksgerichts. Danach übergibt die Fachkammer die Fälle der Fallgruppe 4 und 5 an das Vollstreckungsorgan.

ii. Mitteilung

Nach der Aktenanlegung hat das Volksgericht innerhalb von 5 Tagen sowohl den Antragsteller als auch den Antragsgegner über deren Rechte und Pflichten und über die Aktenanlegung zu informieren.[756]

---

754 Art. 1 der Mitteilung des ObVG zu Fragen über die funktionelle Zuständigkeit bei Gericht in Schiedsfällen unter Gerichtlicher Überprüfung (Fa 2017, Nr. 152).
755 Art. 2 der Mitteilung des ObVG zu Fragen über die funktionelle Zuständigkeit bei Gericht in Schiedsfällen unter Gerichtlicher Überprüfung (Fa 2017, Nr. 152).
756 Vgl. Art. 9 Abs. 2 der Überprüfungsbestimmung. Art. 2 Abs. 2 der Meinung des ObVG zu bestimmten Fragen betreffend Aktenanlegung im Vollstreckungsverfahren und Abschluss des Vollstreckungsverfahrens vom 17.12.2014 (FaFa 2014, Nr. 26) schreibt auch vor, dass das Aktenanlegungsdezernat eine Mitteilung über die Annahme der Sache an den Antragsteller zu erlassen hat.

iii. Zuständigkeitsrüge

(1) Einrede

Wenn der Antragsgegner das Volksgericht für unzuständig hält, hat er eine Einrede gegen die Zuständigkeit innerhalb von 15 Tagen nach Erhalt der Mitteilung des Volksgerichts einzulegen.[757] Wenn der Antragsgegner keinen Wohnsitz in China hat, beträgt die genannte Frist 30 Tage statt 15 Tage.[758]

Das Volksgericht entscheidet über die Einrede des Antragsgegners.[759] Fraglich ist, ob funktionell das Aktenanlegungsdezernat darüber entscheidet oder eine Gerichtskammer für die Entscheidung zu bilden ist.

Nach Art. 15 und Art. 24 der Auslegung zum SchG ist jeweils eine Kollegialkammer für die Entscheidung über die Wirksamkeit der Schiedsvereinbarung und die Aufhebung eines Schiedsspruchs zu bilden. Die Auslegung zum SchG enthält keine Regelung über die Bildung einer Kollegialkammer im Fall der Vollstreckung (inländischer) Schiedssprüche. Nach § 244 II ZPG werden die Gründe für die Ablehnung der Vollstreckung von der Kollegialkammer, die zu bilden ist, geprüft. Daraus ergibt sich, dass eine Kollegialkammer erst dann gebildet wird, wenn die Ablehnung der Vollstreckung beantragt wird. Ansonsten wird die Vollstreckung eines inländischen Schiedsspruchs wie ein regulärer Vollstreckungsfall behandelt. Das ergibt sich auch aus Art. 2 Abs. 3 der Vollstreckungsbestimmung, nach der das zuständige Mittlere Volksgericht eine Kammer erst zu bilden hat, wenn der Vollstreckungsgegner bzw. ein Dritter die Ablehnung der Vollstreckung beantragt.

Das Aktenanlegungsdezernat kann über die Zuständigkeitsrüge entscheiden, weil diese Frage wegen der Geschäftsverteilung im chinesischen Volksgericht ursprünglich auch von diesem Dezernat geprüft wurde.

(2) Rechtsbehelf

Gegen die Entscheidung über die Einrede können beide Parteien Berufung einlegen.[760]

---

757 Art. 10 Abs. 1 S. 1 der Überprüfungsbestimmung.
758 Art. 10 Abs. 2 der Überprüfungsbestimmung.
759 Art. 10 Abs. 1 S. 2 der Überprüfungsbestimmung.
760 Art. 10 Abs. 1 S. 3 der Überprüfungsbestimmung.

iv. Weiteres Verfahren

Das Volksgericht darf keinen Vollstreckungsfall außerhalb des einheitlichen Verwaltungssystems für Gerichts- und Vollstreckungsfälle führen. Ohne Aktenanlegung darf kein Fall in das Vollstreckungsverfahren aufgenommen werden, egal aus welchem Grund.[761] Nach der Aktenanlegung nehmen die Volksgerichte die Vollstreckungsfälle in das einheitliche Verwaltungssystem für Gerichts- und Vollstreckungsfälle auf.

Das konkrete Verfahren zur Vollstreckung eines Schiedsspruchs verläuft wie das Verfahren zur Vollstreckung einer Zivilentscheidung und die entsprechenden Regelungen gelten.[762] Die Darstellung des chinesischen Vollstreckungsrechts ist nicht Gegenstand dieser Arbeit. Trotzdem werden einige Besonderheiten und Rechtsbehelfe in Bezug auf die Durchführung der Vollstreckung unten in Kapitel 6.A.I.5.c)aa) näher dargestellt. Darüber hinaus kann die Gegenpartei als Vollstreckungsschuldner (siehe Kapitel 6.A.I.7) oder ein Dritter (siehe Kapitel 6.A.I.8) nach aktueller Rechtslage ggfs. die Ablehnung der Vollstreckung des Schiedsspruchs beantragen.

c. Ablehnung der Aktenanlegung

i. Ablehnung wegen Antragsmangels

Wenn der Vollstreckungsantrag (auch nach Nachreichung erforderlicher Informationen oder Abänderung des Antrags anhand der Hinweise des Volksgerichts) den Anforderungen nach Art. 6 der Überprüfungsbestimmung (siehe oben Kapitel 6.A.I.4) nicht entspricht, wird das Volksgericht die Aktenanlegung ablehnen.[763] Das gilt auch, wenn nach der Aktenanlegung festgestellt wird, dass der Antrag nicht den Anforderungen entspricht. Der Antrag wird dann zurückgewiesen.[764] Wenn der Vollstreckungsantrag bei einem unzuständigen Volksgericht gestellt wird und der Antragsteller trotz Hinweisen des Volksgerichts den Antrag nicht zurücknimmt, wird die Aktenanlegung abgelehnt.[765] Dem Antragsteller ist es möglich, solche formellen Fehler zu korrigieren.

---

761 Art. 3 der Meinung des ObVG zu bestimmten Fragen betreffend Aktenanlegung im Vollstreckungsverfahren und Abschluss des Vollstreckungsverfahrens vom 17.12.2014 (FaFa 2014, Nr. 26).
762 Siehe §§ 62, 63 SchG i.V.m. § 237 ZPG.
763 Art. 7 Abs. 1 der Überprüfungsbestimmung.
764 Art. 8 Abs. 1 der Überprüfungsbestimmung.
765 Art. 7 Abs. 2 der Überprüfungsbestimmung.

Gegen die Ablehnungsentscheidung des Volksgerichts kann die Partei Berufung einlegen.[766] Das entspricht der einem Kläger zustehenden Berufungsmöglichkeit, wenn die Annahme einer Klage vom Aktenanlegungsdezernat abgelehnt worden ist.[767]

ii. Ablehnung wegen nicht erfüllter Voraussetzung

Wenn die Voraussetzungen für die Annahme des Vollstreckungsantrags bzw. die Aktenanlegung (siehe oben Kapitel 6.A.I.5.a) nicht erfüllt sind, wird der Vollstreckungsantrag vom Aktenanlegungsdezernat abgelehnt.[768] Ein Rechtbehelf gegen eine solche Ablehnung ist weder im Zivilprozessgesetz noch in einer Auslegungsregelung des ObVG vorgesehen. Weil das Aktenanlegungsdezernat eine „quasi-Zulässigkeitsprüfung" durchführt und die Prüfung der Aktenanlegungsvoraussetzungen mit der Prüfung des Vollstreckungsantrags (siehe oben Kapitel 6.A.I.4 und Kapitel 6.A.I.5.c)aa)) vergleichbar ist, sollte dem Antragsteller hier entsprechend dem Rechtsgedanken sowohl betreffend eine Klage nach § 123 S. 3 ZPG[769] und § 154 I Nr. 1 i.V.m. II ZPG[770] als auch betreffend den Schiedsspruch oben in Kapitel 6.A.I.5.c)aa)) eine Berufung zustehen.

Zu beachten ist, dass eine der Voraussetzungen für die Aktenanlegung ist, dass der Gegenstand der Vollstreckung und der Vollstreckungsgegner hinreichend bestimmt sind (siehe oben Kapitel 6.A.I.5.a). Nach Art. 3 der Vollstreckungsbestimmung kann das Volksgericht den Vollstreckungsantrag zurückweisen, wenn der Schiedsspruch wegen eines der folgenden Gründe nicht vollstreckbar ist:

(1) das Subjekt des Rechts und der Verpflichtung ist unklar;
(2) der Geldbetrag oder die Berechnungsmethode ist nicht eindeutig, so dass die Berechnung des Geldbetrages bei einer geschuldeten Zahlungsleistung unmöglich ist;
(3) der Gegenstand ist unbestimmbar, wenn die Übergabe eines Gegenstands geschuldet ist;

---

766 Art. 7 Abs. 3 und Art. 8 Abs. 3 der Überprüfungsbestimmung.
767 § 123 S. 3 ZPG bzw. § 154 I Nr. 1 i.V.m. II ZPG.
768 Art. 16 Abs. 2 Halbs. 1 der Bestimmung des ObVG über einige Fragen in der Vollstreckungsarbeit des Volksgerichts vom 29.12.2020 (FaShi 2020, Nr. 21).
769 § 123 S. 3 ZPG besagt, dass der Kläger gegen die Ablehnung der Akteneinlegung Berufung einlegen kann.
770 § 154 I Nr. 1 ZPG besagt, dass die Ablehnung der Aktenanlegung eine Entscheidung des Volksgerichts darstellt. § 154 II ZPG besagt, dass die Partei gegen die in § 154 I ZPG aufgelisteten Entscheidungen Berufung einlegen kann.

(4) der Maßstab, der Gegenstand oder der Umfang der Leistung ist unklar, wenn ein Handeln geschuldet ist.[771]

Der Vollstreckungsantrag kann teilweise zurückgewiesen werden, wenn die Unklarheit/Unbestimmbarkeit einen trennbaren Teil des Schiedsspruchs betrifft. Bei untrennbarer Situation ist der ganze Vollstreckungsantrag zurückzuweisen.[772] Als Rechtebehelf gegen diese Ablehnung kann der Antragsteller nach dieser im Jahr 2018 erlassenen Vollstreckungsbestimmung innerhalb von zehn Tagen nach Zustellung der Ablehnungsentscheidung beim übergeordneten Volksgericht einen Antrag auf erneute Prüfung stellen (Wiedererwägungsgesuch *Fuyi*).[773]

Ein Wiedererwägungsgesuch ist als ein Rechtsbehelf gegen die Entscheidung des Volksgerichts über den Widerspruch der Partei gegen eine Vollstreckungsdurchführungsmaßnahme bekannt (siehe unten Kapitel 6.A.I.6.e)). Dass die Partei ohne Widerspruch direkt einen Antrag auf erneute Prüfung beim übergeordneten Volksgericht erheben kann, war bis zum Erlass der Vollstreckungsbestimmung dem chinesischen Vollstreckungsrecht fremd. Sowohl eine Berufung als auch ein Wiedererwägungsgesuch räumen einer Partei die Möglichkeit ein, die Sache durch das übergeordnete Volksgericht prüfen zu lassen. Insofern spielt es weniger eine Rolle, wie die jeweiligen Rechtsbehelfe benannt sind. Es ist zu vermuten, dass die Vollstreckungsbestimmung den Unbestimmbarkeitsmangel des Schiedsspruchs nicht als einen Gegenstand der Aktenanlegungsprüfung, sondern einen Gegenstand der Vollstreckbarkeitsprüfung durch das Vollstreckungsorgan ansieht. Der Unbestimmbarkeitsmangel kann beispielsweise auch als ein Argument der Partei gegen die Vollstreckbarkeit des Schiedsspruchs zusammen mit anderen Nichtvollstreckungsgründen (siehe unten Kapitel 6.A.I.7) in einem Vollstreckungsverfahren vorgebracht werden.[774]

Es ist anzuregen, dass der chinesische Gesetzgeber oder das ObVG mehr Klarheit hinsichtlich der Voraussetzungen, funktionellen Zuständigkeit und des

---

771 Art. 3 der Vollstreckungsbestimmung.
772 Art. 3 der Vollstreckungsbestimmung.
773 Art. 5 der Vollstreckungsbestimmung.
774 Entscheidung des Oberen Volksgerichts von JiangSu über die Vollstreckung des Schiedsspruchs im Schiedsverfahren zwischen Sinochem Total Oil Company Limited und Wuxi Weiqi Oil Company Limited, SuZhiFu 2020, Nr. 151, recherchiert und gefunden auf der offiziellen Seite des ObVG zur Veröffentlichung von Entscheidungen – China Judgements Online.

konkreten Verfahrens im Vollstreckungsverfahren mit einheitlichen Regelungen schafft.

6. Durchführung der Vollstreckung

Der Vollstreckungsauftrag wird nach der Aktenanlegung an das Vollstreckungsorgan[775] zur Vollstreckung weitergeleitet. Das Vollstreckungsorgan wird dann gegenüber dem Vollstreckungsschuldner einen Vollstreckungsbescheid erlassen. Art. 22 der Bestimmung des ObVG über einige Fragen in der Vollstreckungsarbeit[776] besagt, dass das Volksgericht innerhalb von zehn Tagen nach Eingang des Vollstreckungsantrags einen Vollstreckungsbescheid erlässt und der Vollstreckungsgegner in diesem Vollstreckungsbescheid neben der Aufforderung zur Leistungserfüllung auch auf Verzugszinsen oder das Verzugsgeld nach § 253 ZPO hingewiesen wird. Es ist nicht klar, ob diese Zehntagesfrist eine zwingende Vorschrift ist oder ob es sich nur um einen Vorschlag handelt. Das Vollstreckungsorgan kann gegebenenfalls Vollstreckungsmaßnahmen sofort vornehmen.[777] Insofern hat das Gesetz der Vollstreckungskammer einen großen Spielraum eingeräumt.

a. Vollstreckungsmaßnahmen

Die Vollstreckungsmaßnahmen sind in §§ 248 bis 262 ZPG geregelt und umfassen z.B. Ermittlung der Vermögenslage des Vollstreckungsgegners, Anordnung der Versiegelung, der Pfändung, der Einfrierung, der Zuweisung und Verwertung

---

775 Das ist in der Regel das Vollstreckungsdezernat (*Zhi Xing Ju*) im angerufenen mittleren Volksgericht. Ein Vollstreckungsdezernat hat oft einige Vollstreckungskammern (*Zhi Xing Ting*) unter sich, die aus Gerichtsvollziehern bestehen und im konkreten Fall die Vollstreckung durchführen.

776 Bestimmung des ObVG über einige Fragen in der Vollstreckungsarbeit des Volksgerichts vom 29.12.2020 (FaShi 2020, Nr. 21).

777 Siehe § 247 ZPG. Früher war das Verfahren anders: nach altem Zivilprozessrecht musste der Gerichtsvollzieher den Vollstreckungsschuldner zunächst in einem Vollstreckungsbescheid anweisen, innerhalb einer bestimmten Frist zu erfüllen; wenn innerhalb der Frist nicht erfüllt worden ist, wurde zwangsvollstreckt (vgl. § 216 I ZPG a.F.). Das geschah in der Regel 3 Tage nach der Eröffnung der Vollstreckung, vgl. Art. 24 der Bestimmungen des ObVG über einige Fragen in der Ausführungsarbeit des Volksgerichts vom 08.07.1998 (FaShi 1998, Nr. 15). Wenn der Vollstreckungsschuldner die Erfüllungspflicht verweigerte und eine Gefahr der Vermögensverschiebung oder -verbergung bestand, konnte der Gerichtsvollzieher sofort Zwangsvollstreckungsmaßnahmen vornehmen (vgl. § 216 II ZPG a.F.).

von Vermögen bzw. des Einbehaltens und der Einziehung des Einkommens des Vollstreckungsgegners.
Die Darstellung der einzelnen Vollstreckungsmaßnahmen ist nicht Gegenstand dieser Arbeit. Gleich unten in Kapitel 6.A.I.6.b) und Kapitel 6.A.I.6.c) werden einige Besonderheiten und neue Regelungen in den schiedsbezogenen Auslegungsregelungen erörtert.

b. Webbasiertes Vollstreckungsermittlungs- und Kontrollsystem

Die Volksgerichte können von Amts wegen gewisser Informationen zur Vermögenslage des Vollstreckungsgegners mit Hilfe der Netzwerke ermitteln. Das ist als eine Sonderform der Vollstreckungsmaßnahme im Sinne von § 249 ZPG[778] zu verstehen. Diese Online-Ermittlung ist die erste Maßnahme, die das Vollstreckungsorgan des Volksgerichts im Vollstreckungsfall vornimmt.

Im Jahr 2012 begannen ein paar Obere Volksgerichte mit dem Aufbau von „Punkt-zu-Punkt"-Netzwerkermittlungs- und Kontrollsystemen (im Folgenden wird ein solches örtliches System jeweils als „**P-zu-P System**" bezeichnet, die Ermittlung über das P-zu-P System wird „**P-zu-P Ermittlung**" genannt), um die Online-Ermittlung- und Einfrierungsfunktion einiger Banken in ihrem Zuständigkeitsbereich zu realisieren. Im Jahr 2013 unterzeichneten das ObVG und zehn Banken eine Vereinbarung über die Zusammenarbeit bei der webbasierten Vollstreckungsermittlung und dem Informationsaustausch, wobei Volksgerichte auf allen Ebenen und Zweigstellen der kommerziellen Banken aufgefordert werden, den Aufbau von Systemen zur webbasierten Ermittlung und Kontrolle zu fördern. Im Jahr 2015 legten das ObVG und die chinesische Bankenaufsichtsbehörde den „Verhaltenskodex für Volksgerichte, Banken und Finanzinstitute zur webbasierten Vollstreckungsermittlung- und Kontrollarbeit" fest, der sich auf das „Total-zu-Total"-Netzwerkermittlungs- und -kontrollsystem (im Folgenden als „**T-zu-T System**" bezeichnet, die Ermittlung über das T-zu-T System wird

---

778 § 249 ZPG: Erfüllt der Vollstreckungsgegner die in dem Vollstreckungsbescheid festgelegten Verpflichtungen nicht, hat das Volksgericht das Recht, das Vermögen des Vollstreckungsgegners, wie z.B. Einlagen, Schuldverschreibungen, Aktien und Fondsanteile, bei den entsprechenden Stellen zu erfragen. Die Volksgerichte sind berechtigt, das Vermögen des Vollstreckungsgegners je nach den Umständen zu versiegeln, einzufrieren, zuzuweisen und zu verwerten. Das von den Volksgerichten angeforderte, beschlagnahmte, eingefrorene, zugewiesene oder verwertete Vermögen darf den Umfang der vom Vollstreckungsgegner zu erfüllenden Pflichten nicht überschreiten.

„**T-zu-T Ermittlung**" genannt) bezieht.[779] Das T-zu-T System ist zur Zeit bereits mit mehr als 3.900 Finanzinstituten vernetzt, darunter 21 nationale Banken, 92 Provinzbanken und einige ausländische Banken, die eine integrierte Plattform für die landesweite Netzwerkermittlung und -sperre bilden.[780]

Wie das Volksgericht im konkreten Vollstreckungsfall beide Systeme kombiniert bedient, kann beispielsweise der neuen Meinung des Oberen Volksgerichts von Beijing zur Verbesserung der Qualität und Effektivität von Vermögensermittlung und -kontrolle[781], die am 20.10.2021 erlassen wurde, entnommen werden:

Nachdem die Vollstreckungsabteilung das von dem Aktenanlegungsdezernat übermittelte Aktenmaterial erhalten hat, leitet sie innerhalb von sieben Arbeitstagen eine P-zu-P Ermittlung über das P-zu-P System der Volksgerichte von Beijing und eine T-zu-T Ermittlung über das nationale T-zu-T System ein. In den Geltungsbereich der P-zu-P Ermittlung fallen das Büro für öffentliche Sicherheit, die Wohnungs- und Baukommission, die Planungs- und Baukommission, das Bürgerbüro, Banken, das Zentrum für Wohnungsunterstützungsfonds von Beijing usw. Die T-zu-T Ermittlung umfasst Immobilien, Fahrzeuge, Wertpapiere, Information in Bezug auf zivile Angelegenheiten und Steuer und die Vermögen/Guthaben bei chinesischer Volksbank, Banken, Netzwerkfonds, Versicherungen und der allgemeine Verwaltung für Industrie und Handel, usw. Wenn sich aus dieser Online-Ermittlung ergibt, dass unter dem Namen des Vollstreckungsgegners vollstreckbares Vermögen vorhanden ist, ergreift die Vollstreckungsabteilung unverzüglich Online-Kontrollmaßnahmen. Wenn die Kontrollmaßnahmen nicht online ergriffen werden können, werden Offline-Kontrollmaßnahmen innerhalb von drei Arbeitstagen nach Erhalt der Rückmeldungsergebnisse eingeleitet.[782] Die Vollstreckungsabteilung hat die Ermittlungsergebnisse mit der

---

779 Übersetzung aus Artikel in http://jszx.court.gov.cn/main/ExecuteResearch/287530.jhtml (zuletzt abgerufen am 09.03.2023).

780 Übersetzung aus Artikel in http://jszx.court.gov.cn/main/ExecuteResearch/287530.jhtml (zuletzt abgerufen am 09.03.2023).

781 Meinung des Oberen Volksgerichts von Beijing zur Verbesserung der Qualität und Effektivität von Vermögensermittlung und -kontrolle vom 20. Oktober 2021, siehe http://www.faxin.cn/lib/dffl/DfflSimple.aspx?gid=B1234399&libid=010203 (zuletzt abgerufen am 09.03.2023).

782 Nr. 3 der Meinung des Oberen Volksgerichts von Beijing zur Verbesserung der Qualität und Effektivität von Vermögensermittlung und -kontrolle vom 20. Oktober 2021, siehe http://www.faxin.cn/lib/dffl/DfflSimple.aspx?gid=B1234399&libid=010203 (zuletzt abgerufen am 09.03.2023).

Information, die der Vollstreckungsantragsteller oder ein Dritter zur Verfügung gestellt hat, abzugleichen. Wenn nach Ablauf von 15 Tagen nach der Einleitung der Ermittlung keine Rückmeldung des Systems erfolgt, hat das Volksgericht innerhalb von 3 Tagen die Offline-Ermittlung über das Vermögen des Vollstreckungsgegners durchzuführen. Wenn Vermögen gefunden wird, werden unverzüglich Kontrollmaßnahmen ergriffen.[783]

Ob andere Volksgerichte als die in Beijing ebenfalls Offline-Ermittlungen über das Vermögen des Vollstreckungsgegners durchführen, ist noch nicht bekannt. Im Regelfall informiert das Volksgericht den Antragsteller, wenn mit den kombinierten T-zu-T und P-zu-P Ermittlungen kein Vermögen des Vollstreckungsgegners gefunden wird. Wenn der Antragsteller keine Informationen über das Vermögen des Vollstreckungsgegners zur Verfügung stellen kann, wird das Volksgericht die Vollstreckung wegen Mangels an Vermögen beenden.[784] Die Wiederaufnahme des Vollstreckungsverfahrens ist auf Antrag des Antragstellers möglich, wenn vollstreckbares Vermögen vorhanden ist.[785]

c. *Zurückweisung wegen Formulierungs- oder Berechnungsfehlern*

Bei Formulierungs- oder Berechnungsfehlern im Haupttext des Schiedsspruchs oder bei Angelegenheiten, die vom Schiedsgericht festgelegt wurden, aber im Haupttext des Schiedsspruchs nicht enthalten sind, teilt das Volksgericht dem Schiedsgericht schriftlich mit, dass das Schiedsgericht Berichtigungen oder Klarstellungen vorzunehmen hat. Das Volksgericht kann auch eine Aktenvorlage von der Schiedsinstitution verlangen. Nimmt das Schiedsgericht keine Korrekturen oder Klarstellungen vor und ist der Inhalt der Vollstreckung auch nach der Einsichtnahme des Volksgerichts in die Schiedsverfahrensakte noch unklar und nicht vollstreckbar, kann das Volksgericht den Vollstreckungsantrag ablehnen.

---

783 Nr. 4 der Meinung des Oberen Volksgerichts von Beijing zur Verbesserung der Qualität und Effektivität von Vermögensermittlung und -kontrolle vom 20. Oktober 2021, siehe http://www.faxin.cn/lib/dffl/DfflSimple.aspx?gid=B1234399&libid=010203 (zuletzt abgerufen am 09.03.2023).

784 Vollstreckungsentscheidung des Mittleren Volksgerichts von Shenzhen vom 17.05.2021 (2020, Yue03Zhi Nr. 495-2); Vollstreckungsentscheidung des Mittleren Volksgerichts von Shenzhen vom 27.04.2021 (2020, Yue03ZhiHui Nr. 164); Vollstreckungsentscheidung des Mittleren Volksgerichts von Shenzhen vom 14.04.2021 (2020, Yue03Zhi Nr. 7210-1).

785 Vollstreckungsentscheidung des Mittleren Volksgerichts von Shenzhen vom 27.04.2021 (2020, Yue03ZhiHui Nr. 164); Vollstreckungsentscheidung des Mittleren Volksgerichts von Shenzhen vom 14.04.2021 (2020, Yue03Zhi Nr. 7210-1).

Gegen die Ablehnung des Vollstreckungsantrags durch das Volksgericht in beiden oben genannten Fällen kann der Antragsteller innerhalb von zehn Tagen nach Zustellung der Ablehnungsentscheidung beim übergeordneten Volksgericht einen Antrag auf erneute Prüfung stellen (Wiedererwägungsgesuch)[786].

Die gleiche Überlegung hinsichtlich des direkten Wiedererwägungsgesuchs ohne vorherigen Einspruch wie oben in Kapitel 6.A.I.5.c)bb) gilt auch hier.

d. Dauer der Vollstreckung

Eine Besonderheit im chinesischen Prozessrecht liegt darin, dass in Vollstreckungssachen eine Bearbeitungsfrist zum Zweck der Effektivität besteht. Ein Vollstreckungsfall ist grundsätzlich innerhalb von 6 Monaten nach der Aktenanlegung zu beenden, wenn der Vollstreckungsgegner vollstreckbares Vermögen hat. Unstreitige Vollstreckungsfälle werden in der Regel innerhalb von 3 Monaten ab dem Tag der Aktenanlegung abgeschlossen. Liegen besondere Umstände vor, die eine Verlängerung der Vollstreckungsfrist erfordern, so ist die Zustimmung des Präsidenten oder des Vizepräsidenten des Volksgerichts einzuholen.[787]

e. Rechtsbehelf gegen Vollstreckungsmaßnahmen

i. Widerspruch (Yiyi)

Ist eine Partei oder ein Interessenbetroffener (*Li Hai Guan Xi Ren*)[788] der Auffassung, dass eine vorgenommene Vollstreckungsmaßnahme gegen das Gesetz

---

786 Art. 5 der Vollstreckungsbestimmung.
787 Siehe Veröffentlichung des Vollstreckungsdezernats des ObVG vom 20.04.2018 auf der öffentlichen Webseite für Vollstreckungsinformationen http://zxgk.court.gov.cn/thirdPage.html?href=shouye/html/zxzn/fy_20180420014110000000412598844.html&system=zxzn (zuletzt abgerufen am 09.03.2023).
788 Nach Art. 5 der Regelungen des ObVG über die Fragen betreffend die Bearbeitung von Widerspruch und Wiedererwägungsgesuch bei der Vollstreckung (FaShi 2015, Nr. 10) kann derjenige, dessen Recht oder Interesse vom Rechtsstreit betroffen ist (in dieser Arbeit als der „**Interessenbetroffene**" bezeichnet) Widerspruch gegen die Vollstreckungsmaßnahme erheben. Interessenbetroffene kann eine natürliche Person, eine juristische Person oder eine Organisation sein, wenn sie der Ansicht ist, dass (i) eine Vollstreckungsmaßnahme rechtswidrig ist und dadurch die Ausübung ihres Rechts an der Schuldentilgung aus versiegeltem, gepfändetem und eingefrorenem Vermögen behindert ist; (2) eine Auktionsmaßnahme rechtswidrig ist und daher eine faire Auktion beeinträchtigt ist; (3) eine Maßnahme in Bezug auf Auktion, Versteigerung oder Schuldentilgung mit Vermögensgegenständen rechtswidrig ist und dadurch ihr Vorkaufsrecht am Vollstreckungsgegenstand verletzt ist; (4) eine vom Volksgericht verlangte Vollstreckungsunterstützung den Umfang der (ihr

verstößt, kann sie/er nach § 232 S. 1 ZPG bei dem Vollstreckungsgericht – in der Regel dem Mittleren Volksgericht – schriftlich einen Widerspruch einlegen. Der Widerspruch muss vor der Beendigung der Vollstreckung eingelegt werden, es sei denn, dass sich der Widerspruch auf Vollstreckungseinstellungsmaßnahmen bezieht.[789] Das Volksgericht bildet eine Kollegialkammer und prüft den Widerspruch innerhalb von fünfzehn Tagen nach dessen Eingang. Wenn der Widerspruch stichhaltig begründet ist, wird die Vollstreckungsmaßnahme aufgehoben oder berichtigt. Wenn der Widerspruch nicht stichhaltig begründet ist, wird der Widerspruch zurückgewiesen.[790]

ii. Wiedererwägungsgesuch (Fuyi)

Wenn sich die Partei oder der Interessenbetroffene der Entscheidung des Vollstreckungsgerichts über den Widerspruch nicht unterwerfen will, kann die Partei oder der Interessenbetroffene nach § 232 S. 3 ZPG innerhalb von 10 Tagen ab der Zustellung der Entscheidung beim bearbeitenden Vollstreckungsgericht – Mittleres Volksgericht – oder direkt beim übergeordneten Volksgericht – Oberes Volksgericht – einen schriftlichen Antrag auf erneute Prüfung stellen. Im erstgenannten Fall muss das Mittlere Volksgericht den Antrag zusammen mit den Akten über den betroffenen Vollstreckungsfall innerhalb von fünf Tagen an das Obere Volksgericht weiterleiten.[791] Das Obere Volksgericht bildet eine Kollegialkammer und wird innerhalb von dreißig Tagen nach der Antragstellung über den Antrag entscheiden. Diese Frist ist bis zu weiteren 30 Tagen verlängerbar.[792]

---

zumutbaren) Unterstützungsleistung überschreitet oder gegen das Gesetz verstößt; oder (5) ihre anderen rechtlichen Interessen durch die rechtswidrige Vollstreckungsmaßnahme des Volksgerichts verletzt sind.

789 Siehe Art. 6 Abs. 1 der Bestimmung des ObVG über die Fragen betreffend die Bearbeitung von Widerspruch und Wiedererwägungsgesuch bei der Vollstreckung (FaShi 2015 Nr. 10), in Folgenden als **„Bestimmung über Widerspruch und Wiedererwägungsgesuch"** bezeichnet.
790 Art. 11 Abs. 1 der Bestimmung über Widerspruch und Wiedererwägungsgesuch und § 232 S. 2 ZPG.
791 Art. 6 und 7 der Auslegung des ObVG über die Anwendung des ZPG im Vollstreckungsverfahren vom 03.11.2008 (FaShi 2008, Nr. 13), geändert durch Auslegung des ObVG vom 23.12.2020 (FaShi 2020, Nr. 21).
792 Art. 8 der Auslegung des ObVG über die Anwendung des ZPG im Vollstreckungsverfahren vom 03.11.2008 (FaShi 2008, Nr. 13), geändert durch Auslegung des ObVG vom 23.12.2020 (FaShi 2020, Nr. 21).

Während der Prüfung des Widerspruchs bzw. des Wiedererwägungsgesuchs wird die Vollstreckung nicht ausgesetzt. Aber wenn der Vollstreckungsschuldner und/oder der Widersprechende ausreichende Sicherheit geleistet hat, kann die Vollstreckung ausgesetzt werden. Dagegen kann der Vollstreckungsgläubiger mit ausreichender Sicherheitsleistung die Fortsetzung der Vollstreckung beantragen.[793]

Ist das übergeordnete Volksgericht der Auffassung, dass das Vollstreckungsgericht in seiner Entscheidung über den Widerspruch den Sachverhalt eindeutig festgestellt hat und das Recht richtig angewendet hat, weist es das Wiedererwägungsgesuch zurück und bestätigt die Entscheidung des Vollstreckungsgerichts. Wenn der Sachverhalt in der Entscheidung des Vollstreckungsgerichts falsch festgestellt wurde oder die Rechtsanwendung durch das Vollstreckungsgericht fehlerhaft war, hebt das übergeordnete Volksgericht die Entscheidung des Vollstreckungsgerichts auf oder berichtigt diese Entscheidung. Wenn der Sachverhalt nicht eindeutig festgestellt wurde oder die Beweise unzureichend waren oder die Entscheidung des Vollstreckungsgerichts gegen das gesetzliche Verfahren verstoßen hat, hebt das übergeordnete Volksgericht die Entscheidung des Vollstreckungsgerichts auf und verweist die Sache zur erneuten Prüfung an das Vollstreckungsgericht zurück. Wenn sich die Partei oder der Interessenbetroffene der erneuten Entscheidung des Vollstreckungsgerichts auch unterwerfen will und ein weiteres Mal einen Antrag auf erneute Prüfung beim übergeordneten Volksgericht stellt, kann dieser Antrag nicht ein weiteres Mal zur erneuten Prüfung an das Vollstreckungsgericht zurückgewiesen werden.[794] Das übergeordnete Volksgericht muss selbst eine Entscheidung treffen oder die vorhandene Entscheidung berichtigen.

f. Rechtsmittel betreffend den Vollstreckungsgegenstand
i. Widerspruch eines Dritten
(1) Recht eines Dritten als Gegenstand des Widerspruchs
§ 234 ZPG spricht nur davon, dass ein am Rechtsstreit nicht beteiligter Dritter (im Folgenden als der **„Dritte"** bezeichnet) Widerspruch hinsichtlich des Vollstreckungsgegenstandes beim Vollstreckungsgericht einlegen kann. Der

---

[793] Art. 9 der Auslegung des ObVG über die Anwendung des ZPG im Vollstreckungsverfahren vom 03.11.2008 (FaShi 2008, Nr. 13), geändert durch Auslegung des ObVG vom 23.12.2020 (FaShi 2020, Nr. 21).
[794] Art. 23 Abs. 1 der Bestimmung über Widerspruch und Wiedererwägungsgesuch.

Gegenstand des Widerspruchs wurde durch Art. 14 der Auslegung des ObVG über die Anwendung des ZPG im Vollstreckungsverfahren, die im Jahr 2020 modifiziert wurde, dahingehend konkretisiert, dass der Dritte sein Eigentum oder sein eine Veräußerung oder Übertragung hinderndes materielles Recht an dem Vollstreckungsgegenstand nach § 234 ZPG geltend macht kann.[795] Zu beachten ist aber, dass Art. 24 der Bestimmung über Widerspruch und Wiedererwägungsgesuch, die im Jahr 2015 erlassen wurde, hinsichtlich des Drittwiderspruchs von einem Recht, das die Vollstreckung ausschließen kann, spricht. Fraglich ist, was für ein Verhältnis zwischen Art. 14 der Auslegung des ObVG über die Anwendung des ZPG im Vollstreckungsverfahren und Art. 24 der Bestimmung über Widerspruch und Wiedererwägungsgesuch ist. Die zeitlich vorher erlassene Bestimmung über Widerspruch und Wiedererwägungsgesuch ist nicht wegen der im Jahr 2020 modifizierten Auslegung des ObVG über die Anwendung des ZPG im Vollstreckungsverfahren unwirksam geworden. Wenn aber zwei Auslegungsregelungen des ObVG denselben Gegenstand regeln, hier den Gegenstand des Widerspruchs eines Dritten, ist es zu interpretieren, dass die zeitlich spätere Auslegungsregelung Anwendungsvorrang hat. Außerdem enthält Art. 24 der Bestimmung über Widerspruch und Wiedererwägungsgesuch eine unglückliche und unverständliche Formulierung dahingehend, dass das Volksgericht zu dem Widerspruch des Dritten mit dem Ziel, die Vollstreckung auszuschließen, prüfen muss, ob das Recht des Dritten die Vollstreckung ausschließen kann. Diese Regelung hat keinen klärenden oder auslegenden Sinn. Daher ist das Eigentum oder ein eine Veräußerung oder Übertragung hinderndes materielles Recht als das geltend zu machende Recht in einem Drittwiderspruch zu verstehen.

Aus Art. 25 der Bestimmung über Widerspruch und Wiedererwägungsgesuch ergibt sich, dass Eigentum, eingetragene dingliche Rechte und Besitz an beweglichen und unbeweglichen Sachen und Inhaberschaft an Bankguthaben, Wertpapieren und Geschäftsanteilen/Aktien eine Vollstreckung ausschließen können.

Nach Art. 31 der Bestimmung über Widerspruch und Wiedererwägungsgesuch kann ein Mieter die Übergabe der von ihm gemieteten und genutzten Immobilie, welche als Vollstreckungsgegenstand versiegelt ist, verweigern, wenn er vor der Versiegelung bereits einen rechtswirksamen Mietvertrag unterzeichnet

---

795 Auslegung des ObVG über die Anwendung des ZPG im Vollstreckungsverfahren vom 03.11.2008 (FaShi 2008, Nr. 13), geändert durch Auslegung des ObVG vom 23.12.2020 (FaShi 2020, Nr. 21).

hat und die Immobilie in Besitz genommen hat, es sei denn, dass der Vollstreckungsschuldner (als Vermieter) und der Dritte (als Mieter) miteinander konspirieren und die Miete unzumutbar niedrig ist oder sie den Mietzahlungsbeleg gefälscht haben. Im Fall eines drittbetroffenen Mieters ist zu überlegen, ob hier ein Fall des § 234 ZPG oder des § 232 ZPG vorliegt. Der Mieter hat nur ein zeitlich befristetes Nutzungsrecht an den vermieteten Räumen. Das ist kein absolutes materielles Recht zur Verhinderung der Übertragung der Immobilie. Der Mieter hat die Immobilie zur eigenen Nutzung in Besitz genommen. Selbst wenn die Immobilie versiegelt, verpfändet oder eingefroren wird, darf er den Besitz behalten und die Immobilie noch nutzen. Ihm ist nur verboten, den Besitz an den Vollstreckungsschuldner zu übergeben.[796] Wenn die Vollstreckungsmaßnahme, z.B. die Versiegelung seine Nutzung stört, kann er nach § 232 ZPG gegen die Vollstreckungsmaßnahmen vorgehen.

Art. 26, 28 und 29 der Bestimmung über Widerspruch und Wiedererwägungsgesuch listen folgende in Rechtsdokumenten niedergelegte Feststellungen, die vor der Vornahme der Vollstreckungsmaßnahmen am Vollstreckungsgegenstand rechtskräftig geworden sind, auf, die vom Volksgericht berücksichtigt werden können.

- Es wurde in einer Entscheidung für eine vertragliche Streitigkeit über das Eigentum, das Mietverhältnis, das Darlehen oder die Verwahrung festgestellt, dass der Vollstreckungsgegenstand dem Dritten gehört oder der Vollstreckungsgegenstand dem Dritten zurückgegeben ist.
- In einer Entscheidung wurden die erfolgte Versteigerung oder der erfolgte Verkauf des Vollstreckungsgegenstandes an den Dritten oder die erfolgte Schuldtilgung durch Übergabe der Sache an den Dritten festgestellt.
- Der Widerspruch des Dritten hinsichtlich einer versiegelten Immobilie unter dem Namen des Vollstreckungsschuldners wird berücksichtigt, wenn (1) der Dritte vor der Versiegelung der Immobilie bereits als Käufer einen rechtswirksamen Kaufvertrag unterzeichnet hat, (2) der Dritte die Immobilie vor der Versiegelung in Besitz genommen hat, (3) der Dritte bereits den gesamten Kaufpreis gezahlt hat oder einen Teil des Kaufpreises gezahlt hat und den Restkaufpreis auf Ersuchen des Volksgerichts zur Vollstreckung gegeben hat

---

796 Art. 15 Abs. 2 der Bestimmung des ObVG über die Versiegelung, Pfändung und Einfrierung von Vermögenswerten in der Zivilvollstreckung durch die Volksgerichte vom 26.10.2004 (FaShi 2004, Nr. 15).

und (4) die Eintragung des Eigentümerwechsels aus anderen, nicht von dem Dritten zu vertretenden Gründen nicht erfolgt ist.
– Der Widerspruch des Dritten hinsichtlich einer versiegelten Immobilie unter dem Namen des Bauunternehmens wird berücksichtigt, wenn (1) der Dritte vor der Versiegelung der Immobilie als Käufer bereits einen rechtswirksamen Kaufvertrag unterzeichnet hat, (2) die Immobilie zu Wohnzwecken genutzt wird und der Dritte als Käufer kein anderes Haus / keine andere Wohnung zu Wohnzwecken hat und (3) der bereits gezahlte Teilbetrag fünfzig Prozent des im Vertrag vereinbarten Gesamtpreises übersteigt.

Dem chinesischen Sachenrecht ist das Anwartschaftsrecht fremd. Daher sind die oben erwähnte dritte Feststellung und vierte Feststellung grundsätzlich zu begrüßen. Die Voraussetzungen in der vierten Feststellung sind aber sehr kritisch zu sehen, weil sich nicht rechtfertigen lässt, warum eine Immobilie unter dem Namen eines Bauunternehmens im Vergleich zur dritten Fallgruppe unterschiedlich zu behandeln ist.

Zu beachten ist, dass das Volksgericht in den Feststellungen der Art. 26, 28 und 29 der Bestimmung über Widerspruch und Wiedererwägungsgesuch auch noch prüfen muss, ob die festgestellten Rechte und Ansprüche die Vollstreckung ausschließen können. Dazu gibt es wie oben erwähnt keine Maßstäbe. Entweder hat das Volksgericht dazu einen eigenen, breiten Beurteilungsspielraum oder diese Prüfungsanforderung geht einfach ins Leere.

(2) Verfahren

Die Einlegung des Widerspruchs muss vor der Vollstreckungsbeendigung erfolgen. Das Volksgericht bildet eine Kollegialkammer und muss innerhalb von 15 Tagen nach Erhalt des Einwandes über diesen entscheiden.[797] In der Zwischenzeit darf das Volksgericht nicht über den Gegenstand verfügen.[798] Mit ausreichender Sicherheitsleistung durch den Dritten kann das Volksgericht auch bereits vorgenommene Maßnahmen (z.B. Versiegelung, Pfändung oder Einfrierung) an dem Gegenstand aufheben. Dagegen kann das Volksgericht auf Antrag des Vollstreckungsgläubigers unter der Bedingung ausreichend erbrachter

---

797 § 234 ZPG und Art. 11 Abs. 1 der Bestimmung über Widerspruch und Wiedererwägungsgesuch.
798 Art. 15 Abs. 1 der Auslegung des ObVG über die Anwendung des ZPG im Vollstreckungsverfahren vom 03.11.2008 (FaShi 2008, Nr. 13), geändert durch Auslegung des ObVG vom 23.12.2020 (FaShi 2020, Nr. 21).

Sicherheitsleistung die Vollstreckung fortsetzen.[799] Wenn sich die Aufhebung erfolgter Vollstreckungsmaßnahmen auf Antrag des Dritten später als rechtsfehlerhafterweist und dadurch die Vollstreckung in den Vollstreckungsgegenstand unmöglich wird, kann das Volksgericht in die vom Dritten bereitgestellten Sicherheiten vollstrecken. Wenn sich die Fortsetzung der Vollstreckung auf Antrag des Vollstreckungsgläubigers später als rechtsfehlerhafterweist und der Dritte dadurch Schaden leidet, muss der Vollstreckungsgläubiger dem Dritten die entstandenen Schäden ersetzen.[800]

(3) Rechtsfolge

Wenn der Widerspruch stichhaltig begründet ist, wird die Vollstreckung in den betroffenen Vollstreckungsgegenstand nach § 234 S. 1 ZPG ausgesetzt. Wenn der Widerspruch nicht stichhaltig begründet ist, wird der Widerspruch zurückgewiesen.

Anders als beim Widerspruch der Partei oder des Interessenbetroffenen im Fall rechtswidriger Vollstreckungsmaßnahmen steht dem Dritten oder der Partei hier kein Wiedererwägungsgesuch gegen die Entscheidung über den Widerspruch zur Verfügung. Wenn sich der Dritte oder eine Partei der Entscheidung des Vollstreckungsgerichts über den Widerspruch nicht unterwerfen will und gegen die ursprüngliche Entscheidung vorgehen will, d.h. dass er oder sie der Ansicht ist, dass die ursprüngliche Entscheidung falsch ist, muss nach § 234 S. 2 Alt. 1 ZPG das Verfahren zur Überwachung gerichtlicher Entscheidungen (siehe Details in Kapitel 1.D.III.2) eingeleitet werden. Das Verfahren zur Überwachung gerichtlicher Entscheidungen ermöglicht eine nochmalige Überprüfung der bereits rechtskräftigen Entscheidung durch den Gerichtspräsidenten oder das übergeordnete Volksgericht. Die Formulierung von § 234 ZPG bezieht sich auf das zivilrechtliche Verfahren. Mit dem Begriff „ursprüngliche Entscheidung" ist daher das Urteil oder der Beschluss in einem Zivilprozessverfahren gemeint, das/der als Vollstreckungstitel fungiert. Wenn hier von der Vollstreckung eines Schiedsspruchs und dem Rechtsbehelf in diesem Zusammenhang die Rede ist, ist der zu vollstreckende Schiedsspruch die „ursprüngliche Entscheidung".

---

799 Art. 15 Abs. 2 der Auslegung des ObVG über die Anwendung des ZPG im Vollstreckungsverfahren vom 03.11.2008 (FaShi 2008, Nr. 13), geändert durch Auslegung des ObVG vom 23.12.2020 (FaShi 2020, Nr. 21).

800 Art. 15 Abs. 3 der Auslegung des ObVG über die Anwendung des ZPG im Vollstreckungsverfahren vom 03.11.2008 (FaShi 2008, Nr. 13), geändert durch Auslegung des ObVG vom 23.12.2020 (FaShi 2020, Nr. 21).

Es lässt sich zunächst kaum nachvollziehen, wie eine Entscheidung über den Widerspruch eines Dritten zur Geltendmachung von Eigentum oder einem eine Veräußerung oder Übertragung hindernden Recht am Vollstreckungsgegenstand dem Dritten oder der Partei Anlass gibt, die ursprüngliche Entscheidung anzugreifen. Falls der Dritte oder die Partei die ursprüngliche Entscheidung angreifen wollte – aus welchem Grund auch immer –, müsste er oder sie sich nach § 234 S. 2 Alt. 1 ZPG des Verfahrens zur Überwachung gerichtlicher Entscheidungen bedienen. Dieses Verfahren ist aber für den Fall der Vollstreckung eines Schiedsspruchs nicht anwendbar, weil das in Kapitel 5 dargestellte Aufhebungsverfahren der einzige Rechtsbehelf für eine Partei gegen einen Schiedsspruch ist. Das Verfahren zur Überwachung gerichtlicher Entscheidungen kann auch nicht in ein Aufhebungsverfahren umgedeutet werden. Der Dritte kann den Schiedsspruch eventuell mit dem Argument des Scheinverfahrens angreifen. Dazu wird auf Kapitel 6.A.I.8 verwiesen.

Wenn die geltend zu machende Einwendung nicht im Zusammenhang mit der ursprünglichen Entscheidung steht, d.h. wenn die ursprüngliche Entscheidung nicht angegriffen wird, kann der Dritte oder die Partei nach § 234 S. 2 Alt. 2 ZPG innerhalb von fünfzehn Tagen nach der Zustellung der Entscheidung über den Widerspruch eine Klage beim Volksgericht erheben. Diese Alternative ist in der Weise zu interpretieren, dass sich der Dritte oder die Partei nicht über den Schiedsspruch, sondern über das Eigentum oder das eine Veräußerung oder Übertragung hindernde Recht streiten möchte. Da das mit dem ursprünglichen Vollstreckungstitel nichts zu tun hat, ist eine separate Vollstreckungswiderspruchsklage zu erheben (siehe gleich in Kapitel 6.A.I.6.f)bb)).

Wenn der Vollstreckungsgläubiger nach dem Erhalt der Entscheidung über die Aussetzung der Vollstreckung in den Vollstreckungsgegenstand keine Vollstreckungswiderspruchsklage fristgerecht erhebt, hebt das Volksgericht die am Vollstreckungsgegenstand vorgenommenen Vollstreckungsmaßnahmen auf.[801]

(4) § 232 ZPG vs. 234 ZPG

Aus § 232 ZPG und § 234 ZPG ergibt sich, dass jemand, der nicht am Schiedsverfahren beteiligt war, sowohl als ein Interessenbetroffener als auch als ein Dritter definiert werden kann. Daher kann er sowohl als ein Interessenbetroffener einen Widerspruch gegen die Vollstreckungsmaßnahmen als auch einen Widerspruch betreffend den Vollstreckungsgegenstand einlegen. Wenn er aufgrund seines materiellen Rechts am Vollstreckungsgegenstand beide Widersprüche eingelegt

---

801 Art. 316 der Auslegung zum ZPG.

hat, behandelt und überprüft das Volksgericht den Fall nur nach § 234 ZPG. Wenn er aufgrund seines materiellen Rechts am Vollstreckungsgegenstand einen Widerspruch nach § 234 ZPG und aufgrund rechtswidriger Vollstreckungsmaßnahmen einen Widerspruch nach § 225 eingelegt hat, prüft das Volksgericht den jeweiligen Widerspruch entsprechend nach § 232 ZPG und § 234 ZPG.[802]

ii. Vollstreckungswiderspruchsklage

Sowohl der Dritte als auch eine Partei kann die Vollstreckungswiderspruchsklage erheben. Die allgemeinen Regelungen für ein Klageverfahren gelten für beide Fälle (die Klage vom Dritten und die Klage von einer Partei).[803] Das ursprüngliche Vollstreckungsgericht ist zuständig.[804] Die Rechtsstreitgründe[805] werden jeweils als Drittvollstreckungswiderspruchsklage und Vollstreckungswiderspruchsklage des Vollstreckungsgläubigers bezeichnet.[806] In beiden Klageverfahren trägt der Dritte die Beweislast dafür, dass er ein zivilrechtliches Interesse an dem Vollstreckungsgegenstand hat, das ausreicht, um die Vollstreckung auszuschließen.[807] Daraus ergibt sich, dass die Feststellung des Eigentums oder eines eine Veräußerung oder Übertragung hindernden Rechts des Dritten der Kernstreitpunkt der beiden Klagen sein muss.

(1) Klage des Dritten

(a) Voraussetzungen

Nach Art. 305 der Auslegung zum ZPG setzt die Erhebung der Drittvollstreckungswiderspruchsklage voraus, dass

(1) der Widerspruch des Dritten nach § 234 ZPG durch das Vollstreckungsgericht abgelehnt worden ist;
(2) der Dritte einen eindeutigen Anspruch zur Ausschließung der Vollstreckung in den Vollstreckungsgegenstand hat und dieser Anspruch nicht im Zusammenhang mit der ursprünglichen Entscheidung steht;

---

802 Art. 8 der Bestimmung über Widerspruch und Wiedererwägungsgesuch.
803 Art. 310 der Auslegung zum ZPG.
804 Art. 304 der Auslegung zum ZPG.
805 Siehe die Bedeutung dieses Begriffs in Kapitel 2.A.I.2.a).
806 Nr. 471 (1) und (2) in der Bestimmung des ObVG für die Rechtsstreitgründe (*Anyou*) in Zivilsachen (zuletzt modifiziert am 14.12.2020, Fa 2020, Nr. 346).
807 Art. 311 der Auslegung zum ZPG.

(3) die Klage innerhalb von fünfzehn Tagen nach der Zustellung der Entscheidung über den Drittwiderspruch eingereicht worden ist.

Die zweite Voraussetzung wird in der Literatur bemängelt, weil ein Schutzbedürfnis für den von der Vollstreckung betroffenen Dritten, die Vollstreckung auszuschließen, unabhängig davon besteht, ob der bestimmte Vollstreckungsgegenstand mit dem der Vollstreckung zugrunde liegenden Titel in Zusammenhang steht.[808] Dieser Ansicht ist mit dem genannten Argument zu folgen.

Darüber hinaus könnte die negative Formulierung der zweiten Voraussetzung weit auslegt werden und eine Rechtsunklarheit erzeugen. Der Gesetzgeber oder das ObVG haben im Gesetz oder in der Auslegungsregelung für die Voraussetzung klarzustellen, was der Dritte mit der Vollstreckungswiderspruchsklage geltend machen kann, beispielsweise sein Eigentum oder sein eine Veräußerung oder Übertragung hinderndes materielles Recht an dem Vollstreckungsgegenstand. Bis jetzt hat das ObVG dieses materielle Recht als Gegenstand des Drittwiderspruchs in einer im Jahr 2020 modifizierten Auslegung über die Anwendung des ZPG im Vollstreckungsverfahren dargestellt.[809] Nach der Auslegung zum ZPG, die im Jahr 2015 erlassen wurde, wird das Volksgericht in der Vollstreckungswiderspruchsklage zivilrechtliche Rechte und Interessen des Dritten, die ausreichen, um die Vollstreckung auszuschließen, prüfen. Ob die beiden zu prüfenden Schutzgüter – das Eigentum oder das eine Veräußerung oder Übertragung hindernde materielle Recht (Begriff 1) und zivilrechtliche Rechte und Interessen des Dritten, die ausreichen, um die Vollstreckung auszuschließen (Begriff 2) – deckungsgleich sind, ist unklar. Beide Begriffe werden in dieser Arbeit angewendet, je nachdem, welche Auslegungsregelungen, die die entsprechenden Begriffe verwenden, zitiert sind.

(b) Das die Vollstreckung ausschließende Recht/Interesse

Da das Volksgericht in der Vollstreckungswiderspruchsklage eigentlich hinsichtlich des Vollstreckungsgegenstandes dasselbe zu prüfen hat wie im Drittwiderspruchsverfahren, wird hier auf Kapitel 6.A.I.6.f)aa)aaa) verwiesen.

---

808 YANG Xiuqing, S. 77, 87.
809 Art. 14 der Auslegung des ObVG über die Anwendung des ZPG im Vollstreckungsverfahren vom 03.11.2008 (FaShi 2008, Nr. 13), geändert durch Auslegung des ObVG vom 23.12.2020 (FaShi 2020, Nr. 21).

(c) Beklagte und Verfahren

In der vom Dritten erhobenen Vollstreckungswiderspruchsklage ist der Vollstreckungsgläubiger zu verklagen.

Wenn der Vollstreckungsschuldner dem Widerspruch des Vollstreckungsgläubigers entgegentritt, d.h. er das Recht des Dritten an dem Gegenstand leugnet, ist der Vollstreckungsschuldner ebenfalls zu verklagen. Wenn der Vollstreckungsschuldner dem Widerspruch des Vollstreckungsgläubigers nicht entgegentritt, kann er als Drittpartei aufgeführt werden.[810]

Im Laufe der Verhandlung über die Vollstreckungswiderspruchsklage darf das Volksgericht nicht über den Vollstreckungsgegenstand verfügen, es sei denn, dass der Vollstreckungsgläubiger ausreichende Sicherheitsleistung erbringt und die Vollstreckungsfortsetzung beantragt.[811]

(d) Entscheidungen

Wenn der Dritte kein Recht zur Ausschließung der Vollstreckung hat, wird die Klage abgewiesen.[812] Wenn der Dritte ein Recht zur Ausschließung der Vollstreckung hat, hat die der Vollstreckungswiderspruchsklage stattgebende Entscheidung den Tenor, dass die Vollstreckung in den Vollstreckungsgegenstand unzulässig ist oder zu untersagen ist.[813] Die vorherige Entscheidung über den Drittwiderspruch ist unwirksam.[814] Wenn der Dritte in der Klage gleichzeitig die Feststellung seines Rechts beantragt hat, kann das Recht in der der Klage stattgebenden Entscheidung festgestellt werden.[815]

Aus diesen Bestimmungen wird abgeleitet, dass die Vollstreckungswiderspruchsklage nicht die Rechtsnatur einer Feststellungsklage hat. Es ist eine prozessuale Gestaltungsklage wie die Klage nach § 771 ZPO DE[816]. Das Ziel dieser Klage ist es, den Status der Vollstreckung zu gestalten, d.h. auszusetzen, fortzusetzen, oder zu beenden.

---

810 Art. 307 der Auslegung zum ZPG.
811 Art. 315 Abs. 1 der Auslegung zum ZPG. Auch Art. 16 der Auslegung des ObVG über die Anwendung des ZPG im Vollstreckungsverfahren vom 03.11.2008 (FaShi 2008, Nr. 13), geändert durch Auslegung des ObVG vom 23.12.2020 (FaShi 2020, Nr. 21).
812 Art. 312 Abs. 1 (2) der Auslegung zum ZPG.
813 Art. 312 Abs. 1 (1) der Auslegung zum ZPG.
814 Art. 314 Abs. 1 der Auslegung zum ZPG.
815 Art. 312 Abs. 2 der Auslegung zum ZPG.
816 MüKo/Karsten Schmidt/Brinkmann, § 771 Rn. 3.

(2) Klage der Partei
(a) Kläger und Beklagter

Aus den Art. 306 bis 314 der Auslegung zum ZPG ergibt sich, dass nur der Vollstreckungsgläubiger eine Vollstreckungswiderspruchsklage erheben kann. Nach Art. 309 der Auslegung zum ZPG teilt das Volksgericht dem Vollstreckungsschuldner mit, dass er eine andere Klage zu erheben hat, wenn nicht der Vollstreckungsgläubiger, sondern nur der Vollstreckungsschuldner eine Vollstreckungswiderspruchsklage erhebt.

Hinsichtlich der Auswahl des Beklagten ist in Art. 308 der Auslegung zum ZPG geregelt, dass in der vom Vollstreckungsgläubiger erhobenen Vollstreckungswiderspruchsklage der Dritte zu verklagen ist. Wenn der Vollstreckungsschuldner dem Antrag des Vollstreckungsgläubigers entgegentritt, ist der Vollstreckungsschuldner mit zu verklagen. Wenn der Vollstreckungsschuldner dem Antrag des Vollstreckungsgläubigers nicht entgegentritt, kann er als Drittpartei aufgeführt werden.

Der Vollstreckungsgläubiger wird eine Vollstreckungswiderspruchsklage (nur) erheben, wenn die Vollstreckung vom Volksgericht im Drittwiderspruchsverfahren ausgesetzt worden ist, d.h. wenn das Recht des Dritten am Vollstreckungsgegenstand einmal vom Volksgericht anerkannt worden ist. Der Vollstreckungsgläubiger hat ein Interesse daran, die Vollstreckung fortsetzen zu lassen. Dafür darf der Dritte kein Recht am Vollstreckungsgegenstand haben, das die Vollstreckung verhindern kann.

Wenn der Vollstreckungsschuldner dem Antrag des Vollstreckungsgläubigers entgegentritt, muss das bedeuten, dass der Vollstreckungsschuldner das Recht des Dritten nicht leugnet oder sogar anerkennt. Es ist daher zu fragen, ob die Vollstreckungswiderspruchsklage überhaupt eine Erfolgsaussicht hat und was für einen Sinn die Vollstreckungswiderspruchsklage des Vollstreckungsgläubigers hat. Die Vollstreckungswiderspruchsklage muss in diesem Fall dem Vollstreckungsgläubiger nichts nützen.

Der Vollstreckungsschuldner kann auch ein Interesse daran haben, dass seine Inhaberschaft am Vollstreckungsgegenstand oder seine Verfügungsmacht über den Vollstreckungsgegenstand anerkannt wird und die Vollstreckung an seinem Vollstreckungsgegenstand fortgesetzt wird, damit seine Schuld gegenüber dem Vollstreckungsgläubiger getilgt wird. Daher muss auch er eine Vollstreckungswiderspruchsklage erheben können, wenn die Vollstreckung wegen des Widerspruchs des Dritten ausgesetzt wird. Der Vollstreckungsschuldner kann auch ein Interesse daran haben, dass das Recht des Dritten am Vollstreckungsgegenstand anerkannt wird und die vom Vollstreckungsgläubiger veranlasste Vollstreckung in einen Gegenstand, über den er nicht verfügen darf, beendet wird. Er könnte sonst vom Dritten auf Schadensersatz in Anspruch genommen werden. Daher muss er auch eine Vollstreckungswiderspruchsklage erheben können, wenn der Widerspruch des Dritten keinen Erfolg hat und die Vollstreckung fortgesetzt ist.

(b) Voraussetzungen, Gegenstand der Klage

Nach Art. 306 der Auslegung zum ZPG setzt die Erhebung der Vollstreckungswiderspruchsklage durch den Vollstreckungsgläubiger voraus, dass

(1) die Vollstreckung wegen des Widerspruchs des Dritten ausgesetzt worden ist;
(2) der Vollstreckungsgläubiger einen eindeutigen Anspruch zur Fortsetzung der Vollstreckung in den Vollstreckungsgegenstand hat und dieser Anspruch nicht im Zusammenhang mit der ursprünglichen Entscheidung steht;
(3) die Klage innerhalb von fünfzehn Tagen nach der Zustellung der Entscheidung über den Drittwiderspruch eingereicht worden ist.

Die zweite Voraussetzung ist irreführend. Der Schiedsspruch als ursprüngliche Entscheidung ist die Grundlage für die hier diskutierte Vollstreckung. Es lässt sich kaum feststellen, was der sog. eindeutige Anspruch zur Fortsetzung der Vollstreckung in den Vollstreckungsgegenstand, der aber nicht im Zusammenhang mit dem Schiedsspruch steht, gemeint ist. Der Sinn der Vollstreckungswiderspruchsklage des Vollstreckungsgläubigers liegt darin, geltend zu machen, dass der Vollstreckungsschuldner über den Vollstreckungsgegenstand verfügen darf und die Vollstreckung daher fortgesetzt werden muss. Der Wortlaut der zweiten Voraussetzung in Art. 306 der Auslegung zum ZPG sollte entsprechend angepasst werden. Außerdem ist der Vollstreckungsgläubiger in der unangenehmen Lage, dass er die Verfügungsmacht über den Vollstreckungsgegenstand ohne Unterstützung des Vollstreckungsschuldners kaum beweisen kann. Wie oben dargestellt, trägt der Dritte nach Art. 311 der Auslegung zum ZPG die Beweislast dafür, dass er ein zivilrechtliches Interesse an dem Vollstreckungsgegenstand hat, das ausreicht, um die Vollstreckung auszuschließen. Art. 311 der Auslegung zum ZPG ist als eine höchstrichterlich geregelte Beweislastumkehr im Fall der Vollstreckungswiderspruchsklage des Vollstreckungsgläubigers zu verstehen.

(c) Entscheidungen

Wenn der Dritte kein Recht zur Ausschließung der Vollstreckung hat, hat die der Vollstreckungswiderspruchsklage stattgebende Entscheidung den Tenor, dass die Vollstreckung in den Vollstreckungsgegenstand zulässig ist oder durchzuführen ist.[817] Die vorherige Entscheidung über den Drittwiderspruch ist unwirksam. Auf Antrag des Vollstreckungsgläubigers oder von Amts wegen kann das Volksgericht die Vollstreckung fortsetzen.[818]

Wenn der Dritte ein Recht zur Ausschließung der Vollstreckung hat, wird die Vollstreckungswiderspruchsklage des Vollstreckungsgläubigers abgewiesen.[819]

g. Vorantreibung der Vollstreckung

Wenn das Vollstreckungsgericht sechs Monate nach dem Erhalt des Vollstreckungsantrags des Vollstreckungsgläubigers die Vollstreckung immer noch nicht durchgeführt hat, kann der Vollstreckungsgläubiger beim übergeordneten Volksgericht – hier dem Oberen Volksgericht – die Vollstreckung beantragen. Das übergeordnete Volksgericht kann eine Frist zur Durchführung der Vollstreckung durch das Vollstreckungsgericht setzen oder kann auch die Vollstreckung selbst durchführen oder die Durchführung durch ein anderes Volksgericht anordnen.[820]

Streng genommen handelt es sich hier nicht um einen Rechtsbehelf, sondern nur die Möglichkeit des Vollstreckungsgläubigers zur Vorantreibung der begehrten, aber ausgebliebenen Vollstreckung.

h. Verteilungsklage

Beantragen mehrere Gläubiger die Beteiligung an der Verteilung am Erlös aus der Vollstreckung, erstellt das Vollstreckungsgericht einen Verteilungsplan und stellt ihn jedem Gläubiger und dem Vollstreckungsschuldner zu. Möchte der Gläubiger oder der Vollstreckungsschuldner Widerspruch gegen den Verteilungsplan erheben, muss er innerhalb von fünfzehn Tagen nach Erhalt des Verteilungsplans schriftlich beim Vollstreckungsgericht tun.[821] Das Vollstreckungsgericht informiert den Gläubiger oder den Vollstreckungsschuldner, wenn dieser keinen Widerspruch eingelegt hat, über den eingelegten Widerspruch. Wenn der Gläubiger oder der Vollstreckungsschuldner, der vorher keinen Widerspruch eingelegt hat, jetzt einen Widerspruch zum eingelegten Widerspruch einlegt, wird

---

817 Art. 313 (1) der Auslegung zum ZPG.
818 Art. 314 Abs. 2 der Auslegung zum ZPG.
819 Art. 313 (2) der Auslegung zum ZPG.
820 Siehe § 233 ZPG. Hinsichtlich der Details über die Voraussetzungen und Verfahren siehe auch Art. 9 bis 12 der Auslegung des ObVG über die Anwendung des ZPG im Vollstreckungsverfahren vom 03.11.2008 (FaShi 2008, Nr. 13).
821 Art. 511 der Auslegung zum ZPG.

der ursprünglich Widerspruchsführer darüber informiert. Dieser ursprüngliche Widerspruchsführer kann gegen denjenigen, der Widerspruch eingelegt hat, eine Klage beim Vollstreckungsgericht erheben.[822]

7. Ablehnung der Vollstreckung durch die Gegenpartei

Nachdem der Vollstreckungsschuldner den Vollstreckungsbescheid von der Vollstreckungskammer oder dem Gerichtsvollzieher erhalten hat, ist es ihm möglich, gegen die Vollstreckung Versagungsgründe geltend zu machen. In diesem Fall wird eine Kollegialkammer gebildet, die die Versagungsgründe überprüft und ggfs. über die Ablehnung der Vollstreckung entscheidet (§ 63 SchG). Wie die Kollegialkammer zusammengesetzt wird und wie das Entscheidungsverfahren läuft, ist nicht eindeutig geregelt. In der Rechtspraxis wird zum Teil vertreten, dass die Kollegialkammer vom Vollstreckungspersonal zusammengesetzt wird. Zum Teil wird vertreten, dass die Kollegialkammer eine Entscheidungskammer[823] sein muss und die Entscheidung und die Vollstreckung getrennt werden müssen.[824]

a. Versagungsgründe
i. Versagungsgründe auf Antrag des Antragsgegners

Der Antragsgegner bzw. Vollstreckungsschuldner hat nach § 63 SchG die Möglichkeit, seinerseits Antrag auf die Ablehnung der Vollstreckung des Schiedsspruchs zu stellen, falls er Beweise für mindestens einen der Versagungsgründe i.S.v. § 244 II ZPG vorlegen kann. Das Volksgericht prüft nur solche Versagungsgründe, die von den Beweismitteln des Vollstreckungsschuldners gedeckt sind.[825] Eine Prüfung dieser sechs Versagungsgründe von Amts wegen findet nicht statt. Die Prüfung erfolgt nur in einem Vollstreckungsverfahren, das durch den Vollstreckungsantrag des Vollstreckungsgläubigers in Lauf gesetzt wird. Ein

---

822 Art. 512 der Auslegung zum ZPG.
823 Die Zivilkammer, die Strafkammer und die Verwaltungskammer eines Volksgerichts werden in China auch zusammen Entscheidungskammer genannt. Sie sind für die Entscheidung über die Sache zuständig und unterscheiden sich insofern von der Vollstreckungskammer.
824 LI Hongjian, S. 56.
825 Das ergibt sich aus dem Wortlaut der § 63 II SchG und § 220 II SchG: *„Wenn der Antragsgegner Beweise vorlegt"*, dass bei dem Schiedsspruch einer der folgenden Umstände gegeben ist, wird von einem Kollegium des Volksgerichts geprüft und entschieden, dass der Schiedsspruch nicht zu vollstrecken ist.

selbständiges Verfahren zur Ablehnung der Vollstreckung gibt es nicht. Nach § 63 SchG i.V.m. § 244 II ZPG wird der Schiedsspruch nicht vollstreckt, wenn

- die Parteien weder im Vertrag eine Schiedsklausel vereinbart noch nachträglich eine schriftliche Schiedsvereinbarung getroffen haben (Nr. 1);
- der Gegenstand des Schiedsspruchs nicht von der Schiedsvereinbarung umfasst ist oder die Schiedsinstitution zur Durchführung des Schiedsverfahrens nicht berechtigt war (Nr. 2);
- die Zusammensetzung des Schiedsgerichts oder das Schiedsverfahren gegen die gesetzlichen Verfahrensregelungen verstoßen hat (Nr. 3);
- die Beweise, auf die sich der Schiedsspruch gestützt hat, gefälscht waren (Nr. 4)[826];
- die Gegenpartei Beweise unterdrückt hat, die die Gerechtigkeit des Schiedsverfahrens beeinträchtigen könnten (Nr. 5)[827];
- ein Schiedsrichter während des Schiedsverfahrens Bestechungen verlangt oder erhalten, seinen privaten Nutzen verfolgt oder das Gesetz verletzt hat (Nr. 6).

Der Wortlaut von § 244 II Nr. 1 ZPG stimmt mit dem von § 281 I Nr. 1 ZPG überein. Er bezieht sich auf die Fallkonstellation einer fehlenden oder unwirksamen Schiedsvereinbarung. Weil in China eine Rechtsstreitigkeit ohne jeglichen Auslandsbezug nicht im Schiedsverfahren vor einer ausländischen Schiedsinstitution oder einem ausländischen ad hoc-Schiedsgericht beigelegt werden darf[828], gilt stets das chinesische Recht als maßgebliches Recht für die Wirksamkeit der inländischen Schiedsvereinbarung. Bezüglich der rechtlichen Beurteilung der Wirksamkeit einer Schiedsvereinbarung wird auf Kapitel 5.C.II.1 und Kapitel 2.C verwiesen.

---

826 Nach § 217 II Nr. 4 ZPG a.F. wurde die Vollstreckung des Schiedsspruchs abgelehnt, wenn die Hauptbeweise nicht ausreichend für die Feststellung der Tatsachen waren. Diese Regelung wurde im Jahr 2012 modifiziert und hat seitdem aus Vereinheitlichungsgründen die identische Formulierung wie in § 58 I Nr. 4 SchG.
827 Nach § 217 II Nr. 5 ZPG a.F. wurde die Vollstreckung des Schiedsspruchs abgelehnt, wenn die Rechtsanwendung (durch das Schiedsgericht) fehlerhaft war. Diese Regelung wurde im Jahr 2012 modifiziert und hat seitdem aus Vereinheitlichungsgründen die identische Formulierung wie in § 58 I Nr. 5 SchG.
828 Antwortschreiben des ObVG vom 31.08.2012 (MinSiTaZi 2012, Nr. 2), veröffentlicht in Judikationsanweisung 2012-2, S. 126.

Der Wortlaut von § 244 II Nr. 2-6 ZPG stimmt mit dem von § 58 I Nr. 2-6 SchG überein. Bezüglich der rechtlichen Beurteilung der Wirksamkeit einer Schiedsvereinbarung wird auf Kapitel 5.C.II.2 bis Kapitel 5.C.II.6 verwiesen.
Das Volksgericht darf den Einwand gegen die Wirksamkeit der Schiedsvereinbarung im Vollstreckungsverfahren nicht berücksichtigen, wenn die Partei diesen Einwand nicht im Schiedsverfahren, sondern erst im Vollstreckungsverfahren als Versagungsgrund erhoben hat.[829] Aber wenn die Partei diesen Einwand bereits im Schiedsverfahren erhoben hat und noch einmal als Versagungsgrund im Vollstreckungsverfahren geltend macht, darf das Volksgericht ihn noch einmal prüfen und den Schuldner unterstützen, falls § 244 ZPG erfüllt ist.[830]

ii. Verstoß gegen gesellschaftliche und öffentliche Interessen (Interessenvorbehalt)

Nach § 244 III ZPG lehnt das Volksgericht die Vollstreckung ab, wenn es der Ansicht ist, dass die Vollstreckung des Schiedsspruchs gegen das gesellschaftliche und öffentliche Interesse verstoßen würde. Jedoch verweist § 63 SchG lediglich auf § 244 II ZPG, nicht aber auf diesen von Amts wegen zu prüfenden Ablehnungsgrund im Sinne von § 273 III ZPG.

(1) Alter Meinungsstreit
Es gibt seit vielen Jahren einen Meinungsstreit, ob § 244 III ZPG nach Inkrafttreten des Schiedsgesetzes seit 1995 noch anwendbar ist.

(a) Herrschende Meinung
Für die Anwendung des § 244 III ZPG spricht die h.M.[831], dass der Vorbehalt des gesellschaftlichen öffentlichen Interesses ein Grundprinzip

---

829 Art. 27 I der Auslegung zum SchG.
830 Art. 27 II der Auslegung zum SchG. Das gilt auch für das Aufhebungsverfahren und die Vollstreckung des Schiedsspruchs mit Auslandsbezug, weil die Regelung nicht nur die Erfüllung des § 244 ZPG, sondern auch die Erfüllung der § 58 SchG und § 281 vorsieht.
831 Lutz Kniprath, S. 149 – zwar wurde die Problematik dort für die Vollstreckung des Schiedsspruchs mit Auslandsbezug diskutiert. Aber es handelt sich eigentlich um eine grundlegende Gesetzstrukturfrage sowohl in Bezug auf rein inländische Schiedssprüche als auch in Bezug auf die Schiedssprüche mit Auslandsbezug, vgl. Wortlaut von § 63 SchG und § 71 SchG; auch TAN Bing, S. 417-418.

im chinesischen Recht und als solches ohne ausdrückliche Normierung anwendbar sei. Die Verweisung (von § 63 SchG auf § 244 II ZPG) beziehe sich nach dem Wortlaut nur auf die auf Antrag der Partei zu prüfenden Versagungsgründe und betreffe daher keine von Amts wegen zu beachtenden Versagungsgründe. In der Rechtspraxis werde der Interessenvorbehalt stets angewendet.

(b) Gegenansicht

Gegen die Anwendbarkeit wird eingewandt, dass § 63 SchG nur auf § 244 II ZPG verweise. Das SchG sei ein formelles Gesetz wie das ZPG und auch ein spezielles Gesetz für die Schiedsgerichtsbarkeit. Das SchG wurde zeitlich nach dem ZPG erlassen. Nach dem Grundsatz, dass das spätere Gesetz Vorrang vor dem früheren Gesetz und das spezielle Gesetz Vorrang vor dem allgemeinen Gesetz hat, finde § 63 SchG hier vorrangige Anwendung. Weil der Gesetzgeber das gesellschaftliche öffentliche Interesse in § 58 SchG als Aufhebungsgrund anerkannt und festgelegt habe, sei davon auszugehen, dass der Gesetzgeber in § 63 SchG bewusst auf den Verweis auf § 244 III ZPG verzichtet habe und keine unplanmäßige Regelungslücke bestehe.[832]

(c) Stellungnahme:

Die h.M. ist nur eine praxisorientierte und -freundliche Auslegung. Der Gesetzgeber hat denselben Wortlaut in § 63 SchG und in § 58 I SchG angewendet und den Interessenvorbehalt nur in § 58 III SchG vorgeschrieben. In § 63 SchG wird nur auf die Versagungsgründe in § 244 II ZPG verwiesen. Ein Redaktionsfehler ist nicht anzunehmen. Rechtssystematisch fehlt es an einer Rechtsgrundlage für den Interessenvorbehalt. Der Ansicht gegen die Anwendung des § 244 III ZPG ist aus rechtssystematischen Gründen zu folgen. Jedenfalls trifft die h.M. insoweit zu, als der Interessenvorbehalt ein nicht zu übersehendes Grundprinzip des chinesischen Rechts und der Politik ist. Die Berücksichtigung der öffentlichen Ordnung ist auch im UNCITRAL-Modellgesetz vorgesehen und in vielen Ländern anerkannt. Diese Regelungslücke sollte durch eine Gesetzesmodifikation oder durch eine Auslegungsregelung des ObVG gefüllt werden, siehe gleich unten Kapitel 6.A.I.7.a)bb)bbb).

---

832 TAN Bing, S. 418–419.

(2) Inhalt des Interessenvorbehalts

Der Wortlaut von § 244 III ZPG stimmt mit dem von § 58 III SchG überein. Bezüglich des Inhalts der gesellschaftlichen und öffentlichen Interessen und deren rechtlichen Beurteilung wird auf Kapitel 5.C.II.7 verwiesen.

(3) Trennbarkeit des Schiedsspruchs

Wenn ein Teil des Schiedsspruchs nach § 244 II ZPG und/oder § 244 III ZPG nicht zu vollstrecken ist, lehnt das Volksgericht nach § 477 der Auslegung zum ZPG die Vollstreckung des betroffenen Teils des Schiedsspruchs ab. Wenn der betroffene Teil des Schiedsspruchs vom restlichen Teil des Schiedsspruchs nicht trennbar ist, ist der ganze Schiedsspruch nicht zu vollstrecken. Durch § 477 der Auslegung zum ZPG ist das oben dargestellte Problem der Regelungslücke erledigt.

(4) Zeitpunkt zur Prüfung von § 244 III ZPG

Eine interessante und praxisrelevante Frage ist, wann und von welchem Organ bzw. von welcher Kammer der Vorbehalt des gesellschaftlichen und öffentlichen Interesses geprüft wird.

Das Aktenanlegungsdezernat prüft nur die Annahmevoraussetzungen[833]. Für die Überprüfung der Vollstreckungsablehnungsgründe – sowohl auf Antrag, als auch von Amts wegen – ist nicht das Vollstreckungsdezernat bzw. die Vollstreckungskammer, sondern die Entscheidungskammer zuständig. Jedoch ist zu beachten, dass die Sache erst dann zur Entscheidungskammer geleitet wird und eine Kollegialkammer erst dann gebildet wird, wenn zumindest einer der Versagungsgründe i.S.v. § 244 II ZPG auf Antrag des Vollstreckungsgegners geltend gemacht wird. Theoretisch besteht die Möglichkeit, dass der Vorbehalt des gesellschaftlichen und öffentlichen Interesses nicht von Amts wegen geprüft wird, falls keine Antragstellung erfolgt.

Zu beachten ist aber, dass der Vorbehalt des gesellschaftlichen und öffentlichen Interesses in der Praxis normalerweise auch auf Antrag des Vollstreckungsgegners hin geprüft wird.

iii. Antragsfrist

Der Vollstreckungsschuldner hat den Antrag auf die Ablehnung der Vollstreckung mit den Versagungsgründen innerhalb von fünfzehn Tagen nach

---

833 Siehe Kapitel 1.D.II.

Zustellung des Vollstreckungsbescheids stellen. Liegen die in § 244 II Nr. 4 und 6 ZPO genannten Umstände vor und ist das Vollstreckungsverfahren noch nicht abgeschlossen, so hat er innerhalb von fünfzehn Tagen nach dem Zeitpunkt, zu dem er von den maßgeblichen Tatsachen oder dem Fall Kenntnis hatte oder hätte haben müssen, einen schriftlichen Antrag zu stellen.[834]

b. Sachentscheidung bzw. Rechtsfolge

i. Ablehnung der Vollstreckung

(1) Rechtsfolge

Die Rechtsfolge der Ablehnung der Vollstreckung richtet sich nach § 9 II 2. Alt. SchG i.V.m. § 244 V ZPG und ist identisch wie die Rechtsfolge der Aufhebung. Die Parteien können sich aufgrund einer erneut erzielten Schiedsvereinbarung noch einmal an eine Schiedskommission wenden oder den Klageweg zum Volksgericht in Anspruch nehmen. Daraus ergibt sich, dass die ursprüngliche Schiedsvereinbarung wegen der Ablehnung der Vollstreckung verbraucht ist. Der Zweifel an dieser Rechtsfolge bzw. an dem Verbrauch der Schiedsvereinbarung wurde bereits in Kapitel 5.E.II dargestellt. Die dort genannten Argumente gelten auch hier. Es sollte berücksichtigt werden, dass mit der Vollstreckungsablehnung nur dem Schiedsspruch seine Vollstreckbarkeit aberkannt wird. Rechtlich gesehen bleibt der Schiedsspruch noch bestehen, er ist nur wirkungslos.[835] Soweit die Schiedsvereinbarung wirksam ist und kein Wille der Parteien ersichtlich ist, auf die Schiedsgerichtsbarkeit zu verzichten, müssen die Parteien das Recht haben, sich unter Ausschluss des ordentlichen Rechtswegs aufgrund der ursprünglichen Schiedsvereinbarung noch der Schiedsgerichtsbarkeit zu bedienen.

(2) Rechtsbehelf gegen die Ablehnungsentscheidung

Gegen die Ablehnung der Vollstreckung durch das Volksgericht ist nach Art. 22 Abs. 1 Alt. 1 der Vollstreckungsbestimmung kein Rechtsbehelf gegeben. Weder ein Widerspruch noch ein Wiedererwägungsgesuch gegen die Entscheidung über die Ablehnung der Vollstreckung ist möglich.

---

834 Art. 8 der Vollstreckungsbestimmung.
835 Das ist anders als im deutschen Schiedsrecht. Nach § 1059 ZPO ist der Antrag auf Vollstreckbarerklärung unter Aufhebung des Schiedsspruchs abzulehnen, wenn einer der in § 1059 Abs. 2 ZPO bezeichneten Aufhebungsgründe vorliegt. Mit „unter Aufhebung des Schiedsspruchs" ist gemeint, dass nicht „nur" die beantragte Vollstreckbarerklärung abzulehnen ist, sondern von Amts wegen auch der mangelhafte Schiedsspruch aufzuheben ist, siehe MüKo zur ZPO § 1060 Rn. 26.

ii. Durchführung bzw. Fortsetzung der Vollstreckung

(1) Rechtsfolge

Wenn die Versagungsgründe nach der Prüfung des Volksgerichts nicht vorliegen, wird der Antrag des Vollstreckungsschuldners zurückgewiesen.

(2) Rechtsbehelf

Gegen die Zurückweisung des Antrags auf Nichtvollstreckung des Schiedsspruchs durch das Volksgericht ist nach Art. 22 Abs. 1 Alt. 2 der Vollstreckungsbestimmung kein Rechtsbehelf gegeben.

Hinsichtlich des Rechtsbehelfs in der Vollstreckung wird auf Kapitel 6.A.I.6 verwiesen.

c. Berichterstattung

Die Berichterstattungsbestimmung gilt für den Antrag auf Vollstreckung der Schiedssprüche chinesischer Schiedsinstitutionen als Fallgruppe 3 der Schiedsfälle unter gerichtlicher Überprüfung. Die Darstellungen in Kapitel 2.A.III.2 gelten auch hier. Wenn das Volksgericht beabsichtigt, den Schiedsspruch einer chinesischen Schiedsinstitution ohne Bezug auf das Ausland, Hong Kong, Macau oder Taiwan nicht zu vollstrecken, muss es an das zuständige Obere Volksgericht in seinem Bezirk Bericht erstatten. Grundsätzlich geht der Bericht nur bis zum Oberen Volksgericht. Der Bericht muss nur dann an das ObVG erstattet werden, wenn sich die Wohnsitze der Parteien der Schiedsfälle unter gerichtlicher Überprüfung in unterschiedlichen Provinzen befinden oder Schiedssprüche einer chinesischen Schiedsinstitution aufgrund Verstoßes gegen gesellschaftliche und öffentliche Interessen aufgehoben werden sollen.

8. Ablehnung der Vollstreckung durch Dritte

a. Rechtsgrundlage und Voraussetzungen

Die im Jahr 2018 erlassene Vollstreckungsbestimmung ermöglicht einem am Schiedsverfahren nicht beteiligten Dritten (im Folgenden verkürzt „**Dritter**" genannt), die Nichtvollstreckung eines Schiedsspruchs zu beantragen. Die Möglichkeit steht dem Dritten nur im Fall der Vollstreckung inländischer Schiedssprüche (einschließlich innerstaatlicher oder auslandsbezogener inländischer Schiedssprüche) zu, weil die Vollstreckungsbestimmung nur für einen solchen Fall gilt (siehe Kapitel 6.A.I.1). Ein Dritter kann keinen Antrag gegen die Vollstreckung ausländischer Schiedssprüche oder Schiedssprüche aus Hong Kong, Macau und Taiwan stellen.

Nach Art. 9 Nr. 1 der Vollstreckungsbestimmung müssen dazu Anhaltspunkte dafür vorliegen, dass die Parteien des Schiedsverfahrens dieses Schiedsverfahren böswillig beantragt haben oder ein Scheinschiedsverfahren gegeben ist, so dass die rechtmäßigen Rechte und Interessen (im Folgenden als **RRI** bezeichnet) des Dritten beeinträchtigt sind. Die Vollstreckung in den Gegenstand, bei dem die RRI des Dritten betroffenen sind, muss nach Art. 9 Nr. 2 der Vollstreckungsbestimmung noch nicht abgeschlossen sein. Nach Art. 9 Nr. 3 der Vollstreckungsbestimmung muss der Antrag innerhalb von dreißig Tagen ab dem Zeitpunkt eingereicht werden, ab dem der Dritte wusste oder wissen musste, dass das Volksgericht Vollstreckungsmaßnahmen in den Vollstreckungsgegenstand vorgenommen hat.

Nach Art. 18 der Vollstreckungsbestimmung wird das Volksgericht dem Antrag des Dritten stattgeben, wenn folgende Voraussetzungen erfüllt sind:

(1) Der Dritte ist das Subjekt der (geltend gemachten) Rechte und Interessen.
(2) Die vom Dritten geltend gemachten Rechte und Interessen sind rechtmäßig und echt.
(3) Das Rechtsverhältnis zwischen den Parteien des Schiedsgerichtsverfahrens ist fiktiv und der Sachverhalt ist gefälscht.
(4) Der Haupttext des Schiedsspruchs oder der schiedsrichterlichen Mediation, der sich mit den Ergebnissen für die zivilrechtlichen Rechte und Pflichten der Parteien befasst, ist ganz oder teilweise fehlerhaft und beeinträchtigt die RRI des Dritten.

Die drei Voraussetzungen in Art. 9 der Vollstreckungsbestimmung und die vier Voraussetzungen in Art. 18 der Vollstreckungsbestimmung überschneiden und ergänzen sich gegenseitig. In der Literatur wird ausgeführt, dass Art. 9 der Vollstreckungsbestimmung die formellen Voraussetzungen regelt und Art. 18 der Vollstreckungsbestimmung die materiellen Voraussetzungen.[836] Dieser Ansicht ist nicht zu folgen, weil weder die böswillige Beantragung des Schiedsverfahrens oder ein Scheinschiedsverfahren noch die Benachteiligung der RRI des Dritten als formelle Voraussetzungen angesehen werden können. Es lässt sich bei Art. 9 und Art. 18 der Vollstreckungsbestimmung nicht klären, warum die zwei Vorschriften gemischte Formulierungen für die Voraussetzungen enthalten. Die Dreißig-Tage-Frist und der fehlende Abschluss der Vollstreckung sind unproblematisch formelle Voraussetzungen für den Antrag des Dritten. Die restlichen Voraussetzungen bedürfen einer materiellen Prüfung.

---

836 LI Hongbo, S. 41, 44.

Zusammenfassend muss entweder eine böswillige Beantragung des Schiedsverfahrens oder ein Scheinschiedsverfahren vorliegen. Darüber hinaus müssen die RRI des Dritten durch das Ergebnis des bedenklichen Schiedsverfahrens bzw. die Rechtsfolge der Durchsetzung des Schiedsspruchs beeinträchtigt werden.

Die geltend gemachten Gründe müssen von der Kollegialkammer des zuständigen Volksgerichts überprüft werden.[837]

i. Böswilliges Schiedsverfahren oder böswillige Einleitung des Schiedsverfahrens

Weder im chinesischen Gesetz noch in einer Auslegungsregelung des ObVG (außer der Vollstreckungsbestimmung) ist von einer böswilligen Beantragung des Schiedsverfahrens die Rede. Weil ein Schiedsverfahren nicht „beantragt" werden kann, sondern nur mit der Erhebung der Schiedsklage eingeleitet werden kann, wird im Folgenden von der böswilligen Einleitung des Schiedsverfahrens oder böswilligen Schiedsklageerhebung gesprochen. Es lässt sich nicht nachvollziehen, wann und wie ein Schiedsverfahren böswillig eingeleitet werden kann. Eine Partei kann eine Schiedsklage erheben. Wenn die Klage weder zulässig noch begründet ist, wird die Klage vom Schiedsgericht abgewiesen. Es ist kaum vorstellbar, wie die Schiedsklageerhebung als solche böswillig sein kann. Dazu fehlt eine nähere Darstellung zu dieser Konstellation in der Vollstreckungsbestimmung.

Es gibt eine Literaturstimme, die direkt von einer böswilligen Schiedsgerichtsbarkeit spricht.[838] Es gibt auch eine Literaturmeinung, die die hiesige Konstellation mit der sog. böswilligen Klage vergleicht.[839] Zu beachten ist, dass eine böswillige Klage im Zivilprozess hauptsächlich Gegenstand der akademischen Diskussion in der Literatur ist und unterschiedlich interpretiert wird.[840] Es fehlt jedoch eine gesetzliche Regelung oder höchstrichterliche Rechtsprechung zur Feststellung des Maßstabs für die Annahme der Böswilligkeit als ein subjektives Merkmal.[841] Wegen dieser Unbestimmbarkeit bzw. Unklarheit des

---

837 Art. 11 Abs. 1 der Vollstreckungsbestimmung.
838 WANG Ruihua, S. 3.
839 LI Hongbo, S. 41, 48 ff.
840 Einige Ansichten bzw. Auslegungen sind im Aufsatz von LI Hongbo zitiert, siehe LI Hongbo, S. 41, 48 ff.
841 Die Definition von „böser Wille" ist im Markengesetz (§ 63 I) und im Gesetz gegen den unlauteren Wettbewerb (§ 17 Abs. 3) erwähnt. Zur böswilligen Klage in Bezug auf geistiges Eigentum hat die dritte Kammer des ObVG – eine spezielle Kammer für geistiges Eigentum – im Jahr 2004 einen Forschungsbericht über die böswillige Klage im Bereich Geistiges Eigentum erstellt. Die Auslegung des ObVG zur Anwendung

Rechtsbegriffs der Böswilligkeit ist die Berechtigung des Dritten, die Nichtvollstreckung des Schiedsspruchs (nur) wegen böswilliger Schiedsklageerhebung zu beantragen, sehr bedenklich.

ii. *Scheinschiedsverfahren*

Der Begriff „Scheinschiedsverfahren" stammt aus der Schiedspraxis und beschreibt eine „Zusammenarbeit" zwischen den Parteien in einem Schiedsverfahren.[842] Im chinesischen Zivilprozessgesetz ist von einem solchen Scheinverfahren die Rede. § 112 ZPG[843] regelt die Konstellation, dass zumindest zwei Parteien miteinander konspirieren und die RRI anderer durch Scheinklageverfahren oder Scheinschlichtung oder andere Mittel verletzen. § 113 ZPG[844] bezieht sich auf die Vollstreckung und zielt darauf ab zu verhindern, dass der Vollstreckungsschuldner mit anderen konspiriert und sich der Pflichterfüllung z.B. aus dem zu vollstreckenden Urteil, durch ein anderes Scheinklageverfahren, Scheinschiedsverfahren oder eine Scheinschlichtung entzieht. § 112 ZPG und § 113 ZPG schützen zwar nach dem Wortlaut unterschiedliche Interessen – RRI von anderen versus Gewährleistung der Pflichterfüllung. Die Gewährleistung der Pflichterfüllung dient ihrem Wesen nach ebenfalls dem Schutz der RRI des Vollstreckungsgläubigers, die im Einzelfall noch festzustellen sind. Es ist

---

von Strafschadensersatz in Zivilprozessen wegen Verletzung von Rechten des geistigen Eigentums vom 07.02.2021 (FaShi 2021, Nr. 4) hat zwar vom bösen Willen im Sinne des Markengesetzes und des Gesetzes gegen den unlauteren Wettbewerb gesprochen, hat aber auch verdeutlicht, dass die Unterscheidung von „absichtlich" und „böswillig" sehr schwierig ist. Daher beschränkt sich die höchstrichterliche Diskussion über die böswillige Klage bis jetzt auf den speziellen Bereich des geistigen Eigentums.

842 YANG Xiuqing, S. 77, 79.
843 Wortlaut des § 115 ZPG: Wenn die Parteien in böser Absicht miteinander konspirieren und versuchen, die rechtmäßigen Rechte und Interessen anderer durch Klageverfahren oder Schlichtung und andere Mittel zu verletzen, weist das Volksgericht ihren Antrag zurück und verhängt eine Geldstrafe oder Haft entsprechend der Schwere der Umstände; wenn eine solche Konspiration ein Verbrechen darstellt, wird die strafrechtliche Verantwortlichkeit gemäß dem Gesetz untersucht.
844 Wortlaut des § 116 ZPG: Wenn ein Vollstreckungsschuldner in böser Absicht mit anderen konspiriert, um sich der Erfüllung der in Rechtsdokumenten festgelegten Verpflichtungen durch ein Klageverfahren, ein Schiedsverfahren oder eine Schlichtung zu entziehen, so verhängt das Volksgericht je nach der Schwere der Umstände eine Geldstrafe oder eine Haftstrafe; stellt eine solche Verschwörung ein Verbrechen dar, so wird er entsprechend der strafrechtlichen Regelung haften.

unerklärlich und unverständlich, warum § 112 ZPG nicht das Scheinschiedsverfahren umfasst.

Das Scheinschiedsverfahren ist nach Literaturmeinungen mit einer Scheinklage vergleichbar.[845] Gegen die Anwendbarkeit der Interpretation einer Scheinklage auf das Scheinschiedsverfahren ist nichts einzuwenden, weil ein erzielter Schiedsspruch aus dem Schiedsverfahren die gleiche vollstreckbare Rechtskraft hat wie ein Urteil aus einem Klageverfahren. Fraglich ist dann, wann eine Scheinklage und ein Scheinschiedsverfahren anzunehmen sind. Das ObVG hat im Jahr 2016 eine leitende Meinung zur Verhinderung und Sanktionierung der Scheinklage[846] und im Jahr 2021 eine Meinung zur eingehenden Berichtigung der Scheinklage[847] (im Folgenden „**Meinung 2021**" genannt) erlassen. Diese zwei Rechtsdokumente sind zwar keine förmlichen Auslegungsregelungen des ObVG, entfalten aber eine lenkende Wirkung auf die Volksgerichte.

Das ObVG hat in ihren Meinungen (siehe oben) die Voraussetzungen, Umfang und Fallgruppen der Scheinklage noch näher dargestellt. Wer allein oder in böswilliger Absprache mit anderen Personen Beweise fälscht, falsche Erklärungen abgibt, grundlegende Tatsachen einer Zivilsache fabriziert, einen zivilrechtlichen Streit fälschlich konstruiert und eine Zivilklage vor einem Volksgericht erhebt, wodurch die Interessen des Staates, das öffentliche Interesse oder die RRI anderer geschädigt und die gerichtliche Ordnung behindert werden, begeht eine Scheinklage. Wer unter Vorspiegelung falscher Tatsachen beim Volksgericht die Vollstreckung von Schiedssprüchen, Schiedsmediation und notariell beglaubigten Schuldtiteln beantragt oder im Vollstreckungsverfahren Widerspruch gegen die Festlegung des Vollstreckungsgegenstandes erhebt oder die Teilnahme an der Verteilung des zu vollstreckenden Vermögens beantragt, begeht ebenfalls eine Scheinklage.[848] Das ObVG hat darauf hingewiesen, dass folgende Fallgruppen einer besonderen Überprüfung zu unterwerfen sind, um eine Scheinklage zu verhindern: (1) der Kläger klagt auf der Grundlage von Tatsachen und Gründen, die nicht dem gesunden Menschenverstand entsprechen; (2) die Höhe des Streitwerts steht in krassem Widerspruch zu den finanziellen Verhältnissen des

---

845 YANG Xiuqing, S. 77, 79; LI Hongbo, S. 41, 48 ff.
846 Leitende Meinung des ObVG zur Verhinderung und Sanktionierung der Scheinklage vom 28.06.2016 (FaFa 2016, Nr. 13).
847 Meinung des ObVG zur eingehenden Berichtigung der Scheinklage vom 09.11.2021 (Fa 2021, Nr. 281), gilt ab 10.11.2021.
848 Nr. 2 der Meinung des ObVG zur eingehenden Berichtigung der Scheinklage (Fa 2021, Nr. 281).

Klägers; (3) es besteht ein Interessenverhältnis zwischen den Parteien, z.B. Verwandtschaft oder Angehörige, und der Ausgang des Rechtsstreits könnte die Interessen eines an dem Verfahren nicht beteiligten Dritten berühren; (4) die Parteien streiten sich nicht über wesentliche zivilrechtliche Rechte und Interessen und bringen kein wesentliches kontradiktorisches Argument im Verfahren vor; (5) das Geständnis oder Anerkenntnis der Parteien entspricht nicht dem gesunden Menschenverstand; (6) eine Partei überträgt ihr Vermögen zu einem offensichtlich unangemessen niedrigen Preis, erwirbt ein Vermögen zu einem offensichtlich unangemessen hohen Preis oder gibt ihr Recht am Vermögen auf, obwohl diese Partei stark verschuldet ist; (7) die Parteien erzielen aus eigener Initiative schnell eine Schlichtungsvereinbarung und beantragen beim Volksgericht die Erstellung eines Schlichtungsschreibens, obwohl keine ausreichenden Beweise für die Feststellung des Sachverhalts vorliegen; (8) die Parteien, die persönlich den Sachverhalt erlebt haben, können den Sachverhalt nicht vollständig und genau darstellen oder sie machen widersprüchliche Angaben.[849]

Da sich eine Scheinklage oft auf ein Darlehensverhältnis bezieht, hat das ObVG im Jahr 2015 eine Bestimmung zu verschiedenen Fragen der Rechtsanwendung im Fall privater Darlehen erlassen.[850] Nach Art. 19 dieser Bestimmung sollen der Hintergrund, der Zeitpunkt, der Ort, die Quelle des Geldes, die Gewährungsart, der Weg des Geldflusses, das Parteiverhältnis und die finanzielle Situation der Parteien mit höchster Sorgfalt auf eine Scheinklage geprüft werden, wenn (1) der Darlehensgeber eindeutig nicht in der Lage ist, ein Darlehen zu gewähren; (2) der Sachverhalt und die Gründe, auf die sich die Klage des Darlehensgebers stützt, offenkundig unzumutbar sind; (3) der Darlehensgeber keinen Nachweis für den zugrundeliegenden Schuldanspruch vorlegen kann, oder der vorgelegte Nachweis wahrscheinlich gefälscht ist; (4) beide Parteien innerhalb eines bestimmten Zeitraums mehrmals an zivilrechtlichen Verfahren in Bezug auf Darlehen teilgenommen haben; (5) eine oder beide Parteien sich ohne triftige Gründe weigern, an dem Verfahren vor Gericht teilzunehmen, und die Angabe des Sachverhalts unklar oder widersprüchlich ist; (6) die Parteien den Sachverhalt der Darlehensgewährung nicht bestreiten oder die Klageschrift und Klageerwiderung offensichtlich unkonventionell sind; (7) der Ehegatte oder Lebenspartner des Darlehensnehmers oder die Dritten sachlich begründete

---

849 Nr. 3 der Meinung des ObVG zur eingehenden Berichtigung der Scheinklage (Fa 2021, Nr. 281).
850 Bestimmung des ObVG zu verschiedenen Fragen der Rechtsanwendung im Fall privater Darlehen vom 06.08.2015 (FaShi 2015, Nr. 18).

Widersprüche erhoben haben; (8) die Parteien in anderen Streitigkeiten Vermögenswerte zu einem zu niedrigen Wert übertragen haben; (9) eine Partei auf ihre Rechte unzumutbar verzichtet hat und (10) andere Situationen, in denen eine Scheinklage möglich ist.

Wenn z.B. eine Partei A und eine Partei B ein Darlehensverhältnis zwischen den beiden behaupten und die Partei A als Darlehensgeberin eine schlechte finanzielle Situation aufweist und keinen Beweis für die Quelle und den Zahlungsweg des Geldes erbringen kann, ist festzustellen, dass die Partei A den behaupteten Betrag des Darlehens nicht gewähren kann und ein falscher Streit über die Rückzahlung des Darlehens besteht.[851] Das gleich gilt, wenn eine Partei trotz ihrer schlechten finanziellen Lage freiwillig eine gesamtschuldnerische Bürgschaft für ein Darlehen übernommen hat.[852]

Der Kernpunkt einer Scheinklage liegt daher darin, einen nicht existierenden Streit mit Hilfe eines falschen Sachverhalts zu konstruieren und dadurch einen vollstreckbaren Titel zu schaffen. Dabei kommen nach deutschem Rechtsverständnis mehrere mögliche Straftaten in Betracht, z.B. Urkundenfälschung, falsche Aussage, Prozessbetrug usw. Das chinesische Strafrecht deckt aber solche Handlungen noch nicht ab. Die acht aufgeführten Fallgruppen können nur als hinweisende Anhaltspunkte dafür dienen, wann die Gefahr einer Scheinklage besteht. Es ist nach wie vor Sache des Richters, im Einzelfall eine spezifische Analyse unter Berücksichtigung aller relevanten Umstände vorzunehmen. Dabei muss die Vertragsfreiheit der Parteien ebenfalls berücksichtigt werden. Dies stellt eine hohe Anforderung sowohl an die Beweiserhebung als auch an den Ermessensspielraum des Richters. Es lässt sich nicht vermeiden, dass die Richter unterschiedliche Beurteilungsmaßstäbe anwenden und in ähnlichen Fällen zu unterschiedlichen Ergebnissen kommen.

iii. Schutzwürdige RRI

Der Begriff „rechtmäßige Rechte und Interessen" ist ein sehr weit gefasster Begriff. Da es keine Legaldefinition dazu gibt, können alle Rechte und Interessen, die in chinesischen Rechtsregelungen (einschließlich des Verfassungsgesetzes, der Gesetze, Rechtsverordnungen usw.) geschützt sind oder mit ordnungsgemäßen, d.h. nicht rechtswidrigen Mitteln erlangt worden sind, in

---

851 Siehe eine Entscheidung des Oberen Volksgerichts von Guangdong, zitiert im Aufsatz von YANG Xiuqing, S. 77, 80 als Fall 2.
852 Siehe eine Entscheidung des Oberen Volksgerichts von Hunan, zitiert im Aufsatz von YANG Xiuqing, S. 77, 80 als Fall 1.

Betracht. Darunter können dingliche Rechte wie Eigentum, die Rangordnung während einer Zwangsvollstreckung[853] oder sogar die Erfüllung eines eigenen Anspruchs[854] fallen. Diese Auflistung ist nicht abschließend.

Hinsichtlich des Schutzes für das Eigentum eines am Schiedsverfahren nicht beteiligten Dritten wird auf Kapitel 6.A.I.6.f) hingewiesen.

Das Interesse eines Dritten an der Rangordnung während einer Zwangsvollstreckung resultiert aus dem Prioritätsprinzip. Das Volksgericht kann die beweglichen, unbeweglichen und sonstigen Vermögensrechte des Vollstreckungsschuldners versiegeln, verpfänden und einfrieren. Wenn solche Maßnahmen an einem Gegenstand zum ersten Mal angeordnet und vorgenommen worden sind, ist es die erste Versiegelung/Verpfändung/Einfrierung. Anders als im deutschen Recht entsteht dadurch kein Pfändungspfandrecht. Aber der Gläubiger, für den die erste Versiegelung/Verpfändung/Einfrierung vorgenommen wurde, erlangt faktisch eine Priorität gegenüber den späteren Gläubigern. Andere Volksgerichte können die Versiegelung/Verpfändung/Einfrierung an demselben Gegenstand in eine Warteliste eintragen. Wenn und soweit die erste Versiegelung/Verpfändung/Einfrierung aufgehoben wird oder wegen Verwertung erloschen ist, wandelt sich die zuerst auf der Warteliste eingetragene Versiegelung/Verpfändung/Einfrierung automatisch in die formelle Versiegelung/Verpfändung/Einfrierung um.[855] Das Interesse eines Dritten könnte beeinträchtigt sein, wenn der festgestellte Anspruch gegen den Schuldner in einem Scheinverfahren – sei es ein Scheinklageverfahren oder ein Scheinschiedsverfahren – aufgrund eines gefälschten Sachverhalts entstanden ist und ein Gegenstand des Schuldners deswegen im Vollstreckungsverfahren gepfändet und verwertet wird, obwohl der Dritte als ein Gläubiger des Schuldners ebenfalls aus demselben Gegenstand hätte befriedigt werden können. Der gleiche Gedanke gilt für die Erfüllung des Anspruchs des Dritten, wenn der Schuldner freiwillig mit seinem Vermögen den festgestellten Anspruch des Gläubigers aus einem Scheinverfahren befriedigt hat und deswegen kein Vermögen mehr hat,

---

853 Siehe eine Entscheidung des Oberen Volksgerichts von Shandong, zitiert im Aufsatz von YANG Xiuqing, S. 77, 80 als Fall 3.
854 Siehe eine Entscheidung des Oberen Volksgerichts von Guangdong, zitiert im Aufsatz von YANG Xiuqing, S. 77, 80 als Fall 2.
855 Art. 28 Abs. 1 der Bestimmung des ObVG über die Versiegelung, Pfändung und Einfrierung von Vermögenswerten in der Zivilvollstreckung durch die Volksgerichte vom 26.10.2004 (FaShi 2004, Nr. 15); Antwort des ObVG an das Obere Volksgericht Beijing über die Wirksamkeit der Versiegelung auf der Warteliste nach der vollständigen Verwertung des versiegelten Gegenstands vom 11.09.2007 (FaHan 2007, Nr. 100).

den Dritten zu befriedigen. In beiden Fällen ist zu überlegen, warum der Dritte schutzwürdig ist. Wenn kein Insolvenzverfahren gegen den Schuldner eröffnet ist, besteht der unbefriedigte Anspruch des Dritten fort. Wenn der Schuldner anderes Vermögen oder in der Zukunft neues Vermögen hat, kann der Dritte noch befriedigt werden. Deswegen ist zu fragen, ob eine zeitlich vorrangige Erfüllung des Anspruchs eines Dritten schutzwürdig ist. Dafür spricht, dass ein Scheingeschäft nichtig ist und nicht schutzwürdig ist. Soweit der Sachverhalt bzw. der Streit konstruiert wurde und daher von Vertragsfreiheit keine Rede sein kann, ist ein Dritter schutzwürdig, wenn der Anspruch des Dritten gegen den Schuldner unstreitig besteht oder rechtskräftig festgestellt ist und das Vermögen des Schuldners nach der Befriedigung des Gläubigers aus dem Scheinverfahren nicht mehr ausreicht, um den Anspruch des Dritten zu befriedigen.

Die RRI müssen durch die Vollstreckung des Schiedsspruchs aus dem Scheinschiedsverfahren beeinträchtigt werden. Beispielsweise kann eine Beeinträchtigung des Pfandrechts an Immobilien[856] nicht angenommen werden, wenn der Schiedsspruch aus dem Scheinverfahren keine Verfügung über das Pfandrecht als solches beinhaltet, sondern nur das Eigentum betrifft. Die Änderung/Übertragung des Eigentums hat keine Auswirkung auf das Pfandrecht – als eingetragenes dingliches Recht.

iv. Falscher Schiedsspruch oder Schiedsmediation

Die Voraussetzung, dass der Haupttext des Schiedsspruchs mit den Ergebnissen für die zivilrechtlichen Rechte und Pflichten der Parteien ganz oder teilweise fehlerhaft sein muss und dadurch die RRI des Dritten beeinträchtigt werden, ist verwirrend. Vom Ausdruck her muss sich der Fehler auf den Tenor des Schiedsspruchs beziehen. Das ist nicht zu kritisieren, weil der Sachverhalt und die Begründung eines Schiedsspruchs keine Rechtskraft entfalten. Aber welcher Fehler des Tenors hier gemeint ist, ist unklar. Ein Tippfehler allein darf auf keinen Fall genügen. Gemeint kann nur ein Rechtsanwendungsfehler sein. Wenn das zugrundeliegende Geschäft ein Scheingeschäft ist, spielt es kaum eine Rolle, ob der Tenor das Ergebnis eines Rechtsanwendungsfehlers ist. Wenn mit dem Fehler genau das Scheinschiedsverfahren gemeint ist und diese Voraussetzung

---

856 Siehe eine Entscheidung des Oberen Volksgerichts von Shandong, zitiert im Aufsatz von YANG Xiuqing, S. 77, 80 als Fall 3. Das Volksgericht hat die Schutzwürdigkeit des Pfandrechts des Dritten bejaht. Diese Entscheidung ist aber zu beanstanden, siehe auch die Meinung von YANG Xiuqing, S. 77, 80.

einen Auffangstatbestand darstellt, ist eine entsprechende klarstellende Interpretierung erforderlich.

b. *Entscheidung und Rechtsfolgen*

i. *Verweigerung der Annahme des Antrags wegen Fristablaufs*

Wenn der Dritte nach dem Ablauf der Dreißig-Tage-Frist in Art. 9 Nr. 3 der Vollstreckungsbestimmung die Nichtvollstreckung eines Schiedsspruchs beantragt, wird das Volksgericht entscheiden, den Antrag nicht anzunehmen bzw. keine Akte dazu anzulegen. Ein angenommener Antrag wird zurückgewiesen.[857] Gegen diese Entscheidung kann der Dritte innerhalb von zehn Tagen nach der Zustellung der Entscheidung einen Antrag auf erneute Prüfung beim übergeordneten Volksgericht stellen.[858]

ii. *Stattgebung des Antrags des Dritten*

Wenn die Nichtvollstreckungsgründe vorliegen (siehe oben in Kapitel 6.A.I.8.a), wird das Volksgericht entscheiden, die Vollstreckung des Schiedsspruchs nicht durchzuführen.[859] Gegen diese Entscheidung kann die betroffene Partei innerhalb von zehn Tagen nach der Zustellung der Entscheidung einen Antrag auf erneute Prüfung beim übergeordneten Volksgericht stellen.[860]

iii. *Vollstreckung (Zurückweisung des Antrags des Dritten)*

Wenn die Nichtvollstreckungsgründe nicht vorliegen (siehe oben in Kapitel 6.A.I.8.a), wird das Volksgericht entscheiden, den Antrag des Dritten zurückzuweisen.[861] Gegen diese Entscheidung kann der Dritte innerhalb von zehn Tagen nach der Zustellung der Entscheidung einen Antrag auf erneute Prüfung beim übergeordneten Volksgericht stellen.[862]

---

857 Art. 19 Abs. 1 der Vollstreckungsbestimmung.
858 Art. 22 Abs. 3 Halbs. 2 der Vollstreckungsbestimmung.
859 Art. 19 Abs. 2 Halbs. 1 der Vollstreckungsbestimmung.
860 Art. 22 Abs. 3 Halbs. 1 der Vollstreckungsbestimmung.
861 Art. 19 Abs. 2 Halbs. 2 der Vollstreckungsbestimmung.
862 Art. 22 Abs. 3 Halbs. 2 der Vollstreckungsbestimmung.

c. Berichterstattungspflicht

Vom Wortlaut her gilt Art. 2 der Berichterstattungsbestimmung[863] für die Entscheidung des Volksgerichts, einen Schiedsspruch nicht zu vollstrecken. Dieser Art. 2 unterscheidet nicht, ob die Nichtvollstreckung von einer Partei oder von einem Dritten beantragt worden ist. Scheinbar würde die Berichterstattung auch für die Nichtvollstreckung entsprechend dem Antrag des Dritten gelten.

Zu beachten ist, dass die Berichterstattungsbestimmung am 20.11.2017 erlassen wurde und ab 01.01.2018 in Kraft getreten ist. Die Vollstreckungsbestimmung, die zum ersten Mal einem Dritten die Ablehnung der Vollstreckung ermöglicht hat, wurde am 05.01.2018 erlassen und ist ab 01.03.2018 in Kraft getreten. Da dem Dritten nach Art. 19 der Vollstreckungsbestimmung das Wiedererwägungsgesuch zur Verfügung steht, ist die Berichterstattung nach der Interpretation dieser beiden Auslegungsregelungen nicht mehr nötig. In der Rechtspraxis ist weiter zu beobachten, ob das der Fall ist.

II. Vollstreckung auslandsbezogener inländischer Schiedssprüche

Das Verfahren läuft in der Regel wie bei der Vollstreckung der innerstaatlichen Schiedssprüche. Hier werden nur einige Besonderheiten dargestellt. Nach Art. 21 der Überprüfungsbestimmung gelten die Regelungen für die Überprüfung der Schiedsfälle mit Auslandsbezug auch für die Schiedsfälle mit Bezug auf Hong Kong, Macau und Taiwan. Die von den chinesischen Schiedsinstitutionen

---

863 Siehe Darstellungen in Kapitel 2.A.III.2 über das Berichtssystem. Art. 2 Abs. 1 der Überprüfungsbestimmung lautet: wenn das Mittlere Volksgericht oder das spezielle Volksgericht in den Schiedsfällen unter gerichtlicher Überprüfung mit Bezug auf Hong Kong, Macau, Taiwan und Ausland zum Ergebnis kommt, dass die Schiedsvereinbarungen unwirksam sind, die Schiedssprüche der chinesischen Schiedsinstitution nicht zu vollstrecken sind, die Schiedssprüche aus Hong Kong, Macau und Taiwan oder ausländische Schiedssprüche nicht anzuerkennen und zu vollstrecken sind, soll es an das zuständige Obere Volksgericht in seinem Bezirk Bericht erstatten. Wenn das Obere Volksgericht zu demselben Ergebnis kommt, muss es an das ObVG Bericht erstatten. Das Mittlere Volksgericht muss seine eigene Entscheidung entsprechend des Prüfungsergebnisses des ObVG erlassen. Art. 2 Abs. 2 der Überprüfungsbestimmung lautet: In den Schiedsfällen unter gerichtlicher Überprüfung ohne Bezug auf das Ausland und Hong Kong, Macau und Taiwan muss der Bericht nur bis zum Oberen Volksgericht erstattet werden, wenn das Volksgericht beabsichtigt, die Unwirksamkeit der Schiedsvereinbarungen festzustellen oder die Schiedssprüche der chinesischen Schiedsinstitution nicht zu vollstrecken.

erlassenen Schiedssprüche mit Bezug auf Hong Kong, Macau und Taiwan sind immer noch inländische Schiedssprüche. Sie sind von den Schiedssprüchen aus Hong Kong, Macau und Taiwan zu unterscheiden. Die Vollstreckung der Schiedssprüche aus Hong Kong, Macau und Taiwan in Festland-China wird unten in Kapitel 6.C dargestellt.

1. Rechtsgrundlage

Für Schiedssprüche mit Auslandsbezug gelten die allgemeinen Regelungen im Schiedsrecht, wenn keine vorrangigen speziellen Regelungen im Schiedsgesetz (§§ 65–73 SchG) und im Zivilprozessgesetz (§§ 278–282 ZPG) anwendbar sind.

2. Versagungsgründe

Das Gericht prüft nur auf Antrag des Vollstreckungsschuldners, ob und welche Versagungsgründe i.S.v. § 71 SchG i.V.m. § 281 I Nr. 1–4 ZPG gegeben sind. Nach § 71 SchG i.V.m. § 281 I Nr. 1–4 ZPG wird der Schiedsspruch nicht vollstreckt, wenn

- die Parteien weder im Vertrag eine Schiedsklausel vereinbart noch nachträglich eine schriftliche Schiedsvereinbarung getroffen haben (Nr. 1);
- der Vollstreckungsschuldner nicht über die Bestimmung der Schiedsrichter oder über die Durchführung des Schiedsverfahrens informiert wurde oder er aus nicht von ihm zu vertretenden Gründen nicht zur Sache Stellung genommen hat (Nr. 2);
- die Zusammensetzung des Schiedsgerichts oder das Schiedsverfahren gegen die Schiedsordnung verstößt (Nr. 3);
- der Gegenstand des Schiedsverfahrens nicht von der Schiedsvereinbarung umfasst ist oder die Schiedsinstitution zur Durchführung des Schiedsverfahrens nicht berechtigt war (Nr. 4).

Anders als bei den innerstaatlichen Schiedssprüchen sind keine materiellrechtlichen Einwendungen vom Volksgericht überprüfbar – es erfolgt keine Überprüfung der Beweiskraft der Beweismittel oder der Rechtsanwendung durch das Schiedsgericht.

Das rechtssystematische Problem mit der Überprüfung des Interessenvorbehalts i.S.d. § 281 II ZPG existiert auch hier, weil § 71 SchG nur auf die Versagungsgründe i.S.v. § 281 I ZPG verweist, nicht auf § 281 II ZPG. Neben den bereits erörterten Argumenten (siehe Kapitel 6.A.I.7.a)bb)) ist auch zu beachten, dass sowohl in Art. 5 Abs. 2 b) NY-Übereinkommen als auch in Art. 36 Abs. 1 b) ii) UNCITRAL-Modellgesetz die „öffentliche Politik" als ein Prüfungsmaßstab für die Vollstreckung der Schiedssprüche vorgesehen ist. Der Präsident des ObVG sieht keinen grundlegenden Unterschied zwischen dem „gesellschaftlichen öffentlichen Interesse" in ZPG und der „öffentlichen Politik" in NY-Übereinkommen und Modellgesetz.[864] Obwohl das NY-Übereinkommen hier keine unmittelbare Anwendung findet, da die Schiedssprüche mit Auslandsbezug weder ausländisch noch „nicht-inländisch" sind, ist aber nicht zu übersehen, dass die Regelungen in Bezug auf chinesische Schiedsverfahren mit Auslandsbezug wegen der Auslandsbezogenheit stark vom NY-Übereinkommen beeinflusst worden sind.

3. Berichterstattung

Die Darstellungen in Kapitel 2.A.III.2 über das Berichtssystem gelten auch hier. Wenn das Volksgericht beabsichtigt, einen Schiedsspruch der chinesischen Schiedsinstitution mit Bezug auf das Ausland, Hong Kong, Macau und Taiwan nicht zu vollstrecken, muss es an das zuständige Obere Volksgericht in seinem Bezirk Bericht erstatten. Wenn das Obere Volksgericht zu demselben Ergebnis kommt, muss es an das ObVG Bericht erstatten. Das Mittlere Volksgericht muss seine eigene Entscheidung entsprechend dem Prüfungsergebnis des ObVG erlassen.

4. Ein Leitfall in Bezug auf Antragsfrist

CIETAC erließ im Jahr 2006 einen Schiedsspruch zugunsten der Partei A. Die Partei A beantragte vor einem schweizerischen Gericht die Vollstreckung des Schiedsspruchs gegen die Partei B in sein Vermögen in der Schweiz. Der Antrag war nicht erfolgreich, weil das schweizerische Gericht die vorgelegte Übersetzung des Schiedsspruchs dreimal nicht akzeptierte. Als die Partei A im Jahr 2008 erfuhr, dass die Partei B in China Maschinen und Ausrüstung zur Ausstellung hatte, beantragte die Partei A beim chinesischen Gericht die Vollstreckung in diese in China befindlichen Vermögen der Partei B. Die Parteien stritten sich darüber, (1) ob das chinesische Gericht für die Vollstreckung zuständig war und (2) wann die zweijährige Frist[865] für den Antrag auf die Vollstreckung zu laufen begonnen hatte. Das Obere Volksgericht von Shanghai entschied, dass das

---

864 Vgl. Johannes Trappe, SchiedsVZ 2004, S. 146. Die Äußerung des Gerichtspräsidenten des ObVG hat zwar keine bindende Rechtswirkung, zeigt aber zumindest, wie die beiden Begriffe in der Rechtspraxis behandelt werden.
865 Hinsichtlich der Antragsfrist wird auf Kapitel 6.A.I.3 verwiesen.

Volksgericht zunächst für die Vollstreckung des Schiedsspruchs nicht zuständig war, als der Schiedsspruch in 2006 rechtskräftig geworden war, weil der Vollstreckungsgegner – die Partei B – zu diesem Zeitpunkt kein Vermögen im Hoheitsgebiet Chinas hatte. Die Tatsache, dass die Partei B im Jahr 2008 Vermögen im Hoheitsgebiet Chinas hatte, begründete die Zuständigkeit des chinesischen Gerichts für die Vollstreckung. Das Volksgericht ist weiterhin der Ansicht, dass die begründete Zuständigkeit des chinesischen Gerichts eine notwendige Voraussetzung für die Prüfung des Vollstreckungsantrags durch das Volksgericht ist. Die Frist für den Vollstreckungsantrag soll ab dem Zeitpunkt zu laufen beginnen, an dem die Zuständigkeit des chinesischen Gerichts für die Vollstreckung festgestellt werden kann, d.h. im vorliegenden Fall ab dem Zeitpunkt, an dem das vollstreckbare Vermögen des Vollstreckungsgegners im Hoheitsgebiet entdeckt wurde.[866]

Der Schiedsspruch ist aus dem Blickwinkel der chinesischen Gerichte ein inländischer Schiedsspruch, weil er von CEITAC erlassen wurde. Für das schweizerische Gericht ist er ein ausländischer Schiedsspruch, der nach New Yorker Übereinkommen zu vollstrecken ist. Wenn die Partei in China die Vollstreckung des Schiedsspruchs ersucht, findet das chinesische Schiedsrecht, vor allem die Antragfrist für das Vollstreckungsersuchen, Anwendung. Aus den Entscheidungsgründen des Oberen Volksgerichts von Shanghai ergibt sich, dass es für das chinesische Gericht irrelevant war, warum die Vollstreckung des Schiedsspruchs in der Schweiz nicht erfolgreich war. Das Volksgericht legte lediglich den Wert darauf, dass die Kenntnis von dem vollstreckbaren Vermögen in Hoheitsgebiet Chinas der entscheidende Anknüpfungspunkt für die Zuständigkeit des Volksgerichts bzw. für den Antragfristbeginn sein muss. Das Volksgericht ist der Ansicht, dass die Partei A nicht nachlässig war, seine Rechte zur Vollstreckung (in China) auszuüben, weil er wegen des fehlenden Anknüpfungspunkts nicht in der Lage war, eine Vollstreckung beim Volksgericht zu beantragen[867]. Dieser Leitfall erweitert die Vollstreckungsmöglichkeit des Vollstreckungsgläubigers im zeitlichen und folglich auch im räumlichen Sinne. Aber nicht nur die Kenntnis von dem Vermögen des Vollstreckungsgegners, sondern auch das

---

866 Vollstreckungsentscheidung des Oberen Volksgerichts von Shanghai vom 20.12.2011 (2009), HuGaoZhiFuYiZi Nr. 2, Leitfall Nr. 37, veröffentlich durch das ObVG auf https://www.court.gov.cn/fabu-xiangqing-13234.html.
867 Vollstreckungsentscheidung des Oberen Volksgerichts von Shanghai vom 20.12.2011 (2009), HuGaoZhiFuYiZi Nr. 2, Leitfall Nr. 37, veröffentlich durch das ObVG auf https://www.court.gov.cn/fabu-xiangqing-13234.html.

Kennenmüssen sollte m. E. den Fristbeginn auslösen. Zu überlegen ist auch, dass das New Yorker Übereinkommen keine Antragsfrist bzw. Verjährungsfrist für die Beantragung der Vollstreckung der Schiedssprüche im anderen Land vorsieht. Das nationale Recht kann daher unterschiedliche Antragsfrist oder Verjährungsfrist vorschreiben. Es ist möglich, dass eine Partei in einem Land, wo der Vollstreckungsgegner Vermögen hat, die Antragsfrist oder Verjährungsfrist für die Vollstreckung – aus welchem Grund auch immer – versäumt hat und dann in China die Grundgedanken aus diesem Leitfall ausnutzt und die zweijährige Frist zu ihren Gunsten nutzt. Grundsätzlich darf eine Partei m. E. die unterschiedlichen Regelungen aus verschiedenen Ländern analysieren und die für sie günstigen Regelungen verwenden. Die Schutzwürdigkeit dieser Partei kann aber auch unter Berücksichtigung der Konstellation im Einzelfall bezweifelt werden.

III. Verhältnis zwischen Aufhebung und Ablehnung der Vollstreckung eines inländischen Schiedsspruchs

Die Aufhebung und die Ablehnung der Vollstreckung der inländischen Schiedssprüche haben in vielen Aspekten Gemeinsamkeiten. Sie haben z.B. nach § 9 II SchG die gleiche Rechtsfolge. Die Vollstreckungsversagungsgründe und Aufhebungsgründe für die Schiedssprüche mit Auslandsbezug sind gleich.[868] Trotzdem sind beide Verfahren voneinander zu unterscheiden.

Im ZPG ist (nur) die Ablehnung der Vollstreckung von Schiedssprüchen geregelt. Im Rahmen des Gesetzgebungsverfahrens zum im Jahr 1995 erlassenen Schiedsgesetz wurde diskutiert, ob die Aufhebung eines Schiedsspruchs als ein Rechtsbehelf gegen einen Schiedsspruch im neuen Gesetz festgelegt werden sollte.

Gegen die Einfügung eines Aufhebungsverfahrens wurde ins Feld geführt, dass sowohl das Aufhebungsverfahren als auch die Ablehnung der Vollstreckung von Schiedssprüchen eine gerichtlichen Kontrolle des Schiedsverfahrens darstellen würde und das Aufhebungsverfahren wegen der bereits geregelten und vorgesehenen Möglichkeit zur Ablehnung der Vollstreckung der Schiedssprüche nicht mehr erforderlich sei.[869]

Für das Aufhebungsverfahren wurde ins Feld geführt, dass die Verfahren für die Aufhebung und die Ablehnung der Vollstreckung von Schiedssprüchen zwei

---

868 Sowohl § 70 SchG (Rechtsgrundlage für Aufhebung) als auch § 71 SchG (Rechtsgrundlage für Nichtvollstreckung) verweisen auf die aufgelisteten Gründe in § 281 ZPG.
869 Zitiert in YU Xifu, S. 395–396; auch zitiert in YAN Hong, 2003, S. 84.

verschiedene Verfahren seien. Es entspreche auch der internationalen Schiedspraxis, den Parteien die Aufhebung von Schiedssprüchen neben der Ablehnung der Vollstreckung von Schiedssprüchen zu ermöglichen.[870]

Nach 25 Jahren Existenz des Aufhebungsverfahrens wird zurzeit diskutiert, ob die Vollstreckungsablehnung in Bezug auf inländische Schiedssprüche abgeschafft und das Aufhebungsverfahren beibehalten werden soll.

1. Wichtige Unterschiede zwischen Vollstreckungsablehnung und Aufhebung

a. Verfahren

Die Vollstreckungsversagungsgründe können nur als Verteidigungsmittel in einem eingeleiteten Vollstreckungsverfahren geltend gemacht werden, während das Aufhebungsverfahren ein selbständiges Verfahren ist.

b. Zuständigkeit

Für die Aufhebung ist nach § 58 SchG das Mittlere Volksgericht am Ort, wo die den Schiedsspruch erlassende Schiedskommission sitzt, zuständig. Für die Vollstreckung ist das Mittlere Volksgericht am Wohnsitz des Vollstreckungsschuldners oder am Ort, wo sich der Vollstreckungsgegenstand befindet, zuständig. Weil ein aufgehobener Schiedsspruch nicht mehr vollstreckungsfähig ist und ein anhängiges Aufhebungsverfahren zur Aussetzung des Vollstreckungsverfahrens führen wird, könnte die unterschiedliche Zuständigkeit der Volksgerichte für die Aufhebung und die Vollstreckung in der Praxis zum Wettbewerb der Volksgerichte und der Verfahren führen.[871]

c. Handlungsmöglichkeit des Volksgerichts

Im Aufhebungsverfahren kann das Volksgericht ggfs. nach § 61 SchG das Verfahren aussetzen und die Sache an das ursprüngliche Schiedsgericht zurückweisen, während das Volksgericht im Vollstreckungsverfahren nur entscheiden muss, ob der Schiedsspruch zu vollstrecken ist oder nicht.

d. Gegenstand

Aufhebbar sind nur inländische Schiedssprüche, die von chinesischen Schiedsinstitutionen erlassen werden. Vollstreckbar sind nicht nur inländische, sondern

---

870 Zitiert in YU Xifu, S. 396.
871 TAO Jingzhou, 2007, S. 305.

nach den Völkerverträgen, internationalen Übereinkommen oder anderen Rechtsdokumenten auch ausländische Schiedssprüche und Schiedssprüche aus Hong Kong, Macau und Taiwan.

e. Gründe

Aufhebungsgründe und Vollstreckungsversagungsgründe bezüglich der innerstaatlichen Schiedssprüche sind zum Teil unterschiedlich. Der Unterschied ist bedenklich, da beide Verfahren die Rechtswirkung eines Schiedsspruchs betreffen.

2. Verhältnis von beiden Verfahren in zeitlicher Hinsicht

a. Abgeschlossenes Aufhebungsverfahren vor Vollstreckungsverfahren

Wenn der Schiedsspruch aufgehoben wurde, ist er nicht mehr vollstreckbar.[872] Wenn der Aufhebungsantrag abgelehnt wurde und derselbe Aufhebungsgrund noch einmal als Versagungsgrund im Vollstreckungsverfahren vorgetragen wird, wird er von dem mit der Vollstreckung befassten Volksgericht nicht mehr berücksichtigt.[873]

b. Parallel anhängige Aufhebungsverfahren und Vollstreckungsverfahren

Wenn eine Partei die Vollstreckung und die andere Partei die Aufhebung beantragt, muss das mit der Vollstreckung befasste Gericht nach § 64 I SchG das Vollstreckungsverfahren aussetzen.[874]

c. Kein Aufhebungsverfahren bis zur Beendigung des Vollstreckungsverfahrens

Unabhängig davon, ob die sechsmonatige Aufhebungsfrist bereits abgelaufen ist, darf das Vollstreckungsverfahren ohne weiteres durchgeführt werden, da eine entgegenstehende Aufhebungsentscheidung nicht gegeben ist. Das Abwarten des Ablaufs der Aufhebungsfrist ist im Gesetz nicht vorgesehen und auch nicht erforderlich, da die Aufhebung in der freien Auswahl der Parteien steht.

---

872 Art. 20 Abs. 1 der Vollstreckungsbestimmung.
873 Art. 26 der Auslegung zum SchG.
874 Art. 7 Abs. 1 und Art. 20 Abs. 2 S. 1 der Vollstreckungsbestimmung gilt für den Fall, dass die Vollstreckung vor der Aufhebung beantragt worden ist. Art. 25 der Auslegung zum SchG gilt für den Fall, dass die Aufhebung vor der Vollstreckung beantragt worden ist.

Wenn die sechsmonatige Aufhebungsfrist abgelaufen ist, ist die Aufhebung unabhängig von der Entscheidung im Vollstreckungsverfahren unmöglich.

Wenn die sechsmonatige Aufhebungsfrist noch nicht abgelaufen ist, ist fraglich, ob die Aufhebung des Schiedsspruchs nach der Vollstreckungsentscheidung bzw. -durchführung noch möglich ist. Eine Regelung dazu gibt es im chinesischen Recht nicht.

Wenn das Vollstreckungsgericht den Schiedsspruch für vollstreckbar hält und der Vollstreckungsschuldner später die Aufhebung des Schiedsspruchs beantragt, ist zu prüfen, ob der Vollstreckungsschuldner im Vollstreckungsverfahren angehört wurde und ob er Gelegenheit gehabt hat, den Aufhebungsgrund bereits im Vollstreckungsverfahren vorzutragen. Wenn dies der Fall ist, kann er nicht mit dem gleichen Grund die Aufhebung des Schiedsspruchs beantragen. Wenn dies nicht der Fall ist, muss ihm die Inanspruchnahme des Gerichts wegen der Aufhebung noch möglich sein. Das gilt insbesondere für den Aufhebungsgrund, der kein vorgesehener Versagungsgrund für die Vollstreckung ist und daher im Vollstreckungsverfahren nicht geltend gemacht werden kann (z.B. § 58 I Nr. 4 und 5 SchG für den innerstaatlichen Schiedsspruch).

Wenn die Vollstreckung des Schiedsspruchs abgelehnt wird, verliert der Schiedsspruch nach § 9 II SchG seine Wirkung. Eine Aufhebung ist in der Regel nicht mehr möglich und auch nicht nötig.

d. Allgemeines Problem des Informationsaustauschs

Wenn vor einem Volksgericht die Vollstreckung z.B. durch den Vollstreckungsgläubiger beantragt wird und vor einem anderen Volksgericht an einem anderen Ort die Aufhebung des Schiedsspruchs z.B. durch den Vollstreckungsschuldner beantragt wird, könnte ein prozessökonomisches Problem des Informationsaustauschs zwischen den Volksgerichten gegeben sein. Es kommt vor, dass das Gericht erst nach der Annahme des Antrags im jeweiligen Verfahren durch Vortrag der anderen Partei Kenntnis von einem anderen Verfahren erlangt.[875]

---

875 SUN Ruixi/ZHANG Honghai, Datenbank „chinalawinfo.com".

B. Anerkennung und Vollstreckung ausländischer Schiedssprüche

I. Rechtsgrundlage

1. Vollstreckung nach New Yorker Überkommen

Nach dem New Yorker Übereinkommen können Schiedssprüche aus anderen Mitgliedstaaten durch das Volksgericht anerkannt und vollstreckt werden. Zu beachten sind der Territorialitätsvorbehalt und der Handelssachenvorbehalt.[876] Das New Yorker Überkommen findet keine unmittelbare Anwendung in China, sondern gilt nur durch die Verweisung in § 290 ZPG.

Obwohl die ad-hoc-Schiedsgerichtsbarkeit in China wegen fehlender gesetzlicher Regelung nicht möglich ist, kann ein in einem ausländischen ad-hoc-Schiedsverfahren mit Schiedsort im Ausland erlassener Schiedsspruch nach § 290 ZPG i.V.m. Art. 1 Abs. 2 UNÜ in China anerkannt und vollstreckt werden.[877]

2. Vollstreckung nach bilateralen Staatsverträgen

Die ausländischen Schiedssprüche aus dem Staat, der dem New Yorker Übereinkommen nicht beigetreten ist, können nach dem Prinzip der gegenseitigen Hilfe vollstreckt werden. Das hängt von dem konkreten bilateralen Vertrag zwischen China und dem betreffenden Staat ab.

II. Besonderheiten

1. Zuständigkeit

Nach § 288 ZPG ist der Vollstreckungsantrag bei dem Mittleren Volksgericht zu stellen. Wenn der Vollstreckungsschuldner eine natürliche Person ist, ist das Gericht an seinem Wohnort oder am Ort, wo er sich angemeldet hat, örtlich zuständig. Wenn der Vollstreckungsschuldner eine juristische Person ist, ist das Gericht an seinem Hauptsitz zuständig. In anderen Fällen ist das Gericht an dem Ort, wo sich das Vermögen des Vollstreckungsschuldners befindet, zuständig.[878]

---

876 Siehe Kapitel 1.B.I.1.
877 Art. 545 der Auslegung zum ZPG.
878 Art. 3 der Mitteilung des ObVG über Chinas Beitritt zum NY-Übereinkommen vom 10.04.1987 (Fa(Jing)Fa 1987, Nr. 5).

2. Verfahren

Das ObVG hat in einem Antwortschreiben ausgeführt, dass eine Partei nicht verpflichtet ist, die Anerkennung und Vollstreckung eines ausländischen Schiedsspruchs gleichzeitig zu beantragen. Die Partei kann selbst auswählen, ob sie nur die Anerkennung oder die Anerkennung und Vollstreckung gleichzeitig durch das Volksgericht beantragt. Nachdem sie zunächst beim Volksgericht die Anerkennung eines ausländischen Schiedsspruchs beantragt hat und der Schiedsspruch anerkannt ist, kann sie beim Volksgericht auch noch die Vollstreckung des Schiedsspruchs beantragen.[879]

3. Antragsfrist

Zur Vollstreckung inländischer Schiedssprüche ist der Vollstreckungsantrag nach § 246 I ZPG innerhalb von zwei Jahren zu stellen (siehe Kapitel 6.A.I.3). Das New Yorker Übereinkommen sieht keine Antragsfrist für die Vollstreckung inländischer Schiedssprüche vor. Fraglich ist, ob das nationale Recht für das Schiedsverfahren auf die Vollstreckung ausländischer Schiedssprüche nach dem New Yorker Übereinkommen anwendbar ist. Zur Schließung dieser Lücke schreibt § 545 I der Auslegung zum ZPG vor, dass § 246 ZPG für den Zeitraum, in dem eine Partei die Anerkennung und Vollstreckung eines rechtskräftigen Urteils oder Beschlusses eines ausländischen Gerichts oder eines ausländischen Schiedsspruchs beantragt, gilt. Beantragt die Partei nur die Anerkennung, nicht aber gleichzeitig die Vollstreckung, so wird die Antragsfrist für die Vollstreckung nach § 545 II der Auslegung zum ZPG ab dem Tag erneut berechnet, am dem die Entscheidung des Volksgerichts über den Antrag auf Anerkennung rechtskräftig geworden ist.

4. Ablehnung der Vollstreckung

a. Rechtsgrundlage

Das Volksgericht kann nach § 290 ZPG i.V.m. Art. 5 Abs. 1 UNÜ auf Antrag der Partei, gegen die der Schiedsspruch geltend gemacht wird, prüfen, ob die Anerkennung und die Vollstreckung abzulehnen sind. Die Anerkennung und die Vollstreckung des Schiedsspruches dürfen auf Antrag der Partei, gegen die

---

879 Antwortschreiben des ObVG (MinSiTaZi 2013, Nr. 43) in der Judikationsanweisung, 2013-2, S. 58 ff.

er geltend gemacht wird, nur versagt werden, wenn diese Partei den Beweis erbringt,

- dass die Parteien, die eine Vereinbarung im Sinne des Art. 2 UNÜ geschlossen haben, nach dem Recht, das für sie persönlich maßgebend ist, in irgendeiner Hinsicht hierzu nicht fähig waren, oder dass die Vereinbarung nach dem Recht, dem die Parteien sie unterstellt haben, oder, falls die Parteien hierüber nichts bestimmt haben, nach dem Recht des Landes, in dem der Schiedsspruch ergangen ist, ungültig ist (Nr. 1); oder
- dass die Partei, gegen die der Schiedsspruch geltend gemacht wird, von der Bestellung des Schiedsrichters oder von dem schiedsrichterlichen Verfahren nicht gehörig in Kenntnis gesetzt worden ist oder dass sie aus einem anderen Grund ihre Angriffs- oder Verteidigungsmittel nicht hat geltend machen können (Nr. 2); oder
- dass der Schiedsspruch eine Streitigkeit betrifft, die in der Schiedsabrede nicht erwähnt ist oder nicht unter die Bestimmungen der Schiedsklausel fällt, oder dass er Entscheidungen enthält, welche die Grenzen der Schiedsabrede oder der Schiedsklausel überschreiten; kann jedoch der Teil des Schiedsspruches, der sich auf Streitpunkte bezieht, die dem schiedsrichterlichen Verfahren unterworfen waren, von dem Teil, der Streitpunkte betrifft, die ihm nicht unterworfen waren, getrennt werden, so kann der erstgenannte Teil des Schiedsspruches anerkannt und vollstreckt werden (Nr. 3); oder
- dass die Bildung des Schiedsgerichtes oder das schiedsrichterliche Verfahren der Vereinbarung der Parteien oder mangels einer solchen Vereinbarung, dem Recht des Landes, in dem das schiedsrichterliche Verfahren stattfand, nicht entsprochen hat (Nr. 4); oder
- dass der Schiedsspruch für die Parteien noch nicht verbindlich geworden ist oder dass er von einer zuständigen Behörde des Landes, in dem oder nach dessen Recht er ergangen ist, aufgehoben oder in seinen Wirkungen einstweilen gehemmt worden ist (Nr. 5).

Von Amts wegen kann das Volksgericht auch die Anerkennung und Vollstreckung ablehnen, wenn es nach § 290 ZPG i.V.m. Art. 5 Abs. 2 UNÜ feststellt,

- dass der Gegenstand des Streites nach chinesischem Recht nicht auf schiedsrichterlichem Wege geregelt werden kann (Nr. 1); oder
- dass die Anerkennung oder Vollstreckung des Schiedsspruches der chinesischen öffentlichen Ordnung widersprechen würde (Nr. 2).

Die dargestellten Vollstreckungsablehnungsgründe sind dem chinesischen Schiedsrecht nicht fremd. Bei der Vollstreckung ausländischer Schiedssprüche hat das Volksgericht das anzuwendende ausländische Recht und/oder die geltende Schiedsordnung zu berücksichtigen.

b. Beispielfälle

i. Keine unwirksame Schiedsklausel

In einem Fall der Vollstreckung eines Schiedsspruchs der *International Cotton Association* (ICA) mit Schiedsort in England stritten die Parteien, ob die Schiedsklausel „*ICA Rules and Arbitrations*" wirksam war. Der Vollstreckungsgegner war eine chinesische Gesellschaft. Das ObVG hat in seinem Antwortschreiben bestätigt, dass (1) die Parteien kein maßgebliches Recht für die Feststellung der Wirksamkeit der Schiedsvereinbarung vereinbart haben und (2) der Vollstreckungsgegner keinen Beweis dafür erhoben hat, dass die Schiedsklausel nach dem englischen Recht unwirksam war. Daher war das ObVG der Ansicht, dass der Schiedsspruch zu vollstrecken war.[880]

ii. Schiedsgerichtsbarkeit

Die Parteien haben sich auf eine Schiedsvereinbarung „*in case of disputes governed by Swedish law and that disputes should be settled by Expedited Arbitration in Sweden.*" geeinigt und ein Schiedsspruch wurde von einem ad-hoc Schiedsgericht in Schweden erlassen. Im Vollstreckungsverfahren gegen das Vermögen des Vollstreckungsgegners in China wurde bestritten, ob das ad-hoc Schiedsverfahren zulässig bzw. von der Schiedsvereinbarung umfasst war. Das Nanjing Mittlere Volksgericht hat zu Recht entschieden, dass ein beschleunigtes Schiedsverfahren kein ad-hoc Schiedsverfahren ausschließt und daher kein Vollstreckungsablehnungsgrund vorliegt.[881]

iii. Keine Prüfung ohne Parteiantrag

Das Volksgericht kann nach § 290 ZPG i.V.m. Art. 5 Abs. 1 UNÜ nur auf Antrag der Partei prüfen. Wenn keine Partei die Vollstreckungsablehnungsgründe in § 290 ZPG i.V.m. Art. 5 Abs. 1 UNÜ geltend macht und kein Anhaltspunkt in

---

880 Antwortschreiben des ObVG vom 24.09.2015 (MinSiTaZi 2015, Nr. 31) in Judikationsanweisung 2015-2, S. 60 ff.
881 Leitfall Nr. 200, veröffentlicht durch ObVG auf https://www.court.gov.cn/fabu-xiangqing-384781.html (zuletzt abgerufen vom 09.03.2023).

§ 290 ZPG i.V.m. Art. 5 Abs. 2 UNÜ vorliegt, hat das Volksgericht den Schiedsspruch anzuerkennen und/oder zu vollstrecken.[882]

iv. Verstoß gegen chinesische öffentliche Ordnung

Die chinesische öffentliche Ordnung im Sinne des vom Amts wegen prüfbaren Grundes Nr. 2 ist ein unbestimmter Rechtsbegriff. Das Volksgericht kann bei Vollstreckungen ausländischer Schiedssprüche die chinesische öffentliche Ordnung, wie im Fall der Vollstreckung chinesischer Schiedssprüche als das gesellschaftliche und öffentliche Interesse interpretieren. Das Volksgericht kann die chinesische öffentliche Ordnung auch im Einzelfall in vielfältiger Weise konkretisieren und interpretieren.

(1) Fallgruppe 1 – Gerechtigkeit und Angemessenheit der materiellen Entscheidung

Beispielsweise hat das ObVG in einem Fall erörtert, dass die Gerechtigkeit und Angemessenheit der materiellen Entscheidung aus einem (ausländischen) Schiedsverfahren nicht als Kriterium dafür herangezogen werden, ob die Anerkennung und Vollstreckung eines Schiedsspruchs gegen chinesische öffentliche Ordnung verstoßen. Die Anerkennung und Vollstreckung des Schiedsspruchs stellten nach Ansicht des ObVG in diesem Fall keine Verletzung grundlegender Interessen chinesischer Gesellschaft, grundlegender Rechtsgrundsätze oder guter Sitten dar.[883] Aus diesem Beispielfall ergibt sich, dass grundlegende Interessen chinesischer Gesellschaft, grundlegende Rechtsgrundsätze oder gute Sitten als öffentliche Ordnungen anzusehen sind.

(2) Fallgruppe 2 – Verstoß gegen zwingende Rechtsvorschriften

Das ObVG hat in einem Vollstreckungsfall in 2003 erörtert, dass der Verstoß gegen zwingende chinesische Rechtsvorschriften nicht stets einen Verstoß gegen die chinesische öffentliche Ordnung darstellt.[884] In diesem Fall durfte

---

882 Antwortschreiben des ObVG vom 26.05.2016 (ZuiGaoFaMinTa 2016, Nr. 11) in Judikationsanweisung 2016-1, S. 116 ff.; Antwortschreiben des ObVG vom 26.05.2016 (ZuiGaoFaMinTa 2016, Nr. 12) in Judikationsanweisung 2016-1, S. 122 ff.; Antwortschreiben des ObVG vom 20.12.2017 (ZuiGaoFaMinTa 2017, Nr. 67) in Judikationsanweisung 2017-2, S. 74 ff.
883 Antwortschreiben des ObVG vom 13.03.2009 (MinSiTaZi 2008, Nr. 48) in Judikationsanweisung 2009-1, S. 135 ff.
884 Antwortschreiben des ObVG vom 01.07.2003 (MinSiTaZi 2003, Nr. 3) in Judikationsanweisung 2004-1, S. 12 ff.

der Vollstreckungsgegner – eine chinesische Unternehmensgruppe – nach geltendem chinesischem Recht keinen Handel mit Futures außerhalb China vornehmen. Der Vollstreckungsgegner hat entgegen dieses Verbots gehandelt. Das führte nach der Ansicht von ObVG nicht dazu, dass der zulasten des Vollstreckungsgegners erlassene ausländische Schiedsspruch nicht vollstreckt werden konnte. Das ObVG hat die Vollstreckung des Schiedsspruchs freigegeben.

Wenn eine Vertragspartei nach dem geltenden chinesischen Recht zur Durchführung eines gewerblichen Franchisings nicht befugt ist, z.B. weil eine erforderliche Genehmigung oder Anmeldung unterbleibt, wird die Rechtswirkung des gewerblichen Vertrages zwischen den Parteien von solchen nicht eingehaltenen zwingenden verwaltungsrechtlichen Regelungen nicht berührt.[885]

Im Fall eines Garantievertrages zugunsten eines ausländischen Gläubigers, wobei der Garantievertrag eine Schiedsklausel enthält, hat das ObVG festgelegt, dass die Gewährung einer Garantie zugunsten ausländischen Parteien keine zwingende chinesische Devisenpolitik verletzt und daher nicht die chinesische öffentliche Ordnung verletzt.[886]

(3) Fallgruppe 3 – Widerspruch mit Entscheidung des Volksgerichts
(a) Fall 1 im Jahr 2008

Die Investoren eines Joint Venture Unternehmens (JV) stritten sich über die Pflichtverletzung durch einen Investor (Partei A). Zur Vereinfachung der Darstellung werden die anderen Investoren zusammen als Partei B genannt, weil sie das gleiche Interesse vertreten und im Streitfall auf derselben Seite auftreten. Im Joint Venture Vertrag (JV-Vertrag) vereinbarten die Parteien, dass Streitigkeiten über das Joint Venture von ICC beizulegen sind. Die Partei A klagte im Jahr 2002 vor dem zuständigen Volksgericht gegen das JV, das keine Partei des JV-Vertrags ist, auf die Zahlung der Miete aus einem Mietvertrag zwischen der Partei A und dem JV. Das JV erhob die Einrede, dass die Streitigkeit aufgrund der Schiedsvereinbarung im JV-Vertrag von der ICC beizulegen ist. Das Volksgericht hat die von der Partei A beantragte Vermögenssicherung gegen das Vermögen des JV angeordnet und vollzogen. im Jahr 2005 hat das Volksgericht der Klage der Partei A stattgegeben. Die Partei B erhob im Jahr 2004 eine Schiedsklage gegen die Partei A vor ICC. Die Schiedsklage wurde unter anderem mit folgenden

---

[885] Antwortschreiben des ObVG vom 01.07.2003 (MinSiTaZi 2003, Nr. 3) in Judikationsanweisung 2004-1, S. 12 ff.
[886] Antwortschreiben des ObVG vom 17.05.2016 (MinSiTaZi 2016, Nr. 38) in Judikationsanweisung 2016-2, S. 77 ff.

Argumenten begründet, dass die Partei A durch ihre Klageerhebung gegen das JV auf die Mietzahlung und die Verfälschung der Beweise für ihren Mietzahlungsanspruch ihre Pflichten aus dem JV-Vertrag verletzte. Die erfolgte Vermögenssicherung führte dazu, dass das JV nicht mehr betrieben werden konnte. Mit der vollgezogenen Vermögenssicherung hat die Partei A ihre Investition in das JV wieder zurückgezogen. Die Interessen der Partei B wurden daher betroffen. ICC hat zugunsten von der Partei B einen Schiedsspruch erlassen. Laut dem Bericht des Volksgerichts an das ObVG wurde der Schiedsspruch unter anderem damit begründet, dass die Anordnung und Vollziehung der Vermögenssicherung durch das Volksgericht kommerziell und rechtlich nicht gerechtfertigt waren. Die Vollziehung der Vermögenssicherung führte unmittelbar und zeitnah zum Misserfolg und Betriebseinstellung des JVs. Das ObVG hat in einem Antwortschreiben festgestellt, dass (1) der Gegenstand des Schiedsspruchs, soweit über den Mietvertrag entschieden wurde, die Grenzen der Schiedsabrede oder der Schiedsklausel überschreitet; und (2) der ICC-Schiedsspruch die chinesische Justizhoheit und die Zuständigkeit der chinesischen Volksgerichte verletzt, weil er über den Mietvertrag entschieden hat, obwohl das chinesische Volksgericht bereits über den Mietvertrag und die Vermögenssicherung rechtskräftig entschieden hat. Die Vollstreckung des ICC-Schiedsspruchs wurde deswegen wegen Verletzung der chinesischen öffentlichen Ordnung abgelehnt.[887]

(b) Fall 2 im Jahr 2013

In einem Streitfall zwischen TCL Air-Conditioner Ltd. (Partei A) und Castel Electronics Pty ltd. (Partei B) hat die Partei B im Sommer 2008 ein Schiedsverfahren gegen die Partei A vor einer australischen Schiedsinstitution eingeleitet. Die Partei A hat Anfang 2009 ein selbständiges Verfahren nach § 20 SchG beim zuständigen Mittleren Volksgericht zur Feststellung der Unwirksamkeit der Schiedsvereinbarung eingeleitet. Im Jahr 2010 hat sich die Partei A am Schiedsverfahren in Australien teilgenommen und eine Widerschiedsklage erhoben. Dabei hat sie keine Schiedseinrede erhoben. Das Schiedsgericht hat Ende 2010 und Anfang 2011 die Schiedssprüche in der Sache zugunsten der Partei B erlassen. Ende 2011 hat das Mittlere Volksgericht nach der Berichterstattung an Volksgerichte höherer Ebene die Schiedsvereinbarung endgültig als unwirksam festgestellt, weil der Schiedsort nach der Ansicht des Volksgerichts nicht eindeutig ist und das Volksgericht das chinesische Recht als Rechtsgrundlage für

---

[887] Antwortschreiben des ObVG vom 02.06.2008 (MinSiTaZi 2008, Nr. 11) in Judikationsanweisung 2009-1, S. 124 ff.

die Beurteilung der Wirksamkeit der Schiedsvereinbarung angewendet hat. Die Partei B beantragte trotzdem die Vollstreckung der Schiedssprüche durch das zuständige Mittlere Volksgericht in das Vermögen der Partei A in China. Das Mittlere Volksgericht beabsichtigte, die Vollstreckung wegen Unwirksamkeit der Schiedssprüche abzulehnen. Das Obere Volksgericht war der Ansicht, dass die Schiedssprüche der rechtskräftigen Entscheidung des chinesischen Gerichts widersprechen, weil das chinesische Gericht rechtskräftig entschieden hat, dass die Schiedsvereinbarung unwirksam war. Um die chinesische Justizhoheit und die Zuständigkeit der chinesischen Volksgerichte zu wahren, beabsichtigte das Obere Volksgericht, die Schiedssprüche wegen Verstoßes gegen chinesische öffentliche Ordnung abzulehnen. Das ObVG hat die Verletzung der chinesischen Justizhoheit aus drei Gründen verneint. Zunächst war die Schiedsentscheidung früher getroffen als die endgültige Entscheidung des Volksgerichts. Außerdem beruhte die Schiedsentscheidung hinsichtlich der Wirksamkeit der Schiedsvereinbarung und der Zuständigkeit des Schiedsgerichts auf dem Recht am Schiedsort und der Schiedsordnung. Schließlich hat das ObVG zum Ausdruck gebracht, dass ein Verstoß gegen die chinesische öffentliche Ordnung erst dann vorliegt, wenn die Anerkennung und Vollstreckung eines ausländischen Schiedsspruchs grundlegende gesellschaftliche und öffentliche Interessen gefährden würden, z.B. wenn sie den grundlegenden Prinzipien des chinesischen Rechts widersprechen, die staatliche Souveränität verletzen, die gesellschaftliche und öffentliche Sicherheit gefährden oder gegen die guten Sitten verstoßen würden. Obwohl die ausländischen Schiedssprüche und die rechtskräftige Entscheidung des chinesischen Volksgerichts sich im vorliegenden Fall hinsichtlich derselben Schiedsvereinbarung widersprechen, ist nach der Ansicht des ObVG kein Verstoß gegen die öffentliche Ordnung anzunehmen.[888]

(c) Fall 3 im Jahr 2018

In einer Seeangelegenheit hat das Schiedsgericht in London am 09.09.2016 einen Schiedsspruch erlassen. Der Vollstreckungsgläubiger hat die Vollstreckung des Schiedsspruchs gegen den Vollstreckungsschuldner in sein Vermögen in China beantragt. Das ObVG hat in seinem Antwortschreiben seine Ablehnung der Anerkennung und Vollstreckung des Schiedsspruchs damit begründet, dass die Anerkennung und Vollstreckung eines ausländischen Schiedsspruchs nach dem New Yorker Übereinkommen mit sich bringen, dass das Vollstreckungsgericht

---

888 Antwortschreiben des ObVG vom 10.10.2013 (MinSiTaZi 2013, Nr. 46) in Judikationsanweisung 2013-2, S. 72 ff.

die Existenz und Wirkung der Schiedsvereinbarung annimmt. Wenn aber im vorliegenden Fall das chinesische Volksgericht die Existenz und Wirkung der Schiedsvereinbarung, die die Grundlage für den Schiedsspruch darstellt, bereits verneint hat, würden die Anerkennung und Vollstreckung des Schiedsspruchs dazu führen, dass die Gerichte im selben Rechtsgebiet zu demselben Sachverhalt widersprechende gerichtliche Feststellungen träfen. Dieser Widerspruch würde der Einheitlichkeit und Konsistenz der nationalen Rechtswerte entgegenstehen.[889]

Hintergrund war, dass der Vollstreckungsschuldner am 20.05.2016 vor dem Seegericht von Guangzhou eine Klage gegen den Vollstreckungsgläubiger erhoben und die Unwirksamkeit der Schiedsvereinbarung geltend gemacht hat. Der Vollstreckungsgläubiger hat die Schiedseinrede erhoben und die Wirksamkeit der Schiedsvereinbarung in einem Schiffsmietvertrag behauptet. Mit der Entscheidung des Oberen Seegerichts von Guangzhou vom 30.01.2017 wurde endgültig festgestellt, dass die Schiedseinrede des Vollstreckungsgläubigers keinen Erfolg hatte.[890]

(d) Analyse

Die obigen drei Fälle und ein Fall der Vollstreckung Hong Konger Schiedsspruchs in ähnlicher Situation (siehe Kapitel 6.C.II.5.b)) zeigen, wie die unterschiedlichen Kriterien für die Beurteilung der Wirksamkeit einer Schiedsvereinbarung unter chinesischem Recht und dem Recht am Schiedsort auf die Vollstreckung auswirken können. Scheinbar hat die zeitliche Reihenfolge des Erlasses des Schiedsspruchs und der Entscheidung des Volksgerichts im Jahr 2013 eine Rolle gespielt. Das zeitliche Element war jedoch nicht das entscheidende Argument. Das ObVG hat im Jahr 2008 die Auffassung für die Wahrung der chinesischen Justizhoheit vertreten. Die Auffassung des ObVG für solche Konstellation wurde im Jahr 2013 gelockert. In jüngster Zeit kehrt das ObVG wieder zur Wahrung der Einheitlichkeit und Konsistenz der nationalen Rechtswerte zurück. Wenn eine Partei einen Zweifel an der Wirksamkeit der Schiedsvereinbarung hat, kann sie eventuell in der Rechtspraxis mit der Einleitung eines selbständigen Verfahrens nach § 20 SchG oder Erhebung der Klage vor einem Volksgericht eine

---

[889] Antwortschreiben des ObVG vom 09.03.2018 (ZuiGaoFaMinTa 2017, Nr. 140) in Judikationsanweisung 2018-1, S. 74 ff.

[890] Antwortschreiben des ObVG vom 09.03.2018 (ZuiGaoFaMinTa 2017, Nr. 140) in Judikationsanweisung 2018-1, S. 74 ff.

Rechtssicherheit schaffen, die die Vollstreckung des Schiedsspruchs, der im Ausland erlassen wird, möglicherweise verhindern könnte.

5. Berichterstattung

Die Darstellungen in Kapitel 2.A.III.2 über das Berichtssystem gelten auch hier. Wenn das Volksgericht beabsichtigt, einen ausländischen Schiedsspruch nicht zu vollstrecken, muss es an das zuständige Obere Volksgericht in seinem Bezirk Bericht erstatten. Wenn das Obere Volksgericht zu demselben Ergebnis kommt, muss es an das ObVG Bericht erstatten. Das Mittlere Volksgericht muss seine eigene Entscheidung entsprechend dem Prüfungsergebnis des ObVG erlassen.

C. Anerkennung und Vollstreckung der Schiedssprüche aus Hong Kong, Macau und Taiwan

I. Lehre der inter-regionalen Justizhilfe

Mit der Rückkehr von Hong Kong und Macau zur Volksrepublik China und der anschließenden Einrichtung der Sonderverwaltungsregion Hong Kong und Macau sind zwei rechtssystematisch selbständige Rechtsregionen Hong Kong und Macau entstanden. Nach der Verfassung der Volksrepublik China ist Taiwan Bestandteil des chinesischen Hoheitsgebiets. Aus historischen und politischen Gründen besteht aber ein eigenes Rechtssystem in Taiwan, welches sich vom Rechtssystem in Festland-China unterscheidet. Somit sind in der Volksrepublik China vier verschiedene Rechtssysteme bzw. Rechtsregionen, d.h. China, Hong Kong, Macau und Taiwan, gegeben. Um die Kollision zwischen den vier Rechtssystemen zu regeln, wurde seit Jahrzehnten die Lehre der inter-regionalen Justizhilfe entwickelt. Darunter fallen einige Modelle[891] – das Modell der bilateralen Vereinbarung[892], das Modell der selbständigen Gesetzgebung[893], das Modell der

---

891 Alle Modelle sind zitiert in HUANG Hui, 2009, S. 148–150; CHEN Xi, 2005, S. 63–64.
892 Das Modell der bilateralen Vereinbarung besagt, dass jeweils zwischen zwei Rechtsregionen verhandelt und ein Abkommen oder eine Vereinbarung über die Anerkennung und Vollstreckung der Schiedssprüche geschlossen werden soll.
893 Das Modell der selbständigen Gesetzgebung in der jeweiligen Rechtsregion zur Justizhilfe gilt, wenn eine bilaterale Vereinbarung unmöglich ist.

inter-regionalen Schiedsgerichtsbarkeit für Handelssachen[894] und das Modell des inter-regionalen Übereinkommens[895].

Bis jetzt hat Festland-China jeweils mit Hong Kong und Macau Übereinkünfte über die gegenseitige Anerkennung und Vollstreckung der Schiedssprüche geschlossen. Die Schiedssprüche aus Taiwan können ebenfalls nach der höchstrichterlichen Auslegungsregelung in Festland-China anerkannt und vollstreckt werden. Zwischen Hong Kong und Macau besteht ebenfalls eine Übereinkunft über die gegenseitige Anerkennung und Vollstreckung der Schiedssprüche. Ein gemischtes Modell mit einer bilateralen Vereinbarung und einer selbständigen Gesetzgebung ist durchgesetzt worden.

Seit Anfang 2019 ist die *Guangdong – Hong Kong – Macau Greater Bay Area*, auch *Greater Bay Area* (**GBA**) genannt, nach den Grundzügen des Entwicklungsplans für die GBA vom Zentralkomitee der Kommunistischen Partei Chinas und dem Staatsrat aufgebaut. Die GBA besteht aus neun Städten in der Provinz Guangdong (Guangzhou, Shenzhen, Zhuhai, Foshan, Huizhou, Dongguan, Zhongshan, Jiangmen und Zhaoqing), Hong Kong und Macau. Die Zusammenarbeit in der Schiedsgerichtsbarkeit ist einer der Kernpunkte der juristischen Zusammenarbeit und Entwicklung.

II. Anerkennung und Vollstreckung der Schiedssprüche aus Hong Kong

1. Rechtsgrundlage

Vor der Rückkehr von Hong Kong im Jahr 1999 erfolgte in Festland-China die Anerkennung und Vollstreckung der Schiedssprüche aus Hong Kong nach dem New Yorker Übereinkommen. Nach der Rückkehr gilt das New Yorker Übereinkommen nicht mehr zwischen China und Hong Kong, weil Hong Kong kein anderer Staat mehr im Verhältnis zu China ist.[896]

Das ObVG und die Regierung der Sonderverwaltungsregion Hong Kong einigten sich im Jahr 2000 über die gegenseitige Vollstreckung der Schiedssprüche

---

894 Das Modell der inter-regionalen Schiedsgerichtsbarkeit für Handelssachen versucht mit dem Aufbau einer privaten Handelsschiedsgerichtsbarkeit ohne Beteiligung der Regierung die politischen Hindernisse zwischen China und Taiwan zu umgehen.
895 Das Modell sieht vor, ein Übereinkommen zwischen den vier Rechtsregionen abzuschließen und dabei sowohl die Regelungen aus dem weltweit anerkannten und als erfolgreich bestätigten New Yorker Übereinkommen als auch die Besonderheiten in den jeweiligen Rechtsregionen zu berücksichtigen.
896 LIU Xiaohong, 2001, S. 20; HUANG Jin/LI Jianqiang, 2006, S. 5.

(sogenannte Übereinkunft über die gegenseitige Vollstreckung der Schiedssprüche aus Festland-China und Hong Kong). Die Rechtsnatur der Übereinkunft war unklar, da sie weder ein völkerrechtliches Übereinkommen war noch in sonstiger Weise Rechtskraft hatte. Daraufhin hat das ObVG diese Übereinkunft in Form der Auslegungsregelung zur gegenseitigen Vollstreckung der Schiedssprüche aus Festland-China und Hong Kong vom 24.01.2000 (FaShi 2000, Nr. 3)[897] veröffentlicht. Diese Übereinkunft ist am 01.02.2000 in Kraft getreten.

Im November 2020 wurde eine Ergänzungsübereinkunft mit fünf Klauseln zwischen dem ObVG und der Regierung der Sonderverwaltungsregion Hong Kong vereinbart, um die Übereinkunft im Jahr 2000 (FaShi 2000, Nr. 3) zu modifizieren und zu ergänzen. Die Ergänzungsübereinkunft wurde in Form der Auslegungsregelung des ObVG (Fashi 2020, Nr. 13) in Festland-China erlassen. Klausel 2 und Klausel 3 der Ergänzungsübereinkunft mussten in der neuen *Cap 609 Hong Kong Arbitration Ordinance* kodifiziert werden. Nachdem das gesehen ist, ist die Ergänzungsübereinkunft (Fashi 2020, Nr. 13) ab 19.05.2021 vollständig in Kraft getreten.[898] Die Übereinkunft über die gegenseitige Vollstreckung der Schiedssprüche aus Festland-China und Hong Kong in ihrer aktuell modifizierten Fassung wird in dieser Arbeit als **Vollstreckungsübereinkunft Hong Kong** bezeichnet.

2. Vollstreckbare Schiedssprüche

Die Vollstreckungsübereinkunft Hong Kong gilt für die Vollstreckung von Schiedssprüchen durch die Volksgerichte Festlands-Chinas, die im Einklang mit der *Cap 609 Hong Kong Arbitration Ordinance* ergangen sind.[899] Diese Regelung eröffnet einen sehr weiten Anwendungsbereich für die Vollstreckung der Schiedssprüche aus Hong Kong. Die *Cap 609 Hong Kong Arbitration Ordinance* findet auf ein Schiedsverfahren mit Schiedsort in Hong Kong Anwendung, egal ob die zugrundeliegende Schiedsvereinbarung in Hong Kong geschlossen wurde oder nicht.[900] Selbst wenn der Schiedsort außerhalb Hong Kongs liegt, kann die *Cap 609 Hong Kong Arbitration Ordinance* gegebenenfalls auch Anwendung finden, z.B. wenn sie nach der anderen (am Schiedsort geltenden) Schiedsordnung

---

897 Die vollständige Bezeichnung ist „*Arrangements of the Supreme People's Court on the Mutual Enforcement of Arbitral Awards between the Mainland and the Hong Kong Administrative Region*", veröffentlicht durch das ObVG am 24.01.2000.
898 Die Klausel 1 und 4 des Nachtrages sind ab 27.11.2020 in Kraft getreten.
899 Art. 1 1. Halbs. der Vollstreckungsübereinkunft Hong Kong.
900 Art. 5 (1) der *Cap 609 Hong Kong Arbitration Ordinance*.

auf das Schiedsverfahren anwendbar ist.[901] Daraus ergibt sich, dass der Schiedsort Hong Kong eine entscheidende Rolle für die Feststellung der in Festland-China vollstreckbaren Schiedssprüche Hong Kongs darstellt. Ein Schiedsspruch aus ad hoc- Schiedsverfahren in Hong Kong ist in Festland-China vollstreckbar. Der Schiedsspruch einer chinesischen Schiedsinstitution mit Schiedsort in Hong Kong kann auch aufgrund der Vollstreckungsübereinkunft Hong Kong in Festland-China vollstreckbar sein.

3. Zuständigkeit

Das Mittlere Volksgericht am Wohnsitz des Vollstreckungsschuldners oder am Ort, wo sich das Vermögen als Vollstreckungsgegenstand befindet, ist für die Vollstreckung zuständig.[902] Fällt der Wohnsitz oder das Vermögen des Vollstreckungsschuldners in den Zuständigkeitsbereich verschiedener Mittlerer Volksgerichte, so kann der Vollstreckungsgläubiger die Vollstreckung des Schiedsspruchs nur bei einem der Volksgerichte und darf sie nicht bei zwei oder mehr Volksgerichten beantragen.[903] Hat der Vollstreckungsschuldner einen Wohnsitz oder vollstreckbares Vermögen sowohl in Festland-China als auch in Hong Kong, kann der Vollstreckungsgläubiger die Vollstreckung bei den Gerichten beider Orte beantragen. Auf Ersuchen des einen Gerichts erteilen sich die beiden Gerichte gegenseitig Auskunft über die Vollstreckung des Schiedsspruchs auf ihrer Seite. Der Gesamtbetrag des Vermögens, der von Gerichten beider Jurisdiktionen zu vollstrecken ist, darf den im Schiedsspruch festgesetzten Betrag nicht überschreiten.[904]

Unabhängig davon, ob die gleichzeitige Beantragung bei zwei oder mehreren Volksgerichten in Festland-China zu vermeiden ist oder ob sie bei einem Volksgericht in Festland-China und bei einem Gericht in Hong Kong mit der Beschränkung auf den Gesamtbetrag zu ermöglichen ist, gibt es Bedenken hinsichtlich der Kommunikation und des Informationsaustauschs zwischen den betroffenen Gerichten. Bevor der Vollstreckungsschuldner Kenntnis von den mehrfachen Vollstreckungen erlangt und gegebenenfalls Einwendungen erhebt, besteht das Risiko, dass das Vermögen des Vollstreckungsschuldners aufgrund unrechtmäßiger mehrfacher Vollstreckungen belastet wird. Dagegen könnte argumentiert werden, dass der Vollstreckungsschuldner in einer solchen

---

901 Art. 5 (3) der *Cap 609 Hong Kong Arbitration Ordinance*.
902 Art. 2 Abs. 1 der Vollstreckungsübereinkunft Hong Kong.
903 Art. 2 Abs. 2 der Vollstreckungsübereinkunft Hong Kong.
904 Art. 2 Abs. 3 der Vollstreckungsübereinkunft Hong Kong.

Situation weniger schutzwürdig ist, weil er die Erfüllung der im Schiedsspruch festgestellten Leistungspflicht versäumt hat. Er ist nur dann schutzwürdig, wenn er bereits eine Aufhebung des Schiedsspruchs beantragt hat.

Funktionell zuständig ist die Kollegialkammer als Fachkammer im Volksgericht.[905] Hier wird auf die Darstellungen in Kapitel 6.A.I.5.b)aa) verwiesen.

4. Antrag

Der Vollstreckungsantrag muss die Identifikationsinformationen über den Antragsteller/Vollstreckungsgläubiger und den Antragsgegner/Vollstreckungsschuldner, die Vollstreckungsgründe, den Inhalt des Ersuchens, die Lage und den Zustand des Vermögens des Vollstreckungsschuldners enthalten.[906] Da Volksgerichte in Festland-China sich des webbasierten Vollstreckungsermittlungs- und Kontrollsystems bedienen können, muss die Angabe über die Vermögenssituation des Vollstreckungsschuldners nicht stets enthalten sein.

5. Verfahren

a. Anerkennung vor Vollstreckung

Die ursprüngliche Übereinkunft im Jahr 2020 hat nur von Vollstreckung der Schiedssprüche gesprochen. Sowohl aus der oben erwähnten Mitteilung des ObVG über die funktionelle Zuständigkeit des ObVG[907] als auch aus der Klausel 1 der Ergänzungsübereinkunft im Jahr 2020[908] ergibt sich, dass die Schiedssprüche aus Hong Kong zunächst anerkannt werden müssen. Die Fachkammer übergibt die Fälle nach der Anerkennung zum Zweck der Vollstreckung an das Vollstreckungsorgan. Das konkrete Vollstreckungsverfahren richtet sich nach den Regelungen im chinesischen Prozessrecht.[909]

---

905 Art. 1 und Art. 2 der Mitteilung des ObVG zu Fragen über die funktionelle Zuständigkeit bei Gericht in Schiedsfällen unter Gerichtlicher Überprüfung (Fa 2017, Nr. 152).
906 Art. 4 der Vollstreckungsübereinkunft Hong Kong.
907 Mitteilung des ObVG zu Fragen über die funktionelle Zuständigkeit bei Gericht in Schiedsfällen unter Gerichtlicher Überprüfung (Fa 2017, Nr. 152).
908 Klausel 1 der Ergänzungsübereinkunft in Form der Auslegungsregelung des ObVG (Fashi 2020, Nr. 13).
909 Art. 6 der Vollstreckungsübereinkunft Hong Kong.

b. Ablehnungsgründe

Die Vollstreckung des Schiedsspruchs aus Hong Kong kann verweigert werden, wenn der Vollstreckungsgegner nachweist,

- dass eine Partei der Schiedsvereinbarung nach dem auf sie anwendbaren Recht geschäftsunfähig war; oder
- dass die Schiedsvereinbarung nach dem Recht, dem die Parteien sie unterworfen haben, nicht gültig war; oder
- dass die Schiedsvereinbarung nach dem Recht des Schiedsortes nicht gültig war, falls das Recht, dem die Schiedsvereinbarung unterliegt, nicht angegeben wurde;
- dass der Vollstreckungsgegner nicht ordnungsgemäß über die Auswahl des/der Schiedsrichter(s) benachrichtigt worden ist oder aus anderen Gründen nicht in der Lage war, zur Sache Stellung zu nehmen; oder
- dass der Schiedsspruch eine Streitigkeit behandelt, die in der Schiedsklage nicht vorgesehen war oder nicht von der Schiedsvereinbarung umfasst war, oder dass der Schiedsspruch eine Entscheidung über eine Angelegenheit enthält, die nicht Gegenstand des Schiedsverfahrens ist; ist die Entscheidung über eine Angelegenheit, die Gegenstand des Schiedsverfahrens ist, von einer Angelegenheit, die nicht Gegenstand des Schiedsverfahrens ist, zu trennen ist, so wird der Teil des Schiedsspruchs vollstreckt, der über die Angelegenheit entscheidet, die Gegenstand eines Schiedsverfahrens ist; oder
- wenn die Zusammensetzung des Schiedsgerichts oder das schiedsrichterliche Verfahren mit der Vereinbarung zwischen den Parteien oder, in Ermangelung einer solchen Vereinbarung zwischen den betroffenen Parteien, mit dem Recht des Schiedsortes unvereinbar ist; oder
- dass der Schiedsspruch für die Parteien noch nicht verbindlich ist oder vom Gericht des Schiedsortes oder nach dem Recht des Schiedsortes aufgehoben oder ausgesetzt wurde.[910]

Die Vollstreckung eines Schiedsspruchs kann auch verweigert werden, wenn der Schiedsspruch eine Angelegenheit betrifft, die nach dem chinesischen Recht nicht schiedsfähig ist bzw. nicht durch ein Schiedsverfahren geregelt werden kann oder wenn die Vollstreckung des Schiedsspruchs gegen die öffentliche Ordnung in Festland-China verstoßen würde.[911]

---

910 Art. 7 Abs. 1 der Vollstreckungsübereinkunft Hong Kong.
911 Art. 7 Abs. 2 der Vollstreckungsübereinkunft Hong Kong.

Diese Ablehnungsgründe sind identisch mit denen für ausländische Schiedssprüche bzw. denen im New Yorker Übereinkommen.

In einem Streitfall über den Joint Venture Vertrag zwischen den Vertragsparteien (Wicor Fall) hat die Partei A gegen die Partei B vor dem zuständigen Mittleren Volksgericht eine Klage erhoben. Die Partei B hat die Schiedseinrede erhoben. Nachdem das ObVG in seinem Antwortschreiben[912] die Unwirksamkeit der Schiedsvereinbarung wegen fehlendes Schiedsorts unter Anwendung des chinesischen Rechts bestätigt hat, hat das Mittlere Volksgericht der Klage der Partei A stattgegeben. Die Berufung der Partei B hinsichtlich der Schiedseinrede wurde vom Oberen Volksgericht von Jiangsu am 11.12.2012 abgewiesen. Die Partei B hat in paralleler Zeit in November 2011 eine Schiedsklage vor einem ICC-Schiedsgericht in Hong Kong erhoben. Das ICC-Schiedsgericht hat den Schiedsort in Hong Kong festgestellt und am 18.07.2014 einen Schiedsspruch zugunsten der Partei B erlassen. Der Antrag der Partei B auf die Vollstreckung dieses ICC-Schiedsspruchs in China wurde jedoch abgelehnt, weil das ObVG in seinem Antwortschreiben im Vollstreckungsverfahren erörtert hat, dass die Vollstreckung des ICC-Schiedsspruchs der rechtskräftigen Berufungsentscheidung vom 11.12.2012 hinsichtlich der Unwirksamkeit der Schiedsvereinbarung wiedersprechen und daher gegen das gesellschaftliche und öffentliche Interesse in Festland-China verstoßen würde.[913] Hinsichtlich der Analyse dieser Ansicht der ObVG zusammen mit anderen ähnlichen Fällen wird auf Kapitel 6.B.II.4.b) dd)ccc)(iv) verwiesen.

c. Berichterstattung

Die Berichterstattungsbestimmung gilt für den Antrag auf Anerkennung und Vollstreckung der Schiedssprüche aus Hong Kong, Macau und Taiwan als Fallgruppe 4 der Schiedsfälle unter gerichtlicher Überprüfung. Die Darstellungen in Kapitel 2.A.III.2 über das Berichtssystem gelten auch hier.

Wenn das Volksgericht beabsichtigt, die Schiedssprüche aus Hong Kong, Macau und Taiwan nicht anzuerkennen oder zu vollstrecken, muss es an das zuständige Obere Volksgericht in seinem Bezirk Bericht erstatten. Wenn das Obere Volksgericht zu demselben Ergebnis kommt, muss es an das ObVG

---

912 Antwortschreiben des ObVG vom 01.03.2012 (MinSiTaZi 2012, Nr. 6) in Judikationsanweisung 2012-1, S. 93.
913 Antwortschreiben des ObVG vom 22.03.2016 (ZuiGaoFaMinTa 2016, Nr. 8) in Judikationsanweisung 2016-1, S. 129.

Bericht erstatten. Das Mittlere Volksgericht muss seine eigene Entscheidung entsprechend dem Prüfungsergebnis des ObVG erlassen.[914]

6. Einstweiliger Rechtsschutz

Hinsichtlich der gegenseitigen Unterstützung beim einstweiligen Rechtsschutz durch Volksgerichte in Festland-China und Hong Kong wird auf Kapitel 4.D.III hingewiesen.

III. Anerkennung und Vollstreckung der Schiedssprüche aus Macau

1. Rechtsgrundlage

Mit den Erfahrungen hinsichtlich der gegenseitigen Vollstreckung der Schiedssprüche aus Hong Kong und Festland-China hat das ObVG auch mit der Regierung von Macau eine Übereinkunft über die gegenseitige Anerkennung und Vollstreckung der Schiedssprüche zwischen Macau und China unterzeichnet. Am 12.12.2007 hat ObVG in Form der Auslegungsregelung[915] die Übereinkunft umgesetzt, die ab 01.01.2008 in Kraft getreten ist. Diese Übereinkunft wird in dieser Arbeit als **Vollstreckungsübereinkunft Macau** bezeichnet.

2. Vollstreckbare Schiedssprüche

Die Vollstreckungsübereinkunft Macau gilt für die Vollstreckung von Schiedssprüchen durch die Volksgerichte Festland-Chinas, die von Macauer Schiedsinstitutionen und Schiedsrichtern nach dem Schiedsgesetz Macau[916] in Macau erlassen worden sind.[917] Im Vergleich zur Übereinkunft Hong Kong liegen die Dinge insofern anders, als für die Vollstreckbarkeit eines Schiedsspruchs aus

---

914 Art. 2 Abs. 1 der Überprüfungsbestimmung.
915 Die Auslegungsregelung des ObVG zur gegenseitigen Anerkennung und Vollstreckung der Schiedssprüche aus Festland-China und der Sonderverwaltungsregion Macau vom 12.12.2007 (FaShi 2007, Nr. 17).
916 Das aktuelle Schiedsgesetz Macau (Gesetz Nr. 19/2019) wurde im Jahr 2019 erlassen und auf der offiziellen Presse der Sonderverwaltungsregion Macau am 05.11.2019 verkündet. Dieses Schiedsgesetz Macau ersetzte die zwei alten gesetzlichen Regelungen für die Schiedsgerichtsbarkeit in Macau – die Schiedsverordnung (Gesetz Nr. 29/96/M) und die spezialisierte Verordnung für die auslandsbezogene Handelsschiedsgerichtsbarkeit (Gesetz Nr. 55/98/M).
917 Art. 1 der Vollstreckungsübereinkunft Macau.

Macau in Festland-China sowohl der Schiedsort als auch die den Schiedsspruch erlassene Schiedsinstitution in Macau liegen muss.

Das aktuell gültige Schiedsgesetz Macau findet für die Schiedsgerichtsbarkeit mit Schiedsort in Macau Anwendung.[918] Diese Schiedsgerichtsbarkeit sollte nach der Auslegung ihrer gesetzlichen Definition in Art. 2 (1) des Schiedsgesetzes Macau[919] unabhängig davon sein, ob es ein ad hoc- oder institutionelles Schiedsverfahren ist, oder, wenn es ein institutionelles Schiedsverfahren ist, unabhängig davon, ob es von einer Schiedsinstitution in oder außerhalb Macaus verwaltet wird.

Es besteht eine Regelungslücke für die Konstellation, dass ein Schiedsspruch von einem Schiedsverfahren mit dem Schiedsort in Macau, das von einer Schiedsinstitution außerhalb Macaus verwaltet wird, nach der Vollstreckungsübereinkunft Macau in Festland-Land vollstreckbar ist. Es ist anzuregen, die Vollstreckungsübereinkunft Macau wie die Vollstreckungsübereinkunft Hong Kong zu modifizieren und deren Anwendbarkeit auf diese Konstellation zu erweitern.

3. Zuständigkeit

Das Gericht am Wohnsitz oder gewöhnliche Aufenthaltsort des Vollstreckungsschuldners oder am Ort, wo sich das Vermögen als Vollstreckungsgegenstand befindet, ist für die Vollstreckung zuständig.[920] Wenn sich diese in Betracht kommenden Orte sowohl in Festland-China als auch in Macau befinden, kann der Vollstreckungsgläubiger die Vollstreckung beim Gericht an einem Ort oder bei Gerichten sowohl in Festland-China als auch in Macau beantragen. Im letzten Fall werden die Gerichte an beiden Orten die Vollstreckungsbegehren prüfen. Wenn die Vollstreckung anzuerkennen ist, muss das Gericht am Schiedsort – hier das Gericht in Macau – zunächst mit der Vollstreckung und Verwertung beginnen. Das Volksgericht in Festland-China kann die Vollstreckung und Verwertung für den unbefriedigten Teil vornehmen, wenn es vom Gericht in Macau die Bestätigung erhält, dass der Schiedsspruch noch nicht vollständig befriedigt worden ist. Der Gesamtbetrag des Vermögens, der von Gerichten

---

918 Art. 3 Abs. 1 des Schiedsgesetzes Macau.
919 Nach Art. 2 (1) des Schiedsgesetzes Macau ist die Schiedsgerichtsbarkeit im Sinne dieses Schiedsgesetzes die Beilegung einer Streitigkeit durch ein Schiedsgericht, unabhängig davon, ob die Verwaltung des Schiedsverfahrens von einer Schiedsinstitution durchgeführt wird oder nicht.
920 Art. 2 Abs. 1 der Vollstreckungsübereinkunft Macau.

beider Jurisdiktionen zu vollstrecken ist, darf den im Schiedsspruch festgesetzten Betrag nicht überschreiten.[921]

Es gibt hier die gleichen Bedenken hinsichtlich der Kommunikation und des Informationsaustauschs zwischen den betroffenen Gerichten und der Schutzwürdigkeit des Vollstreckungsgegners (siehe Kapitel 6.C.II.3).

4. Antrag, Verfahren, Ablehnungsgründe, Berichterstattung und Sicherungsmaßnahme

Hinsichtlich des Antrags, des Verfahrens, der Ablehnungsgründe und des Berichtssystems gibt es keine wesentlichen Unterschiede zum Erörterten zu Anerkennung und Vollstreckung der Schiedssprüche aus Hong Kong, siehe Kapitel 6.C.II.4 und Kapitel 6.C.II.5.b). Die Darstellungen über die Berichterstattung im Fall der verweigerten Anerkennung und Vollstreckung der Schiedssprüche Hong Kong, Macau und Taiwan gelten auch hier. Sicherungsmaßnahmen sind sowohl vor als auch nach der Annahme des Anerkennungsantrags möglich. Diesbezüglich wird auf Kapitel 4 verwiesen.

IV. Anerkennung und Vollstreckung der Schiedssprüche aus Taiwan

1. Rechtsgrundlage

Bis Ende Juni 2015 waren die Rechtsgrundlagen für die Anerkennung und Vollstreckung der Schiedssprüche aus der Region Taiwan die Bestimmung des ObVG über die Anerkennung der zivilgerichtlichen Entscheidung aus Taiwan vom 22.05.1998 (FaShi 1998, Nr. 11) und die ergänzende Bestimmung des ObVG über die Anerkennung der zivilgerichtlichen Entscheidung aus der Region Taiwan vom 24.04.2009 (FaShi 2009, Nr. 4).[922] Beide Bestimmungen sind

---

921 Art. 3 der Vollstreckungsübereinkunft Macau.
922 Der anerkannte Schiedsspruch aus Taiwan hatte nach Art. 2 der ergänzenden Bestimmung des ObVG über die Anerkennung der zivilgerichtlichen Entscheidung aus Taiwan vom 24.04.2009 (FaShi 2009, Nr. 4) die gleiche Rechtskraft wie die Entscheidung von einem Volksgericht. Er konnte aufgrund Art. 18 der Bestimmung des ObVG über die Anerkennung der zivilgerichtlichen Entscheidung aus Taiwan vom 22.05.1998 (FaShi 1998, Nr. 11) nach dem ZPG vollstreckt werden. Art. 5 der ergänzenden Bestimmung des ObVG über die Anerkennung der zivilgerichtlichen Entscheidung aus Taiwan vom 24.04.2009 (FaShi 2009, Nr. 4) ließ auch die Vermögenssicherung vor der Anerkennung der Schiedssprüche durch das Volksgericht zu.

wegen des Erlasses der Bestimmung der ObVG über die Anerkennung und Vollstreckung der zivilgerichtlichen Entscheidung aus der Region Taiwan vom 29.06.2015 (FaShi 2015, Nr. 13) und der Bestimmung der ObVG über die Anerkennung und Vollstreckung der Schiedssprüche aus der Region Taiwan vom 29.06.2015 (FaShi 2015, Nr. 14) außer Kraft getreten. Diese geltende Bestimmung betreffend die Schiedssprüche aus Taiwan (FaShi 2015, Nr. 14) wird in dieser Arbeit als **Vollstreckungsbestimmung Taiwan** bezeichnet.

Am 23.07.2004 wurde zum ersten Mal ein Schiedsspruch aus der Schiedskommission in Taiwan vom Mittleren Volksgericht Xiamen in China nach Art. 9 und 19 der Bestimmung des ObVG über die Anerkennung der zivilgerichtlichen Entscheidung aus Taiwan vom 22.05.1998 anerkannt und als vollstreckbar erklärt.[923] Seitdem ist keine Anerkennung und Vollstreckung der Schiedssprüche aus Taiwan bekannt und/oder veröffentlicht.

2. Vollstreckbare Schiedssprüche

Die nach der Vollstreckungsbestimmung Taiwan in Festland-China vollstreckbaren Schiedssprüche umfassen die Schiedssprüche (einschließlich Schiedsgerichtsurteile, Schiedsgerichtsvergleiche und Schiedsgerichtsmediation), die in der Region Taiwan von ständigen Schiedsinstitutionen und ad-hoc-Schiedsgerichten in Übereinstimmung mit den Bestimmungen über die Schiedsgerichtsbarkeit in der Region Taiwan in Bezug auf Streitigkeiten in Zivil- und Handelssachen erlassen worden sind.[924]

3. Zuständigkeit

Für die Anerkennung des Schiedsspruchs zuständig ist das Mittlere oder spezielle Volksgericht am Ort des Wohnsitzes oder des gewöhnlichen Aufenthalts des Antragstellers oder am Ort des Wohnsitzes, des gewöhnlichen Aufenthalts oder des Vermögens des Antragsgegners. Wird die Anerkennung bei mehr als zwei zuständigen Volksgerichten beantragt, so ist das Volksgericht zuständig, das zuerst eine Akte für den Fall anlegt. Wird die Anerkennung beim Volksgericht des Ortes, an dem sich das Vermögen des Antragsgegners befindet, beantragt, so hat der Antragsteller entsprechende Nachweise für das Vorhandensein

---

923 Der Schiedsspruchsinhaber und Antragsteller war die He Hua GmbH aus dem Ausland. Antragsgegner war die Kai Ge GmbH in der Stadt Xiamen in China. Vgl. SONG Lianbin, 2006, S. 79; SONG Xixiang, 2008, S. 134.
924 Art. 2 der Vollstreckungsbestimmung Taiwan.

des Vermögens vorzulegen.⁹²⁵ Eine Kollegialkammer ist zu bilden und entscheidet über die Anerkennung des Schiedsspruchs.⁹²⁶ Nach der Anerkennung wird der Fall an das Vollstreckungsorgan des zuständigen Volksgerichts zur Vollstreckung übergeben.

4. Antrag

Zur Anerkennung eines Schiedsspruchs aus Taiwan muss der Antragsteller einen Antrag mit Identifikations- und Kommunikationsinformationen über Antragsteller und Antragsgegner, Schiedsvereinbarung und Schiedssprüche vorlegen.⁹²⁷

5. Verfahren

a. Aktenanlegung

Nach der eindeutigen Regelung des § 3 der Vollstreckungsbestimmung Taiwan werden die Schiedssprüche aus Taiwan zunächst in einem Anerkennungsverfahren geprüft, wenn Anerkennung und Vollstreckung gleichzeitig beantragt werden. Nach der positiven Entscheidung über die Anerkennung werden die Schiedssprüche vom Vollstreckungsorgan des Volksgerichts vollstreckt. Beantragt der Antragsteller unmittelbar bzw. nur die Vollstreckung, wird das Volksgericht ihn auf den erforderlichen Antrag auf die Anerkennung zusammen mit dem Antrag auf die Vollstreckung hinweisen. Wenn der Antragsteller trotzdem keinen Antrag auf die Anerkennung stellt, wird das Volksgericht den Antrag, der sich lediglich auf die Volkstreckung richtet, zurückweisen.

Wenn der Antrag mit allen erforderlichen Inhalten beim zuständigen Volksgericht gestellt ist, wird ihn das Volksgericht innerhalb von sieben Tagen nach Eingang des Antrags annehmen, eine Akte dafür anlegen und den Antragsteller und den Antragsgegner über die Aktenanlegung informieren. Wenn der Antrag nicht die Voraussetzungen erfüllt oder wenn das Volksgericht nicht zuständig ist, wird das Volksgericht innerhalb von sieben Tagen entscheiden, den Antrag nicht anzunehmen, und diese Entscheidung begründen. Ist der Antragsteller mit der Entscheidung nicht einverstanden, kann er Berufung einlegen.⁹²⁸

---

925 Art. 4 der Vollstreckungsbestimmung Taiwan.
926 Art. 5 der Vollstreckungsbestimmung Taiwan.
927 Art. 7 der Vollstreckungsbestimmung Taiwan.
928 Art. 8 der Vollstreckungsbestimmung Taiwan.

b. Prüfung der Anerkennung und Berichterstattung

i. Überprüfungszeitraum

Das Volksgericht hat den Anerkennungsantrag möglichst schnell zu prüfen und innerhalb von zwei Monaten nach der Aktenanlegung zu entscheiden.[929]

ii. Anerkennung

Kann das Volksgericht die Echtheit des Schiedsspruchs feststellen und liegen keine Ablehnungsgründe (siehe unten Kapitel 6.C.IV.5.b)dd)) vor, erkennt das Volksgericht die Rechtskraft des Schiedsspruchs an.[930] Um die Echtheit des Schiedsspruchs zu beweisen, kann der Antragsteller beim Volksgericht beantragen, dass dieses die Echtheit im Wege der Rechtshilfe zwischen beiden Seiten der Taiwanstraße (Englisch: *Taiwan Strait*) in Bezug auf Ermittlungen und Beweiserhebungen feststellt. Bei Bedarf kann das Volksgericht hinsichtlich gewisser betreffender Angelegenheiten auch von Amts wegen im Wege dieser Rechtshilfe die Ermittlungen und Beweiserhebungen in Taiwan ersuchen.[931] Das Verfahren dafür richtet sich nach Art. 17 bis 19 der Bestimmungen des ObVG über die Rechtshilfe durch die Volksgerichte in Bezug auf die Zustellung von Rechtsdokumenten und Ermittlungen und Beweiserhebung zwischen beiden Seiten der Taiwanstraße (Englisch: *Taiwan Strait*) vom 14.06.2011 (FaShi 2011, Nr. 15). Der Zeitraum für die Zustellung von Schriftstücken und die Ermittlung und Beweiserhebung im Wege dieser Rechtshilfe wird nicht in den Überprüfungszeitraum von zwei Monaten eingerechnet.[932]

iii. Zurückweisung des Antrags

Kann das Volksgericht die Echtheit des Schiedsspruchs nicht feststellen, weist es den Antrag zurück.[933] Wenn der Antragsteller erneut einen Antrag stellt, der die Voraussetzungen für die Annahme des Antrags erfüllt, hat das Volksgericht den Antrag anzunehmen.[934]

---

929 Art. 13 Abs. 1 S. 1 der Vollstreckungsbestimmung Taiwan.
930 Art. 15 Abs. 1 Halbs. 1 der Vollstreckungsbestimmung Taiwan.
931 Art. 9 Abs. 2 der Vollstreckungsbestimmung Taiwan.
932 Art. 13 Abs. 2 der Vollstreckungsbestimmung Taiwan.
933 Art. 15 Abs. 1 Halbs. 2 der Vollstreckungsbestimmung Taiwan.
934 Art. 15 Abs. 2 der Vollstreckungsbestimmung Taiwan.

iv. Ablehnung der Anerkennung

Das Volksgericht erkennt den Schiedsspruch aus Taiwan nicht an, wenn der Antragsgegner nachweist,

- dass eine Partei der Schiedsvereinbarung nach dem auf sie anwendbaren Recht geschäftsunfähig war; oder
- dass die Schiedsvereinbarung nach dem Recht, dem die Parteien sie unterworfen haben, nicht gültig war; oder
- dass die Schiedsvereinbarung nach dem Taiwaner Recht nicht gültig war, falls das Recht, dem die Schiedsvereinbarung unterliegt, nicht angegeben wurde; oder
- dass die Parteien keine Schiedsvereinbarung getroffen haben, es sei denn, dass die Anerkennung einer Schiedsgerichtsmediation beantragt worden ist; oder
- dass der Antragsgegner nicht ordnungsgemäß über die Auswahl des/der Schiedsrichter(s) oder den Ablauf des Schiedsverfahrens benachrichtigt worden ist oder aus anderen, nicht vom Antragsgegner zu vertretenen Gründen nicht in der Lage war, zur Sache Stellung zu nehmen; oder
- dass der Schiedsspruch eine Streitigkeit behandelt, die in der Schiedsklage nicht vorgesehen war oder nicht von der Schiedsvereinbarung umfasst war, oder dass der Schiedsspruch eine Entscheidung über eine Angelegenheit enthält, die nicht Gegenstand des Schiedsverfahrens ist; ist die Entscheidung über eine Angelegenheit, die Gegenstand des Schiedsverfahrens ist, von einer Angelegenheit, die nicht Gegenstand des Schiedsverfahrens ist, zu trennen ist, so wird der Teil des Schiedsspruchs anerkannt, der über die Angelegenheit entscheidet, die Gegenstand eines Schiedsverfahrens ist; oder
- wenn die Zusammensetzung des Schiedsgerichts oder das schiedsrichterliche Verfahren mit der Vereinbarung zwischen den Parteien oder, in Ermangelung einer solchen Vereinbarung zwischen den betroffenen Parteien, mit dem Taiwaner Recht unvereinbar ist; oder
- dass der Schiedsspruch für die Parteien noch nicht verbindlich ist oder vom Gericht in Taiwan aufgehoben oder ausgesetzt wurde.[935]

Das Volksgericht wird den Schiedsspruch aus Taiwan nicht anerkennen, wenn der Streitgegenstand nach dem nationalen (hier chinesischen) Recht nicht schiedsfähig ist oder wenn die Anerkennung des Schiedsspruchs gegen die

---

935 Art. 14 Abs. 1 der Vollstreckungsbestimmung Taiwan.

Grundprinzipien des nationalen (hier chinesischen) Rechts, wie den Ein-China-Grundsatz, verstoßen oder das öffentliche Interesse beeinträchtigen würde.[936]

v. Berichterstattung

Wenn das Mittlere Volksgericht beabsichtigt, den Schiedsspruch nicht anzuerkennen oder den Antrag zurückzuweisen, hat es nach Art. 13 Abs. 1 Halbs. 2 der Vollstreckungsbestimmung Taiwan seine beabsichtigte Entscheidung dem ObVG innerhalb von zwei Monaten nach der Aktenanlegung gemäß den einschlägigen Bestimmungen zu berichten, bevor es die Entscheidung trifft.

Diese Regelung in der Vollstreckungsbestimmung, die im Jahr 2015 erlassen wurde und in Kraft getreten ist, ist in zweierlei Hinsicht unklar.

Zum einen ist unklar, wie die Zurückweisung des Antrags unter welcher Konstellation zu berichten ist. Laut der Vollstreckungsbestimmung Taiwan kann das Volksgericht den Antrag mit zwei Gründen zurückweisen, entweder wenn der Antragsteller trotz Hinweises des Volksgerichts nur die Vollstreckung des Schiedsspruchs beantragt (Art. 3 Abs. 2 der Vollstreckungsbestimmung Taiwan, siehe Kapitel 6.C.IV.5.a)) oder wenn das Volksgericht die Echtheit des Schiedsspruchs nicht feststellen kann (Art. 15 der Vollstreckungsbestimmung Taiwan, siehe Kapitel 6.C.IV.5.b)cc)). Diese beiden Zurückweisungsgründe beziehen sich auf reine formelle Voraussetzungen für die Anerkennung/Vollstreckung. Beide können durch einen erneuten Antrag des Antragstellers korrigiert werden. Es lässt sich nicht nachvollziehen, welche Rechtsfehler das ObVG in diesen zwei Konstellationen korrigieren kann. Art. 2 Abs. 1 der Berichterstattungsbestimmung, die im Jahr 2017 erlassen und ab 01.01.2018 in Kraft getreten ist, sieht die Berichterstattung nur für die beabsichtigte Entscheidung des Volksgerichts zur Ablehnung der Aufhebung/Vollstreckung eines Schiedsspruchs aus Hong Kong, Macau und Taiwan vor. Diese zeitlich nachträglich erlassene Bestimmung muss vorrangig angewendet werden.

Zum zweiten spricht Art. 13 Abs. 1 Halbs. 2 der Vollstreckungsbestimmung Taiwan nur von Mitteilung an das ObVG. Hier ist ebenfalls die Berichterstattungsbestimmung anzuwenden. Weder reicht eine alleinige Berichterstattung aus, noch ist eine unmittelbare Berichterstattung möglich. Das Volksgericht muss zunächst dem Oberen Volksgericht berichten und dieses gegebenenfalls dann noch die Stellungnahme des ObVG einholen. Die Darstellungen über die Berichterstattung im Fall der verweigerten Anerkennung und Vollstreckung der Schiedssprüche aus Hong Kong, Macau und Taiwan müssen hier auch gelten.

---

936 Art. 14 Abs. 2 der Vollstreckungsbestimmung Taiwan.

vi. Rechtsbehelf

Wenn das Volksgericht nach der Einholung der Stellungnahme des ObVG mit der Berichterstattung die Anerkennung des Schiedsspruchs wegen Vorliegens zumindest eines Ablehnungsgrundes in Art. 14 Abs. 1 der Vollstreckungsbestimmung Taiwan ablehnt, steht dem Antragsteller kein Rechtsbehelf zu.[937]

6. Sicherungsmaßnahme

Sicherungsmaßnahmen sind sowohl vor als auch nach der Annahme des Anerkennungsantrags möglich. Diesbezüglich wird auf Kapitel 4 verwiesen.

---

937 Siehe Art. 18 Abs. 1 S. 1 der Vollstreckungsbestimmung Taiwan.

Kapitel 7: Schlusswort

A. Zusammenfassung

Mit der Entwicklung der chinesischen Wirtschaft besteht ein immer größerer Bedarf, die Schiedsgerichtsbarkeit als ein Streitbeilegungsmittel zu internationalisieren. Aus den sechs vorangegangenen Kapiteln dieser Arbeit geht hervor, dass es im chinesischen Schiedsrecht grundlegende Fragen gibt, die im Hinblick auf die Internationalisierung der Schiedsgerichtsbarkeit geklärt werden müssen, wie z.B. die Bestimmung der Nationalität des Schiedsverfahrens/Schiedsspruchs, die Anerkennung und die Rolle des Begriffs des Schiedsortes sowie das Verhältnis und die Konkurrenz zwischen der Aufhebung des Schiedsspruchs und der Ablehnung der Vollstreckung des Schiedsspruchs.

Gleichzeitig benötigt das Schiedsgericht aufgrund der fehlenden staatlichen Gewalt vor und/oder in einem Schiedsverfahren die Unterstützung und Hilfe der staatlichen Gerichte. Die Partei muss sich auch an das Volksgericht wenden, um die Vollstreckung des erzielten, aber durch die andere Partei nicht freiwillig erfüllten Schiedsspruchs durchführen zu lassen. Damit ist die Schiedsgerichtsbarkeit mit den Bestimmungen und der Praxis des chinesischen Zivilprozessrechts untrennbar verbunden. Das chinesische Zivilprozessrecht zeichnet sich jedoch durch seine eigene Komplexität, Unvollkommenheit und in einigen Fällen sogar Widersprüche aus, die sich erheblich auf die Funktionsweise des Schiedsverfahrens auswirken.

China hat in den letzten zwanzig Jahren eine große Anzahl von Gesetzen in einem sehr schnellen Tempo verabschiedet, darunter ein grundlegendes Gesetz wie das Zivilgesetzbuch, das die Inhalte, die zuvor in mehreren separaten Gesetzen geregelt waren (GGZR, AGZR und VerG usw.), in einer systematischen und integrierten Reform zusammenfasst. Das Zivilprozessgesetz wurde auch in den Jahren 2007, 2012, 2017 und 2021 viermal geändert. Die Gesetzgebung hat sich schnell entwickelt. Andererseits gibt es allein im Bereich des Schiedsrechts und des Zivilprozessrechts über einen Zeitraum von 20 bis 30 Jahren eine sehr große Anzahl von höchstrichterlichen Auslegungen, Antwortschreiben des ObVG und eine Reihe anderer juristischer Dokumente zur Ergänzung, Erläuterung, Auslegung der gesetzlichen Regelungen. Diese Dokumente enthalten zum Teil widersprüchliche Bestimmungen, was in diesem sehr praktischen Rechtsgebiet zu erheblichen Problemen geführt hat. Daher ist die Entwicklung der Schiedsgerichtsbarkeit auch untrennbar mit der Verbesserung und Integration des chinesischen Zivilprozessrechts verbunden, die zu empfehlen und erwarten sind.

B. Modifizierung des SchG
I. Allgemein Inhalt

Am 30.07.2021 hat das chinesische Justizministerium einen Entwurf des modifizierten Schiedsgesetzes (**ModiSchG**) zur Stellungnahme von der Öffentlichkeit veröffentlicht. Im Vergleich zu den zwei Änderungen des SchG in 2009 und 2017 ist die beabsichtige Modifizierung des SchG mit ModiSchG eine sehr umfassende Überarbeitung des chinesischen Schiedsgesetzes. Es zeigt sich, dass das chinesische Justizministerium als die für die Überarbeitung des Gesetzes zuständige Behörde versucht, einige grundlegende Fragen anzugehen.

Im Folgenden werden nur einige beabsichtigten Änderungen aufgeführt, die für den Inhalt dieser Arbeit relevant sind.

1. Schiedsinstitution statt Schiedskommission

Statt des typisch chinesischen Begriffs „Schiedskommission" wird der internationale Begriff „Schiedsinstitution" angewendet (§ 11 ModiSchG).

2. Tätigkeit ausländischer Schiedsinstitution in China

Eine ausländische Schiedsinstitution kann eine Einrichtung in China errichten und eine auslandsbezogene schiedsrichterliche Tätigkeit ausüben, wenn sie bei der zuständigen Behörde registriert ist (§ 12 ModiSchG).

3. Wirksamkeitskriterium einer Schiedsvereinbarung

Eine Schiedsvereinbarung kann eine in einem Vertrag enthaltene Schiedsklausel oder eine in anderer schriftlicher Form getroffene Vereinbarung sein, die darauf abzielt, den Rechtsstreit vor oder nach dessen Entstehen in einem Schiedsverfahren beilegen zu lassen (§ 21 ModiSchG). Behauptet eine Partei in einem Schiedsverfahren, dass eine Schiedsvereinbarung besteht, und wird dies von den anderen Parteien nicht bestritten, so wird davon ausgegangen, dass eine Schiedsvereinbarung zwischen den Parteien besteht (§ 21 ModiSchG).

Dazu gehören die übereinstimmenden Willenserklärungen der Parteien, den Rechtsstreit in einem Schiedsverfahren beilegen zu lassen (Nr. 1), die Gegenstände des Schiedsverfahrens (Nr. 2) und die ausgewählte Schiedsinstitution (Nr. 3).

Das Erfordernis, dass die Schiedsvereinbarung den Gegenstand des Schiedsverfahrens und die bestimmte Schiedsinstitution umfasst, entfällt. Die fehlende Vereinbarung über die Schiedsinstitution wirkt sich nicht mehr auf die

Wirksamkeit der Schiedsvereinbarung aus, sondern darauf, welche Schiedsinstitution zuständig ist bzw. welche Schiedsinstitution die Schiedssache annimmt bzw. bearbeitet.

Wenn die Schiedsvereinbarung hinsichtlich der Schiedsinstitution unklar ist, aber die anwendbare Schiedsordnung die Schiedsinstitution bestimmen kann, nimmt die durch die Schiedsordnung bestimmte Schiedsinstitution die Schiedsklage an; wenn auch die Schiedsordnung nicht vereinbart ist, können die Parteien die Vereinbarung ergänzen; wird keine ergänzende Vereinbarung getroffen, bearbeitet die Schiedsinstitution die Schiedsklage, die die Schiedsklage zuerst angenommen und angelegt hat. Ist in der Schiedsvereinbarung keine Schiedsinstitution vorgesehen und treffen die Parteien keine ergänzende Vereinbarung, so kann eine Schiedsklage vor der Schiedsinstitution am gemeinsamen Wohnsitz der Parteien eingelegt werden; haben die Parteien keinen gemeinsamen Wohnsitz, so ist die Schiedsinstitution am dritten Ort zuständig, an dem die Klage zuerst angenommen und angelegt wurde (§ 35 ModiSchG).

4. Schiedsort

Die Parteien können den Schiedsort in der Schiedsvereinbarung vereinbaren. Einigen sich die Parteien nicht auf den Schiedsort oder ist die Vereinbarung unklar, ist der Schiedsort der Sitz der Schiedsinstitution, die den Fall bearbeitet. Der Schiedsspruch gilt als am Schiedsort ergangen (§ 27 ModiSchG).

5. Kompetenz-Kompetenz

Streiten die Parteien über das Bestehen oder die Gültigkeit der Schiedsvereinbarung oder über die Zuständigkeit des Schiedsverfahrens, haben sie dies innerhalb der in der Schiedsgerichtsordnung festgelegten Verteidigungsfrist vorzubringen, und das Schiedsgericht wird eine Entscheidung treffen. Der Widerspruch gegen diese Entscheidung des Schiedsgerichts kann vor dem Mittleren Volksgericht am Schiedsort eingelegt werden. Gegen die Entscheidung über den Widerspruch kann die Partei beim übergeordneten Volksgericht – Oberes Volksgericht – einen schriftlichen Antrag auf erneute Prüfung stellen (Wiedererwägungsgesuch) (§ 28 ModiSchG).

6. Aufhebungsgründe

Die Aufhebungsgründe werden nicht mehr nach dem Auslandsbezug des Schiedsspruchs differenziert. Die Beweisunterdrückung ist kein Aufhebungsgrund mehr. Stattdessen kann ein Schiedsspruch aufgehoben werden, wenn er durch betrügerische Handlungen wie arglistige Täuschung erlangt wurde (§ 77 ModiSchG).

7. Keine Ablehnung der Vollstreckung für inländische Schiedssprüche

Der inländische Schiedsspruch kann nur noch aufgehoben werden. Ein Antrag der Partei auf die Ablehnung der Vollstreckung im Vollstreckungsverfahren wird nicht mehr möglich. Das Volksgericht kann aber den Verstoß gegen gesellschaftliche und öffentliche Interessen vom Amts wegen prüfen und die Vollstreckung wegen des Interessenvorbehalts ablehnen.

8. Besonderheit für auslandsbezogene Angelegenheiten

Im auslandsbezogenen Schiedsverfahren können die Parteien das anwendbare Recht (z.B. nicht-chinesisches Recht) vereinbaren. Ohne eine solche Vereinbarung gilt das Recht am Schiedsort als maßgebliches Recht für die Prüfung der Wirksamkeit der Schiedsvereinbarung (§ 90 ModiSchG). Für die auslandsbezogene Streitigkeit können die Parteien sowohl institutionelle Schiedsgerichtsbarkeit als auch ad-hoc Schiedsgerichtsbarkeit vereinbaren (§ 91 ModiSchG).

II. Weiteres Vorgehen

Das ModiSchG befindet sich noch in der Konsultationsphase und unterliegt weiteren Änderungen und Verfeinerungen. Verfeinerungen.[938] Die endgültige Verabschiedung lässt sich noch einige Zeit warten.

---

938 Beispielsweise besteht hinsichtlich der Vereinheitlichung der gerichtlichen Überprüfung über die innerstaatlichen und auslandsbezogenen Schiedssprüche, der Abschaffung des Vollstreckungsablehnungsverfahrens und der Ermöglichung von ad-hoc-Schiedsgerichtsbarkeit in Festland-China usw. immer noch Diskussion, vgl. LIU Xiaohong/FENG Shuo, S. 67; WU Yingzi, S. 140–141.

Literaturverzeichnis

Anmerkung: wenn die chinesische Fachliteratur (insbesondere die fachliche Zeitschrift) selbst einen englischen Namen/Titel hat, wird in diesem Literaturverzeichnis deren englischen Namen/Titel angegeben. Keine deutsche Übersetzung wird zur Verfügung gestellt.

CHEN An: Ein Überblick über Chinas Mechanismus zur Überwachung ausländischer Schiedsgerichte In: *Social sciences in China*, 1995, Nr. 04, S. 19 ff. Zitiert: CHEN An, 1995

CHEN Lin: Doppelte Beschränkung des Aufhebungsverfahrens in der internationalen Handelsschiedsgerichtsbarkeit In: *Presentday Law Science*, 2004, Nr. 5, S. 116 ff. Zitiert: CHEN Lin

CHEN Xi: Nachforschung des Modells und Systems für die inter-regionale Justizhilfe zwischen Mainland China und Taiwan In: *Journal of Fujian Institute of Political Science & Law*, 2005, Nr. 3, S. 63 ff. Zitiert: CHEN Xi, 2005

DA Kai: Zur Vermögenssicherung in der internationalen Schiedsgerichtsbarkeit In: *Law Review*, 1995, Nr. 4, S. 54 ff. Zitiert: DA Kai

DENG Jie: Vorschläge über die Verbesserung des Vermögenssicherungssystems im Schiedsverfahren In: *Journal of Gansu Institute of Political Science and Law*, 2002, Nr. 4, S. 87 ff. Zitiert: DENG Jie

DING Yaodong: Die Verbesserung des chinesischen Systems der zivilen Beweissicherung In: *Legal and Economy*, 2011, Nr. 5, S. 14 ff. Zitiert: DING Yaodong

DU Kailin: Analyse eines Falls über die Beweissicherung im Schiedsverfahren In: *Journal of Law Application*, 2003, Nr. 5, S. 59 ff. Zitiert: DU Kailin, 2003

DUAN Wenbo: LI Ling Neukonzipierung des Wesens und der Funktion der Beweissicherung In: *Nanjing Journal of Social Sciences*, 2017, Nr. 5, S. 81 ff. Zitiert: DUAN Wenbo/LI Ling

FANG Mo: Zum Beweissystem im Schiedsverfahren aus der Sicht eines Falls der Anerkennung und Vollstreckung von einem Schiedsspruch In: *Beijing Arbitration*, 2004, Nr. 1, S. 84 ff. Zitiert: FANG Mo

FU Xiang: SONG Tianyi LI Wei Eine Studie zu einigen Fragen in Fällen des Aufhebungsantrags In: *Policy Research & Exploration*, 2010, Nr. 10, S. 78 ff. Zitiert: FU Xiang/SONG Tianyi/LI Wie

GAO Feng: Zum Verhältnis zwischen der Haftung für Vertragsverletzungen und der Haftung aus unerlaubter Handlung In: *Trade Unions's Tribune*, 2010, Nr. 3, S. 142 ff. Zitiert: GAO Feng

GAO Tiantian: Zum Grundsatz der Kompetenz-Kompetenz in der internationalen Handelsschiedsgerichtsbarkeit In: *World Trade Organization Focus*, 2008, Nr. 5, S. 34 ff. Zitiert: GAO Tiantian

Zur Rolle des Schiedsortes in der internationalen Handelsschiedsgerichtsbarkeit: In: *Academic Exploration*, 2008 Nr. 5, S. 77 ff.

Zitiert: GU Weiwei: GUO Yujun XIAO Fang Zur Beilegung von Schieds- und Rechtsstreitigkeiten in konkurrierenden Vertragsverletzungsfällen In: *Law Review*, 2007, Nr. 2, S. 151 ff. Zitiert: GUO Yujun/XIAO Fang

HAN Liyan: Zur Nationalität von Schiedssprüchen in internationalen Handelsschiedsverfahren in China In: *Legal and Economy*, 2008, Nr. 5, S. 146 ff. Zitiert: HAN Liyan

Hantke, Dietmar: China ist anders: Neue ICC-Schiedsklausel In: SchiedsVZ 2007, S. 36 ff. Zitiert: Hantke, SchiedsVZ 2007

Harbst, Ragnar: Die Rolle der staatlichen Gerichte im Schiedsverfahren 2002 Heidelberg Zitiert: Ragnar Harbst

Hauswaldt, Ulrich: Die Rolle von Schiedsgerichten bei der Beilegung von Wirtschaftsstreitigkeiten in VR China

– Diplomarbeit im Studiengang Regionalwissenschaften China in Universität Köln in 1997 Zitiert: Ulrich Hauswaldts

HONG Hao: Zur Regulierung des Umfangs der gerichtlichen Überwachung über die Schiedsgerichtsbarkeit in neuer Zeit in China In: *Law Review*, 2007, Nr. 1, S. 80 ff. Zitiert: HONG Hao, 2007

Theorie der Unabhängigkeit von Schiedsklauseln und ihre Anwendung in China In: *Journal of University of Science and Technology Beijing (Social Sciences Edition)*, 2005, Nr. 4, S. 28 ff. Zitiert: HOU Denghua

HU Sibo: Rechtswissenschaftliche Analyse der Eigenschaft der Aufhebung inländischer Schiedssprüche In: *Journal of Harbin University*, 2011, Nr. 5, S. 63 ff. Zitiert: HU Sibo

Zur Modellauswahl für die Anerkennung und Vollstreckung der interregionalen Schiedssprüchen in China In: *Hebei Law Science*, 2009, Nr. 8, S. 148 ff. Zitiert: HUANG Hui, 2009

HUANG Jin: LI Jianqiang Kommentierung zur „Übereinkunft" zwischen Mainland China und Hong Kong In: *Political Science and Law*, 2006, Nr. 1, S. 2 ff. Zitiert: HUANG Jin/LI Jianqiang, 2006

HUANG Kaishen: Einstweiliger Rechtsschutz in der Schiedsgerichtsbarkeit und Vorrang der Gerichte: Vorschläge für eine Änderung der Rechtssystems In: *SJTU Law Review*, 2019, Nr. 03, S. 142 ff. Zitiert: HUANG Kaishen

JIANG Qibo: ZHOU Jiahai SI Yanli LIU Kun Verständigung und Anwendung der Übereinkunft des ObVG über die gegenseitige Unterstützung bei der Sicherung zwischen dem Festland-China und der Sonderverwaltungsregion Hong Kong In der Zeitung „*People's Court Daily*" vom 26.09.2019 Zitiert: JIANG Qibo/ZHOU Jiahai/SI Yanli/LIU Kun

JIANG Rujiao: Zum maßgeblichen Recht für die Schiedsvereinbarung in der internationalen Schiedsgerichtsbarkeit In: *Journal of China Youth College for Political Sciences*, 2003, Nr. 5, S. 110 ff. Zitiert: JIANG Rujiao

JIANG Xia: Zur Unabhängigkeit des schiedsrichterlichen Beweissystems In: *Journal of Xiangtan University (Philosoph and Social Sciences)*, 2007, Nr. 5, S. 34 ff. Zitiert: JIANG Xia, 2007

JIANG Xia: LIAO Yongan Wiederaufbau des chinesischen Beweisrechtssystems in der Schiedsgerichtsbarkeit In: Suchen, 2008, Nr. 5, S. 126 ff. Zitiert: JIANG Xia/LIAO Yongan, 2008

Joachim Münch: Die Kompetenz-Kompetenz im Schiedsgerichtsverfahren – Regelungsmodelle im Rechtsvergleich – ZZPInt 19 (2014), S. 387 ff. Zitiert: Joachim Münch, ZZPInt 19 (2014)

Krüger, Wolfgang: Rauscher, Thomas Münchener Kommentar zur Zivilprozessordnung mit Gerichtsverfassungsgesetz und Nebengesetzen Band 3, 6. Auflage 2022 Zitiert: MüKo/Autor zur ZPO

LI Hongbo Gerichtliche Anwendung des Antrags auf Nichtvollstreckung von Schiedssprüchen durch einen Außenstehenden In: *Beijing Arbitration*, 2019, Nr. 3, S. 41 ff. Zitiert: LI Hongbo

LI Hongjian Das Dilemma der gerichtlichen Überprüfung im Schiedsverfahren und die Lösung In: *Journal of Law Application (法律适用)*, 2021, Nr. 8, S. 48 ff. Zitiert: LI Hongjian

LI Jian Keine Schiedsgerichtsbarkeit von ausländischen Schiedsinstituten in Festland-China In: *Legal Science*, 2008, Nr. 12, S. 130 ff. Zitiert: LI Jian, 2008

LI Jianqiang Vergleich der Systeme zur Anerkennung und Vollstreckung von Schiedssprüchen in Festland-China und Hong Kong und Fallanalyse 1. Auflage 2006 Zitiert: LI Jianqiang

LI Weimin Erforschung der Probleme über Aufhebung oder Ablehnung der Vollstreckung des Schiedsspruchs In: *Journal of Law Application*, 2007, Nr. 3, S. 79 ff. Zitiert: LI Weimin, 2007

LI Ying Zur Aufhebung von Schiedssprüchen in der internationalen Handelsgerichtsbarkeit In: *Journal of University of International Relations*, 2009, Nr. 4, S. 60 ff. Zitiert: Li Ying

LI Xun Entwicklung der Anerkennung und Vollstreckung ausländischer Schiedssprüche in China In: *Arbitration Study*, 2010, Nr. 2, S. 98 ff. Zitiert: LI Xun

LIN Shan FU Xi Zur Regelung in Bezug auf Drittparteien in der internationalen Handelsschiedsgerichtsbarkeit In: *Legal System and Society*, 2008, Nr. 16, S. 104 ff. Zitiert: LIN Shan/FU Xi

LIN Yifei Das Recht und die Praxis über die Verteidigung der Schiedssprüche 1. Auflage 2008 Zitiert: LIN Yifei

LIN Zhi Überlegungen zur Beweissicherung in der auslandsbezogenen Schiedsgerichtsbarkeit In: *Journal of Mianyang Teachers' College*, 2008, Nr. 03, S. 42 ff. Zitiert: LIN Zhi

LIU Xiaohong Zur Rechtsanwendung für die Schiedsvereinbarung in internationalen Handelssachen In: *Legal Science*, 2004, Nr. 4, S. 96 ff. Zitiert: LIU Xiaohong, 2004

LIU Xiaohong Zur gegenseitigen Anerkennung und Vollstreckung zwischen Mainland China und Hong Kong In: *Journal of Law Application*, 2001, Nr. 3, S. 19 ff. Zitiert: LIU Xiaohong, 2001

LIU Xiaohong Verbesserung des chinesischen Beweissystems fürs Schiedsverfahren mit Auslandsbezug im Hinblick auf die Hälfte der Merkmale des Beweissystems im internationalen Handelsschiedsverfahren In: *Political Science and Law*, 2009, Nr. 5, S. 91 ff. Zitiert: LIU Xiaohong, 2009

LIU Xiaohong FENG Shuo Drei Gedanken zur Modifikation des Schiedsgesetzes In: *Social Sciences Digest*, 2021, Nr. 11, S. 66 ff. Zitiert: LIU Xiaohong/FENG Shuo

Lutz Kniprath Die Schiedsgerichtsbarkeit der Chinese International Economic and Trade Arbitration Commission (CIETAC) Köln Berlin München 2004 Zitiert: Lutz Kniprath

Lutz Kniprath Neue Schiedsordnung der Chinese International Economic and Trade Arbitration Commission (CIETAC) In: *SchiedsVZ*, 2005, S. 197 ff. Zitiert: Lutz Kniprath, SchiedsVZ 2005

MA Liping LI Jiliang Unzulänglichkeiten und Verbesserungen des chinesischen Systems zur Vermögenssicherung in der Schiedsgerichtsbarkeit In: *Legal System and Society*, 2010, Nr. 25, S. 43 ff. Zitiert: MA Liping/LI Jiliang

Neue Entwicklungen bei der Bestimmung der Wirksamkeit von Schiedsvereinbarungen in China In: *Hebei Law Science*, 2008, Nr. 3, S. 154 ff. Zitiert: MA Zhanjun

NING Min SONG Lianbin Zum Grundsatz der Zuständigkeit in der internationalen Handelsschiedsgerichtsbarkeit In: *Law Review*, 2000, Nr. 2, S. 96 ff. Zitiert: NING Min/SONG Lianbin

PENG Zhongli Untersuchung des rechtlichen Status von Dokumenten des ObVG, die den Charakter von gerichtlichen Auslegungen haben In: *Science of*

Law (Journal of Northwest University of Political Science and Law), 2018, Nr. 3, S. 14 ff. Zitiert: PENG Zhongli

Prütting, Hanns Gehrlein, Markus ZPO Kommentar 13. Auflage. 2021 Zitiert: Prütting/Gehrlein, ZPO Kommentar

QIAO Xin DUAN Li Dialektik und Rekonstruktion der Entscheidungsinstitutionen der Schiedsgerichtsbarkeit zur Vermögenssicherung In: *Arbitration Study*, 2004, Nr. 01, S. 4 ff. Zitiert: QIAO Xin/DUAN Li

QIN Nan Zum Weg der gerichtlichen Überprüfung der Wirksamkeit von Schiedsvereinbarungen bei der Auswahl einer ausländische Schiedsinstitution In: *Journal of Law Application*, 2021, Nr. 10, S. 126 ff. Zitiert: QIN Nan

QIU Dongmei SONG Lianbin Zur Zustellung im Schiedsverfahren aus der Perspektive von einem Fall der Aufhebung eines Schiedsspruchs In: *Beijing Arbitration*, 2006, Nr. 01, S. 71 ff. Zitiert: QIU Dongmei/SONG Lianbin

Herausgeber: Salger, Hanns-Christian Trittmann/Rolf Internationale Schiedsverfahren Praxishandbuch 1. Auflage 2019 Zitiert: Salger/Rolf Trittmann/Autor

Studie über einstweilige Maßnahmen aus den Regelungen der nationalen Schiedsinstitutionen In: *Legal System and Society*, 2015, Nr. 05, S. 106 ff. Zitiert: SHANG Shu

Schwab, Karl Heinz Walter, Gerhard Schiedsgerichtsbarkeit 7. Auflage 2005 Zitiert: Schwab/Walter

SHEN Deyong WAN Exiang Verständnis und Anwendung der Auslegung des ObVG zum Schiedsgesetz vom 23.08.2006 (Auslegung zum SchG) 2. Auflage 2015 Zitiert: SHEN Deyong/WAN EXiang

SHEN Wei Gerichtliche Überprüfung im Schiedsverfahren in China – Ursprünge, Entwicklung, Mechanismen und Unzulänglichkeiten In: *China Academic Journal Electronic Publishing House*, Meeting in Dezember 2019, S. 29 ff. recherchiert über die Datenbank www. cnki.net. Zitiert: SHEN Wei

SHENG Yulan Ein Überblick über die Ausweitung der Wirksamkeit von Schiedsvereinbarungen im Zusammenhang mit der Abtretung von Verträgen In: *Journal of Hunan Post and Telecommunication College*, 2010 Nr. 04, S. 77 ff. Zitiert: SHENG Yulan

Schlosser, Peter Das Recht der internationalen Schiedsgerichtsbarkeit, Bank I Tübingen, 1975 Zitiert: Schlosser Schiedsgerichtsbarkeit

SONG Lianbin Eine Studie über die Zuständigkeit in der internationalen Handelsschiedsgerichtsbarkeit Beijing 2000 Zitiert: SONG Lianbin, 2000

SONG Lianbin Auswirkungen der Abtretung von Verträgen auf die Wirksamkeit von Schiedsklauseln In: *China's Foreign Trade*, 2001, Nr. 12, S. 45 ff. Zitiert: SONG Lianbin, 2001

SONG Lianbin Eine Studie über Ad-hoc-Schiedsverfahren und ihre aktuelle Situation in China In: *Beijing Arbitration*, 2005, Nr. 1, S. 1 ff. Zitiert: SONG Lianbin, Beijing Arbitration 2005

SONG Lianbin Zur gegenseitigen Anerkennung und Vollstreckung der Schiedssprüche zwischen Mainland China und Taiwan In: *Presentday Law Science*, 2006, Band 4, Nr. 6, S. 76 ff. Zitiert: SONG Lianbin, 2006

SONG Lianbin Methoden zur Entscheidung über die Wirksamkeit von ausländischen Schiedsvereinbarungen In: *Political and Law*, 2010, Nr. 11, S. 2 ff. Zitiert: SONG Lianbin, Political and Law 2010

SONG Lianbin Arbitration Law 1. Auflage 2010 Zitiert: SONG Lianbin, 2010

SONG Lianbin YANG Ling CHEN Xijia Jährliche Beobachtungen zur Handelsschiedsgerichtsbarkeit in China (2014) In: *Chinese Yearbook of Private International Law and Comparative Law*, 2015, S. 321 ff. Zitiert: SONG Lianbin, 2014

SONG Lianbin FU Panfeng CHEN Xijia Jährliche Beobachtungen zur Handelsschiedsgerichtsbarkeit in China (2015) In: *Chinese Yearbook of Private International Law and Comparative Law*, 2016, S. 314 ff. Zitiert: SONG Lianbin, 2015

SONG Lianbin DONG Haizhou Studie über die Nationalität von ICC-Schiedssprüchen – Aus einem Antwortschreiben des Obersten Volksgerichtshofs In: *Journal of University of Science and Technology Beijing (Social Sciences Edition)*, 2009, Nr. 3, S. 46 ff. Zitiert: SONG Lianbin/DONG Haizhou

SONG Lianbin HUANG Baochi Auswirkung des Ausschlusses des Rechtsweges gegen einen Schiedsspruch auf die Wirksamkeit einer Schiedsvereinbarung In: *Beijing Arbitration*, 2019, Nr. 3, S. 9 ff. Zitiert: SONG Lianbin/Huang Baochi

SONG Lianbin LIN Hui CHEN Xijia Jährliche Beobachtungen zur Handelsschiedsgerichtsbarkeit in China (2016) In: *Chinese Yearbook of Private International Law and Comparative Law*, 2017, S. 66 ff. Zitiert: SONG Lianbin/LIN Hui/CHEN Xijia, 2016

SONG Lianbin LIN Hui CHEN Xijia Jährliche Beobachtungen zur Handelsschiedsgerichtsbarkeit in China (2017) In: *Chinese Yearbook of Private International Law and Comparative Law*, 2019, Nr. 1, S. 53 ff. Zitiert: SONG Lianbin/LIN Hui/CHEN Xijia, 2017

Song Lianbin Neue Entwicklungen in der richterlichen Aufsicht über das Schiedsgerichtssystem und ihre Auswirkungen In: *People·Rule of Law*, 2018 Nr. 5, S. 21 ff. Zitiert: SONG Lianbin, 2018

SONG Chaowu Die Nichtprozessualisierung von Beweisen im Schiedsverfahren und deren Pfadauswahl In: *Henan Social Sciences*, 2010, Nr. 3, S. 61 ff. Zitiert: SONG Chaowu

SUI Pengsheng Eine Erörterung des Begriffs „wesentliches Missverständnis" im Vertragsrecht In: *China Legal Science*, 1999, Nr. 03, S. 104 ff. Zitiert: SUI Pengsheng

SUN Ruixi Widerrufbarkeit der zivil- und handelsrechtlichen Schiedsgerichtsvereinbarungen In: *Arbitration Study*, 2008, Nr. 03, S. 55 ff. Zitiert: SUN Ruixi, 2008

SUN Ruixi ZHANG Honghai Kann die Aufhebung des Schiedsspruchs beantragt werden, nachdem die Vollstreckung aus diesem abgelehnt werden? In: Online Datenbank „Chinalawinfo.com" Zitiert: SUN Ruixi/ZHANG Honghai

SONG Xixiang Erörterung einiger Fragen über die gegenseitigen Anerkennung und Vollstreckung der Schiedssprüche zwischen Mainland China und Taiwan In: *Political Science and Law*, 2008, Nr. 12, S. 131 ff. Zitiert: SONG Xixiang, 2008

Steinbrück, Ben Die Unterstützung ausländischer Schiedsverfahren durch staatliche Gerichte Tübingen 2009 Zitiert: Steinbrück

SUN Bei Studie über die Wirksamkeit von Schiedsvereinbarungen bei der Übertragung von Verträgen In: *Graduate Law Review CUPL*, 2002, Nr. 4, S. 57 ff. Zitiert: SUN Bei

Sutton, David St. John Kendall, John Gill, Judith Russell on Arbitration Sweet & Maxwell, 21. Auflage, 1997 Zitiert: Sutton/Kendall/Gill, Russell on Arbitration

TAN Bing Reform und Vervollkommnung von dem System der chinesischen Schiedsgerichtsbarkeit Beijing 2005 Zitiert: TAN Bing

TAO Jingzhou *The Roll of local Courts in chinese Arbitration procedures: Judicial intervention – Friend, Enemy or just an Alien?* In: *Practising Law Institute: Corporate Law and Practice Course Handbook Series*, No. 1626, "Doing business in China" 2007, S. 291 ff. Zitiert: TAO Jingzhou, 2007

TAO Jingzhou Document Production in Chinese International Arbitration Proceedings In: *Albert van den Berg (ed), International Arbitration 2006: Back to Basics?, ICCA Congress Series 2006 Montreal Volume 13*, S. 596–621 Zitiert: TAO Jingzhou, 2006

Thomas, Heinz Putzo, Hans Zivilprozessordnung 30. Auflage 2009 Zitiert: Thomas/Putzo

Trappe, Johannes Praktische Erfahrungen mit chinesischer Schiedsgerichtsbarkeit In: *SchiedsVZ*, 2004, S. 142 ff. Zitiert: Johannes Trappe, SchiedsVZ 2004

WANG Xiaoli Eine Studie zu den rechtlichen Aspekten der Einführung eines Schiedsgerichtssystems für Drittbeteiligung in China In: *Legal System and Society*, 2010, Nr. 4, S. 24 ff. Zitiert: WANG Xiaoli, 2010

WANG Xiaoli Zur Befugnis eines Schiedsgerichts zur Beweisermittlung und -erhebung In: *Arbitration Study*, 2011, Nr. 1, S. 92 ff. Zitiert: WANG Xiaoli, 2011

WANG Exiang YU Xifu Die neue Entwicklung des chinesischen gerichtlichen Kontroll- und Überwachungssystems über die Schiedsgerichtsbarkeit In: *Law Review*, 2007, Nr. 1, S. 73 ff. Zitiert: WANG Exiang/YU Xifu, 2007

WANG Jingfan Zur Vermögenssicherung im Schiedsverfahren In: *Tribune of Political Science and Law*, 1998, Nr. 1, S. 59 ff. Zitiert: WANG Jingfan

WANG Ruihua Eine empirische Studie über die Standards der gerichtlichen Kontrolle von Verfahrensmängeln in inländischen Schiedssprüchen In: *Beijing Arbitration*, 2015, Nr. 04, S. 20 ff. Zitiert: WANG Ruihua

WANG Shengdong Zum Recht zur Einlegung vom Rechtmittel gegen die gerichtliche Überprüfung von Schiedssprüchen in der internationalen Handelsgerichtsbarkeit In: *Judikationsanweisung*, 2008-2, S. 211 ff. Zitiert: WANG Shengdong, Judikationsanweisung 2008-2

WANG Shengzhang Kann der ICC das Schiedsverfahren in Festlandchina durchführen? In: *Arbitration and Law*, 2003, Nr. 6, S. 32 ff. Zitiert: WANG Shengchang

WANG Tianhon Feststellung der Nationalität der Schiedssprüche in internationaler Handelsgerichtsbarkeit In: *Zeitschrift des Volksgerichts* (人民法院报) am 23.01.2007, Seite 6 Zitiert: WANG Tianhong, in Zeitschrift des Volksgerichts am 23.01.2007

WANG Yanjun Rechtsanwendung bei der Überprüfung und Unterstützung durch die Volksgerichte im Vollstreckungsfall in Handels- und Maritimangelegenheiten mit Auslandsbezug In: *Judikationsanweisung* 2008-2, S. 173 ff. Zitiert: WANG Yanjun, Judikationsanweisung 2008-2

WANG Yong Zum Grundsatz der „Kompetenz-Kompetenz" im internationalen Handelsschiedsverfahren in China In: *Contemporary Law Review*, 2002, Nr. 2, S. 118 ff. Zitiert: WANG Yong

WANG Zuxing Auslegung der Unterschiede zwischen den Beweisregeln in Zivilprozessen und den Beweisregeln in Schiedsverfahren In: *Guangdong Social Science*, 2005, Nr. 4, S. 166 ff. Zitiert: WANG Zuxing, 2005

WANG Zuxing Überlegungen zur Verbesserung des Beweissystems im Schiedsverfahren in China In: *Forum über Justiz im Strafrecht (vorher: Forum über Zivilprozessrecht)*, 2005, S. 463 ff. Zitiert: WANG Zuxing

WU Fan Zum Organ zur Feststellung der Wirksamkeit der Schiedsvereinbarungen in China
In: *Journal of Qiqihar University (Phi & Soc Sci)*, Mai 2007, S. 23 ff. Zitiert: WU Fan

WU Yingzi Zur Änderung des Systems des Rechtsmittels im Schiedsverfahren In: *Journal of Shanghai University of Political Science and Law (The Rule of Law Forum)*, 2021, Nr. 6, S. 127 ff. Zitiert: WU Yingzi

XIAO Jianguo LI Hongbo Rekonstruktion der Regel des stillschweigenden Verzichts auf die Schiedsvereinbarung In: *Journal of Law Application*, 2021, Nr. 8, S. 21 ff. Zitiert: XIAO Jianguo/LI Hongbo

XIAO Kai LUO Xiao Rechtsgrundlagen und Regelungen für Dritte in der Schiedsgerichtsbarkeit In: *Law Review*, 2006, Nr. 5, S. 71 ff. Zitiert: XIAO Kai/LUO Xiao

XIE Chen Erläuterung der Elemente für ein wesentliches Missverständnis im Vertrag In: *Legal System and Society*, 2008, Nr. 09, S. 147 ff. Zitiert: XIE Chen, 2008

XU Meng Überlegungen zum Beweissicherungssystem im chinesischen Schiedsverfahren In: *Arbitration Study*, 2006, Nr. 01, S. 58 ff. Zitiert: XU Meng

XU Ziliang Zur Prüfung von Einwänden gegen die Vermögenssicherung und zur Entschädigung für Fehler bei der Beantragung der Vermögenssicherung In: *Law Science*, 2006, Nr. 12, S. 138 ff. Zitiert: XU Ziliang

YAN Hong Zu den Problemen bei der Aufhebung von Schiedssprüchen in Handelsangelegenheiten in China In: *Jiangxi Social Sciences*, 2003, Nr. 3, S. 195 ff. Zitiert: YAN Hong

YANG Guang Zum Umfang der Aufhebungsgründe im inländischen Zivil- und Handelsschiedsverfahren In: *Journal of Guangzhou Open University*, 2009, Nr. 04, S. 93 ff. Zitiert: YANG Guang, 2009

YAN Xiangrong Zu einigen rechtlichen Aspekten des Beweissystems in der chinesischen Schiedsgerichtsbarkeit In: *Arbitration Study*, 2004, Nr. 2, S. 10 ff. Zitiert: YAN Xiangrong

YANG Honglei Zum New Yorker Übereinkommen mit dem Blickwinkel der justiziellen Rechtspraxis in Festland-China Beijing 2006 Zitiert: YANG Honglei

YANG Xiuqing Betrügerische Schiedsgerichtsbarkeit und der Schutz der Rechte vom Außenstehenden In: *Journal of Political Science and Law*, 2021, Nr. 2, S. 77 ff. Zitiert: YANG Xiuqing

YE Qing Forschung zur chinesischen Schiedsgerichtsbarkeit Shanghai 2009 Zitiert: YE Qing

YI Xiaozhong Betrug, Nötigung und wesentliche Missverständnisse in zivilrechtlichen Beziehungen In: *Contemporary Law Review*, 1998, Nr. 1, S. 18 ff. Zitiert: YI Xiaozhong

YU Xifu Gerichtliche Aufsicht und Unterstützung bei internationalen Handelsschiedsverfahren – auch zur chinesischen Gesetzgebung und Rechtspraxis 1. Auflage 2006 Zitiert: YU Xifu

YUE Li Ein Überblick über das chinesische System zur Beweisermittlung im Schiedsverfahren In: *Journal of Shanxi Politics and Law Institute for Administrators*, 2008, Nr. 04, S. 40 ff. Zitiert: YUE Li 2008

ZHAN Shangang Eine Studie über das prozessuale Einspruchsrecht in zivilrechtlichen Streitigkeiten In: *Chinese Journal of Law*, 2017, Nr. 02, S. 113 ff. Zitiert: ZHAN Shangang

ZHAN Shangang ZHU Jianmin Erkundung einiger Fragen der Beweissicherung In: *Journal of University of Electronic Science and Technology of China (Social Sciences Edition)*, 2009, Nr. 04, S. 36 ff. Zitiert: ZHAN Shangang/ZHU Jianmin, 2009

ZHANG Binsheng Arbitration Law and Practice Xiamen, 3. Auflage 2008 Zitiert: ZHANG Binsheng

ZHANG Jiajun The Position and Future Trend of the Case Filing Tribunal under the Background of Case Filing Registration In: *China Legal Science*, 2018, Nr. 4, S. 217 ff. Zitiert: ZHANG Jiajun

ZHANG Xiaoling Erforschung der Rechtsanwendung für die Schiedsvereinbarung in internationalen Handelssachen In: *Political Science and Law*, 2007, Nr. 1, S. 118 ff. Zitiert: ZHANG Xiaoling

ZHANG Xiaoru XIAO Xianshu Zur Erhebung, Prüfung und Feststellung von Beweisen im Schiedsverfahren In: *Journal of Beijing University of eronautics and Asronautics (Social Sciences Edition)*, 2012, Vol. 25, Nr. 4, S. 45 ff. Zitiert: ZHANG Xiaoru/XIAO Xianshu

ZHANG Zhi Liberalisierung, Internationalisierung und Renationsalisierung in den Rechtsreformen der Schiedsgerichtsbarkeit Nomos, 1. Auflage 2012 Zitiert: ZHANG Zhi

ZHAO Dan Zur Befugnis zur Entscheidung über einstweilige Schutzmaßnahmen in Schiedsverfahren (Teil II) In: *Shanghai Law Journal* vom 26.09.2018 Zitiert: ZHAO Dan, 2018

ZHAO Xiuwen Studie über die internationale Handelsschiedsgerichtsbarkeit und ihr anwendbares Recht 1. Auflage, Beijing 2002 Zitiert: ZHAO Xiuwen, 2002

ZHAO Xiuwen Zur Anerkennung und Vollstreckung der Schiedssprüche aus ICC China) In: *Legal Science*, 2005, Nr. 6, S. 67 ff. Zitiert: ZHAO Xiuwen, 2005

ZHAO Xiuwen Zuordnung der Schiedssprüche in China In: *Beijing Arbitration*, 2005, Nr. 4, S. 7 ff. Zitiert: ZHAO Xiuwen, Beijing Arbitration 2005

ZHAO Xiuwen Ein Schiedsspruch eines ausländischen Schiedsinstituts ist nicht immer ein ausländischer Schiedsspruch In: *Legal Science*, 2006, Nr. 9, S. 125 ff. Zitiert: ZHAO Xiuwen, 2006

ZHAO Xiuwen Anerkennung und Vollstreckung ausländischer Ad-hoc-Schiedssprüche in China im Lichte des Falls Aoetker In: *Journal of Political Science and Law*, 2007, Nr. 3, S. 22 ff. Zitiert: ZHAO Xiuwen, 2007

ZHAO Xiuwen Verhältnis zwischen Schiedsordnung und Schiedsgesetz In: *Hebei Law Science*, 2008, Nr. 6, S. 41 ff. Zitiert: ZHAO Xiuwen, 2008

ZHAO Xiuwen Die Modernisierung der International Commercial Arbitration Beijing 2010 Zitiert: ZHAO Xiuwen, 2010

ZHENG Xuelin SONG Chunli Einige Fragen zum Verständnis und zur Anwendung der neuen Beweisbestimmungen fürs Zivilrecht In: *Journal of Law Application*, 2020, Nr. 13, S. 43 ff. Zitiert: ZHENG Xuelin/SONG Chunli

ZHOU Cui Neue Entwicklung im Recht der Schiedsgerichtsbarkeit und der Schiedskommissionen in der VR China In: *RIW* 2008, S. 686 ff. Zitiert: ZHOU Cui, RIM 2008

ZHOU Jia Kommentar zu Artikel I des New Yorker Übereinkommens von 1958 – zur Nationalität von Schiedssprüchen in internationalen Handelsangelegenheiten in chinesischem Schiedsgerichtssystem In: *Beijing Arbitration*, 2005, Nr. 4, S. 45 ff. Zitiert: ZHOU Jia

ZHU Kepeng Zum Eingreifen des Gerichts in der internationalen Handelsschiedsgerichtsbarkeit In: *Law Review*, 1995, Nr. 4, S. 46 ff. Zitiert: ZHU Kepeng

ZUO Haicong Lu Zefeng Internationales Handelsrecht 5. Auflage 1997 Zitiert: ZUO Haicong/Lu Zefeng

Anhang 1 – Überprüfung der Wirksamkeit der Schiedsvereinbarung und Rechtsbehelf: ein Vergleich von §§ 20 und 26 SchG

	Schiedsinstitution		Volksgericht	
1. Rechtsgrundlage für die Prüfungsbefugnis	§ 20 I 1. Alt. SchG und die Schiedsordnung (z.B. § 6 CIETAC-R)		§ 20 I 1 2. Alt. SchG	§ 26 SchG
2. Prüfungsverfahren	Schiedsverfahren		Selbständiges Verfahren	Gerichtsverfahren
3. Rechtsbehelf gegen die Ablehnung der Aktenanlegung oder Antragszurückweisung	**Kein** Rechtsbehelf vorgesehen		Berufung	Siehe unten 4.1 und 4.2: Berufung möglich
4.1 Rechtsfolge, wenn Schiedsvereinbarung als wirksam beurteilt wird	Schiedsverfahren geht weiter; Keine selbständige Entscheidung über die Wirksamkeit der Schiedsvereinbarung; nur Schiedsspruch in der Sache		Entscheidung über Schiedsvereinbarung erlassen; Verfahren beendet; eingeleitetes Schiedsverfahren wird fortgesetzt oder Schiedsverfahren möglich.	Klage wird als unzulässig abgelehnt; Gerichtsverfahren beendet; Schiedsverfahren möglich.

350   Überprüfung der Wirksamkeit der Schiedsvereinbarung und

	Schiedsinstitution	Volksgericht	
4.2 Rechtsbehelf gegen Entscheidung in 4.1	Kein Rechtsbehelf gegen die Beurteilung über die Schiedsvereinbarung; Nur **Aufhebung des Schiedsspruchs** durch Volksgericht u. U. möglich.	**Kein** Rechtsbehelf vorgesehen	Berufung möglich; Berichterstattung nach Berichterstattungsbestimmung und Einholung von Genehmigung erforderlich, falls Berufungsgericht die Schiedsvereinbarung als unwirksam feststellt;
5.1 Rechtsfolge, wenn Schiedsvereinbarung als unwirksam beurteilt wird	Schiedsverfahren beendet; Ablehnung der Schiedsklage.	Berichterstattung nach Berichterstattungsbestimmung und Einholung von Genehmigung; Verfahren beendet; Anweisung an Schiedsinstitution, das Schiedsverfahren zu beenden; Gerichtsverfahren möglich.	Gerichtsverfahren läuft weiter; Endentscheidung in der Sache wird erlassen.
5.2 Rechtsbehelf gegen Entscheidung in 5.1	**Kein** Rechtsbehelf; Möglich ist nur die Erhebung der Klage beim Volksgericht	**Kein** Rechtsbehelf vorgesehen; Erhebung der Klage beim Volksgericht möglich	**Berufung** möglich; Wirksamkeit der Schiedsvereinbarung angreifbar.

Anhang 2 – Liste der aktuellen und historischen Namen von CIETAC, SCIA und SHIAC

Abkürzung	Aktueller Name	Historischer Name	Kontaktdaten
CIETAC	- China International Economic and Trade Arbitration Commission (CIETAC) - Arbitration Institute of the China Chamber of International Commerce	- Foreign Trade Arbitration Commission (FTAC) - Foreign Economic Trade Arbitration Commission (FETAC)	Adresse: 6/F, CCOIC Building, No. 2 Huapichang Hutong, Xicheng District, Beijing, 10035, P. R. China Tel: 86 10 82217788 Fax: 86 10 82217766/ 64643500 Email: info@cietac.org Webseite: http://www.cietac.org
SCIA	- South China International Economic and Trade Arbitration Commission - Shenzhen Court of International Arbitration (SCIA)	- China International Economic and Trade Arbitration Commission South China Sub-Commission - China International Economic and Trade Arbitration Commission Shenzhen Sub-Commission	Adresse (Hauptadresse): 41/F, West Square of Shenzhen Stock Exchange, 2012 Shennan Blvd, Futian District, Shenzhen City, Guangdong, P. R. China. Adresse (Qianhai): Building A Room 110, Qianhai Shenzhen-Hong Kong Modern Service Industry Cooperation Zone, Nanshan District, Shenzhen City, Guangdong, P.R. China.

Abkür-zung	Aktueller Name	Historischer Name	Kontaktdaten
			Adresse: 1/F Building A and 13–15/F Building B, Zhongmin Times Square, 3012 Sungang East Street, Luo Lake District, Shenzhen, Guangdong, P. R. China. Tel: 0755-83501700 Webseite: http://www.sccietac.org/
SHIAC	– Shanghai International Economic and Trade Arbitration Commission – Shanghai International Arbitration Center (SHIAC)	China International Economic and Trade Arbitration Commission Shanghai Sub-Commission	Adresse: 7-8F, Jinling Mansion, 28 Jinling Road (W), Shanghai, 200021, P.R.China. Tel: 86-21-63875588 Fax: 86-21-63877070 Email: info@shiac.org Webseite: http://www.shiac.org/

Anhang 3 – Liste der CIETAL Sub-Commissions und Arbitration Centers[939]

Sub-Commission/Arbitration Centers	Ort	Kontaktdaten
CIETAC South China Sub-Commission	Shenzhen	Adresse: 14A01, Anlian Plaza, No. 4018, Jintian Road, Futian District, Shenzhen, 518026, Guangdong Province, P. R. China Tel: 0086-755-82796739 Fax: 0086-755-23964130 Email: infosz@cietac.org Webseite: http://www.cietac.org
CIETAC Shanghai Sub-Commission	Shanghai	Adresse: 18/F, Tomson Commercial Building, 710 Dongfang Road, Pudong New Area, Shanghai, 200122, P. R. China Tel: 0086-21-60137688 Fax: 0086-21-60137689 Email: infosh@cietac.org Webseite: http://www.cietac.org
CIETAC Tianjin International Economic and Financial Arbitration Center (Tianjin Sub- Commission)	Tianjin	Adresse: 4/F, E2-ABC, Financial Street, No. 20 Guangchangdong Road, Tianjin Economic-Technological Development Zone, Tianjin, 300457, P. R. China Tel: 0086-22-66285688 Fax: 0086-22-66285678 Email: tianjin@cietac.org Webseite: http://www.cietac-tj.org

---

939 Informationsquellen: Anlage 1 zur CIETAC-R (Version 2015) unter der Webseite http://www.cietac.org/index.php?m=Page&a=index&id=106&l=en; Webseite von CIETAC: http://www.cietac.org/index.php?m=Page&a=index&id=2

Sub-Commission/Arbitration Centers	Ort	Kontaktdaten
CIETAC Southwest Sub-Commission	Chongqing	Adresse: 1/F, Bld B, Caifu 3, Caifu Garden, Cai fu Zhongxin, Yubei, Chongqing, 401121, P. R. China Tel: 0086-23-86871307 Fax: 0086-23-86871190 Email: cietac-sw@cietac.org Webseite: http://www.cietac-sw.org
CIETAC Zhejiang Sub-Commission	Hangzhou	Adresse: 10/F, Building A, Second light Industry Building, Yan'an Road, Hangzhou City, 310006, Zhejiang Province, P. R. China Tel: 0086-571-28169009 Fax: 0086-571-28169010 Email: zj@cietac.org Webseite: http://www.cietac-zj.org
CIETAC Hubei Sub-Commission	Wuhan	Adresse: Floor 11, Building B, Hubei Technology Innovation Towers, 34 East Road Xiaohongshan, Wuchang District, Wuhan City, 430070, Hubei Province, P. R. China Tel: 0086-27-87639292 Fax: 0086-27-87639269 Email: hb@cietac.org Webseite: http://www.cietac-hb.org
CIETAC Fujian Sub-Commission (Fujian FTZ Arbitration Center)	Fuzhou	Adresse: Unit 706, Block B, Worldwide Plaza,158 Wusi Road, Gulou District, Fuzhou City, 350003, Fujian Province, P. R. China Tel: 0086-591-87600275 Fax: 0086-591-87600330 Email: cietac-fj@cietac.org Webseite: http://www.cietac-fj.org
CIETAC Silk Road Arbitration Center	Xi'an	Adresse: 26/F, Building 5, Digital China Industrial Park, No. 20 Zhangba Fourth Road, Xi'an Hi-Tech Zone, Xi'an City, 710075, Shaanxi Province, P. R. China

Sub-Commission/Arbitration Centers	Ort	Kontaktdaten
CIETAC Jiangsu Arbitration Center	Nanjing	Adresse: 31/F Deji Mansion, No. 188 Changjiang Road, Xuan Wu District, Nanjing City, 210018, P.R. China Tel: 0086-25-69515388 Fax: 0086-25-69515390 Email: js@cietac.org Webseite: http://www.cietac-js.org
CIETAC Sichuan Sub-Commission	Chengdu	Adresse: 18/F, Business & Innovation Center for China-Europe Cooperation, No. 1577 Tianfu Road Middle, Hight-Tech Zone, Chengdu City, 610041, Sichuan Province, P. R. China Tel: 0086-28-83394816 Email: sichuan@cietac.org
CIETAC Shandong Sub-Commission	Jinan	Adresse: Rm 301, 304, Yinfeng Fortune Plaza B, No. 1 Long'ao West Road, Jinan City, 250102, Shandong Province, P. R. China
CIETAC Hong Kong Arbitration Center	Hong Kong	Adresse: Unit 4705, 47th Floor, Far East Finance Center, No. 16 Harcourt Road, Hong Kong Tel: 00852-25298066 Fax: 00852-25298266 Email: hk@cietac.org Webseite: http://www.cietachk.org
CIETAC European Arbitration Center	Wien (Österreich)	Adresse: Mariahilfer Straße 47, 1060 Vienna, Austria Tel: 0043-1-310 3110 Fax: 0043-1-310 3110 01 Email: infoeu@cietac.org Webseite: https://www.cietac-eu.org/
CIETAC North Amerika Arbitration Center	Vancouver (Kanada)	[In Entwicklungsphase]

Anhang 4 – Aufhebungsgründe und Gründe für Ablehnung der Vollstreckung (einschließlich Eingriff durch Dritten)

	Aufhebungsgründe	Gründe für Ablehnung der Vollstreckung
Innerstaatliche Schiedssprüche	§ 58 SchG: Die innerstaatlichen Schiedssprüche werden nach § 58 I Nr. 1–6 SchG aufgehoben werden, wenn eine Partei begründet geltend macht, dass • eine Schiedsvereinbarung fehlt (Nr. 1); • der Gegenstand des Schiedsspruchs nicht von der Schiedsvereinbarung umfasst ist oder die Schiedskommission zur Durchführung des Schiedsverfahrens nicht berechtigt war (Nr. 2); • die Zusammensetzung des Schiedsgerichts oder das Schiedsverfahren gegen die gesetzlichen Verfahrensregelungen verstoßen hat (Nr. 3); • die Beweise, auf die sich der Schiedsspruch gestützt hat, gefälscht waren (Nr. 4); • die Gegenpartei Beweise unterdrückt hat, die die Gerechtigkeit des Schiedsverfahrens beeinträchtigen könnten (Nr. 5);	§§ 62, 63 SchG + § 244 II ZPG Nach § 63 SchG i.V.m. § 244 II ZPG wird der Schiedsspruch nicht vollstreckt, wenn • die Parteien weder im Vertrag eine Schiedsklausel vereinbart noch nachträglich eine schriftliche Schiedsvereinbarung getroffen haben (Nr. 1); • der Gegenstand des Schiedsspruchs nicht von der Schiedsvereinbarung umfasst ist oder die Schiedsinstitution zur Durchführung des Schiedsverfahrens nicht berechtigt war (Nr. 2); • die Zusammensetzung des Schiedsgerichts oder das Schiedsverfahren gegen die gesetzlichen Verfahrensregelungen verstoßen hat (Nr. 3); • die Beweise, auf die sich der Schiedsspruch gestützt hat, gefälscht waren (Nr. 4); • die Gegenpartei Beweise unterdrückt hat, die die Gerechtigkeit des Schiedsverfahrens beeinträchtigen könnten (Nr. 5);

	Aufhebungsgründe	Gründe für Ablehnung der Vollstreckung
	• ein Schiedsrichter während des Schiedsverfahrens Bestechungen verlangt oder erhalten, seinen privaten Nutzen verfolgt oder das Gesetz verletzt hat (Nr. 6). Darüber hinaus kann das Volksgericht den Schiedsspruch nach § 58 III SchG aufheben, wenn das Gericht feststellt, dass der Schiedsspruch gegen die gesellschaftlichen und öffentlichen Interessen verstößt.	• ein Schiedsrichter während des Schiedsverfahrens Bestechungen verlangt oder erhalten, seinen privaten Nutzen verfolgt oder das Gesetz verletzt hat (Nr. 6). Das Volksgericht kann die Vollstreckung ablehnen, wenn es feststellt, dass der Schiedsspruch gegen die gesellschaftlichen und öffentlichen Interessen verstößt.
Auslandsbezogene inländische Schiedssprüche	§ 70 SchG i.V.m. § 281 I ZPG Ein Schiedsspruch mit Auslandsbezug wird aufgehoben, wenn eine Partei begründet geltend macht, dass einer der Umstände des § 281 I ZPG vorliegt, d.h. wenn • die Parteien weder im Vertrag eine Schiedsklausel vereinbart noch nachträglich eine schriftliche Schiedsvereinbarung getroffen haben (Nr. 1); • der Antragsteller (des Aufhebungsverfahrens) nicht über die Bestimmung der Schiedsrichter oder über die Durchführung des Schiedsverfahrens informiert wurde oder er aus nicht von ihm zu vertretenden Gründen nicht zur Sache Stellung genommen hat (Nr. 2);	§ 71 SchG + § 281 I ZPG Das Gericht prüft nur auf Antrag des Vollstreckungsschuldners, ob und welche Versagungsgründe i.S.v. § 71 SchG i.V.m. § 281 I Nr. 1–4 ZPG gegeben sind. Nach § 71 SchG i.V.m. § 281 I Nr. 1–4 ZPG wird der Schiedsspruch nicht vollstreckt, wenn • die Parteien weder im Vertrag eine Schiedsklausel vereinbart noch nachträglich eine schriftliche Schiedsvereinbarung getroffen haben (Nr. 1); • der Vollstreckungsschuldner nicht über die Bestimmung der Schiedsrichter oder über die Durchführung des Schiedsverfahrens informiert wurde oder er aus nicht von ihm zu vertretenden Gründen nicht zur Sache Stellung genommen hat (Nr. 2);

	Aufhebungsgründe	Gründe für Ablehnung der Vollstreckung
	• die Zusammensetzung des Schiedsgerichts oder das Schiedsverfahren gegen die Schiedsordnung verstößt (Nr. 3); • der Gegenstand des Schiedsverfahrens nicht von der Schiedsvereinbarung umfasst ist oder die Schiedsinstitution zur Durchführung des Schiedsverfahrens nicht berechtigt war (Nr. 4). Der Interessenvorbehalt ist auch anzuwenden.	• die Zusammensetzung des Schiedsgerichts oder das Schiedsverfahren gegen die Schiedsordnung verstößt (Nr. 3); • der Gegenstand des Schiedsverfahrens nicht von der Schiedsvereinbarung umfasst ist oder die Schiedsinstitution zur Durchführung des Schiedsverfahrens nicht berechtigt war (Nr. 4). Das Volksgericht kann die Vollstreckung ablehnen, wenn es feststellt, dass der Schiedsspruch gegen die gesellschaftlichen und öffentlichen Interessen verstößt.
Inländische Schiedssprüche (Rechtsbehelf von Dritten)	–	Art. 9 und 18 der Vollstreckungsbestimmung: Es muss Anhaltspunkte dafür geben, dass die Parteien des Schiedsverfahrens dieses Schiedsverfahren böswillig beantragt haben oder ein Scheinschiedsverfahren gegeben ist, so dass die RRI des Dritten beeinträchtigt sind. Die Vollstreckung in den Gegenstand, bei dem die RRI des Dritten betroffenen sind, muss noch nicht abgeschlossen sein. Das Volksgericht wird dem Antrag des Dritten stattgeben, wenn folgende Voraussetzungen erfüllt sind: • Der Dritte ist das Subjekt der (geltend gemachten) Rechte und Interessen.

	Aufhebungsgründe	Gründe für Ablehnung der Vollstreckung
		• Die vom Dritten geltend gemachten Rechte und Interessen sind rechtmäßig und echt. • Das Rechtsverhältnis zwischen den Parteien des Schiedsgerichtsverfahrens ist fiktiv und der Sachverhalt ist gefälscht. • Der Haupttext des Schiedsspruchs oder der schiedsrichterlichen Mediation, der sich mit den Ergebnissen für die zivilrechtlichen Rechte und Pflichten der Parteien befasst, ist ganz oder teilweise fehlerhaft und beeinträchtigt die RRI des Dritten.
Ausländische Schiedssprüche	–	§ 290 ZPG i.V.m. z.B. Art. 5 UNÜ: Das Volksgericht kann auf Antrag der Partei, gegen die der Schiedsspruch geltend gemacht wird, prüfen, ob die Anerkennung und die Vollstreckung abzulehnen sind. Die Anerkennung und die Vollstreckung des Schiedsspruches dürfen auf Antrag der Partei, gegen die er geltend gemacht wird, nur versagt werden, wenn diese Partei den Beweis erbringt, • dass die Parteien, die eine Vereinbarung im Sinne des Art. 2 UNÜ geschlossen haben, nach dem Recht, das für sie persönlich maßgebend ist, in irgendeiner Hinsicht hierzu nicht fähig waren, oder dass die Vereinbarung nach dem Recht, dem die Parteien sie unterstellt haben, oder, falls die Parteien hierüber nichts bestimmt haben, nach dem Recht des Landes, in dem der Schiedsspruch ergangen ist, ungültig ist (Nr. 1); oder

	Aufhebungsgründe	Gründe für Ablehnung der Vollstreckung
		• dass die Partei, gegen die der Schiedsspruch geltend gemacht wird, von der Bestellung des Schiedsrichters oder von dem schiedsrichterlichen Verfahren nicht gehörig in Kenntnis gesetzt worden ist oder dass sie aus einem anderen Grund ihre Angriffs- oder Verteidigungsmittel nicht hat geltend machen können (Nr. 2); oder • dass der Schiedsspruch eine Streitigkeit betrifft, die in der Schiedsabrede nicht erwähnt ist oder nicht unter die Bestimmungen der Schiedsklausel fällt, oder dass er Entscheidungen enthält, welche die Grenzen der Schiedsabrede oder der Schiedsklausel überschreiten; kann jedoch der Teil des Schiedsspruches, der sich auf Streitpunkte bezieht, die dem schiedsrichterlichen Verfahren unterworfen waren, von dem Teil, der Streitpunkte betrifft, die ihm nicht unterworfen waren, getrennt werden, so kann der erstgenannte Teil des Schiedsspruches anerkannt und vollstreckt werden (Nr. 3); oder • dass die Bildung des Schiedsgerichtes oder das schiedsrichterliche Verfahren der Vereinbarung der Parteien oder mangels einer solchen Vereinbarung, dem Recht des Landes, in dem das schiedsrichterliche Verfahren stattfand, nicht entsprochen hat (Nr. 4); oder

	Aufhebungsgründe	Gründe für Ablehnung der Vollstreckung
		• dass der Schiedsspruch für die Parteien noch nicht verbindlich geworden ist oder dass er von einer zuständigen Behörde des Landes, in dem oder nach dessen Recht er ergangen ist, aufgehoben oder in seinen Wirkungen einstweilen gehemmt worden ist (Nr. 5).
Schiedssprüche aus Hong Kong	–	Von Amts wegen kann das Volksgericht auch die Anerkennung und Vollstreckung ablehnen, wenn es feststellt, • dass der Gegenstand des Streites nach chinesischem Recht nicht auf schiedsrichterlichem Wege geregelt werden kann (Nr. 1); oder dass die Anerkennung oder Vollstreckung des Schiedsspruches der chinesischen öffentlichen Ordnung widersprechen würde (Nr. 2). Die Vollstreckung des Schiedsspruchs aus Hong Kong kann verweigert werden, wenn der Vollstreckungsgegner nachweist, • dass eine Partei der Schiedsvereinbarung nach dem auf sie anwendbaren Recht geschäftsunfähig war; oder • dass die Schiedsvereinbarung nach dem Recht, dem die Parteien sie unterworfen haben, nicht gültig war; oder • dass die Schiedsvereinbarung nach dem Recht des Schiedsortes nicht gültig war, falls das Recht, dem die Schiedsvereinbarung unterliegt, nicht angegeben wurde;

	Aufhebungsgründe	Gründe für Ablehnung der Vollstreckung
		• dass der Vollstreckungsgegner nicht ordnungsgemäß über die Auswahl des/der Schiedsrichter(s) benachrichtigt worden ist oder aus anderen Gründen nicht in der Lage war, zur Sache Stellung zu nehmen; oder • dass der Schiedsspruch eine Streitigkeit behandelt, die in der Schiedsklage nicht vorgesehen war oder nicht von der Schiedsvereinbarung umfasst war, oder dass der Schiedsspruch eine Entscheidung über eine Angelegenheit enthält, die nicht Gegenstand des Schiedsverfahrens ist; die Entscheidung über eine Angelegenheit, die Gegenstand des Schiedsverfahrens ist, von einer Angelegenheit, die nicht Gegenstand des Schiedsverfahrens ist, zu trennen ist, so wird der Teil des Schiedsspruchs vollstreckt, der über die Angelegenheit entscheidet, die Gegenstand eines Schiedsverfahrens ist; oder wenn die Zusammensetzung des Schiedsgerichts oder das schiedsrichterliche Verfahren mit der Vereinbarung zwischen den Parteien oder, in Ermangelung einer solchen Vereinbarung zwischen den betroffenen Parteien, mit dem Recht des Schiedsortes unvereinbar ist; oder • dass der Schiedsspruch für die Parteien noch nicht verbindlich ist oder vom Gericht des Schiedsortes oder nach dem Recht des Schiedsortes aufgehoben oder ausgesetzt wurde.

	Aufhebungsgründe	Gründe für Ablehnung der Vollstreckung
		Die Vollstreckung eines Schiedsspruchs kann auch verweigert werden, wenn der Schiedsspruch eine Angelegenheit betrifft, die nach dem chinesischen Recht nicht schiedsfähig ist bzw. nicht durch ein Schiedsverfahren geregelt werden kann oder wenn die Vollstreckung des Schiedsspruchs gegen die öffentliche Ordnung in Festland-China verstoßen würde. Diese Ablehnungsgründe sind identisch mit denen für ausländische Schiedssprüche bzw. denen im New Yorker Übereinkommen.
Schiedssprüche aus Macau	–	Keine wesentlichen Unterschiede zum Erörterten zu Anerkennung und Vollstreckung der Schiedssprüche aus Hong Kong.
Schiedssprüche aus Taiwan	–	Art. 14 der Vollstreckungsbestimmung Taiwan Das Volksgericht erkennt den Schiedsspruch aus Taiwan nicht an, wenn der Antragsgegner nachweist, • dass eine Partei der Schiedsvereinbarung nach dem auf sie anwendbaren Recht geschäftsunfähig war; oder
		• dass die Schiedsvereinbarung nach dem Recht, dem die Parteien sie unterworfen haben, nicht gültig war; oder • dass die Schiedsvereinbarung nach dem Taiwaner Recht nicht gültig war, falls das Recht, dem die Schiedsvereinbarung unterliegt, nicht angegeben wurde; oder

	Aufhebungsgründe	Gründe für Ablehnung der Vollstreckung
		• dass die Parteien keine Schiedsvereinbarung getroffen haben, es sei denn, dass die Anerkennung einer Schiedsgerichtsmediation beantragt worden ist; oder • dass der Antragsgegner nicht ordnungsgemäß über die Auswahl des/der Schiedsrichter(s) oder den Ablauf des Schiedsverfahrens benachrichtigt worden ist oder aus anderen, nicht vom Antragsgegner zu vertretenen Gründen nicht in der Lage war, zur Sache Stellung zu nehmen; oder • dass der Schiedsspruch eine Streitigkeit behandelt, die in der Schiedsklage nicht vorgesehen war oder nicht von der Schiedsverein-
		barung umfasst war, oder dass der Schiedsspruch eine Entscheidung über eine Angelegenheit enthält, die nicht Gegenstand des Schiedsverfahrens ist; ist die Entscheidung über eine Angelegenheit, die Gegenstand des Schiedsverfahrens ist, von einer Angelegenheit, die nicht Gegenstand des Schiedsverfahrens ist, zu trennen ist, so wird der Teil des Schiedsspruchs anerkannt, der über die Angelegenheit entscheidet, die Gegenstand eines Schiedsverfahrens ist; oder • wenn die Zusammensetzung des Schiedsgerichts oder das schiedsrichterliche Verfahren mit der Vereinbarung zwischen den Parteien oder, in Ermangelung einer solchen Vereinbarung zwischen den betroffenen Parteien, mit dem Taiwaner Recht unvereinbar ist; oder

	Aufhebungsgründe	**Gründe für Ablehnung der Vollstreckung**
		• dass der Schiedsspruch für die Parteien noch nicht verbindlich ist oder vom Gericht in Taiwan aufgehoben oder ausgesetzt wurde. Das Volksgericht wird den Schiedsspruch aus Taiwan nicht anerkennen, wenn der Streitgegenstand nach dem nationalen (hier chinesischen) Recht nicht schiedsfähig ist oder wenn die Anerkennung des Schiedsspruchs gegen die Grundprinzipien des nationalen (hier chinesischen) Rechts, wie den Ein-China-Grundsatz, verstoßen oder das öffentliche Interesse beeinträchtigen würde.

STUDIEN ZUM VERGLEICHENDEN UND INTERNATIONALEN RECHT

Herausgeber: Bernd von Hoffmann (†), Erik Jayme, Heinz-Peter Mansel,
Christine Budzikiewicz, Michael Stürner, Karsten Thorn
und Marc-Philippe Weller

Band 1 Ferdinand Henke: Die Datenschutzkonvention des Europarates. 1986.

Band 2 Peter Czermak: Der express trust im internationalen Privatrecht. 1986.

Band 3 Peter Kindler: Der Ausgleichsanspruch des Handelsvertreters im deutsch-italienischen Warenverkehr. Eine rechtsvergleichende und kollisionsrechtliche Untersuchung. 1987.

Band 4 Wilhelm Denzer: Stellung und Bedeutung des Engineers in den FIDIC-Bauvertragsbedingungen. 1988.

Band 5 Marijan-Maximilian Lederer: Die internationale Enteignung von Mitgliedschaftsrechten unter besonderer Berücksichtigung der französischen Enteignungen 1982. 1989.

Band 6 Rainer Esser: Klagen gegen ausländische Staaten. 1990.

Band 7 Chang Jae-Ok: Auf dem Weg zu einer Materialisierung des Immateriellen? Personen-, Persönlichkeitsschutz und Geldersatz des immateriellen Schadens in rechtsvergleichender Hinsicht am Beispiel des koreanischen und japanischen Zivilrechts unter besonderer Berücksichtigung des deutschen Rechts. 1990.

Band 8 Paul-Frank Weise: Lex mercatoria. Materielles Recht vor der internationalen Handelsschiedsgerichtbarkeit. 1990.

Band 9 Werner Born: Der Auftrittsvertrag für Musikgruppen im Bereich der Rock- und Popmusik. 1990.

Band 10 Ralf Erich Jürgens: IPR und Verfassung in Italien und in der Bundesrepublik Deutschland. 1990.

Band 11 Rainer Gildeggen: Internationale Schieds- und Schiedsverfahrensvereinbarungen in Allgemeinen Geschäftsbedingungen vor deutschen Gerichten. 1991.

Band 12 Klaus Grabinski: Die kollisionsrechtliche Behandlung des Durchgriffs bei rechtlich verselbständigten Unternehmen in privater oder öffentlicher Hand. 1991.

Band 13 Dieter Stummel: Konkurs und Integration. Konventionsrechtliche Wege zur Bewältigung grenzüberschreitender Insolvenzverfahren. 1991.

Band 14 Joachim Güntzer: Die Rechtsstellung des Geschäftsführers im spanischen Aktienrecht. Die Neuregelung des spanischen Aktienrechts nach dem Beitritt Spaniens zur EG. 1991.

Band 15 Sabine Isenburg-Epple: Die Berücksichtigung ausländischer Rechtshängigkeit nach dem Europäischen Gerichtsstands- und Vollstreckungsübereinkommen vom 27.9.1968. Untersuchungen zum Anwendungsbereich von Art. 21 EuGVÜ unter schwerpunktmäßiger Behandlung der Frage nach der Bestimmung eines europäischen Streitgegenstandsbegriffs. 1992.

Band 16 Ulrich Nickl: Die Qualifikation der culpa in contrahendo im Internationalen Privatrecht. 1992.

Band 17 Theo Rauh: Leistungserschwerungen im Schuldvertrag. Eine rechtsvergleichende Untersuchung des englischen, US-amerikanischen, französischen und deutschen Rechts unter besonderer Berücksichtigung der gerichtlichen Praxis. 1992.

Band 18 Bernadette Chaussade-Klein: Vorvertragliche "obligation de renseignements" im französischen Recht. 1992.

Band 19 Josef Sievers: Verbraucherschutz gegen unlautere Vertragsbedingungen im französischen Recht. Vom Code civil zum "Code de la consommation" – die Entstehung eines Sonderprivatrechts für Verbraucher. 1993.

Band 20 Achim Schäfer: Grenzüberschreitende Kreditsicherung an Grundstücken, unter besonderer Berücksichtigung des deutschen und italienischen Rechts. 1993.

Band 21 Eugenio Hernández-Breton: Internationale Gerichtsstandsklauseln in Allgemeinen Geschäftsbedingungen. Unter besonderer Berücksichtigung des deutsch-südamerikanischen Rechtsverkehrs (dargestellt am Beispiel Argentinien, Brasilien und Venezuela). 1993.

Band 22 Ingo Reng: Unterhaltsansprüche aufgrund nichtehelicher Lebensgemeinschaft – Internationales Privatrecht und ausländisches materielles Recht. 1994.

Band 23 Stefanie Roloff: Die Geltendmachung ausländischer öffentlicher Ansprüche im Inland. 1994.

Band 24 Katharina Ludwig: Der Vertragsschluß nach UN-Kaufrecht im Spannungsverhältnis von Common Law und Civil Law. Dargestellt auf der Grundlage der Rechtsordnungen Englands und Deutschlands. 1994.

Band 25 Malte Diesselhorst: Mehrparteienschiedsverfahren. Internationale Schiedsverfahren unter Beteiligung von mehr als zwei Parteien. 1994.

Band 26 Manfred Kost: Konsensprobleme im internationalen Schuldvertragsrecht. 1995.

Band 27 Wolff-Heinrich Fleischer: Das italienische Wettbewerbsrecht und die Probleme des selektiven Parfümvertriebs unter Berücksichtigung der Rechtslage in Frankreich und Deutschland. 1995.

Band 28 Angelika Fuchs: Lateinamerikanische Devisenkontrollen in der internationalen Schuldenkrise und Art. VIII Abschn. 2 b) IWF-Abkommen. 1995.

Band 29 Jacques Matthias Aull: Der Geltungsanspruch des EuGVÜ: "Binnensachverhalte" und Internationales Zivilverfahrensrecht in der Europäischen Union. Zur Auslegung von Art. 17 Abs. 1 S. 1 EuGVÜ. 1996.

Band 30 Hartmut Ost: EVÜ und fact doctrine. Konflikte zwischen europäischer IPR-Vereinheitlichung und der Stellung ausländischen Rechts im angelsächsischen Zivilprozeß. 1996.

Band 31 Stefan Wagner: Die Testierfähigkeit im Internationalen Privatrecht. 1996.

Band 32 Wolfgang Jakob Hau: Positive Kompetenzkonflikte im Internationalen Zivilprozeßrecht. Überlegungen zur Bewältigung von *multi-fora disputes*. 1996.

Band 33 Markus Schütz: UN-Kaufrecht und *Culpa in contrahendo*. 1996.

Band 34 Volker Geyrhalter: Das Lösungsrecht des gutgläubigen Erwerbers. Ein "vergessener" Kompromiß und die Auswirkungen auf das heutige deutsche Recht unter besonderer Berücksichtigung des internationalen Sachenrechts. 1996.

Band 35 Andreas Kramer: Abwicklungsstörungen bei Kaufverträgen. Die Lieferung vertragswidriger Sachen im deutschen und italienischen Recht. 1996.

Band 36 Petra Krings: Erfüllungsmodalitäten im internationalen Schuldvertragsrecht. 1997.

Band 37 Tonja Gaibler: Der rechtsgeschäftliche Irrtum im französischen Recht. 1997.

Band 38 Dirk Otto: Rechtsspaltung im indischen Erbrecht. Bedeutung und Auswirkungen auf deutsch-indische Nachlaßfälle. 1997.

Band 39 Gregor W. Decku: Zwischen Vertrag und Delikt. Grenzfälle vertraglicher und deliktischer Haftung dargestellt am Beispiel der Berufs- und Expertenhaftung zum Schutze des Vermögens Dritter im deutschen und englischen Recht. 1997.

Band 40 Gregor W. Decku: Zwischen Vertrag und Delikt. Grenzfälle vertraglicher und deliktischer Haftung dargestellt am Beispiel der Berufs- und Expertenhaftung zum Schutze des Vermögens Dritter im deutschen und englischen Recht. 1997.

Band 41 Ulrike Höpping: Auswirkungen der Warenverkehrsfreiheit auf das IPR unter besonderer Berücksichtigung des Internationalen Produkthaftungsrechts und des Internationalen Vertragsrechts. 1997.

Band 42 Helene Boriths Müller: Die Umsetzung der europäischen Übereinkommen von Rom und Brüssel in das Recht der Mitgliedstaaten. Dargestellt am Beispiel Deutschlands und Dänemarks. 1997.

Band 43 Bernd von Hoffmann / Myong-Chang Hwang (eds.): The Public Concept of Land Ownership. Reports and Discussions of a German-Korean Symposium held in Seoul on October 7-9, 1996. 1997.

Band 44 Oliver Heeder: Fraus legis. Eine rechtsvergleichende Untersuchung über den Vorbehalt der Gesetzesumgehung in Deutschland, Österreich, der Schweiz, Frankreich und Belgien unter besonderer Berücksichtigung des Internationalen Privatrechts. 1998.

Band 45 Heinrich Schütt: Deliktstyp und Internationales Privatrecht. Dargestellt an grenzüberschreitenden Problemen der Arzthaftung. 1998.

Band 46 Axel Steiner: Die stillschweigende Rechtswahl im Prozeß im System der subjektiven Anknüpfungen im deutschen Internationalen Privatrecht. 1998.

Band 47 Martina Schulz: Der Eigentumsvorbehalt in europäischen Rechtsordnungen. Rechtsvergleichende Untersuchung des deutschen, englischen und französischen Rechts unter besonderer Berücksichtigung von Erweiterungen und Verlängerungen. 1998.

Band	48	Karin Dreher: Die Rechtswahl im internationalen Erbrecht. Unter besonderer Berücksichtigung des italienischen IPR-Reformgesetzes N. 218 vom 31. Mai 1995. 1999.
Band	49	Giuliano Gabrielli: Das Verhältnis zwischen der Anfechtung wegen Eigenschaftsirrtums und den Gewährleistungsansprüchen im deutschen, österreichischen und italienischen Recht. 1999.
Band	50	Bernd von Hoffmann / Myong-Chan Hwang (eds.): Developments in Land Law. Reports and Discussions of a German-Korean Symposium held in Berlin and Trier on July 21-24, 1997. 1999.
Band	51	Volker Heidbüchel: Das UNCITRAL-Übereinkommen über unabhängige Garantien und Standby Letters of Credit. Vergleiche mit den Richtlinien der Internationalen Handelskammer, dem deutschen, englischen und US-amerikanischen Recht. 1999.
Band	52	Jan Christoph Nordmeyer: Pflichtteilsansprüche und Wiedervereinigung. Eine systematische Analyse der Ausgleichsansprüche nach BGB-Pflichtteilsrecht unter besonderer Berücksichtigung der durch den Wiedervereinigungsprozeß eingetretenen Wertveränderungen. 1999.
Band	53	Bettina Linder: Vertragsabschluß beim grenzüberschreitenden Verbraucherleasing. 1999.
Band	54	Almontasser Fetih: Die zivilrechtliche Haftung bei Vertragsverhandlungen. Eine rechtsvergleichende Studie zum deutschen, französischen, ägyptischen und islamischen Recht. 2000.
Band	55	Sona Rajani: Die Geltung und Anwendung des Gemeinschaftsrechts im Vereinigten Königreich von Großbritannien und Nordirland. Der Grundsatz der Parlamentssouveränität im Wandel. 2000.
Band	56	Joachim Kayser: Gegenmaßnahmen im Außenwirtschaftsrecht und das System des europäischen Kollisionsrechts. Eine Analyse der EU-Abwehrverordnung gegen die Auswirkungen extraterritorialer Rechtserstreckung eines Drittlandes. 2001.
Band	57	Albrecht Conrad: Qualifikationsfragen des Trust im Europäischen Zivilprozeßrecht. 2001.
Band	58	Bernd Borgmann: Die Entsendung von Arbeitnehmern in der Europäischen Gemeinschaft. Wechselwirkungen zwischen Kollisionsrecht, Grundfreiheiten und Spezialgesetzen. 2001.
Band	59	Aleksandar Jaksic: Arbitration and Human Rights. 2002.
Band	60	Islamisches und arabisches Recht als Problem der Rechtsanwendung. Symposium zu Ehren von Professor Emeritus Dr. iur. Omaia Elwan. Veranstaltet vom Institut für ausländisches und internationales Privat- und Wirtschaftsrecht der Universität Heidelberg und der Gesellschaft für Arabisches und Islamisches Recht e.V. Herausgegeben von Herbert Kronke, Gert Reinhart und Nika Witteborg. 2001.
Band	61	Patrick Fiedler: Stabilisierungsklauseln und materielle Verweisung im internationalen Vertragsrecht. 2001.
Band	62	Werner Mangold: Die Abtretung im Europäischen Kollisionsrecht. Unter besonderer Berücksichtigung des spanischen Rechts. 2001.

Band	63	Eike Dirk Eschenfelder: Beweiserhebung im Ausland und ihre Verwertung im inländischen Zivilprozess. Zur Bedeutung des US-amerikanischen discovery-Verfahrens für das deutsche Erkenntnisverfahren. 2002.
Band	64	Bernd Ehle: Wege zu einer Kohärenz der Rechtsquellen im Europäischen Kollisionsrecht der Verbraucherverträge. 2002.
Band	65	Heiko Lehmkuhl: Das Nacherfüllungsrecht des Verkäufers im UN-Kaufrecht. 2002.
Band	66	Jochen Nikolaus Schlotter: Erbrechtliche Probleme in der Société Privée Européenne. IPR-Harmonisierung im einheitlichen Europäischen Rechtsraum. 2002.
Band	67	Konrad Ost: Doppelrelevante Tatsachen im Internationalen Zivilverfahrensrecht. Zur Prüfung der internationalen Zuständigkeit bei den Gerichtsständen des Erfüllungsortes und der unerlaubten Handlung. 2002.
Band	68	Tobias Bosch: Die Durchbrechungen des Gesamtstatuts im internationalen Ehegüterrecht. Unter besonderer Berücksichtigung deutsch-französischer Rechtsfälle. 2002.
Band	69	Ursula Philipp: Form im amerikanischen Erbrecht. Zwischen Formalismus und harmless error. 2002.
Band	70	Christian Stefan Wolf: Der Begriff der wesentlich engeren Verbindung im Internationalen Sachenrecht. 2002.
Band	71	André Fomferek: Der Schutz des Vermögens Minderjähriger. Ein Vergleich des deutschen und des englischen Rechts unter Berücksichtigung des schottischen und irischen Rechts. 2002.
Band	72	nicht erschienen
Band	73	Markus Dreißigacker: Sprachenfreiheit im Verbrauchervertragsrecht. Der Verbraucher im Spannungsfeld zwischen kultureller Identität und Privatautonomie. 2002.
Band	74	Vassiliki Myller-Igknay: Auskunftsansprüche im griechischen Zivilrecht. Auswirkungen im deutsch-griechischen Rechtsverkehr sowie im deutschen internationalen Privat- und Verfahrensrecht. 2003.
Band	75	Stefan Bruinier: Der Einfluss der Grundfreiheiten auf das Internationale Privatrecht. 2003.
Band	76	Nika Witteborg: Das gemeinsame Sorgerecht nichtverheirateter Eltern. Eine Untersuchung im soziologischen, rechtsgeschichtlichen, verfassungsrechtlichen, rechtsvergleichenden und internationalen Kontext. 2003.
Band	77	Peter Stankewitsch: Entscheidungsnormen im IPR als Wirksamkeitsvoraussetzungen der Rechtswahl. 2003.
Band	78	Jan Wilhelm Ritter: Euro-Einführung und IPR unter besonderer Berücksichtigung nachehelicher Unterhaltsverträge. Eine Untersuchung mit Blick auf das deutsche, französische und schweizerische Recht. 2003.
Band	79	Wolf Richard Herkner: Die Grenzen der Rechtswahl im internationalen Deliktsrecht. 2003.

Band 80   Ira Ditandy: Internationale Zuständigkeit. Neuregelung durch die LOPJ 1985. Vergleich mit dem europäischen Vorbild und Auswirkungen auf das spanische internationale Zivilverfahrensrecht. 2003.

Band 81   Andrea Verena Schefold: Werbung im Internet und das deutsche Internationale Privatrecht. 2004.

Band 82   Klaus Herkenrath: Die Umsetzung der Richtlinie 93/13/EWG über missbräuliche Klauseln in Verbraucherverträgen in Deutschland, dem Vereinigten Königreich, Frankreich und Italien. Auswirkungen nationaler Umsetzungstechniken auf dem Harmonisierungserfolg. 2003.

Band 83   Alexander Thünken: Das kollisionsrechtliche Herkunftslandprinzip. 2003.

Band 84   Barbara v. Daumiller: Die Rechtswahl im italienischen internationalen Erbrecht: und ihre Auswirkungen im deutsch-italienischen Rechtsverkehr. 2003.

Band 85   Robert Mödl: Macht, Verantwortlichkeit und Zurechnung im Konzern. Eine rechtsvergleichende Untersuchung auf der Grundlage des deutschen, spanischen und US-amerikanischen Rechts. 2003.

Band 86   Ursula Kerpen: Das Internationale Privatrecht der Persönlichkeitsrechtsverletzungen. Eine Untersuchung auf rechtsvergleichender Grundlage. 2003.

Band 87   Barbara Ploeckl: Umgangsrechtsstreitigkeiten im deutsch-französischen Rechtsverkehr. Bestehende internationale und nationale Regelungen und der geplante *europäische Besuchstitel*. 2003.

Band 88   Katrin Wannemacher: Die Außenkompetenzen der EG im Bereich des Internationalen Zivilverfahrensrechts. Der räumliche Anwendungsbereich des Art. 65 EGV am Beispiel der EuGVO und der EheVO. 2003.

Band 89   Maren B. Eilinghoff: Das Kollisionsrecht der ungerechtfertigten Bereicherung nach dem IPR-Reformgesetz von 1999. 2004.

Band 90   Patrick Niehr: Die zivilprozessuale Dokumentenvorlegung im deutsch-englischen Rechtshilfeverkehr nach der deutschen und der englischen Prozessrechtsreform. 2004.

Band 91   Anna Christina Gördes: Internationale Zuständigkeit, Anerkennung und Vollstreckung von Entscheidungen über die elterliche Verantwortung. Die VO(EG) Nr. 1347/2000, ihre geplanten Änderungen und das Verhältnis beider zum Minderjährigen- und Kinderschutzabkommen. 2004.

Band 92   Martin Rädler: Rechtsbehelfe des Käufers eines Unternehmens oder einer unternehmerischen Beteiligung gegen den Verkäufer im deutschen und französischen Recht. 2004.

Band 93   Marc-Yngve Dietrich: Rechtsstellung und Beteiligung der Gläubiger im französischen Insolvenzverfahren. 2004.

Band 94   Katia Niemann: Die rechtsgeschäftliche und organschaftliche Stellvertretung und deren kollisionsrechtliche Einordnung. Deutschland und England im Vergleich. 2004.

Band 95   Daniel Ludwig: Neuregelungen des deutschen Internationalen Insolvenzverfahrensrechts. Eine Untersuchung unter vergleichender Heranziehung der Europäischen Insolvenzver-ordnung. 2004.

Band 96	Cordelia Faulenbach: Der gemeinschaftsrechtliche Vorbehalt im europäischen Wettbewerbsrecht. Die Herkunftslandanknüpfung der E-Commerce-Richtlinie unter dem Einfluss der Grundfreiheiten. 2004.
Band 97	Ulf Dörner: Der Vertragsgerichtsstand nach dem Protokoll von Buenos Aires. 2004.
Band 98	Martin Schmidhuber: Verhaltenskodizes im nationalen und grenzüberschreitenden elektronischen Geschäftsverkehr. Zur Frage der Integration der Selbstregulierung durch Private in die staatliche Rechtsordnung. 2004.
Band 99	Florian Kienle: Die fehlerhafte Banküberweisung im internationalen Rechtsverkehr. Unter besonderer Berücksichtigung des Artikels 4A US Uniform Commercial Code. 2004.
Band 100	Thomas Alexander Brandt: Die Adoption durch eingetragene Lebenspartner im internationalen Privat- und Verfahrensrecht. 2004.
Band 101	Florian Pulkowski: Subunternehmer und Internationales Privatrecht. Der Subunternehmer als Quasi-Verbraucher im Europäischen Kollisionsrecht. 2004.
Band 102	Ulrich Becker: Grundrechtsschutz bei der Anerkennung und Vollstreckbarerklärung im europäischen Zivilverfahrensrecht. Bestimmung der Grenzen für die Einführung eines europäischen Vollstreckungstitels. 2004.
Band 103	Thomas Badelt: Aufrechnung und internationale Zuständigkeit unter besonderer Berücksichtigung des deutsch-spanischen Rechtsverkehrs. 2005.
Band 104	Florian D. Wagner: Vorvertragliche Aufklärungspflichten im internationalen Franchising. Zur Harmonisierung von Delikts- und Vertragsstatut im internationalen Privatrecht unter besonderer Berücksichtigung der Franchise-Gesetzgebung des US-Bundesstaates Kalifornien. 2005.
Band 105	Vera Heine: Die Umsetzung der *EG-Richtlinie über missbräuchliche Klauseln in Verbraucherverträgen* im englischen und deutschen Recht. 2005.
Band 106	Alexander Franz: Überregionale Effektentransaktionen und anwendbares Recht. Eine kollisionsrechtliche Untersuchung unter besonderer Berücksichtigung der Vorschrift des § 17 a DepotG. 2005.
Band 107	Hanna-Maria Uhlenbrock: Gesetzliche Regelungen für nichteheliche Lebensgemeinschaften in Deutschland und Frankreich. Ein Vergleich des Unterhaltsrechts bei der eingetragenen Lebenspartnerschaft und beim Pacte civil de Solidarité. 2005.
Band 108	Katrin Stieß: Anknüpfungen im internationalen Urheberrecht unter Berücksichtigung der neuen Informationstechnologien. 2005.
Band 109	Hendrik Otto: Der gesetzliche Abschlussprüfer im italienischen Recht. Eine rechtsvergleichende Untersuchung unter besonderer Berücksichtigung der zivilrechtlichen Haftung. 2005.
Band 110	Frauke Stuphorn: Bankhaftung für Kreditauskünfte im deutschen und französischen Recht. 2005.
Band 111	Nina Fürer: Die zivilrechtliche Haftung für Raucherschäden. 2005.

Band 112 Giovanni B. Barillà: *Contratto autonomo di garanzia* e *Garantievertrag*. Categorie civilistiche e prassi del commercio. 2005.

Band 113 Timo Torz: Gerichtsstände im Internationalen Insolvenzrecht zur Eröffnung von Partikularinsolvenzverfahren. 2005.

Band 114 Martina Schmid: Die Grenzen der Auslegungskompetenz des EuGH im Vorabentscheidungsverfahren nach Art. 234 EG. Dargestellt am Beispiel der überschießenden Richtlinienumsetzung. 2005.

Band 115 Stephan Lesage-Mathieu: Dispositives Kollisionsrecht im prozessualen Kontext. 2005.

Band 116 Jürgen Görtz: Die subjektiven Grenzen der Rechtskraft US-amerikanischer Urteile. 2005.

Band 117 Vera Hoppe: Die Einbeziehung ausländischer Beteiligter in US-amerikanische class actions. Unter Berücksichtigung des Class Action Fairness Act 2005. 2005.

Band 118 Silke Pütz: Parteiautonomie im internationalen Urhebervertragsrecht – Eine rechtsdogmatische und rechtspolitische Betrachtung der Grenzen freier Rechtswahl im internationalen Urhebervertragsrecht unter besonderer Berücksichtigung des neuen deutschen Urhebervertragsrechts. 2005.

Band 119 Alice Nieroba: Die europäische Rechtshängigkeit nach der EuGVVO (Verordnung (EG) Nr. 44/2001) an der Schnittstelle zum nationalen Zivilprozessrecht. 2006.

Band 120 Jan Kayser: Alternative Formen gerichtlicher und außergerichtlicher Streitbeilegung im deutschen und französischen Zivilprozess. Les modes alternatifs judiciaires et extrajudiciaires de résolution des conflits en procédure civile allemande et française. 2006.

Band 121 Mirko Ehrich: Der internationale Anwendungsbereich des deutschen und französischen Rechts gegen irreführende Werbung. Freie Wahl von Form und Mittel, Rom II und Herkunftslandprinzip. 2006.

Band 122 Daniel Thelen: Die Haftung des Sekundärschädigers für Gewalttaten anderer im US-amerikanischen Deliktsrecht ausgehend von dem Problem rechtsextremistisch motivierter Gewalttaten. 2006.

Band 123 Anne Winterling: Die Entscheidungszuständigkeit in Arbeitssachen im europäischen Zivilverfahrensrecht. 2006.

Band 124 Sarah Gerling: Die Gleichstellung ausländischer mit inländischen Vollstreckungstiteln durch die Verordnung zur Einführung eines Europäischen Vollstreckungstitels für unbestrittene Forderungen. Im Vergleich zum bisherigen Recht und zur Rechtslage in den USA. 2006.

Band 125	Christian Bank: Präventivmaßnahmen börsennotierter Gesellschaften zur Abwehr feindlicher Übernahmeversuche in Deutschland und Großbritannien. Eine rechtsvergleichende Untersuchung des deutschen und britischen Rechts unter Berücksichtigung der Europäischen Übernahmerichtlinie. 2006.
Band 126	Christian Weis: Kaufrechtliche Gewährleistung und Garantievergabe in Deutschland und Spanien. Unter besonderer Berücksichtigung des Unternehmenskaufs. 2006.
Band 127	Emilio Maus Ratz: Der Nacherfüllungsanspruch nach UN-Kaufrecht. Im Lichte der deutschen, spanisch-mexikanischen und US-amerikanischen Rechtswissenschaft. 2006.
Band 128	Constanze Jacobs: Die Sachmängelgewähr im deutschen und belgischen Kaufrecht nach Umsetzung der Verbrauchsgüterkauf-Richtlinie. 2006.
Band 129	Ulrike Teichert: Lückenfüllung im CISG mittels UNIDROIT-Prinzipien – Zugleich ein Beitrag zur Wählbarkeit nichtstaatlichen Rechts. 2007.
Band 130	Sascha Reichardt: Internationale Zuständigkeit im Gerichtsstand der unerlaubten Handlung bei Verletzung europäischer Patente. 2006.
Band 131	Bilgehan Cetiner: Die Sachmängelhaftung des Verkäufers im UN-Kaufrecht und im neuen deutschen Schuldrecht. Eine rechtsvergleichende Studie. 2006.
Band 132	Jan Streer: Die Umsetzung der Verbrauchsgüterkaufrichtlinie im englischen Recht durch die Sale and Supply of Goods to Consumer Regulations 2002. 2007.
Band 133	Kathrin Wannenmacher: Einstweilige Maßnahmen im Anwendungsbereich von Art. 31 EuGVVO in Frankreich und Deutschland: Eine Betrachtung ausgesuchter Verfahren des einstweiligen Rechtsschutzes im internationalen Zivilverfahrensrecht – gerichtliche Zuständigkeit, Anerkennung und Vollstreckung. 2007.
Band 134	Wim Kreytenberg: Die individuelle Schwerpunktbestimmung internationaler Schuldverträge nach der Ausweichklausel des Artikel 4 Absatz 5 Satz 2 EVÜ. Ein Beitrag zur Förderung von Rechtssicherheit und Einzelfallgerechtigkeit im europäischen Kollisionsrecht der Schuldverträge. 2007.
Band 135	Nikolaus Geiben: Der Vorvertrag im Internationalen Privatrecht. Unter besonderer Berücksichtigung des Immobilienerwerbs im portugiesischen und brasilianischen Recht. 2007.
Band 136	Predrag Maksimovic: Der Kapitalschutz im europäischen, serbischen und deutschen Recht der Gesellschaft mit beschränkter Haftung. 2007.
Band 137	Alexander Rathenau: Die Anwendung des EuGVÜ durch portugiesische Gerichte unter Berücksichtigung des autonomen internationalen Zivilverfahrensrechts. 2007.
Band 138	Matthias Creydt: Die Besicherung von Weltraumvermögenswerten. Ein neues einheitliches internationales Sicherungsrecht und dessen Vergleich zum US-amerikanischen Mobiliarsicherungsrecht. 2007.
Band 139	Oliver Borkhardt: Registerpublizität und Kollisionsrecht besitzloser Mobiliarsicherheiten nach dem neuen Art. 9 UCC. 2007.

Band 140 Jens Engelmann-Pilger: Deliktische Haftung für das Fehlverhalten Dritter im Common Law. 2007.

Band 141 Bastian Rotmann: Der Schutz des Dritten in der europäischen Mobiliarzwangsvollstreckung. Eine rechtsvergleichende Untersuchung vor dem Hintergrund der Verordnung (EG) Nr. 805/2004 zur Einführung eines Europäischen Vollstreckungstitels für unbestrittene Forderungen. 2007.

Band 142 Oliver Ratzel: Die Präklusion isolierter Unterhaltsverfahren durch den ausländischen Scheidungsverbund. Zugleich ein Beitrag zur internationalen Verbundszuständigkeit im Lichte der Quellenveränderung. 2007.

Band 143 Bettina Maria Stade: Die Konstitutionalisierung des Zivilprozessrechts in Spanien und Deutschland vor dem Hintergrund der Europäisierung des Zivilprozessrechts. 2007.

Band 144 Julia El-Bitar: Der deutsche und der französische Kulturgüterschutz nach der Umsetzung der Kulturgüterrückgaberichtlinie. Eine materiellrechtliche und kollisionsrechtliche Untersuchung. 2007.

Band 145 Aris Kaschefi: Sachmängelhaftung im französischen Kaufrecht vor und nach Umsetzung der Verbrauchsgüterkaufrichtlinie. Mit rechtsvergleichenden Hinweisen zum deutschen Recht unter besonderer Berücksichtigung von Weiterfressersachverhalten. 2007.

Band 146 Isabel Roth: Die internationale Zuständigkeit deutscher Gerichte bei Persönlichkeitsrechtsverletzungen im Internet. 2007.

Band 147 Theresa Wilhelmi: Das Weltrechtsprinzip im internationalen Privat- und Strafrecht. Zugleich eine Untersuchung zu Parallelitäten, Divergenzen und Interdependenzen von internationalem Privatrecht und internationalem Strafrecht. 2007.

Band 148 Alice Halsdorfer: Privat- und kollisionsrechtliche Folgen der Verletzung von Kulturgüterschutznormen auf der Grundlage des UNESCO-Kulturgutübereinkommens 1970. 2008.

Band 149 Thomas Müller-Froelich: Der Gerichtsstand der Niederlassung im deutsch-amerikanischen Rechtsverkehr. Eine Untersuchung zu Fragen der Entscheidungs- und Anerkennungszuständigkeit. 2008.

Band 150 Christopher Luhn: Privatautonomie und Inhaltskontrolle von Eheverträgen. Ein kritischer Vergleich des deutschen und des australischen Rechts mit Bezügen zum Internationalen Privatrecht. 2008.

Band 151 Kristin Kohler: Die grenzüberschreitende Verbraucherverbandsklage nach dem Unterlassungsklagengesetz im Binnenmarkt. 2008.

Band 152 Dorothee Maria Kaulen: Die Anerkennung von Gesellschaften unter Artikel XXV Abs. 5 S. 2 des deutsch-US-amerikanischen Freundschafts-, Handels- und Schifffahrtsvertrags von 1954. 2008.

Band 153 Birka Vanessa Stroschein: Parteizustellung im Ausland. Eine systemvergleichende Untersuchung des Gemeinschafts- und Staatsvertragsrechts unter Einbeziehung des deutschen, französischen, englischen und US-amerikanischen Zustellungsrechts. 2008.

Band 154 Nancy Gruschinske: Das europäische Kollisionsrecht der Aufrechnung unter besonderer Beachtung des Insolvenzfalles. 2008.

Band 155　Hans-Christian Frick: Sprachrisiko im Zeitalter des Ethnomarketings. US-amerikanische Erfahrungen und europäische Rechtsentwicklung. 2009.

Band 156　Stephan Mangold: Verbraucherschutz und Kunstkauf im deutschen und europäischen Recht. 2009.

Band 157　Robert Beier: Die gesetzlichen Rechte des überlebenden Ehegatten nach dem deutschen und spanischen Kollisionsrecht. Unter besonderer Berücksichtigung der *viudedad aragonesa*. 2009.

Band 158　Julia-Marie Oppermann: Internationale Handelsschiedsgerichtsbarkeit und Verjährung. 2009.

Band 159　Stephan Boese: Strukturprinzipien im Gläubigerschutz. Eine rechtsvergleichende Untersuchung zur GmbH und zur englischen Limited Company. 2009.

Band 160　Thomas Rosa: Das Kaufrecht nach dem Zivilgesetzbuch der Tschechischen und Slowakischen Republik. Eine rechtsvergleichende Darstellung im Lichte des deutschen Bürgerlichen Gesetzbuches. 2009.

Band 161　Roland Weis: Rechnungslegungspflichten von EU-Scheinauslandsgesellschaften im Land ihrer tatsächlichen wirtschaftlichen Betätigung. Insbesondere im Hinblick auf in Deutschland tätige englische Limiteds. 2009.

Band 162　Henning Frase: "Leoninische Vereinbarungen" und Ergebnisbeteiligungspflicht im deutschen und italienischen Gesellschaftsrecht. Zum *patto leonino* des italienischen Rechts und möglichen Entsprechungen im deutschen Recht. 2010.

Band 163　Christiane Tödter: Europäisches Kindschaftsrecht. Nach der Verordnung (EG) Nr. 2201/ 2003. 2010.

Band 164　Edda Gampp: *Perpetuatio fori internationalis* im Zivilprozeß und im Verfahren der freiwilligen Gerichtsbarkeit. 2010.

Band 165　Mei Wu: Die Reform des chinesischen Beweisrechts vor dem Hintergrund deutscher und US-amerikanischer Regelungsmodelle. 2010.

Band 166　Corina Leimert: Stand und Entwicklung des italienischen Rechts der Unternehmenszusammenschlüsse (gruppi di società / gruppi di imprese). 2010.

Band 167　Kasim Özen: Die Scheidungsgründe im türkischen Zivilgesetzbuch. 2010.

Band 168　Helena Isabel Maier: Marktortanknüpfung im internationalen Kartelldeliktsrecht. Eine internationalzuständigkeits- und kollisionsrechtliche Untersuchung unter Einbeziehung rechtsvergleichender Überlegungen zum englischen Recht. 2011.

Band 169　Thomas Spernat: Die gleichgeschlechtliche Ehe im Internationalen Privatrecht. Unter besonderer Berücksichtigung des Einflusses des EG-Vertrags. 2011.

Band 170　Max Johann Lipsky: Statutenwechsel im italienischen Sachenrecht – Auswirkungen auf den Im- und Export von Mobiliarsicherheiten. Eine Untersuchung der rechtlichen Beständigkeit dinglicher Kreditsicherheiten im deutsch-italienischen Rechtsverkehr. 2011.

Band 171　Silvia Karolina Seilstorfer: Die Umsetzung der Verbrauchsgüterkaufrichtlinie in Portugal mit rechtsvergleichenden Hinweisen zum deutschen Recht. 2011.

Band 172　Stephan Georg Knöchel: Anerkennung französischer Urteile mit Drittbeteiligung. Eine Untersuchung der Anerkennung von Drittbindungswirkungen nach der EuGVVO und autonomem deutschem Recht. 2011.

Band 173　Kristina Menzel: Vollstreckungsschutz zugunsten privater Altersvorsorge. Eine rechtsvergleichende Untersuchung zum deutschen und schweizerischen Recht. 2011.

Band 174　Manuela Krach: Scheidung auf Mexikanisch. Das materielle Recht der Scheidung im Mehrrechtsstaat Mexiko unter Berücksichtigung von Eheschließung und Ehewirkungen. 2011.

Band 175　Vanessa Sofia Wagner: Verkehrsschutz beim redlichen Erwerb von GmbH-Geschäfts-anteilen. Ein Vergleich des Rechts für Gesellschaften mit beschränkter Haftung in Deutschland, England und Italien. 2011.

Band 176　Alexander Swienty: Der Statutenwechsel im deutschen und englischen internationalen Sachenrecht unter besonderer Betrachtung der Kreditsicherungsrechte. 2011.

Band 177　Kathrin Süß: Streitbeilegungsmechanismen im Verbraucherrecht. Unter besonderer Berücksichtigung der australischen Rechtsordnung. 2011.

Band 178　Efe Direnisa: Die materielle Rechtskraft im deutschen und türkischen Zivilverfahrensrecht. 2012.

Band 179　Julia Faenger: Leistungsunabhängige Nebenpflichten zum Schutz des Integritätsinteresses im deutschen und französischen Recht. Eine rechtsvergleichende Betrachtung ausgehend von den Rücksichtspflichten des § 241 Abs. 2 BGB. 2012.

Band 180　Dorothea Heine: Das Kollisionsrecht der Forderungsabtretung. UNCITRAL-Abtretungskonvention und Rom I-Verordnung. 2012.

Band 181　Lisa B. Möll: Kollidierende Rechtswahlklauseln in Allgemeinen Geschäftsbedingungen im internationalen Vertragsrecht. 2012.

Band 182　Jutta Jasmin Uusitalo: Einbeziehung von AGB im unternehmerischen Geschäftsverkehr zwischen Deutschland und Finnland. 2012.

Band 183　Darya Alikhani Chamgardani: Der Allgemeine Teil des iranischen Schuldvertragsrechts. Im Spannungsverhältnis zwischen rezipiertem französischen und traditionellem islamischen Recht. 2013.

Band 184　Volker Anton: Aktuelle Entwicklungen des Bankgeheimnisses im Rechtsvergleich unter besonderer Berücksichtigung seiner exterritorialen Wirkungen. Deutschland, Luxemburg, Österreich, Schweiz und Liechtenstein. 2013.

Band 185　Charlotte Wilhelm: Die Regelung der Geld- und Warenkreditsicherheiten nach dem deutschen Recht im Vergleich zum Draft Common Frame of Reference (DCFR). 2013.

Band 186　Michael Nehmer: Erbunwürdigkeit und Elternunterhalt im Internationalen Privatrecht. Eine historisch-rechtspolitische Betrachtung. 2013.

Band 187　Pınar Şamiloğlu-Riegermann: Türkisches und deutsches Vertragshändlerrecht im Rechtsvergleich. 2014.

Band 188　Elvan Er: Realsicherheiten des türkischen Mobiliarsachenrechts. Eine Darstellung des geltenden türkischen Rechts unter vergleichender Berücksichtigung des deutschen und schweizerischen Kreditsicherungsrechts. 2014.

Band 189　Maya Mandery: Party Autonomy in Contractual and Non-Contractual Obligations. A European and Anglo-Common Law perspective on the freedom of choice of law in the Rome I Regulation on the law applicable to contractual obligations and the Rome II Regulation on the law applicable to non-contractual obligations. 2014.

Band 190　Gregor Nikolas Rutow: Rechtsvergleich über die Zulässigkeit von Haftungsausschlüssen, Haftungsbeschränkungen und pauschaliertem Schadensersatz in einzelnen arabischen Rechtsordnungen. 2014.

Band 191　Christoph Rödter: Das Gesellschaftskollisionsrecht im Spannungsverhältnis zur Rom I- und II-VO. Eine Untersuchung zur Reichweite des Gesellschaftsstatuts in Abgrenzung zu den Kolligionsregeln der Rom I- und II-VO. 2014.

Band 192　Melanie Kaspers: Die gemischten und verbundenen Verträge im Internationalen Privatrecht. 2015.

Band 193　Tong Xue: Parteiautonomie im chinesischen Internationalen Privatrecht. Am Beispiel der Rechtswahl im Internationalen Vertrags-, Delikts-, und Sachenrecht. 2016.

Band 194　Martin Metz: US-Menschenrechtsklagen und Neoterritorialismus. 2017.

Band 195　Matthias A. Sauter: Mitveräußerungspflichten im deutschen und italienischen Recht. 2018.

Band 196　Daniel Brauner: Die Anwendungsbereiche von CISG und PR CESL im Vergleich. 2018.

Band 197　Christina Bohländer. MAC-Klauseln in Unternehmenskaufverträgen nach US-amerikanischem und deutschem Recht. 2018.

Band 198　Steven Leunert. Die Verteidigungsmechanismen des Haftenden im Internationalen Produkthaftungsrecht der Rom II-Verordnung. 2018.

Band 199　Niki Nozari: Applicable Law in International Arbitration – The Experience of ICSID and Iran-United States Claims Tribunal. 2019.

Band 200　Bahar Tuna Kurtoglu: Die unbezifferte Forderungsklage. Analyse, Problemstellungen und Lösungsansätze, bezogen auf das türkische, schweizerische und deutsche Recht. 2019.

Band 201　Valesca Tabea Profehsner: Disposition im Internationalen Erbrecht. Rechtswahl und parteiautonome Zuständigkeitsbestimmung nach der Europäischen Erbrechtsverordnung unter besonderer Berücksichtigung der beteiligten Interessen. 2019.

Band 202　Panagiotis Kabolis: Das griechische Immobilienrecht. Eine rechtsvergleichende Darstellung in Bezug auf das deutsche Recht. 2019.

Band 203　Natalia Chor: Deliktische Gehilfenhaftung und Haftung wegen Organisations-

	verschuldens nach russischem und deutschem Recht im Rechtsvergleich. 2019.
Band 204	Samy Sakka: Der Konzern im Kompetenzrecht der EuGVVO. Unternehmensgruppe und internationale Zuständigkeit. 2019.
Band 205	Florian Alexander Sippel: Die Anerkennungsfähigkeit von US-amerikanischen punitive damages awards vor dem Hintergrund der Wirkung des Verhältnismäßigkeits-prinzips im Schadensrecht. 2020.
Band 206	Henning Grosser: Das internationale Nachlassinsolvenzverfahren. 2020.
Band 207	Jana Braksiek: Urteilswirkungen gegenüber Dritten im US-amerikanischen Recht und deren Anerkennung in Deutschland. 2020.
Band 208	Bashkim Preteni: Contractual Transfer of Ownership in Immovable Property. A Kosovo Law Perspective on Contract and Property Law Rules and Legal Interaction with other Fields of Civil Law. 2020.
Band 209	Hanswerner Odendahl: Die Auseinandersetzung der Errungenschaftsbeteiligung in der Rechtsprechung des türkischen Kassationshofs. 2020.
Band 210	Maximilian Strutz: Der niederländische Ehevertrag unter richterlicher Aufsicht. Eine Untersuchung im Spiegel des deutschen Rechts. 2021.
Band 211	Laura Victoria Moser-Lange: Mieterschutz beim Verkauf einer vermieteten Immobilie in Deutschland, der Schweiz und Spanien. Rechtsvergleichende Darstellung und Analyse des § 566 BGB. 2021.
Band 212	Vanessa:Ludwig Conflicts Evolution. Die Restatements of Conflict of Laws und ihre Bedeutung für das US-amerikanische Deliktskollisionsrecht unter besonderer Berücksichtigung des neuen Restatement (Third). 2021.
Band 213	Viola Tsakalidou: Grenzüberschreitende Verschmelzungen und die damit verbundenen international-privatrechtlichen Fragen. 2022.
Band 214	Lin Liu: Die Rolle des staatlichen Gerichts im chinesischen Schiedsverfahren. 2024.

www.peterlang.com

Printed by
CPI books GmbH, Leck